Das Buch

»Übrigens, kennen Sie den ...?« ist eine auf der ganzen Welt gebräuchliche Floskel, einem Witz Gehör zu verschaffen. Und der Volkskundler Lutz Röhrich kennt da einige: Über 40000 Witze hat er im Laufe der Jahre an seinem Freiburger Institut gesammelt und ausgewertet. Die Ergebnisse werden in diesem Buch vorgelegt. Bei aller Wissenschaftlichkeit vermeidet Röhrich jedoch unnötigen Fachjargon und reichert seine Untersuchung zum Vergnügen des Lesers großzügig mit Beispielen an. Ein eigenes Kapitel mit zahlreichen Abbildungen befaßt sich mit dem Bildwitz. – Weil im Witz kein Lebensbereich ausgespart wird und der Reiz des Witzeerzählens auch und gerade in der Möglichkeit liegt, Tabus zu unterlaufen, Normen zu durchbrechen, stellt Röhrich die Frage nach den psychologischen und soziologischen Hintergründen. Was bewegt einen Menschen, bewußt oder unbewußt, einen Witz zu behalten und weiterzuerzählen? Welcher Art ist die Gesellschaft, die einen Witz hervorbringt und für belachenswert hält? Welche Typen gibt es, worin besteht eigentlich der »Witz« und warum lachen wir? So wird dieses Buch zu einer Fundgrube in Sachen »Witz«, auch wenn Röhrich nicht immer eine verbindliche Antwort geben kann. Denn, wie heißt es bei Friedrich Hebbel: »Der Witz ist das einzige Ding, was um so weniger gefunden wird, je eifriger man es sucht.«

Der Autor

Lutz Röhrich, Professor für deutsche Philologie und Volkskunde, ist Direktor der Abteilung Volkskunde und des Deutschen Volksliedarchivs an der Universität Freiburg i. Br. Röhrich ist Herausgeber des ›Handbuchs des Volksliedes‹ und Mitherausgeber der ›Enzyklopädie des Märchens‹. Er veröffentlichte u. a.: ›Märchen und Wirklichkeit‹ (3. Aufl. 1974); ›Sage‹ (2. Aufl. 1971); ›Lexikon der sprichwörtlichen Redensarten‹ (4. Aufl. 1975); ›Sage und Märchen. Erzählforschung heute‹ (1976); ›Sprichwort‹ (zusammen mit W. Mieder, 1977).

Lutz Röhrich:

Der Witz

Seine Formen und Funktionen

Mit tausend Beispielen in Wort und Bild

Deutscher
Taschenbuch
Verlag

dtv

Ungekürzte Ausgabe
1. Auflage August 1980
2. Auflage Dezember 1980: 13. bis 22. Tausend
Deutscher Taschenbuch Verlag GmbH & Co. KG, München

ISBN 3-476-00355-8
Umschlaggestaltung: Celestino Piatti
(unter Verwendung eines Cartoons von Léon)
Gesamtherstellung: C. H. Beck'sche Buchdruckerei, Nördlingen
Printed in Germany · ISBN 3-423-01564-0

Max Lüthi

freundschaftlich zugeeignet

Inhaltsverzeichnis

Einführung 1

Etymologie, Bedeutungsgeschichte, Definition, Terminologie 4

Literaturwissenschaftliche Fragestellungen. Der Witz und seine Nachbargattungen 6
- Witz und Anekdote 6
- Witz und Schwank 8
- Bauformen, Strukturen, Aggressionen 10
- Traditionsreihen und das Problem der Kontinuität 22

Der Witz als Gegenstand volkskundlicher Forschung 29

Psychologische Fragestellungen 32

Witztechnik und Sprache 41
- Der Wortwitz und seine Erscheinungsformen. Konflikte mit der Sprachnorm 41
- Der lyrische Humor 61
- Die Parodie 65
- Der ›unfreiwillige Humor‹ 73
- Kindermund 80

Komische Konflikte mit der Logik 100

Komische Konflikte mit der Realität 120
- Der Übertrumpfungs- und Lügenwitz 120
- Der surrealistische Witz 127
- Der Tierwitz 129
- Traum- und Identitätswitze 137

Komische Konflikte mit Moral, Sitte und Anstand 140
- Der grausame und makabre Witz – Schwarzer Humor 140
- Galgenhumor 148
- Der skatologische Witz. Anal- und Fäkalkomik 151
- Der sexuelle Witz 153

Körperliche und geistig-psychische Defekte. Gebrestenkomik 174
Der Irrenwitz 185

Soziale, religiöse und politische Konflikte 190
Der Medizinerwitz 192
Der konfessionelle Witz 195
Der politische Witz 206

Der ethnische Witz 217
Der Witz der großen Städte: Berlin, Hamburg, Köln, Wien 225
Einzelne Ethnien: Schwaben, Bayern, Schweiz, Sachsen, Oberschlesien, Ostfriesen 249
Der jüdische Witz 275
Der interethnische Vergleich 285

Der Bildwitz 292

Bibliographischer Anhang 301

Register 331

Bildquellenverzeichnis 342

Einführung

In der modernen Industriegesellschaft ist der Witz allenthalben die wichtigste und lebendigste Gattung der Volkserzählung, vielleicht überhaupt die einzige, die nicht vom Aussterben bedroht ist, sondern in immer neuen Ansätzen aufblüht. Trotzdem ist der Witz von allen Gattungen der Volksprosa erst zuletzt in den Gesichtskreis der Volkskunde getreten. Man muß sich sogar darüber wundern, daß es bislang noch kein zusammenfassendes Werk gibt, das sich vom Standpunkt dieser Wissenschaft aus mit dem Witz beschäftigt hätte. Nicht nur hat die vorwiegend historische, um nicht zu sagen antiquarische Einstellung der Erzählforschung bislang eine intensive Beschäftigung mit dem Witz verhindert. Wahrscheinlich ist der Witz auch vielen Forschern als zu unscheinbar, zu flüchtig oder auch zu trivial und zu wenig seriös erschienen, um sich näher mit ihm zu befassen.

Die einfachsten und zugleich schwierigsten Grundfragen, die sich bei einem Witz, und zwar bei jeder einzelnen Erzählung wieder aufs neue stellen, sind: Warum ist etwas witzig? Worin besteht der Witz? Was sind die Mittel und Ziele des Witzes? Wer lacht über wen, wann und warum? Was ist die Dominanzidee eines Witzes? Worin liegen die Antithese, Spannung oder der komische Konflikt, die fast immer einen Witz erst ausmachen? Man kann Witze nach ihren Personen (Hauptfiguren, Handlungsträger), nach ihrer Technik, nach ihrer Form und Struktur, und schließlich nach ihrer Tendenz sortieren. Doch stellen sich daneben noch ganz andere Fragen, die aus den Texten oder Sammlungen allein noch nicht beantwortet werden können. Dabei geht es nicht nur um den Witz als solchen, sondern um die Frage: welches sind die bewußten oder unbewußten individuellen Triebkräfte, die einen Menschen zum Behalten und Weitererzählen eines Witzes veranlassen? Welcher Art ist die Gesellschaft, die einen Witz hervorbringt und für belachenswert hält? Der Versuch einer Antwort verlangt einen Bewußtmachungs- oder Bewußtwerdungsprozeß unseres Lachens. Er wird erschwert durch die Tatsache, daß selbst so einfach erscheinende Texte wie Witze doppelbödig und oft vielschichtig sind und wie kaum eine andere Äußerung Kontextforschung verlangen, die bislang noch kaum geleistet worden ist. Sicher gibt es mehr Witz-Sammlungen als kritische Analysen einzelner Witze oder ihrer Erzähler.

Der Witz umfaßt alle Lebensbereiche, die privaten und intimsten ebenso wie die öffentlichen, die beruflich-sozialen wie religiösen und politischen. Witz berührt alle Arten von menschlichen Schwächen. In ihm werden weder die niedrigsten und schmutzigsten Dinge noch die erhabensten und jenseitigen ausgeklammert. Nichts ist zu heilig, nichts zu verschwiegen, daß es nicht zum Gegenstand des Lachens werden könnte. Obwohl der Witz Lachen erregt, ist sein Hintergrund ernst, – gleichgültig ob es um Religion, Politik oder das Geschlechtsleben geht. Witz ist ebensosehr individuell wie gesellschaftlich bedingt.

Witz ist ein kulturelles Phänomen. Nicht alles, worüber in früheren Zeiten oder worüber in einer bestimmten Gesellschaftsschicht gelacht wurde, muß unbedingt auch heute noch lustig sein. Witzblätter des letzten Jahrhunderts sehen anders aus als heutige. Ganze Witzgruppen und -figuren sind ausgefallen. Es gibt z. B. keine Kasino-Witze über monokeltragende und schnarrend abgehackt redende Offiziere mehr, weil dieser Sozialtyp ausgestorben ist. Andererseits sind noch immer Witze über die ›Gnädige Frau und ihre Minna‹ oder über den ›Butler und den Gnädigen Herrn‹ im Umlauf, obwohl ›Dienstboten‹ im Sinne des 19. Jahrhunderts so gut wie nicht mehr existieren. Es gibt noch immer Kannibalen-Witze, obwohl wir uns für frei von Rassedenken und ›Primitiven‹-Verachtung halten. Die Problematik der ethnischen Vorurteile im Witz hat sich verlagert. Heute sind die Ostfriesen unsere ›Primitiven‹ und Unterentwickelten. In einer Zeit sich wandelnder Sexualmoral sind Hochzeitsnacht-Witze oder Witze über alte Jungfern nicht mehr gefragt. Aber trotz der Freizügigkeit und Toleranz heutiger Auffassungen gibt es noch immer Homosexuellen- oder Nudistenwitze. Im Zeitalter der Pille ist der Verlust der Jungfräulichkeit oder außereheliche Schwangerschaft nicht mehr im selben Maße Gegenstand des Witzes wie noch vor 50 Jahren. Dafür gibt es nun ›Pillenwitze‹. Die Szene des politischen Witzes hat sich seit dem Ende des Krieges und der Naziherrschaft völlig verändert.

Vor allem die Technik hat neue Möglichkeiten für den Witz geschaffen: Eisenbahn, Auto, Radio, Fernsehen, abstrakte Kunst, wechselnde Moden bieten immer neue Themen für den Karikaturisten. Die Computer-Technik hat Computer- und Roboterwitze aufkommen lassen; die Raumfahrt hat nicht nur phantastisch-komische Berichte von fliegenden Untertassen und grünen Marsmännchen, sondern auch die Kosmonauten- oder Astronauten-Witze (Space-Jokes) hervorgebracht. Witz ist ein Zeitphänomen sowie ein ethnisches und soziales Phänomen. Der moderne Witz stellt allerdings keine nationale Sonderentwicklung mehr dar. Neue Witzmoden sind vielmehr zumeist internationale Erscheinungen. Dabei wird der Produktionsprozeß von Witzen immer kürzer, und die Witzmoden folgen in immer schnelleren Abständen aufeinander. In der Gegenwart beobachten wir außerdem auch eine Kommerzialisierung des Witzes.

Die Entwicklungsgeschichte des Witzes, seiner soziokulturellen Wandlungen und Innovationen ist noch nicht geschrieben. Ebenso wenig existiert eine Untersuchung über die Vermittlungsprozesse von Witzen. Witze werden mündlich weitergegeben; sie verlangen die Face-to-face-Übermittlung. Gleich richtig und wichtig ist aber die Erkenntnis, daß Witze auch durch Zeitungen, Radio und Fernsehen vermittelt werden. Wer der Meinung ist, daß die Witzecken der Zeitung zumeist wenig Anreiz zum Lachen böten, muß sich belehren lassen: die Humorspalten der Zeitungen haben einen Beachtungsfaktor von 68 Prozent aufzuweisen (Abendnachrichten: 21 Prozent!). Die schnelle Ausbreitung wechselnder internationaler Witzmoden wäre gar nicht denkbar ohne die Vermittlung der Massenmedien. Wie und warum andererseits überdauern Witze, die doch den Anspruch des Neuen, noch nie Gehörten stellen, dennoch die Jahrhunderte? Es gibt mehr Fragen als Antworten.

Dieses Buch will weder eine Anthologie von Witzen bieten, noch ein Kompendium der verschiedenen Theorien von Witz, Komik, Humor und Lachen sein. Es kann nur eine Einführung in die Problematik dieses Forschungsbereichs geben, der zwischen philosophischer Ästhetik, Psychologie, Literaturwissenschaft und Folkloristik angesiedelt ist. Mehrere Wissenschaften haben dabei ihren gleichberechtigten Anteil an einer differenzierenden Erforschung des Witzes.

Etymologie, Bedeutungsgeschichte, Definition, Terminologie

Das Wort ›Witz‹ gehört zum Wortfeld ›Wissen‹. Mittelhochdeutsch ›witze‹ meint etwas viel Allgemeineres als Witz, nämlich: Verstand, Wissen, Klugheit, Weisheit. ›Mit witzen‹ bedeutet: verständig; ›ûz den witzen kommen‹: den Verstand, die Besinnung verlieren; ›âne witze‹ ist ein dummer, törichter Mensch. Einige Komposita von ›Witz‹ bewahren bis heute diese ältere Bedeutung: Der ›Aberwitz‹ verhält sich zum Witz wie der Aberglaube zum Glauben. ›Mutterwitz‹ ist der natürliche, gesunde Menschenverstand; ›gewitzt sein‹ meint noch immer: sein Wissen der Erfahrung verdanken. ›Vorwitz‹ beruht auf einem Mangel an Erfahrung. Es ist interessant, wie schon allein sprachgeschichtlich betrachtet, der Witz aus dem Wortfeld des Verstandes kommt. Und noch das Verstehen eines Witzes im heutigen Sinne des Wortes ist ja eine intellektuelle Angelegenheit.

Ende des 17. Jahrhunderts verengte sich die Bedeutung unter dem Einfluß des Französischen und meinte nun etwa dasselbe wie das noch heute geläufige Fremdwort ›Esprit‹. ›Witzig‹ hieß soviel wie geistreich und bezeichnete insbesondere die geschwinde Gedankenverbindung, die intellektuelle Kombination, die geistige Beweglichkeit, die Leichtigkeit des Beziehens und Assoziierens. Seit in der zweiten Hälfte des 16. Jahrhunderts Engländer das lateinische Wort ›ingenium‹ mit ›wit‹ übersetzten, galten ›wit‹, ›esprit‹ und ›Witz‹ allmählich im ganzen westlichen Europa als Grundzug des literarischen und künstlerischen Produzierens, so daß Lessing feststellen konnte, »daß die schönen Wissenschaften und freyen Künste das Reich des Witzes ausmachen« (Preisendanz, S. 7 f.). Lange Zeit hat sich diese Verstandesbedeutung von Witz noch erhalten, jedenfalls bis ins 18. Jahrhundert, wenn etwa Gottsched und Joh. J. Schwabe mit ihren »Belustigungen des Verstandes und Witzes« 1741/42 den Typus der schöngeistigen Zeitschrift begründeten, oder die Monatsbeilage der Vossischen Zeitung, deren erster Redakteur Lessing war, sich »Das Neueste aus dem Reiche des Witzes« nannte.

Erst mit dem 19. Jahrhundert wurde es üblich, das Wort Witz in erster Linie auf die Produkte witziger Veranlagung zu beziehen. Von »vielen Berliner Witzen« spricht Goethe einmal 1828 und liefert damit einen frühen Beleg dafür, daß sich nun der heute vorherrschende

Wortgebrauch als Name für ein bestimmtes Genre einzubürgern begann. Nach gegenwärtigem Sprachgebrauch ist ein Witz eine kurze, Lachen erregende Erzählung, die in einer Pointe gipfelt.

Bei der Benennung der Untergattungen und bei der spezifischen Zuordnung einzelner Witze gibt es sehr verschiedene Arten der Begriffsbestimmung:

1. Eine erste Kategorie benennt die Erzählungen nach den in ihnen auftretenden Witzpersonen; z. B. Klein-Erna-Witze, Fritzchen-Witze, Tünnes-und-Schäl-Witze, Arzt-Witze, Vertreter-Witze, Irren-Witze, Papageien-, Elefanten-, Breitmaulfrosch- oder Häschen-Witze.
2. Eine zweite Kategorie benennt die Erzählungen nach wirklichen oder fiktiven Witzproduzenten (oder manchmal auch Verbrauchern); z. B. Kindermund-Witze, Herren-Witze, Ausländer-Witze, Offiziers-Witze, Neureichen-Witze, Jägerlatein, Seemannsgarn.
3. Eine dritte Gruppe benennt Witze nach ihrem signifikanten Inhalt und Bezug; z. B. politische Witze, konfessionelle Witze, sexuelle und skatologische Witze, Lügen-Witze, Traum-Witze.
4. Eine vierte Gruppe von Benennungen sagt etwas aus über die Technik, die Form oder Struktur, deren sich der Witz bedient; z. B. Wortwitz, Bildwitz, Gebärdenwitz, Definitionswitz, Denkfehler-Witz, Rechenwitz, Übertrumpfungswitz, Pointenkiller-Witz.
5. Eine Art Wirkungsterminologie repräsentieren die Bezeichnungen Ekelwitz, grausamer Witz, trockener Witz u. a.
6. Gibt es die Einteilung nach Ethnien oder Regionen; z. B. Berliner Witz, jüdischer Witz, sächsischer Witz, Ostfriesenwitz, Schottenwitz, Berner Witz, Preußenwitz. Die meisten dieser Termini können sowohl einen Witz *von* dem betreffenden oder *über* das betreffende Ethnion bezeichnen.
7. Jeder Witz hat eine Tendenz, d. h. er ist gegen jemand oder gegen etwas gerichtet. Nach seiner Funktion und nach dem Gewicht seiner Tendenz unterscheiden verschiedene Begriffe, wie z. B. aggressive Witze, tendenziöse Witze, unanständige Witze, antiklerikale Witze, harmlose Witze etc.
8. Die Ordnung nach Geschehnisorten und Schauplätzen; z. B. Schul-Witze, Kasernenhof-Witze, Kasino-Witze, Beichtstuhl-Witze, Toiletten- oder Klo-Witze, Hochzeitsnacht-Witze, Insel-Witze.

Literaturwissenschaftliche Fragestellungen

Der Witz und seine Nachbargattungen

Witz und Anekdote

Witz und Anekdote haben vieles gemeinsam: beides sind kurze, einepisodige, meist dialogisch aufgebaute Erzählungen, die sich auf eine einzelne Szene und auf einen oder zwei Hauptakteure beschränken. Beide Gattungen lassen sich in Zyklen um zentrale Figuren zusammenfassen. Es gibt Wanderanekdoten wie es Wanderwitze gibt. Ebenso wie der Witz ist auch die Anekdote ursprünglich mündliche Überlieferung; doch ist die Anekdote intellektuell gehobener, bildungsmäßig anspruchsvoller. Ihre Autorschaft ist zunächst ebenso anonym wie die des Witzes, wenn man von der Anekdote als Kunstform (Kleist, Joh. Peter Hebel, Wilhelm Schäfer u. a.) absieht. Insofern ist auch die Anekdote ein Genre der Folklore, allerdings ein von der Folkloristik stark vernachlässigtes: es gibt keine authentischen, aus Feldforschung gewonnenen Sammlungen. Anekdoten sind bislang immer nur nach einzelnen historischen Personen geordnet worden, noch kaum aber nach ihrer Struktur, Typologie oder Ideologie.

Witz und Anekdote gipfeln in einer Pointe. Beide Gattungen schließen mit einer Aussage in direkter Rede. Auch das Prinzip der ›Schlagfertigkeit‹ haben sie gemein, d. h. häufig ist die Aussage der Hauptfigur nicht Aktion, sondern Reaktion. Meist besteht die Pointe der Anekdote in einer witzigen Bemerkung der Hauptfigur oder in der Beschreibung einer komischen Situation, in die die Hauptfigur geraten ist. Insofern kann auch die Anekdote wie der Witz wort- oder sachbezogen sein. Während der Witz in jedem Fall auf das Lachen zielt, muß dies für die Anekdote nicht gelten. Sie will etwas für eine Person Charakteristisches aussagen, was aber nicht unbedingt komisch zu sein braucht. Dennoch liegt die Pointe der Anekdote häufig im Komischen.

Witz und Anekdote sind theoretisch leicht voneinander zu unterscheiden, in der Praxis ist es jedoch schwierig, wenn nicht unmöglich, genaue Grenzlinien zu ziehen. Im Unterschied zum Witz ist die Anekdote formal nicht so streng festgelegt. Es gibt keine Erzählmuster, keine Anfangsformeln etc. Allerdings nennt die Anekdote zumeist im ersten Satz den berühmten Mann, von dem nun die Rede sein wird. Und vor allem gehört zur Anekdote eben diese Anknüpfung an eine bekannte historische oder zeitgenössische Persönlichkeit. Aber gerade dieses Kriterium ist nicht absolut zuverlässig. Erzählungen von derselben zeitgeschichtlichen Persönlichkeit können in beide Genres auseinanderfallen: so kommen z. B. sowohl Adenauer-Anekdoten wie Adenauer-Witze vor (ihr Sammler und Herausgeber spricht sogar von ›Schwänken‹), wobei zur Anekdote das geschichtlich Verbürgte und der Zitatcharakter der Aussage gehört. Die Anekdote gibt häufig eine tatsächliche Begebenheit wieder, oder sie will doch wenigstens den Anschein des historisch Verbürgten wecken. Sie steht darin der geschichtlichen Sage nahe. Das schließt jedoch Wanderanekdoten nicht aus, die von einer Persönlichkeit auf eine andere übertragen werden. Der biographische Wahrheitscharakter der Anekdote ist allerdings meist viel niedriger als man ihr zumißt. Carl Zuckmayer hat sich einmal zum Wahrheitscharakter der über ihn umlaufenden Anekdoten geäußert und kam zu dem Schluß, sie seien allesamt erfunden und die wahre Quelle zumeist Mark Twain. Aber immerhin: auch wenn die Anekdote erfunden ist, so muß sie doch so treffend sein, daß sie wahr sein könnte. Der Witz dagegen will nicht historisch sein. Dennoch heftet er sich nicht selten auch an Personen der Zeitgeschichte, besonders im politischen Witz. Sind die Personen jedoch nicht mehr am Leben, verliert sich der Witz. Die Anekdote dagegen behält ihren historischen Wert, vor allem dann, wenn sie Aussprüche von Persönlichkeiten wiedergibt, die über die Gegenwart hinaus Interesse verdienen, z. B. Anekdoten um den Alten Fritz, Napoleon, Bismarck, Musiker- und Gelehrtenanekdoten (Beethoven, Reger, Albert Einstein, Sigmund Freud). Viele Sauerbruch- oder Max Liebermann-Anekdoten erfüllen die Bedingungen des Berliner Witzes (s. S. 225 ff.). Daraus folgt, daß Witz und Anekdote ineinander übergehen können. Witze von zerstreuten Professoren z. B. werden sehr schnell zu Anekdoten, wenn sie sich mit bestimmten berühmten Gelehrten verknüpfen. Umgekehrt wird die Anekdote zum Witz, sobald das in ihr geschilderte Geschehen anonym wird. Die im folgenden mitgeteilte Geschichte von Enrico Caruso ist z. B. keine Anekdote, weil sie über die historische Hauptperson nichts Spezifisches aussagt; wohl aber ist sie ein typischer Mißverständnis- oder Unbildungs-Witz.

Als Caruso in den USA eine Gastspielreise durchführte, passierte es ihm, daß sein Wagen eine Panne hatte. Während der Chauffeur sich an dem Wagen zu schaffen machte, betrat Caruso das Haus eines Farmers, das an der Straße lag.
›Ich bin Caruso‹, sagte der Sänger schlicht zu dem Farmer, der ihn gastfreundlich empfing.
›Was, Sie sind wirklich Caruso?‹ fragte der Farmer. ›Der berühmte Caruso?‹

Caruso, stolz, daß man ihn selbst auf dem Lande kannte, bejahte. ›Mutter, Kinder, kommt!‹ rief der Farmer. ›Caruso ist hier bei uns, der berühmte Inselbewohner Robinson Caruso!‹

Eine komische Erzählung um eine historische Figur muß nicht notwendig eine Anekdote sein. Erzählungen von Nasreddin Hodja oder Till Eulenspiegel, die auch historische Figuren waren, sind Schwänke. Die auf den Alten Fritz oder auch auf Joseph II. übertragene Erzählung von Neidhart und dem Veilchen ist trotz der Historizität der Personen gleichfalls keine Anekdote, sondern ein Schwank.

Witz und Schwank

Witz und Schwank sind erzählerische Kurzformen. Die Kürze – und damit die leichte Einprägsamkeit – hat wesentlich zur Beliebtheit dieser beiden komischen Gattungen beigetragen. Doch ist ein Schwank in der Regel umfänglicher als ein Witz. Gerade in einer schnellebigen Zeit ist der Witz wegen seiner Kürze beliebt; ebenso wie die Kurzgeschichte, die die Novelle zurückgedrängt hat. Während für die lustige schwankhafte Erzählung zahlreiche mundartliche Bezeichnungen existieren (›Läuschen‹, ›Döntjes‹, ›Vertellsel‹, ›Krätzcher‹, ›Streiche‹ etc.) gibt es für den Witz nur dieses eine Wort.

Es gibt formale, historische und soziologische Unterschiede zwischen Witz und Schwank. *Schwank* ist ein altmodischer, aus dem heutigen allgemeinen Sprachgebrauch fast verschwundener Begriff. ›Witz‹ ist die kulturgeschichtlich jüngere Erscheinung. Während mit ›Schwank‹ (swanc) schon seit dem ausgehenden Mittelalter eine lustige Geschichte bezeichnet wird, ist ›Witz‹ erst seit dem 19. Jahrhundert ein Ausdruck für eine lachenerregende Textgattung. Im 16. Jahrhundert war der Schwank *die* literarische Mode; Witz im heutigen Sinne entstand dagegen erst sehr allmählich im Laufe der letzten anderthalb Jahrhunderte. Der Witz ist also geistesgeschichtlich gesehen relativ jung. Vielleicht ist diese Annahme aber auch eine Täuschung, weil Witze früher nur mündlich zirkulierten und weniger der Aufzeichnung für wert befunden wurden als Exempel und Schwänke. Zum älteren Schwank gehört fast immer ein didaktisches Moment; der Schwank ist also nicht nur einfach bloße Unterhaltung. Hierin unterscheidet er sich vom Witz. Der moderne Mensch möchte in dem, worüber er lacht, nicht auch noch belehrt werden; er ist allergisch gegen jede Moralpredigt.

Die Komik des Schwankes wird in anschaulichen Bildern entwickelt. Der Schwank schildert Geschehnisse und Milieu; er ist zuweilen von epischer Breite und Behaglichkeit. Nicht selten erschöpft er sich in

Schilderungen von Situationskomik, Prügelszenen, Häufungen von Narrheiten und Ungeschicklichkeiten. Der Witz ist stärker im Geistigen und Sprachlichen verankert. Er spitzt sich zu in einer Pointe, die man verstehen muß. Der Schwank lebt mehr vom Stoff, der Witz mehr von der Sprache (Neumann, S. 328). Der Schwank lebt mehr vom factum, der Witz mehr vom dictum (Bausinger). Zur Struktur des Witzes gehört es, daß die Pointe erst zu allerletzt ausgespielt wird. Beim Schwank – jedenfalls beim gedruckten, literarischen – gibt es nicht selten sogar die Vorwegnahme der Pointe in einer Art Vorspann, ohne daß das Vergnügen des Lesers oder Zuhörers dadurch beeinträchtigt würde. Reiht der Schwank oft mehrere Episoden und Szenen hintereinander, so besteht der Witz oft nur in einer Momentaufnahme. Ein Witz muß nicht notwendig eine Handlung haben. Verschieden ist auch die Zeitauffassung beider Genres: Schwänke stehen meist in der Vergangenheitsform; Witze dagegen werden in der Regel im Präsens erzählt.

Auch die Wirkung von Schwank und Witz auf heutige Zuhörer muß man sich verschieden vorstellen. Ein Witz wird durch Lachen beantwortet, sonst war er nicht witzig. Über den Schwank wird man eher schmunzeln und lächeln, nicht eigentlich lauthals lachen. Heute jedenfalls. Wahrscheinlich hat man aber in den Städten des 15. und 16. Jahrhunderts über Schwänke ebenso schallend gelacht, wie wir es heute bei einem gut erzählten Witz tun. Die Ansprüche an die Komik und an die lachenerregende Erzählung haben sich offensichtlich verschoben. Heutzutage sind Schwänke vielfach in die Kinderfolklore abgewandert. Eulenspiegel- und Schildbürgergeschichten füllen Schullesebücher und rufen – wie die Pädagogen versichern – unter Kindern noch immer wirkliches Lachen hervor. Im 15. und 16. Jahrhundert gehört der Schwank zum Unterhaltungsgut der fortschrittlichsten Bürgerschichten der Städte. Wo er uns hier entgegentritt, gehört er der Literatur an, ist er sogar weitgehend *die* Literatur der Zeit. So ist der Witz im wesentlichen eine Gegenwartsform des Komischen, der Schwank eine historische, eine Vergangenheitsform des Komischen. Im 19. und 20. Jahrhundert finden wir den Schwank wieder in anderen Gesellschafts- und Überlieferungsformen, nämlich als mündliche Erzählung in bäuerlichen und kleinbürgerlichen Traditionsgemeinschaften. Dorthin ist er freilich in seiner Entwicklungsgeschichte erst abgesunken. Der Witz gehört eher der Großstadt an. Man findet ihn, sofern er überhaupt gedruckt wird – und das ist meist schon sein Untergang – in den Witzecken und -seiten der Zeitungen und Illustrierten, in Kalendern und populären Witzheften; in der mündlichen Überlieferung überall dort, wo Menschen in geselligen Kontakt treten: am Wirtshaustisch ebenso wie bei der häuslichen Geselligkeit aller sozialen

Schichten, an beliebigen Arbeitsplätzen, in Büros und Kantinen, auf Schulhöfen, in Kasernenstuben wie hinter Klostermauern, in Eisenbahnabteilen und Wartezimmern – wo immer eine Gruppe von Menschen nach ihrer Gestimmtheit dazu neigt und ein innerer oder äußerer Anstoß dafür vorhanden ist. Der Witz hat seinen festen Platz in der modernen Industriegesellschaft der Gegenwart. Gegenüber dem konservativeren Schwank ist er die flüchtigere Erscheinung. Es gibt den ›Witz des Tages‹, den man meist auch schnell wieder vergißt, und es gibt immer wieder neu entstehende ›Witzmoden‹, die kommen und vergehen.

Schwank und Witz werden meist nicht von denselben Gewährsleuten und Erzählern berichtet. Das Repertoire des Schwankerzählers bleibt im allgemeinen konstant; das des Witzerzählers wechselt. Fragt man die Erzähler von Schwänken nach ihren Quellen, so erhält man gewöhnlich zur Antwort, das hätten sie in ihrer Jugend gehört. Es handelt sich um Geschichten, die der Gewährsmann über Jahrzehnte hinweg, ja oft sein ganzes Leben hindurch im Gedächtnis bewahrt und in dieser Zeit auch des öfteren weitererzählt hat. Was dagegen an Witzen zum besten gegeben wird, ist fast ausnahmslos erst von ganz kurzer Zeit aufgelesen und als Neuigkeit gleich wieder an den Mann gebracht worden – ehe man es selber wieder vergißt (Neumann, S. 332).

Bauformen, Strukturen, Aggressionen

Wichtigstes Bauprinzip eines Witzes ist seine Knappheit und Kürze. Der Witz erzählt nur das Nötigste. Schon bei Shakespeare heißt es: »Brevity is the soul of wit« (Hamlet VII, 2), und Jean Paul formuliert: »Kürze ist der Körper und die Seele des Witzes, ja er selber; sie allein isoliert genügsam zu Kontrasten.«

Ein Witz besteht fast immer aus zwei Teilen, der Witzerzählung und der Pointe. Eine Pointe ohne vorausgehende Erzählung ist kein Witz, und ebensowenig eine Erzählung ohne Pointe. Wer einen Witz erzählt, muß die Pointe von Anfang an im Auge behalten, und es ergibt sich für ihn eine gewisse Gespanntheit, daß er sie auf keinen Fall verfehlt, sonst kann er bei seinen Zuhörern kein Lachen erwarten. Der Witzerzähler kann zwar die Witzfabel ändern, doch die Pointe muß stimmen und ist nur bedingt variierbar. Pointe heißt Zuspitzung. Je gelungener die Pointe, desto besser der Witz (Peters, S. 31 f.). Die Pointe (›Punchline‹) bedeutet fast immer ein relativ abruptes Ende des Witzes im Unterschied zum Schwank, der gemächlich ausklingen kann. Ein Witz ist formal aber nicht erst von seinem Ende her zu erkennen. So überraschend und neuartig der Schluß sein muß, so formelhaft ist in der Regel der Anfang der Erzählung. Schon die vorsichtige Einführungsvorfrage ›Kennen Sie den schon?‹ (›Do you know the one about. . .?‹) läßt einen Witz erwarten. Da ein Witz außerdem im ersten Satz gewöhnlich die Handlungsträger nennt, und viele Witzpersonen schon durch die Nennung ihrer Namen als solche erkennbar sind, ist eine Witzerzählung schon zu Beginn deutlich. Satzanfänge wie ›Tünnes und Schäl stehen am Rheinufer. . .‹, ›Ein Elefant und eine Maus. . .‹, ›Ein Amerikaner, ein Russe und ein Deutscher sitzen zusammen. . .‹ schaffen sofort eine Witzerwartung, und ebenso bestimmte Fragestellungen wie ›Kennen Sie den Unterschied. . .?‹, ›Was ist das Gegenteil von. . .?‹, ›Was ist paradox. . .‹?, ›Frage an Radio Eriwan: . . .?‹ Auch die grausamen ›sick jokes‹ oder ›Mutti-Witze‹ beginnen meist mit einer Frage, z. B. ›Mutti, darf ich spielen gehen?‹ (vgl. S. 144 f.). Sehr oft nimmt der Witz die Form einer Scherzfrage, eines unlösbaren Rätsels an, z. B.: ›Warum haben Ostfriesen abstehende Ohren und eine fliehende Stirn?‹ Nur scheinbar bringen solche Witze einen Dialog. Der Fragesteller muß nämlich auch die Antwort geben. So verläuft die Witzstruktur fast durchgängig in den Ostfriesenwitzen, häufig aber auch bei Elefantenwitzen oder in politischen Witzen vom Typ ›Frage an Radio Eriwan‹. Gerade moderne Witzmoden und -techniken haben die formale Tendenz zum unratbaren Scherzrätsel. Rätsel und Witz besitzen überhaupt viel Übereinstimmendes: In beiden geht es um die Auffindung eines Gemeinsamen, eines ›tertium comparationis‹. Das Rätsel arbeitet ebenso wie der Witz mit einem Vergleich.

Eine sehr große Gruppe von Witzen verläuft in Dialogform, meist in Frage und Antwort, z. B. zwischen Richter und Angeklagtem, Kellner und Gast, Herr und Diener, Kind und Erwachsenem, Arzt und Patient, zwischen Lehrer und Schüler, zwischen einem Betrunkenen und einem Nüchternen, zwischen einem Mann und einer Frau, zwischen zwei Freunden, zwischen zwei Schwerhörigen, zwischen dem Heiratsvermittler und seinem Kunden, zwischen dem heiligen Petrus und einem armen Sünder, der zur Himmelstür kommt, usw. Ebenso setzt das so häufige Prinzip des Übertrumpfungswitzes zwei Gegner voraus, von denen der eine den anderen durch List, Witz oder Gewalt zu besiegen sucht.

Witze ganz verschiedenen Inhalts, verschiedenen Figurenbestands und verschiedener Tendenz können dennoch zum selben Strukturmodell gehören. Ein Beispiel für viele:

> In der Nazizeit treffen sich zwei Juden. ›Was gibt's Neues?‹ fragt der eine. – ›Eine gute und eine schlechte Nachricht‹, ist die Antwort. – ›Sag' mir erst die gute; dann kann ich die schlechte besser ertragen.‹ – ›Ja: Hitler ist tot!‹ – ›Das ist wirklich die beste Neu-

igkeit, die du bringen konntest! Jetzt ist alles gut. Jetzt kann mich nichts mehr erschüttern. Nun sage mir die zweite Nachricht.‹ – ›Ja‹, sagt der andere Jude, ›die erste Nachricht stimmt nicht.‹

So oder ähnlich steht dieser philosophisch-abgründige, fast makabre Witz in den Sammlungen jüdischen Humors. Aber wir würden es uns zu leicht machen, ihn nun einfach in die Rubrik ›jüdische Witze‹ zu stellen. Oder ist es ein typischer Witz der Nazizeit? Es gibt fast gleichlautende Varianten aus dem Rußland der stalinistischen Ära, nur heißt die gute Nachricht, die sich nachher als irrig erweist: ›Stalin ist tot!‹ Ein politischer Witz also? Aber in diese Gruppe ließen sich andere Varianten dieses Witzes nicht einfügen, wie z. B. die folgende:

Der Direktor eines Internats ruft den Vater eines Schülers an:
›Ich habe eine gute und eine schlechte Nachricht für Sie.‹ –
›Sagen Sie mir erst mal die schlechte!‹ –
›Ihr Sohn hat homosexuelle Neigungen.‹ –
›Wie schrecklich, und die gute Nachricht?‹ –
›Er ist zur Maikönigin gewählt worden.‹

Die Struktur ist hier wieder etwas anders als bei dem erstgenannten Hitler- bzw. Stalin-Witz, insofern als die gute Nachricht nachgestellt erscheint und diesmal eine Steigerung, eine Potenzierung der schlechten Nachricht bedeutet. Es handelt sich um einen Homosexuellen-Witz. Die sog. gute Nachricht kann auch schlimmer sein als die schlechte:

Eine Frau ist krank, und ihr Mann begleitet sie zum Arzt. Während der Untersuchung wartet der Mann im Wartezimmer, und hinterher teilt ihm der Arzt das Untersuchungsergebnis mit: ›Herr Schmidt, ich habe eine gute und eine schlechte Nachricht für Sie: Die schlechte ist, daß Ihre Frau den Tripper hat. Und die gute Nachricht: sie hat ihn nicht von Ihnen!‹

Es gibt offenbar eine Art Witztyp ›gute und schlechte Nachricht‹, und diese kann sich auf verschiedene Inhalte, politische wie sexuelle oder andere erstrecken. Unabhängig vom jeweiligen Inhalt beruht die innere Struktur des Witzes auf einem Konflikt mit der Logik: Die schlechte Nachricht führt die gute ad absurdum.

Witzdialoge wie die geschilderten sind in der Regel ›Zweizahlgeschichten‹. Daneben gibt es aber auch deutliche Dreizahlgeschichten. Mit ›Achtergewicht‹ kann der dritte Fall die beiden ersten übertrumpfen. Manchmal besteht die Pointe gerade darin, daß die Kette brüchig wird und das dritte Argument ganz anders verläuft als die beiden ersten.

Drei alte Männer, siebzig, achtzig und neunzig Jahre alt, sitzen zusammen und übertrumpfen sich in Schilderungen ihrer Vitalität. Sagt der Siebzigjährige: ›Neulich habe ich noch die ganze Nacht durchgetanzt. Aber am nächsten Tag haben mir doch die Beine etwas weh getan.‹
Sagt der Achtzigjährige: ›Und ich habe vor ein paar Tagen noch eine große Bergtour unternommen, einen Viertausender erklettert. Aber am anderen Tag habe ich doch ein bißchen meinen Rücken gespürt.‹
Und der Neunzigjährige: ›Ich war gestern Abend bei meiner Freundin.‹ »Was«, sagt sie, »bist Du schon wieder da? Kannst Du denn gar nicht genug bekommen? Du warst doch erst heute mittag bei mir.« – ›Und da hab' ich gemerkt, – daß mein Gedächtnis anfängt nachzulassen.‹

Drei alte Männer werden im Fernsehen interviewt und nach ihrer Lebensweise befragt. Sagt der erste: ›Ich hab immer gut gelebt; morgens eine Flasche Wein, mittags eine Flasche Wein und abends eine Flasche Wein.‹ – ›Und wie alt sind Sie jetzt?‹ – ›Ich gehe jetzt ins achtzigste.‹ – Sagt der zweite: ›Ich hab immer gut gelebt: morgens eine Pfeife Tabak, mittags eine Pfeife Tabak und abends eine Pfeife Tabak. Und dabei werde ich nächsten Monat 90 Jahre alt und fühle mich immer noch wohl.‹ – Dann kommt der dritte. Der sieht nun fast schon wie hundert aus: ›Ich hab auch immer gut gelebt: morgens eine Frau, mittags eine Frau und abends eine Frau.‹ – ›Und wie alt sind Sie jetzt?‹ Mühsam keucht er: ›Achtunddreißig!‹

Drei alte Frauen, siebzig, achtzig und neunzig Jahre alt, sitzen zusammen. Sagt die Siebzigjährige: ›Ich führe noch den ganzen Haushalt für meine berufstätige Tochter.‹
Sagt die Achtzigjährige: ›Und ich stricke noch immer alle Pullover für meine Enkel.‹
Und die Neunzigjährige: ›Ob ihr's glaubt oder nicht, ich bin immer noch Jungfrau: toi, toi, toi!‹

Ähnliche Dreizahlgeschichten gibt es insbesondere auch im ethnischen Übertrumpfungswitz (vgl. S. 286 ff.) sehr häufig.

Auf einer Gipfelkonferenz wird die Frage erörtert: Welche Nationalität hatten Adam und Eva? – Der französische Präsident erklärt: ›Eva war selbstverständlich eine Französin, denn nur eine Französin verfügt über derartige Verführungskünste.‹ – Der englische Premier sagt: ›Wenigstens Adam muß wohl ein Engländer gewesen sein, denn nur ein Gentleman bringt es fertig, für eine Frau eine Rippe zu opfern.‹ – Der sowjetische Ministerpräsident jedoch erklärt: ›Nein, das alles stimmt nicht! Beide, Adam und Eva, waren Russen, denn nur in Rußland kann es eine so lange Diskussion bloß um einen Apfel geben. Außerdem: Beide haben nichts anzuziehen und glauben dennoch im Paradies zu sein.‹

Bei Übertrumpfungswitzen dieser Struktur liegt das Hauptgewicht beim dritten und letzten Argument. Das in so vielen Erzählgattungen der Volksprosa, besonders beim Märchen, in der Sage, im Schwank, oder in Balladen beobachtbare Gesetz des ›Achtergewichts‹ (Olrik) gibt es auch im Witz. Nur besteht die Pointe eben darin, daß das Schlußargument nur scheinbar das stärkste ist. Der Letzte entlarvt sich selbst mit seinem Argument als der Schwächste. Er wird belacht oder gar verlacht. Er ist in Wirklichkeit der Unterlegene. Wer im Witz das letzte Wort behält, ist nicht notwendigerweise auch der Sieger. Der Übertrumpfungswitz ist meist ein Entlarvungswitz. Die Umkehr der anfänglichen Kräfteverhältnisse macht jedenfalls die Struktur unzähliger Witze aus. Der anfänglich überlegene Partner (s = superior) wird durch eine Herausforderung oder Aggression (A) zum Unterlegenen (i = inferior). Natürlich kann sich der Dialog in einer Art Kettentechnik auch verlängern, der Angegriffene zum Gegenangriff übergehen, durch eine schlagfertige Antwort (R = Replik) zurückschlagen, um zum Schluß dennoch als Sieger dazustehen oder auch erneut und noch tiefer niedergeschlagen zu werden. So gesehen lassen sich die meisten Witze auf Strukturformeln bringen, deren einfachste so aussieht:

$$\frac{X\,s.}{Y\,i.} \rightarrow A \rightarrow \frac{Y\,s.}{X\,i.}$$

Fast in allen Witzen läßt sich eine Aggression ermitteln, die gegen denjenigen oder dasjenige gerichtet ist, worüber man lachen soll. Der Witz hat ja keinerlei Respekt vor irgendetwas oder irgendwem, weder vor Alter und Krankheit, noch vor irgendwelchen Idealen und ethischen Vorstellungen, noch vor der Macht oder dem Ansehen einer prominenten Persönlichkeit. Die innere Struktur des Witzes beruht ganz wesentlich auf der Aufdeckung von Distanzen, die sich eben als ›komischer Konflikt‹ bezeichnen lassen.

Auf einem WC der Uni trifft ein Student seinen Professor und sagt zu ihm: ›Endlich kann ich mir Ihnen gegenüber mal etwas herausnehmen.‹ Aber der Professor erwidert: ›Machen Sie sich keine Illusionen; Sie werden auch diesmal den kürzeren ziehen!‹

Die äußere Situation auf einer Toilette läßt einen skatologischen Witz erwarten. Würde der Ort der Begegnung nicht genannt, wäre es überhaupt kein Witz. Die Technik des Witzes ist die eines Wortwitzes.

Scheinbar völlig harmlose Metaphern wie ›sich etwas herausnehmen‹ und ›den kürzeren ziehen‹ sind zwar nicht grundsätzlich doppeldeutig, aber sie erweisen sich als doppelsinnig und obszön (sogar mit dem Unterton einer homosexuellen Annäherung) in der besonderen Situation der Begegnung. Zwei Antagonisten, Gegensätze des Wissens und zugleich soziale Gegensätze – Professor und Student – konkurrieren in einer Situation und auf einem Gebiet, das vom Gegenstand und vom Ort ihrer sonstigen geistigen Auseinandersetzung weit entfernt ist. Der Gegenstand ihres Geltungsstreites ist eine Frage der geschlechtlichen Potenz. Es geht wie so oft im sexuellen Witz um Penisprotzerei und sexuelles Prestige. Es gehört weiter zu den komischen Überraschungseffekten, daß der Professor sich nicht nur intellektuell, sondern auch körperlich als der Überlegene herausstellt. Die Aggression eines Unterlegenen wird zurückgewiesen. Bezeichnen wir mit P. den Professor, mit S. den Studenten, so verläuft unser Witz nach folgendem Strukturschema

$$\frac{\text{P. s.}}{\text{S. i.}} \rightarrow \text{A} \rightarrow \frac{\text{S. s.}}{\text{P. i.}} \rightarrow \text{R} \rightarrow \frac{\text{P. s.}}{\text{S. i.}}$$

Der Dialog-Charakter des Witzes führt häufig auch zu zweiteiligen Bauformen, bestehend aus Aggression und schlagfertiger Replik.

›Schlagfertige Replik‹ nennen wir ein rasches geistiges Reagieren auf eine Aggression, die zudem meist noch den Charakter des Unvorhergesehenen und Unerwarteten hat. Schlagfertig kann die logisch erscheinende, aber in Wirklichkeit doch unlogische, d. h. nur scheinbar logische Antwort auf eine ernstgemeinte Frage sein. Das Wort enthält den Begriff ›Schlag‹, wie schon das Wort ›Schwank‹ etwas mit ›Schwingen‹, ›Schlagen‹ zu tun hat. Doch sind – im Gegensatz zur Handlungskomik des älteren Schwanks – die Schlagfertigkeitswitze fast stets Wortwitze. Es geht um einen geistigen Schlagabtausch.

Schlagfertig ist es, wenn man den erlittenen Schlag geistesgegenwärtig abwendet und zurückschlägt; wenn man den ›Spieß umkehrt‹, der gegen einen gerichtet ist, so daß die Aggression auf den Angreifer selbst zurückfällt. Fast immer beziehen sich die Schlagfertigkeitswitze auf die Auseinandersetzungen zwischen sozial Unebenbürtigen – ganz allgemein zwischen Vorgesetzten und Untergebenen: zwischen landesherrlichen Monarchen und Untertanen, zwischen dem Offizier und dem Soldaten, zwischen Gast und Oberkellner, zwischen Lehrer und Schüler in Schulwitzen, Professoren und Studenten in Examenswitzen, zwischen Richter und Angeklagtem. Der Angegriffene pariert geschickt den ausgeteilten Hieb und schlägt den Angreifer zur Freude des Zuschauers. Die schlagfertige Antwort verdient Anerkennung, da sie nicht nur eine scharfe Beobachtung, sondern eine schnelle Überlegung und ein kreatives Denken verlangt. Die Entgegnung wirkt umso stärker, je mehr sie den Angreifer unvorbereitet trifft. Objekt und Angreifer kann ein jeder sein, der durch seine Frage einen anderen reizt (W. R. Schweizer). Es liegt jedoch in der Natur der Sache, daß Schlagfertigkeitswitze besonders häufig in der Einkleidungsform der historischen Anekdote erscheinen.

Friedrich der Große fragt einen Soldaten, der ihm durch eine mächtige Schramme im Gesicht auffiel: ›In welcher Schenke hat man dich denn so zugerichtet?‹ – ›Bei Kolin, wo Eure Majestät die Zeche bezahlen mußten.‹

Die Antwort ist besonders witzig, weil sie im Bild der Frage bleibt. Die Schlagfertigkeit vor Fürstenthronen gehört schon zur älteren Schwankstufe.

Serenissimus macht eine Reise durch seine Staaten und bemerkt in der Menge einen Mann, der seiner eigenen hohen Person auffällig ähnlich sieht. Er winkt ihn heran, um ihn zu fragen: ›Hat seine Mutter wohl einmal in der Residenz gedient?‹ – ›Nein, Durchlaucht‹, lautet die Antwort, ›aber mein Vater!‹

Sigmund Freud interpretiert diese Anekdote richtig, wenn er schreibt: »Der Gefragte möchte gewiß den Frechen niederschlagen, der es wagt, durch solche Anspielung dem Andenken seiner Mutter Schmach anzutun; aber dieser Freche ist der Monarch, den man nicht niederschlagen, nicht einmal beleidigen darf, wenn man nicht diese Rache mit seiner ganzen Existenz erkaufen will. Es hieße also die Beleidigung schweigend hinunterwürgen, aber zum Glück zeigt der Witz den Weg, die Beleidigung ungefährdet zu vergelten, indem man die Anspielung aufnimmt und gegen den Angreifer wendet.«

Der ›Zusammenstoß verschiedener Normbereiche‹, wie ihn Bausinger als charakteristisch für den Witz formuliert hat, zeigt sich im historischen Bereich etwa auch bei den Späßen der Hofnarren. Der Hofnarr verkehrt zwar in guter Gesellschaft, doch gehört er ihr nicht an und sagt ihr Impertinenzen. Er könnte dies nicht tun, wenn er selbst zur guten Gesellschaft gehörte. Der Narr muß vielmehr außerhalb der guten Gesellschaft stehen, sie von außen betrachten, um das Nichtevidente ihrer Evidenzen, das Nichtselbstverständliche ihrer Selbstverständlichkeiten, das Nichtendgültige ihrer Endgültigkeiten herauszufinden. Zugleich aber muß er in der guten Gesellschaft verkehren, um ihre Heiligtümer zu kennen und Gelegenheit zu haben, ihr Impertinenzen zu sagen (Leszek Kolakowski).

Der Hofnarr trifft den König an, wie er sich gerade vornüber beugt, und piekt ihn in den Hintern. Ihm wird gesagt, Verzeihung dürfe er nur dann erhoffen, wenn er eine Entschuldigung ersinnt, die noch schändlicher ist als sein Verhalten. ›Das ist leicht‹, erwidert er. ›Ich dachte, es sei die Königin.‹

Das alles sind Anekdoten aus feudalen Zeiten, und nicht zufällig. Einfach deshalb, weil eine andere Auflehnung als die witzige Replik nicht im Bereich der legalen Möglichkeiten lag. Weil es sich um historische Witze handelt, die an bestimmte geschichtliche Persönlichkeiten anschließen, nennen wir sie Anekdoten. In der Gegenwart hat der Schlagfertigkeitswitz wieder andere Einkleidungsformen. Er findet sich z. B. im Schul- und Examenswitz, wurden doch die Professoren in Organen der Studentenpresse geradezu als ›Feudalherren‹ bezeichnet.

Ein Professor stellt im Examen gerne Fragen, die den Kandidaten in Verlegenheit bringen sollen. So fragt er einen Mediziner: ›Sagen Sie einmal, wie lange kann ein Mensch ohne Gehirn leben?‹ – ›Entschuldigen Sie, Herr Professor, eine Gegenfrage: Wie alt sind Sie?‹

›Weißt du auch, Tommy, daß George Washington in deinem Alter bereits der beste Schüler der Schule war?‹ fragte der Lehrer. – ›Jawohl‹, war die Antwort, ›und in Ihrem Alter war er bereits Präsident der Vereinigten Staaten.‹

Die Examenssituation erzeugt ein Klima, in dem Schlagfertigkeit besonders gut gedeiht. Dabei ergibt sich eine Potenzierung der Komik oft dadurch, daß ein Rollentausch zwischen Examinator und Prüfling stattfindet (H. Thielicke, S. 56).

Mehreren Strafrechtlern wird die juristische Examensfrage nachgesagt: ›Was ist Betrug?‹ Der Kandidat: ›Betrug wäre es, Herr Professor, wenn Sie mich durchfallen ließen.‹ –
›Das ist eine unerhörte Frechheit! Wie meinen Sie das, Herr Kandidat?‹
›Nach juristischer Definition‹, antwortete der Prüfling, ›nennt man Betrug eine Handlung, in der jemand die Unkenntnis eines anderen zu dessen Schaden ausnutzt.‹ (Hans Joachim Schoeps, Ungeflügelte Worte, S. 255).

Die Schlagfertigkeit braucht nicht immer auf der Seite des geprüften Kandidaten zu liegen, manchmal wird sie auch dem Prüfer zugeschrieben.

Examen in Anatomie. Die junge Kandidatin steht vor einer Leiche, genaugenommen vor dem, was andere nach ihren Sezier- und Präparierübungen von der Leiche übrig ließen. Da der prüfende Professor zu jenen Männern gehört, die von studierenden Frauen wenig halten, stellt er mildherzig die Frage: ›Können Sie mir sagen, ob es sich hier um eine weibliche oder männliche Leiche handelt?‹ Die

Studentin blickt auf den Tisch, wird rot, sagt dann aber mit Bestimmtheit: ›Eine männliche Leiche, Herr Professor.‹ – ›So?‹ meint der Professor. ›Und woran wollen Sie das erkennen?‹ Mit abgewendetem Gesicht deutet das Mädchen auf einen Leichenrest und sagt tapfer: ›An dieser Stelle, Herr Professor, hat sich der Penis befunden.‹ – ›Zuweilen, mein Fräulein‹, sagt der Professor und nickt schmunzelnd, ›zuweilen!‹

Als schlagfertig empfinden wir auch die Umwandlung eines Angriffs in unerwartetes Lob:

Ein Herr geht in ein Restaurant und bestellt sich eine Suppe. Der Kellner bringt die Suppe, in der der Gast eine große Fliege entdeckt. ›Das ist zu stark‹, ruft der Gast. ›Holen Sie den Geschäftsführer!‹ Der Kellner kommt nach kurzer Zeit zurück – allein: ›Der Chef läßt Ihnen seinen Glückwunsch übermitteln, mein Herr, den ganzen Vormittag hat er versucht, die Fliege zu fangen, und Sie schaffen es beim ersten Versuch!‹

Gastwirt: ›Was, die Schraube haben Sie in der Wurst gefunden? Da können Sie mal sehen, wie der Motor das Pferd auf der ganzen Linie verdrängt.‹

›Passen Sie doch auf, Sie haben Ihren Daumen in der Suppe‹, rügt der Gastwirt seinen Kellner. ›Oh, das macht nichts, Chef, sie ist nicht mehr heiß.‹

Nicht jede freche oder unverschämte Antwort ist schlagfertig im Sinne des Witzes. Witzig ist nicht nur das Unerwartete, sondern vor allem die Antwort, die genau mit den Mitteln der Frage zurückschlägt. Ein konfessioneller Witz:

Der Rabbiner und der Priester streiten sich über ihren Glauben. Der Priester stellt dem Rebbe dabei die Frage: ›Ihr Juden habt doch, wie jedermann weiß, einen festen Glauben an Gott, den Herrn der Welt. Wie kommt es nun, daß ihr an Gottes Sohn nicht glaubt? Für gewöhnlich hat doch der Sohn eines Reichen Kredit auf das Konto des Vaters?‹ – ›Das ist richtig‹, antwortet der Rabbiner: ›Aber sagen Sie selbst, wie soll man dem Sohn eines reichen Vaters kreditieren, der nie sterben wird.‹

Der Witz besteht hier darin, daß jeder der beiden Gegner sich der Argumente der Gegenpartei zu bedienen sucht: Der Christ mit dem Geld- und Kreditwesen der Juden, der Jude mit dem christlichen Dogma. Das Schlagen des anderen mit seinen eigenen Waffen gehört vielfach zum Schlagfertigkeitswitz. Wir kennen dann weiter die witzige Replik in der Einkleidungsform des Tribunalwitzes: Ein Angeklagter löst sich von der Anklage durch eine witzige Antwort.

»Und jetzt rate du mal!«

Anwalt zu einem Zeugen: ›Für Ihren Bildungsgrad haben Sie eine ganz annehmbare Auffassungsgabe und Intelligenz.‹ Zeuge: ›Ich möchte das Kompliment gern zurückgeben, aber ich stehe unter Eid!‹

Tünnes erzählt: »Ich wor letz als Zeuje am Jereech (Gericht). Der Richter fröch mich: ›Wann sind Sie geboren?‹ Ich sät nix. Do reef hä: ›Wann ist denn Ihr Geburtstag?‹ Do sät ich: ›Ob ich Üch dat dann sage, Här Richter, Ehr wollt mir jo doch nix schenke!‹ ›Sind Sie verheiratet?‹ fröch hä wigger. Ich sage: ›Eja‹. Do sät hä: ›Mit wem denn?‹ Ich sat: ›Mit minger Frau.‹ Do wood hä ävver wödich (wütend): ›Reden Sie kein dummes Zeug, mit einem Mann kann man doch nicht verheiratet sein!‹ ›Woröm nit?‹ sat ich. ›Ming Schwester es ävver met 'nem Mann verhierot.‹« (Lützeler, Wissenschaft, S. 29).

Die Gerichtssituation kann sich im Witz sogar bis auf das Jüngste Gericht beziehen, das in Witz und Schwank nicht mehr sakrosankt ist. Bezeichnend hierfür ist folgender jüdischer Witz:

Ein alter Jude, dessen einziger Sohn sich hat taufen lassen, begegnet kurz nach diesem Ereignis einem Bekannten. Der hält ihm vor: ›Dein feiner Herr Sohn läßt sich taufen und und du jagst ihn nicht einmal aus dem Haus? Du bist doch ein frommer Jude vom alten Schlag – was wirst du tun, wenn die Zeit kommt, da du dich vor Gottes Gericht verantworten mußt und er dir sagt: Gib Rechenschaft über deinen einzigen Sohn, der sich hat taufen lassen und Christ geworden ist!‹ – ›Was ich tun werde‹, erwidert gelassen der Alte: ›Ich werde kurz antworten: Und *Dein* einziger Sohn, lieber Gott?‹

In der witzigen Replik fällt die Aggression wie ein Bumerang auf den Aggressor zurück. Das Sprichwort sagt:

›Wer zuletzt lacht, lacht am besten.‹

Ein indisches Sprichwort lautet:

›Wenn ein Mensch lacht, ist es über andere,
wenn er weint, für sich selbst.‹

In solchen Volksweisheiten ist unser ganzes Inferior-Superior-Schema schon enthalten; es bietet keineswegs eine neue Erkenntnis. Bergson schreibt: »Im Lachen steckt eine uneingestandene Absicht, zu demütigen und damit unseren Nächsten zurechtzuweisen.« Und schon Hobbes hat erkannt: »Lachen ist nichts anderes als ein plötzlicher Triumph, der irgendeinem plötzlichen Überlegenheitsgefühl in uns entspringt, im Vergleich zu der Unfähigkeit anderer oder auch zu unserer eigenen, früheren Unfähigkeit.« Th. Reik hat es so ausgedrückt:

»A thought murder a day keeps the doctor away« (täglich ein Gedankenmord erspart uns den Arzt). Der Witz stellt überkommene Werte und gültige Normen in Frage, allerdings nur so weit, als die Normverletzung mit den Wunschvorstellungen identisch ist. Daß Aggressionen häufig Minderwertigkeitskomplexen entspringen und daß Witze auch etwas mit der Verarbeitung und Bewältigung von Angst zu tun haben (Peters, S. 23), zeigt ihre Aggressions-Replik-Struktur besonders deutlich.

Die Problematik von Normverletzungen, von Aggressionen und Replik lassen den Witz auch zum Gegenstand der Soziologie und Verhaltensforschung werden. Eine nicht geringe Zahl von Witzen hat keinen anderen Zweck, als sich über hochgestellte und angesehene Standesrepräsentanten lustig zu machen, wie z. B. über Staatsmänner, Priester, Offiziere, Professoren und Richter.

Im Witz werden sehr häufig soziale Spannungen ausgetragen. Da muß sich der Knecht gegen den Bauern durchsetzen, der Bauer gegen den Städter, der Bürger gegen den Feudalherrn, der Handwerksbursche gegen den Meister, das Kind gegen den Erwachsenen, der Küster gegen den Pfarrer, der Kellner gegen den Gast, die Maus gegen den Elefanten, die Frau gegen den Mann oder umgekehrt. Alle wirklichen oder angemaßten Subordinationsverhältnisse spiegeln sich darum im Witz wider.

> Ein Bergbauer aus dem Harz fragt einen Städter: ›Seggen Sei meck mal, wat sind dat aagentlich for wecke, dei Asozialen?‹ – ›Ach, das sind Leute, die nichts Rechtes arbeiten, die überall an den Ecken herumstehen und immer den größten Mund haben‹, sagt der Städter. ›Och so‹, antwortet der Bauer nach einer Pause, ›da hebbet wei man blos drei von in'n Dörpe, dat is de Schaulmester, de Paster und de Schandarme.‹

Diese Geschichte zeugt von einer ironischen Schlagfertigkeit des Landbewohners, der bei aller stillschweigenden Achtung vor den Leistungen dieser Autoritätspersonen doch prompt die Gelegenheit nutzt, deren Andersartigkeit – im Verhältnis zu seiner eigenen Handarbeit – zu charakterisieren (Holm).

Wie in der Komödie ist im Witz der ›dienstbare Geist‹, die ›Minna‹, die Reinemachefrau klüger als die ›Gnädige‹, der Butler schlagfertiger als sein Herr. Der Bauer triumphiert über den Städter, der Angeklagte über den Richter, der Gefangene über den Polizisten. Die Aggression gipfelt nicht selten in dem Wunsch, der Sozialpartner, Vorgesetzte, politische Gegner etc. sei tot.

> Angestellter zum Chef: ›Ich würde gern heute mittag zu einer Beerdigung gehen.‹ – Chef: ›Zu welcher?‹ – Angestellter: ›Zu Ihrer!‹

Aus demselben Grund spielen politische Witze so oft im Himmel oder in der Hölle, vor Petrus dem Himmelspförtner, jedenfalls vor einer jenseitigen Instanz, in der über das irdische Leben Rechenschaft abgelegt werden muß.

Witze lassen oft den Unterdrückten in die Rolle des Überlegenen schlüpfen, aber Witze fördern nicht selten auch Klischees und Vorurteile. Solange es z. B. noch immer Autofahrer-Witze über Frauen gibt, die ihren Wagen zuschanden fahren und sich am Steuer ungeschickter verhalten als Männer, sind wir noch sehr weit von der Gleichberechtigung der Frau entfernt. Solche Witze fördern das Klischee von der intellektuell beschränkten, technisch unbegabten Frau. Witze sind aggressiv nicht nur gegen die Mächtigen (wie im politischen Witz); sie verspotten auch Minoritäten, z. B. ethnische und soziale Minderheiten wie z. B. Kranke und mit unheilbaren Leiden Behaftete: Irre, Schwerhörige, Stotterer. Gerade sie sind die leichtesten Opfer. Insofern sind diese Witze in höchstem Maße provokativ. An der Diskriminierung von ethnischen Minderheiten oder sozialen Subkulturen – man denke nur an Juden- und Polackenwitze, Knast- und Bettlerwitze – trägt der Witz auch sein gehöriges Teil von Schuld. Nicht immer ist er nur ein Ventil berechtigten Protestes. Manchmal sollte man vielmehr echtes Mitleid empfinden mit dem, über den gelacht wird, und es gibt Witze, bei denen einem wirklich das Lachen im Halse stecken bleibt.

Die Aggression kann vom Unterdrückten und Beherrschten ausgehen wie auch von den Herrschenden; neben der Tendenz gegen die Obrigkeit, der Sozialkritik von unten, steht auch die Sozialkritik von oben. Aggression provoziert immer auch Gegenaggression. Der Anspruchsvolle wird zurückgewiesen.

> Ein Arzt in einem Vorort Hamburgs hat an einem Nachmittag noch einige Eintragungen zu machen. Er sitzt an seinem Schreibtisch, mit dem Rücken zur Tür. Da klopft es.
> ›Jo komen Se man rin!‹ roppt de Arzt. Un as de Dör opengeiht, kickt he sick gor nich erst um un seggt: ›Oogenblick, nehmen Se sick'n Stohl!‹
> ›O, bitte sehr!‹ seggt de Froo. ›Ich bin Frau Bürgermeister Penkuhn aus Regenbüttel.‹
> Seggt de Arzt: ›Denn nehmen Se sick twee Steuhl!‹

Im Zurechtweisungs- oder Entlarvungswitz wird eine hochgestellte Persönlichkeit vom Podest gezogen. Es wird gezeigt, daß auch sie nur ein Mensch ist wie jeder andere.

Witze enthalten zwar einerseits Aggressionen; dadurch aber, daß diese Aggressionen gedacht und ausgesprochen werden, führen Witze auch zur Entspannung. Witze haben Ventilfunktionen, die dafür sorgen, daß Aggressionen lediglich verbal bleiben. Gerade weil sie Spannungen konkretisieren, tragen sie auch zur Entspannung von gesellschaftlichen Verhältnissen bei: Lachen befreit.

Das Lachen in einer Gesellschaft ist immer eine soziale Kritik. Immer wird mit komischen Effekten das gesellschaftliche Normensystem fiktiv verletzt, das für die Zuhörer als Gruppe verbindlich ist. Witze sind sozialgeschichtliche Dokumente. Der Witz gibt freilich kein realistisches Abbild der Gesellschaft. Das Lachen entzündet sich vielmehr gerade am Nicht-Normgerechten, am Defekt (vgl. E. Moser-Rath, Erzählforschung, S. 77). Für das Sozialverständnis eines Witzes kommt es darum ganz wesentlich auf den sozial- und ökonomiegeschichtlichen Kontext an. Wir können viele und sicher sehr lachkräftige Witze nicht würdigen, wenn wir die sozial-ökonomische Entstehungssituation nicht kennen. Derselbe Witz, der einmal in einer bestimmten gesellschaftlichen Situation Lachstürme ausgelöst hat, mag, ein Jahr später erzählt, die Zuhörer kalt lassen, ja, wir selbst, die wir damals herzlich mitlachten, verstehen oft jetzt in der Erinnerung kaum, worüber wir damals haben lachen können. Derselbe Witz, der uns zum Lachen brachte, weil er z. B. die jetzt herrschenden sozialen Verhältnisse verhöhnt, büßt alle seine Lustwirkung ein, wenn sich jene Verhältnisse ändern. Man könnte sagen: Der blitzartigen Entstehung des Witzes entspricht sein rasches Verblühen (Theodor Reik: Lust und Leid im Witz, S. 69).

Traditionsreihen und das Problem der Kontinuität

Vergleiche von unterschiedlichen Erzählgattungen sind methodisch dort am ergiebigsten, wo es eben ein Gleiches, z. B. dieselbe Stoff-Grundlage gibt. Es gibt – gar nicht so selten – durchgängige Themen vom mittelalterlichen Schwank zum zeitgenössischen Witz, wofür wir allerdings nur einige wenige ausgewählte Beispiele vorführen können.

Ein Mann kommt von einer Geschäftsreise überraschend zwei Tage früher als erwartet nach Hause zurück. Als er den Hausflur betritt, sieht er an der Garderobe einen abgetragenen Mantel und einen schäbigen Hut hängen. Die Kleidung eines Landstreichers. Er geht ins Schlafzimmer und findet seine Frau mit einem schmutzigen, unrasierten Mann im Bett.

›Aber, was. . .‹ stottert er überrascht.

›Laß dir erklären‹, unterbricht seine Frau, ›er hat an der Tür geklingelt und mich gebeten, ihm ein Stück Brot zu geben. Ich habe gesagt, daß ich keines im Hause hätte. Dann wollte er einen Teller

»Was gibt's denn hier zu lachen ...?«

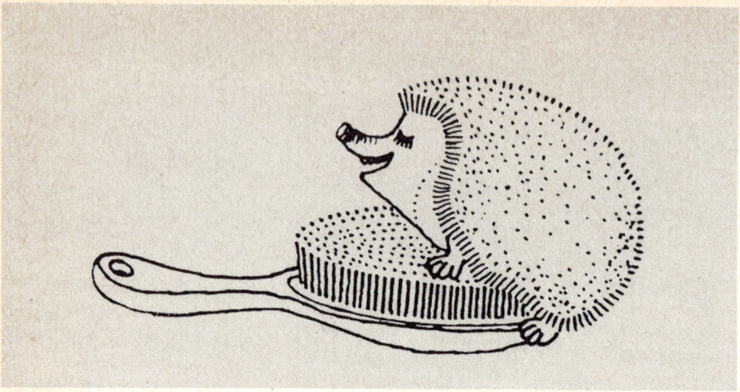

Irren ist menschlich, sagte der Igel,
da sprang er von der Kleiderbürste

Suppe haben. Da habe ich ihm gesagt, daß ich auch keine Suppe hätte. Darauf meinte er: »Dann geben Sie mir doch irgend etwas, das Ihr Mann nicht mehr braucht« ...‹

Dieser Witz gehört zur Gruppe der Ehebruchswitze; er ist ein sexueller Witz. Zugleich gehört er zu denen, in denen eine schlagfertige Antwort oder eine unerwartete listige Ausrede eine Rolle spielt. Kant spricht beim Witz und beim Lachen von der Entladung einer »hochgespannten Erwartung in nichts«. Das ist hier zu erkennen: Ehebruch – aber nur als ›Almosen‹, noch weniger bedeutend als ein Stück Brot oder ein Teller Suppe. Eine gewichtige Sache, nämlich eine Ehebruchsentdeckung in flagranti, erhält eine scheinbar harmlose Erklärung. Witzig umschrieben ist die Ehebruchs-Ausrede einer sexuell frustrierten Frau: sie hat dem Bettler ja nur gegeben, was der Mann ›nicht mehr braucht‹, von dem der Mann keinen Gebrauch mehr macht, nämlich ihren Körper, ebenso wie ein ausgebrauchtes Kleidungsstück. Dieser Witz – in einer Tageszeitung aufgelesen – ist nichts anderes als der mittelalterliche Schwank vom ›warmen Almosen‹, der in der Form der Schwankballade wiederholt sogar noch in unserem Jahrhundert aufgezeichnet worden ist.

Wie unterscheidet sich dieser mittelalterliche Schwank vom stoffgleichen Zeitungswitz der Gegenwart? Auch ›das warme Almosen‹ ist ein Ehebruchsschwank, und man kann nicht behaupten, daß es ihm an sexueller Pikanterie mangle. Dennoch sind die Akzente ganz anders gesetzt: Der mittelalterliche Schwank belehrt: er ist didaktisch. Die Rolle der almosengebenden und damit ehebrecherischen Frau ist eine völlig andere. Sie gibt das höchste und wertvollste Almosen, über das sie überhaupt verfügt, das Almosen der Minne, da ihr Mann sie aus Geiz daran gehindert hat, ein anderes Almosen zu spenden. Die mittelhochdeutsche Erzählung vom Almosen will eine Lehre gegen den Geiz geben. Trotz aller schwankhaften und pikanten Elemente ist sie lehrhaft: Die Schuld an dem Ehebruch trägt nicht die Frau, wiewohl sie dem Bettler freiwillig ihre Liebe anträgt, sondern der Ehemann, der seine Frau so knapp hält, daß sie nicht mehr in der Lage ist, ein noch so bescheidenes Almosen zu geben. Hinter der Erzählung steht die mittelalterliche Auffassung vom Betteln und Gabenspenden: Jedem Bettler muß etwas gegeben werden, nach dem biblischen Motto: »Was ihr einem meiner geringsten Brüder getan habt, das habt ihr mir getan.« Was den Armen gegeben wird, das kommt der eigenen armen Seele nach dem Tod wieder zugute. Bei ihrer Verteidigung beruft sich die Frau ausdrücklich und mit vollem Recht auf diese religiösen Vorschriften. Der Geiz des Ehemanns wird anschaulich geschildert. Die Erzählung gipfelt in einer Verspottung des reichen Geizhalses.

Die Entwicklung des Stoffes verläuft von einem Schwankexempel zur Warnung vor allzugroßer Sparsamkeit und vor Geiz zu einem reinen Ehebruchswitz. Ein Stoff und seine Behandlung kann sich also völlig wandeln. Nicht nur umfangmäßig, von der längeren Form des Vers-Schwankes zur kurzen Prosa-Form des Witzes, von der mittelalterlichen Verserzählung zur neuzeitlichen Prosa, von der Didaxe gegen den Geiz zum sexuellen Witz, von der breitausgemalten Schilderung zur Momentaufnahme des zurückkehrenden Ehemanns, von der Vergangenheitsform zum Präsens. Trotz der verschiedenen Akzentuierung aber ist es klar, daß die beiden Erzählungen einem einzigen Typ zugehören.

Ein anderes Beispiel stammt aus dem Bereich des klerikalen Witzes:

> Im Himmel sind Wahlen. Natürlich gehört es sich, daß alle wie immer die christliche Einheitspartei wählen, doch bei der Auszählung kommt eine sozialistische Stimme zutage. Wer war der Sünder? Nach langen Überlegungen kommt man zum Schluß, daß dies nur der heilige Josef, der Patron der Werktätigen, gewesen sein kann. Man stellt ihn zur Rede.
> ›Natürlich war ich das‹, sagte der heilige Josef drauf, ›und wenn ihr hier keine Opposition zulassen wollt, dann nehme ich meine Frau und das Kind aus dem Betrieb, und ihr könnt den Laden zumachen!‹ (H. Bemmann: Der klerikale Witz, S. 148)

Eine leicht abweichende Version kursierte in Südbaden vor den Bundestagswahlen 1976:

> Auch im Himmel wird gewählt. Es stellt sich heraus, daß mit einer Ausnahme alles CDU gewählt hat. Nur der heilige Joseph wählte wie sein Großvater und Vater, die wie er Zimmerleute waren, die SPD. Seinen Kritikern droht er, den ›Buben‹ aus dem ›Geschäft‹ zu nehmen; dann müsse ›der Laden pleite gehen‹.

Die Diktion klingt ganz modern, und die Stichworte ›Wahlen‹, ›Einheitspartei‹, ›CDU und SPD‹, ›Sozialismus‹, ›Oppositon‹, ›Werktätige‹ etc. würden vermuten lassen, daß dieser Witz erst in den letzten Jahren entstanden sein dürfte. Doch dem ist nicht so. Schon der Ordenspriester Giovanni Crisostomo aus Florenz baute einen ähnlichen Legendenschwank 1775 in Palermo in seine Predigt ein, was ihm allerdings damals die Inquisition auf den Hals zog:

> Es war einmal ein Mann, der verehrte den heiligen Josef sehr, aber sonst niemanden. Zum heiligen Josef richtete er alle seine Gebete, dem heiligen Josef opferte er viele Kerzen, für den heiligen Josef gab er viele Almosen, kurz und gut: er kannte nichts anderes als den heiligen Josef. Es kam der Tag, da er sterben sollte, und er wanderte zum Tor des Paradieses und meldete sich beim heiligen Petrus. Der war sehr erstaunt, ihn vor seinem Tor zu sehen und

sagte: ›Was willst du denn da? Hast du je zu unserm Herrn gebetet? Nein! Oder zur Madonna? Nein! Oder zu allen Heiligen? Keine Spur! Du hast getan, als ob es die alle nicht gäbe.‹ – ›Ja‹, sagte jener Mann, ›das sehe ich ja ein. Aber wenn ich nun schon einmal hier oben bin, so laß mich doch bitte wenigstens den heiligen Josef sehen!‹

Da ging der heilige Petrus und holte den heiligen Josef. Kaum hatte der den Mann gesehen, der ihn so verehrte, da sagte er: ›Da bist du ja, du Braver! Komm nur gleich herein! Ich bin sehr zufrieden, daß du nun auch bei uns bist. Komm nur schnell!‹ – ›Ich kann ja nicht, denn der da will es nicht.‹ – ›Und warum?‹ – ›Weil ich nur zu Euch und zu sonst niemand gebetet und nur Euretwillen gute Werke getan habe.‹ – ›Ach, was macht das schon. Komm nur getrost herein!‹

Aber der heilige Petrus wollte nicht, sondern er sagte: ›Hat dir unser Herr den Schlüssel zum Himmelreich gegeben oder mir? Und muß ich ihm darüber Rechenschaft ablegen, wer hereinkommt, oder du?‹ Da entgegnete der heilige Josef: ›Freilich kannst du hereinlassen, wen du magst, und draußen lassen, wen du nicht willst. Aber das sage ich dir: wenn du jenen Mann nicht hereinläßt, nehme ich meine Frau und mein Kind und mache das Paradies anderswo auf!‹

Da nun seine Frau die Madonna und sein Kind unser Herr war, wußte der heilige Petrus nicht, was er machen sollte. Er kratzte sich hinterm Ohr, trat von einem Fuß auf den andern, und sagte schließlich: ›Also gut, man muß das kleinere Übel wählen. Nimm halt deinen Verehrer mit herein.‹ Und so kam der Verehrer des heiligen Josef ins Paradies. (F. Karlinger, Legendenmärchen aus Europa, Köln 1967, S. 64 f., Nr. 17).

Die Erzählung von der Josefsdrohung ist ein weitverbreiteter Schwank (AaTh. 805). Die Unterschiede zum zeitgenössischen Witz liegen auf der Hand: Der Witz erzählt pointierter. Der Lacheffekt wird erst durch die abschließende Phrase des letzten Satzes ausgelöst, während der Schlußabschnitt des Schwankes eher einen die Wogen glättenden Abgesang darstellt. Der Schwank ist überhaupt erzählerisch viel mehr ausgestaltet und entsprechend länger. Die Aggressionen sind jedoch in beiden Fällen ähnlich gelagert. Sie richten sich gegen grundsätzliche Dogmen der Kirche: Die Trinität (die sich nicht einfach aufspalten läßt) und die Jungfrauengeburt (Josef handelt, wie wenn er der leibliche Vater Christi wäre und patriarchalisch über das Schicksal der Heiligen Familie bestimmen dürfte). Daß der heilige Petrus als Himmelspförtner überrumpelt wird und selbst Sündern und Unwürdigen einen Platz im Himmel einräumen muß, ist ein durchgängiges Thema von Schwank und Witz. Aber auch der Hl. Josef ist schon früh, z. B.

schon im geistlichen Drama des Mittelalters wie noch im Volksschauspiel der Gegenwart, eine komische Figur. Der komische Konflikt besteht in beiden Erzählweisen – Schwank und Witz – in der Diskrepanz von himmlischer und diesseitiger Welt. Die Erzählung unterstellt, daß es auch im Himmel ganz diesseitig und profan zugeht. Die späte Deklarierung des 1. Mai, des internationalen Tages der Arbeit, zum Tag ›Josefs des Arbeiters‹ mag zur Reaktualisierung des traditionellen Schwanks im Gegenwartswitz und zur Erklärung dieser Traditionsreihe beigetragen haben.

Noch eine Kontinuitätskette vom mittelalterlichen Schwank zum neuzeitlichen Witz: Im »Pfaffen Âmîs« des Strickers, den man auch den ersten deutschen Schwankroman genannt hat, stellt der Bischof dem listigen Pfaffen eine Reihe von spitzfindigen Wissensfragen, die dieser auf witzige und überraschende Weise beantwortet: Wieviel Wasser gibt es im Meer? Wieviel Zeit ist seit Adams Tagen verstrichen? Was ist der Mittelpunkt der Erde? und schließlich: Wie hoch ist der Himmel? Die listigen Rätsellöser im Schwanktyp von ›Kaiser und Abt‹ geben nicht eine naturwissenschaftlich exakte oder philosophisch-theologische, sondern eben eine schwankhafte Antwort: Der Himmel ist ganz nah, denn man kann hinaufrufen, oder: Die Entfernung beträgt eine Tagreise, denn der gekreuzigte Jesus sprach zum Schächer: ›heute noch wirst du mit mir im Himmel sein‹, oder schließlich: der Himmel ist nicht hoch; wenn es oben donnert, ist es hier unten zu hören.

Dieselbe Rätselfrage gibt es auch noch im neuzeitlichen Witz:

> Der berühmte Astronom wird von seiner Tischdame gefragt: ›Ach, Herr Professor, Sie sind Astronom, da können Sie mir gewiß sagen, wie weit der Himmel von der Erde entfernt ist.‹ – ›Gewiß, meine Gnädigste‹, antwortet er. ›Ein gefallener Engel braucht neun Monate, um niederzukommen.‹ (oder auch: ›Ein Engel fällt in einer schwachen Stunde‹).

Die schlagfertige Antwort im Gegenwartswitz scheint sich im Prinzip nicht sehr vom älteren Schwank zu unterscheiden, außer daß es sich um einen Wortwitz handelt, während die listige Antwort des Schwankes im Sachwitz bleibt. Aber auch der gesellschaftliche Stellenwert des Schwankes ist ein anderer: Der Astronomieprofessor ist nur schlagfertig; der Pfaffe Âmîs aber schlägt auf die Wissensaggression seines geistlichen Vorgesetzten, des Bischofs, zurück. Als Repräsentant des niederen Klerus ist er ein Vertreter des gesunden Menschenverstandes und des ›Mutterwitzes‹, der die theologische Schulweisheit des Bischofs ad absurdum führt. In der Auseinandersetzung des Pfaffen Âmîs mit seinem Bischof sind die Fragen des Bischofs durchaus ernster Natur. Daraus, daß es auf mehrere dieser Fragen wirklich theologische Antworten gab, sehen wir, daß das Examen von seiten des Bischofs durchaus ernst gemeint war. So hatte Beda ausgerechnet, wie weit es von der Erde zum Himmel sei, und ein Manuskript des Trinity College gibt uns eine Berechnung in englischen Versen: 7700 Jahre, wenn man täglich 40 Meilen zurücklegt. Gleiche Motive von mittelalterlichem Schwank und neuzeitlichem Witz brauchen also noch nicht auf eine Funktionsidentität der gleichstrukturierten Erzählungen schließen zu lassen.

Es gibt natürlich auch – weit über das Mittelalter zurückreichend – kulturgeschichtliche Verbindungen des Witzes bis in die antike Welt. Gegen Ende der Regierungszeit Konrad Adenauers kursierte folgender Ein-Satz-Witz:

> Adenauer kauft sich eine junge Schildkröte. Er will nachprüfen, ob sie tatsächlich 300 Jahre alt wird.

Schon der Philogelos, jene altgriechische Witzsammlung des 3.–5. Jahrhunderts n. Chr. enthält die Geschichte von einem Mann, dem man erzählt, daß Raben mehr als 200 Jahre alt werden. Er hält sich daraufhin einen solchen Vogel im Käfig, um festzustellen, ob man ihm die Wahrheit gesagt hat (Ausg. Thierfelder, S. 125).

Noch ein solcher Treppenwitz der Jahrhunderte:

> Drei Mietsparteien, die Familien Doof, Keiner und Niemand wohnen in einem dreistöckigen Haus. Herr Doof unten, Herr Niemand in der Mitte und Herr Keiner ganz oben. Eines Tages setzt sich Herr Doof ans Fenster. Plötzlich, als Herr Doof aus dem Fenster sieht, fällt Herrn Niemand ein Blumentopf aus der Hand und Herrn Doof genau auf den Kopf. Auch Herr Keiner hat es gesehen. Doof dagegen verständigt sofort die Polizei und sagt: ›Niemand hat mir einen Blumentopf auf den Kopf geschmissen. Keiner hat's gesehen.‹ Da fragt der Polizist am Telephon: ›Sind sie doof?‹ – ›Ja, selbst persönlich am Apparat!‹

Jahrtausende hat dieses Sprachspiel mit den Namen ›Niemand‹ und ›Keiner‹ durchlebt und ist heute noch ebenso frisch wie zur Zeit Homers. Aus dem Polyphemos ist ein ›Herr Doof‹ geworden, wodurch sich noch eine zusätzliche Pointe ermöglicht. Die Tat hat sich humanisiert: es wird kein Auge mehr ausgebrannt, sondern ›nur‹ ein Blumentopf geworfen. Doch ansonsten bleibt das Schema bestehen und ermöglicht, ehedem wie heute, einen durch und durch komischen Sprachverhalt. Auch das sich scheinbar ganz modern Gebende – Mietshaus, Telephon und Polizei spielen eine Rolle – hat u. U. schon eine sehr lange Geschichte, d. h. nur die äußere Einkleidung ist modern. Auf dem Gebiet des Schwankes und des Witzes gibt es erstaunliche Kontinuitäten. Fast möchte man behaupten: Alle Witze sind irgendwann schon einmal dagewesen. Anders ausgedrückt: Es gibt keine neuen Witze; es gibt nur neue Menschen, die die alten Witze noch nicht kennen.

Der Witz als Gegenstand volkskundlicher Forschung

Folkloristische Forschung befaßt sich mit überindividuellen, typischen und kollektiven Erzählungen, die mündlich weitergegeben werden. Unter diesen Voraussetzungen sind auch Witze Folklore.

1. Witze werden von Mund zu Mund weitererzählt. Dem widerspricht nicht die Tatsache, daß es in Zeitungen gedruckte Witze und daß es unzählige populäre Witzsammlungen gibt. Kalender drucken den ›Witz des Tages‹, der oft genug wieder in die mündliche Erzählung eingeht. Mündliche und gedruckte Witze beeinflussen sich gegenseitig. Dem gelesenen oder vorgelesenen Witz fehlt allerdings etwas Wesentliches; Zeitungs- oder Illustriertenwitze reizen nur selten zum Lachen. Das hängt vermutlich damit zusammen, daß sie einer gewissen Selektion unterliegen: Eine Zeitung darf keine Leser- oder Abonnentenschicht verärgern. Wenn sie ›überparteilich‹ sein will, darf sie sich weder religiöse, noch moralische oder politische Normverletzungen oder Beleidigungen zuschulden kommen lassen. Darum haben die von ihr abgedruckten Witze zumeist einen relativ geringen Aggressionscharakter und sind damit relativ harmlos oder gar langweilig.

2. Das Witzeerzählen setzt Geselligkeit voraus; ein Witz ist kein Monolog. Es gehört zum Witzeerzählen ein Auditorium, ein gemeinsames Verfolgen des Witzaufbaus und schließlich eine gemeinsame Freude an der Pointe. Kommunikation steigert ganz wesentlich das Maß der Heiterkeit. Dabei spielt es keine Rolle, ob die betreffende Gemeinschaft schon seit vielen Jahren besteht oder nicht. Hier liegt ein wesentlicher Unterschied zum Erzählen von Sagen: Alle Dinge, die mit Volksglauben zu tun haben, setzen eine gläubige Gemeinschaft voraus. Das ist beim Erzählen eines Witzes keineswegs wichtig. Auch eine rein zufällige Gruppe, wie sie sich z. B. im Eisenbahnabteil ergeben kann, kann sich gegenseitig durch Witze unterhalten. Es ist kein gleicher Glaube dazu notwendig, nur eine sozusagen gleichgerichtete Einstellung, die für das Aufnehmen komischer Situationen und Erzählungen gestimmt ist.

3. Wie andere Volkserzählungen ist auch der Witz anonym. Niemand weiß, wer ihn erfunden hat und wie er entsteht, kein Autor

kann Urheberrechte beanspruchen. Witzautoren bleiben unbekannt. Honorare für Witze kassieren nur Leute, die sie aus anderen Quellen abgeschrieben haben. Witze sind tradiertes Erzählgut, obwohl jeder glaubt, sie seien sein geistiges Eigentum. Wer Witze erzählt, braucht aber kein besonders witziger Mensch zu sein. Er bedient sich der Tradition in einer Art ›nichtindividueller Konserven-Unterhaltung‹. Der Erzähler kommt sich zwar geistreich vor, aber er kann aus der Konservendose alles nehmen, ohne selber eine einzige Beobachtung oder Bemerkung beizutragen (vgl. Mikes).

4. Ein Witz wirkt zwar nur, wenn er vorher noch nie gehört wurde; und bereits bekannte Witze lösen sofort den Kommentar ›. . . hat der aber einen Bart!‹ aus. Diese Forderung nach Neuheit und Unerhörtheit wird aber sehr subjektiv entschieden. Wenn wir einen Witz niemals zuvor gehört haben, oder uns zumindest nicht mehr an ihn erinnern, braucht er darum doch keineswegs wirklich neu zu sein. Es gibt vielmehr eine nicht geringe Zahl von Witzen, deren Überlieferungsgeschichte bis ins Altertum zurückreicht. Daneben stehen andere, die seit dem Mittelalter oder seit der frühen Neuzeit dutzend- oder gar hundertfältig belegbar sind. Die Stoffe des Komischen und Lächerlichen kehren immer wieder; sie sind allgemeinmenschlich; sie werden traditionell und sind insofern legitimer Gegenstand der Wissenschaft, die sich mit Überlieferungen befaßt. Journalisten, Zeitungsredaktionen, die Leserumfragen oder Preisausschreiben für Witze oder humoristische Erzählungen veranstalten, erleben immer wieder, daß sich die Inhalte beständig wiederholen. Nichts beweist mehr, daß es sich um traditionelle Volkserzählungen handelt.

5. Volkskunde untersucht das sich Wiederholende und Typische, und der Witz ist geprägt durch typische Figuren: Der zerstreute Professor, Frau Neureich, Frau Raffke, die gnädige Frau und das Zimmermädchen oder die zahlreichen Repräsentanten des regionalen Witzes: Klein Erna, Tünnes und Schäl, Poldi und Graf Bobby, Antek und Frantek. Ebenso typisch sind die sich wiederholenden Witzsituationen: Die Gerichtsverhandlung (Richter und Angeklagter), die ärztliche Sprechstunde (Arzt und Patient), am Eisenbahnschalter, Musterung und Kasernenhof, der Beichtstuhl, das Restaurant, das Klassenzimmer, das eheliche Schlafzimmer, die Überlebenden einer Schiffskatastrophe auf einer einsamen Insel, die Himmelspforte, an der der heilige Petrus eine Entscheidung über die ankommenden armen Sünder trifft.

6. Wie alles mündlich Tradierte unterliegt auch der Witz der Variantenbildung. Jedes Weitererzählen eines Witzes ist ein Akt der

Identifizierung des Erzählers mit dem von ihm Gehörten, Behaltenen und von ihm weitererzählenswert Gehaltenen. Schon darum gibt es zwangsläufig eine Variantenbildung. Nicht nur, daß Witze von einer Person auf eine andere übertragen werden können, daß sie sich in Milieu und Lokalität immer neuen Gegebenheiten anpassen. Auch ein und derselbe Witz entwickelt sich von Erzähler zu Erzähler. Er tendiert dabei zu einer gewissen optimalen Zielform. Und auch die Witztradierung kennt eine Art Gesetz der Selbstberichtigung: Wird die Pointe verfehlt, verliert der Witz seine Wirkung. Die Pointe sichert dem Witz darum eine relative Traditionsfestigkeit. Bestimmte Witze können nur so und nicht anders erzählt werden.

Es wäre freilich eine zu eingeschränkte Auffassung von den aktuellen Aufgaben der Volkskunde, wollte man ihr nur die Erforschung von Kontinuitäten, die Herausarbeitung von Typischem und die Analyse von anonym gewordenen Kulturgütern zuschreiben. Die Erfassung der psychologischen und gesellschaftlichen Hintergründe des Witzes sind nicht weniger gewichtige Aufgaben des Folkloristen, in dessen Interesse nicht so sehr die Objekte, d. h. die bloßen Texte stehen, sondern die Funktion und der Stellenwert, den ein Text für die Menschen hat, die ihn lesen, hören oder weitererzählen. Auch der Witz ist, wie jeder andere Text der Volksprosa, ein Kulturindikator.

Von der Seite der Volkskunde gibt es zwei sehr unterschiedliche, aber doch gleichwertige Aufgaben der Witzforschung: Die eine Aufgabe besteht darin, den Witz als Erzählform zu erfassen; die zweite Aufgabe liegt darin, den Witz in seiner Rolle als Kommunikationsmittel zu untersuchen. In einer Zeit, in der sich die Volkskunde in zunehmendem Maße als Sozialwissenschaft versteht, ist diese zweite Aufgabe, den Witz in seiner sozialen Funktion innerhalb der Gesellschaft zu untersuchen, besonders vordringlich und wichtig.

Psychologische Fragestellungen

Zum Verständnis eines Witzes gehört eine Reihe von Faktoren. Zunächst und vor allem die Fähigkeit, witzige und nichtwitzige Diskussion zu unterscheiden. Man begeht einen Fauxpas, wenn man in ein ernstes Gespräch einen Witz einbringt, und man macht ebenfalls einen Fehler, wenn man einen Witz nicht als Witz versteht. Wesentlich ist beim Witz, daß der Zuhörer selbst die Pointe findet, denn ein erklärter Witz ist nicht mehr lustig. Wer die Pointe eines Witzes nicht gleich herausfindet, hat eine ›lange Leitung‹. Es gibt darüber selbst wieder Witze, etwa über den Zuhörer, der erst am nächsten Morgen über einen erzählten Witz lacht, weil sein Intellekt eben so lange braucht, bis der Witz an die richtige Stelle kommt und zünden kann. Die Ostjuden behaupten:

> Wenn man einem Bauern einen Witz erzählt, lacht er dreimal. Das erstemal, wenn er den Witz hört, das zweitemal, wenn man ihm den Witz erklärt, das drittemal, wenn er den Witz versteht.
> Der Gutsherr lacht zweimal: das erstemal, wenn er den Witz hört, das zweitemal, wenn man ihn erklärt. Verstehen wird er ihn nie.
> Der Offizier lacht nur einmal, nämlich wenn man ihm den Witz erzählt. Denn erklären läßt er sich prinzipiell nichts, und verstehen wird er ohnehin nicht...
> Erzählt man aber einem Juden einen Witz, so sagt er: ›Den kenn' ich schon!‹ und erzählt einen noch besseren (Landmann, S. 510).

Einen Witz verstehen bedeutet noch nicht, ihn auch zu goutieren oder für weitererzählenswert zu halten. Die individuellen psychologischen und erziehungsbedingten Grenzen des Lachenkönnens sind mannigfaltig, d. h. die Reizschwelle, auf der Lustgewinn durch Lachen in Ärger und Abscheu umschlägt, ist von Persönlichkeit zu Persönlichkeit sehr verschieden.

In unserem Jahrhundert hat sich insbesondere die Psychologie mit der Erscheinung des Lachens, mit den unterbewußten Hintergründen des Witzes, insbesondere auch mit dem Phänomen des Behaltens von Witzen befaßt. Es gehört eine psychische Disposition dazu, einen Witz zu erzählen, und es bedarf auch einer gleichgerichteten Bereitschaft, um einen Witz lustig zu finden und ihn überhaupt anzuhören. In diesem Sinne ist die Erzählsituation und die Persönlichkeit des Witzeerzählers und -hörers von ebenso großer Bedeutung wie der Text des Witzes selbst. Was in der Witzforschung allerdings noch fast gänzlich fehlt, sind Situations- und Kontextanalysen, d. h. wir wissen noch viel zu wenig darüber, aus welcher Situation heraus, wann, wie, von wem Witze erzählt werden. Jeder kennt aus seinem Bekanntenkreis den sozusagen permanenten Witz-Erzähler, der immer und überall einen Witz bereithält und anzubringen sucht. Auf der anderen Seite gibt es Leute, die nie einen Witz erzählen, und – wenn sie doch gebeten werden, einen Witz zum besten zu geben – sich auch an keinen Witz mehr erinnern können, trotzdem aber gerne mitlachen, wenn in einer Runde Witze ausgetauscht werden. Es gibt also, ähnlich wie man dies schon beim Repertoire von Volksliedern oder Märchen beobachtet hat, ein aktives und passives Witzrepertoire. Auch die Reaktionen auf Witze sind von Individuum zu Individuum höchst verschieden. Über denselben Witz können vermutlich verschiedene Menschen aus ganz unterschiedlichen Gründen lachen. Die Frage, warum ein Witz witzig ist, kann deshalb nicht generell beantwortet werden. Nicht alle Arten von Witzen werden überall und von jedem erzählt. Insbesondere werden sexuelle Witze wohl von Frauen und Männern verschieden aufgefaßt. Aber hierfür sind wir bis jetzt mehr auf Vermutungen angewiesen. Es gibt die Kategorie der sog. ›Herrenwitze‹, von denen Männer annehmen, sie dürften sie nur unter ihresgleichen erzählen, weil Frauen diese Art Witz nicht goutieren würden. Redakteure von Zeitungen, die Witzeinsendungen ihrer Leser honorieren und veröffentlichen, versichern indessen, daß die härtesten ›Herrenwitze‹ vor allem von Frauen eingesandt werden. Es gibt andererseits als Gegenstück zum ›Herrenwitz‹ nicht den analogen ›Frauen-‹ oder ›Damenwitz‹ – oder vielleicht doch?! In einer noch immer vorwiegend patriarchalischen, noch nicht völlig emanzipierten Gesellschaft bilden Witze-erzählende Frauen jedenfalls weiterhin eine Minderheit. Witz ist wohl überhaupt keine Jedermanns-Folklore. Es gibt schließlich noch andere soziale Gültigkeitsgrenzen und Einschränkungen für Witze: Bestimmte Sorten von Witzen wenden sich an ein intellektuelles Publikum. Es wäre gewiß falsch zu behaupten, der Witz lebte nur in den Städten und vorwiegend in den intellektuellen Schichten. Es gibt durchaus auch den Witz in der dörflichen oder kleinstädtischen Wirtshausrunde. Aber gewisse intellektuelle Witzmoden, wie z. B. surrealistische oder absurde Witze, haben diese Schichten (noch) nicht erreicht.

Es fehlen noch weitgehend Feldstudien über die Situation des Witzeerzählens. Sicher braucht der Witz eine für ihn gestimmte gesellige Gruppe. Es ist aber nicht so, daß nicht sogar aus traurigen Situationen heraus Witze erzählt werden könnten. Beim Leichenschmaus z. B.

schlägt gelegentlich die Stimmung um, wenn der seelische Kräftehaushalt ein solches Ventil braucht. Das Lachen über einen Witz gilt manchen Menschen als eine wesentliche Lebenshilfe. Ein älterer Mann berichtet: »Nach dem Luftangriff auf unsere Stadt, als ich vor den Trümmern unseres Hauses stand, kamen mir als erstes die Worte in den Sinn: ›Das hätte noch schlimmer sein können.‹ Nämlich, wenn ich in dem Haus umgekommen wäre.« Und immer fällt ihm zu diesem Stichwort ein Witz ein:

> Ein Mann pflegte – vor allem in seiner Stammtischrunde – andauernd zu sagen: ›Das hätte auch schlimmer sein können!‹ Die Stammtischbrüder beschlossen daher, der stereotypen Bemerkung überdrüssig, dem Mann etwas aufzutischen, das diese Behauptung nach ihrer Meinung nicht mehr zuließ.
> ›Hast du schon gehört‹, riefen sie ihm eines Abends entgegen, ›gestern ist der Mayer eine Stunde früher als sonst heimgekommen und hat den Weber bei seiner Frau im Schlafzimmer angetroffen. Er hat den Weber, seine Frau und sich erschossen, und alle drei sind tot!‹
> ›Das hätte auch schlimmer sein können!‹
> ›Wieso, wenn alle drei tot sind?‹
> ›Wenn der *vorgestern* eine Stunde früher gekommen wäre, wäre *ich* eine Leiche...‹

Es gibt geradezu das Lachen als Ventil in einer Krisen-Situation. »Boccaccio etwa läßt seine Novellen von einem Kreis junger Damen und Herren erzählen, die vor der Pest von Florenz aufs Land geflohen sind, also genügend Grund haben, besorgt und bekümmert zu sein. Die hundert Novellen des Decamerone handeln dann gerade nicht von der Pest, sondern von ganz anderen, heiteren Gegenständen, die zu lachen Anlaß geben. Der Kontrast zwischen Text und Situation ist für Boccaccio, wie auch für viele andere Autoren, ein konstitutives Prinzip seiner Erzählkunst.« (Weinrich, S. 406).

Nicht selten erwächst das Witze-Erzählen auch aus einem Mangel an aktuellem oder alle gleichermaßen interessierendem Gesprächsstoff, z. B. zu später Stunde bei einer Gesellschaft, oft unter Alkoholeinfluß, d. h. bei einer Herabminderung der Hemmungsschwelle. Witzsituationen entstehen meist zufällig, nicht geplant oder organisiert. Oft gibt irgendein Stichwort oder eine besondere Situation den Anlaß zu einem Witz. Und ein Witz kann der psychologische ›Aufhänger‹ für den nächsten und übernächsten sein.

Wer aus wissenschaftlichen Gründen einen Witz notiert, sollte eigentlich bei jedem Witz, den er hört, seinen Partner fragen: ›Wer hat Dir diesen Witz erzählt? Ist es Dein Lieblingswitz und wie lange schon? Welche anderen Witze sind es daneben noch? Welche persönlichen Beziehungen bestehen zu diesem Witz? Warum ist das Dein Lieblingswitz?‹ Was jemand lustig findet, hängt von seiner Persönlichkeitsstruktur ab. Die Psychologie kann daher einen Menschen nach seinem Lieblingswitz testen, und dieses Verfahren ist gar nicht so neuartig. Schon Horaz hat gefragt: »Quid rides? Mutato nomina, de te fabula narratur« (Warum lachst du? Ändere die Namen, und schon handelt die Geschichte von dir). Goethe meint (in: »Maximen und Reflexionen«): »Durch nichts bezeichnen die Menschen mehr ihren Charakter als durch das, was sie lächerlich finden.« Und Lichtenberg schrieb (Vermischte Schriften I, S. 173): »Mein ganzes Leben hindurch habe ich gefunden, daß der Charakter eines Menschen sich nicht besser erkennen lasse als durch einen Scherz, den er übelnimmt.« Sigmund Freud formuliert: »Der Witz hat eine Wirkung auf den, der ihn hört, und zugleich kennzeichnet er auch die psychische Situation dessen, der ihn macht, der ihn erzählt, dem er einfällt... Dabei ergeben sich mitunter starke individualpsychologische Unterschiede: Nicht alle Menschen sind in gleicher Weise befähigt, sich des Witzes als Lustgewinn zu bedienen« (S. Freud, S. 113 ff.). Es hängt also von der Individualität der Menschen ab, worüber sie lachen. Nicht die objektive Beschaffenheit eines Witzes als solche erzeugt die psychologische Voraussetzung des Lachens und den Eindruck des Komischen, sondern die Art und Weise, wie der Witz von unserem Bewußtsein erfaßt und aufgefaßt wird (Roetschi, S. 6 f.). Sage mir, worüber du lachst (oder auch: Sage mir, welche Witze du behältst), und ich sage dir, wer du bist.

Einen Witz weitererzählen bedeutet in der Regel und gewiß mit Einschränkungen, aber doch grundsätzlich: sich mit dem Witz zu identifizieren, weil der Erzähler in einen Witz immer auch etwas von seinen eigenen Problemen hineinprojiziert. Ein intelligenter und selbstkritischer Witzeerzähler merkt dies alsbald und versucht dann nicht selten, seinen Witz zu entpersönlichen. Er tut dies, sobald er merkt, daß er sich mit ihm identifiziert und der Witz ihn bloßstellt. Witz-Erzähler und -Zuhörer identifizieren sich z. B. mit der zunächst schwächeren, aber dann doch letztlich überlegenen Witzfigur, z. B. mit der Maus im Tierwitz, die sich gegenüber dem starken Elefanten so viel herausnehmen darf, mit dem kleinen Fritzchen, der gegenüber seinem Fräulein Lehrerin sich als der geistig Überlegene herausstellt, mit dem Papagei, der etwas sagen darf, was man eigentlich nicht hätte sagen dürfen. Der Witz-Erzähler ist auch immer der Überlegene in jedem Witz, der die Form eines unratbaren Rätsels angenommen hat (›Was ist der Unterschied?‹ ›Warum haben Ostfriesen...?‹). Er behält mit der Pointe das letzte Wort, denn sein Partner weiß keine Antwort.

Witze mit Potenzprahlereien bekämpfen männliche Inferioritätsgefühle, stärken zugleich das männliche Selbstbewußtsein und sind eben deshalb beliebte ›Herrenwitze‹, weil Männer sich damit leicht identifizieren können. Der als Beispiel für die Superior-Inferior-Struktur mitgeteilte Witz (s. S. 14) kommt vor einem studentischen Publikum nicht an, wie experimentell festgestellt wurde. Und der Grund, warum Studenten diesen Witz nicht goutieren, liegt nahe: Der jugendliche Hörer wird sich begreiflicherweise mit dem Studenten identifizieren und mit dessen rhetorischer und physischer Unterlegenheit sein eigenes Selbstbewußtsein angegriffen fühlen. Umgekehrt liegt hier sicher auch der unbewußte Grund, warum dem akademischen Lehrer und älteren Menschen gerade dieser Witz weitererzählenswert erscheint. Der Erzähler will die Lacher auf seiner Seite haben. Er will aber durch den Witz sich nicht bloßgestellt fühlen. Ein Mann, dessen Ehebruch bekannt ist, wird sich als Zuhörer eines Ehebruchwitzes peinlich berührt fühlen und eine solche Geschichte auch lieber nicht weitererzählen. Man erzählt einem Hörgeschädigten auch nicht gerade einen Schwerhörigenwitz, einem Sprachbehinderten keinen Stottererwitz. Es gehört zum Witzeerzählen wie zum Witzhören immer ein gewisses Maß von Nichtbetroffenheit.

Wer andererseits einen Witz ›macht‹, d. h. durch bewußte Anstrengungen produziert, macht keinen Witz mehr (Reik, Lust und Leid im Witz, S. 73). Ebenso verliert ein erklärter und analysierter Witz seine Leuchtkraft. Ganz offensichtlich hat nämlich das Behalten bzw. das Vergessen von Witzen auch etwas mit dem Unbewußten zu tun und läßt sich mit dem Vergessen von Träumen parallel setzen. Wenn viele Leute überhaupt keine Witze behalten können, beweist dies, daß eine unbewußt zensierende Macht am Werk ist. Die Unfähigkeit, sich an Witze, und die Unfähigkeit, sich an Träume zu erinnern, sind durch ein und denselben Verdrängungsmechanismus bedingt (Grotjahn, S. 156 ff.) Das Funktionieren eines Witzes zeigt jedenfalls einen der kompliziertesten menschlichen Bewußtseinsprozesse.

In seinem berühmt gewordenen Buch »Der Witz und seine Beziehung zum Unbewußten« analysiert Sigmund Freud den Lustmechanismus und die Psychogenese des Witzes. Der Witz, so sagt er, »ermöglicht die Befriedigung eines Triebes gegen ein im Wege stehendes Hindernis, er umgeht dieses Hindernis und schöpft somit Lust aus einer durch das Hindernis unzugänglich gewordenen Lustquelle« (S. 81). Der Witz befreit also das durch Erziehung und kulturelle Normen Verdrängte. Er ermöglicht überhaupt erst Aggression oder Kritik gegen Höhergestellte (soziale Kritik) durch Auslassungen, Verschiebungen oder Gleichnisse. Er hat zugleich soziale wie psychische Ventilfunktionen und schafft damit Befriedigung.

Für Freud resultiert die Lust am Witz aus einem plötzlichen Abbau von ›Hemmungsaufwand‹ gegenüber bestimmten Gedanken, Vorstellungen, Gefühlen, Triebregungen, die nicht ins Bewußtsein treten sollten, die blockiert, ausgesperrt, verdrängt, umgangen werden sollen. Der Witz kann Tabus überschreiten; er erfüllt verbotene Wünsche. Der Lustgewinn entspricht dem ersparten psychischen Aufwand. Das Hindernis kann äußerlich (Machtfülle eines sozial Überlegenen) oder auch innerlich (z. B. Anstandsgefühl, Schamhaftigkeit) sein.

Freud sieht hierin Parallelen zum Traum. Die Verschiebung auf ein anderes Feld wie Denkfehler, Absurdität und Widersinn, die indirekte Darstellung durchs Gegenteil, Ersatz eines Gedankens durch eine Anspielung sind die Gemeinsamkeiten von Witz und Traum. Wie der Traum hat auch der Witz den Charakter eines ungewollten ›Einfalls‹; er taucht plötzlich assoziativ aus dem Unbewußten auf.

Der wichtigste *Unterschied* von Witz und Traum liegt in ihrer sozialen Bedeutung: Der Traum ist ein vollkommen unsoziales seelisches Produkt; er hat einem anderen nichts mitzuteilen. Der Witz dagegen ist die sozialste aller auf Lustgewinn zielenden seelischen Leistungen. Der Traum dient vorwiegend der Unlustersparnis, der Witz dem Lusterwerb (S. 145 f.). Die ›Lust am Unsinn‹ erweist den Menschen als einen ›unermüdlichen Lustsucher‹.

Freuds Ansatz ist sowohl vom Inhaltlichen wie vom Methodischen neu. Freud unterscheidet beim Witz Technik und Tendenz. Mittel des Witzes nach Freud sind ›Verdichtung‹, Verwendung des gleichen Materials, Doppelsinn, ›Verschiebung‹, Unlogik, Vereinheitlichung, Darstellung durchs Gegenteil, Überbietung, Darstellung durch Zusammengehöriges und/oder Zusammenhängendes, gleichnishafte indirekte Darstellung (vgl. Peters, S. 21). Sigmund Freud hat das Erzählen von Witzen auch bereits als ›sozialen Vorgang‹ erkannt (S. 113 ff.). Dabei sucht er vor allem Antwort auf zwei Fragen: Warum können wir über den selbstgemachten Witz nicht lachen? und: Warum sind wir getrieben, den eigenen Witz anderen zu erzählen? Das Erzählen eines Witzes schafft Kommunikation. Der Witz braucht im allgemeinen drei Personen: außer der, die den Witz macht, eine zweite, die zum Objekt der Aggression genommen wird, und eine dritte, an der sich die Absicht des Witzes, Lust zu erzeugen, erfüllt (S. 80).

Der Witz zielt aufs *Lachen*; er erwartet das Lachen als Antwort. Und auch die Frage nach den Hintergründen des Lachens ist eine psychologisch-anthropologische Frage. Warum führen bestimmte Situationen zum Lachen, und zu welcher Art von Lachen führen sie? Mit dem Problem ›Was ist Lachen?‹ haben sich Plato und Aristoteles, Quintilian, Hobbes und Descartes, Rousseau, Kant, Hegel, Darwin, Herbert Spencer, Henri Bergson und Sigmund Freud beschäftigt. Man hat dabei das Lachen zunächst als einen rein physiologischen Vorgang beschrieben. Für Herbert Spencer ist das Lachen eine besondere Art von Muskelbewegungen (H. Spencer, S. 458). Für den russischen Forscher Abramow ist das Lachen ebenfalls ein rein mechanischer Vorgang: »Lachen besteht in der Störung der Atembewegungen, hervorgerufen durch die rhythmische Zusammenziehung des Zwerchfells.« Das Lachen schützt nach Meinung Abramows vor Störungen des Blutkreislaufs (N. Abramow: Die Gabe des Wortes. Die Kunst, seine Gedanken auszudrücken, St. Petersburg 1909, S. 31).

Wichtiger ist die immer wieder getroffene Feststellung, daß Lachen etwas spezifisch Menschliches ist. Der Mensch ist a priori zum Lachen geneigt. Bergson behauptet: Es gibt keine Komik außer in der menschlichen Sphäre. Der Mensch ist das einzige Lebewesen, das lachen kann und das auch andere zum Lachen bringen kann. »Rire est le propre de l'homme« (Rabelais).

Psychologen haben festgestellt, daß es sehr verschiedene Arten des Lachens gibt. Das Lachen kann dünn sein, breit, laut, leise, kichernd, verhalten, frostig, stoßweise, offen, grell, schrill, sanft, warm, still, kalt, schneidend, gemein, müde, ausgelassen, spöttisch, traurig, unheimlich, gemütlich usw. Seine Skala reicht vom schallend ausbrechenden Gelächter bis zum stillen, nach innen gewandten Lächeln (Ritter, S. 4). Es gibt das nervöse Lachen, das hysterische Lachen, das Sympathielachen oder das Lachen des Geschäftsmannes, der den Kunden in kauflustige Stimmung versetzen will (Schweizer, S. 23). Wenn einer nicht weiß, warum sein Gegenüber lacht, so fragt er oft: ›Lachen Sie mich aus oder an?‹

Es gibt einen großen Unterschied zwischen Lächeln und Lachen. Wann fängt ein Kind an zu lächeln und aufgrund welcher Beobachtungen, als Reaktion worauf? Wenn es sich wohlfühlt (nach Nahrungsaufnahme und Trockenlegung), als Reaktion auf Farben, auf Musik, weil es das Gesicht seiner Mutter oder seines Vaters wiedererkennt, wenn es gekitzelt wird, wenn es in wiegende Bewegung versetzt wird, wenn es geliebkost wird usw. Darüber gibt es genug Beobachtungen. Aber schon bei diesen Elementar-Situationen erweist sich Lachen als soziale Kompensation.

Es gibt ein überlegenes und ein unterlegenes Lachen. Auslachen ist das Lachen der Überlegenheit über den Verspotteten. Beim überlegenen Lachen weiß der Lacher etwas besser: Er lacht über die unfreiwillige Komik, die sich andere leisten. Er lacht über den, der seine Brille sucht und sie doch auf der Nase hat, weil der Zuschauer eben im Stande des Besserwissens ist. Schon einfachste Fehlleistungen können Anlaß zu Gelächter sein, so etwa, wenn jemand stolpert, in einen Kuhfladen tritt oder mit offener Hose herumläuft. Das Lachen über die Unterlegenheit des anderen kann bis zur Roheit reichen, bis zum höhnischen, verachtungsvollen Lachen, zum Lachen der Rache und der Revanche. In diesen Fällen ist Lachen nicht gesund, jedenfalls nicht für den, über den gelacht wird. Schon Plato hat in seinem »Philebos« gemeint, das Lachen gehe größtenteils auf Kosten der anderen und habe somit einen bösartigen Charakter. Hobbes hat diesen Gedanken übernommen und war davon überzeugt, daß das Lachen der Ausdruck eines Gefühls des Triumphes über die Schwäche der anderen und somit eines Gefühls der Überlegenheit sei (Zijdersveld, S. 57).

Das Lachen kann aber auch aus einem Gefühl der Minderwertigkeit und Unterlegenheit kommen. Hierher gehört manchmal das Lachen von kleinen Kindern. Aber auch das Verlegenheitslächeln erwachsener Personen ist eine verwandte Erscheinung; ebenso unsere Neigung, peinliche Situationen durch einen Scherz zu überwinden. Ein besonderer Fall dieser Art von Erlebnissen ist der Witz, mit dem man sich etwa über Mißgeschicke hinwegzusetzen sucht. Den verschiedenen Arten des Lachens entsprechen also die Motivationen des Lachens.

Grundloses Lachen ist töricht. Und ein italienisches Sprichwort sagt: ›Nichts ist dümmer als dummes Lachen.‹ Die entsprechende deutsche Version lautet: ›Dummheit lacht.‹

Lustgewinn beim Lachen ergibt sich nach Freud aus der plötzlichen Erfüllung eines bisher gehemmten Triebes. Daher kommt es wohl auch, daß man sagt: ›Lachen ist gesund.‹ Es ist jedenfalls ein sehr gut beobachtender Zug des Märchens, daß derjenige, der die traurige Prinzessin zum Lachen bringen kann, sie heilt. Offenbar gehört zum Lachen eine heilende Wirkung: Wer nicht richtig lachen kann, ist schwer krank.

Das Lachen benötigt schließlich ein Echo, ein Auditorium; es braucht Gesellschaft; d. h. das Witzeerzählen ist ein sozialer Akt. Es braucht einen Erzähler, und es braucht einen oder mehrere Zuhörer. »Der Witz setzt immer Publikum voraus. Darum kann man den Witz auch nicht bei sich behalten. Für sich allein ist man nicht witzig« (Goethes Gespräche, hrsg. von Biedermann. Leipzig 1909, Bd. II, S. 20). Wir lachen nicht, wenn wir uns selbst kitzeln. Wir lachen, wenn wir gekitzelt werden (Roetschi, S. 9).

Sigmund Freud sagt: »Es ist eine allgemein bekannte Erfahrung, daß niemand sich begnügen kann, einen Witz für sich allein gemacht zu haben. Mit der Witzarbeit ist der Drang zur Mitteilung des Witzes untrennbar verbunden; ja, dieser Drang ist so stark, daß er sich oft genug mit Hinwegsetzen über wichtige Bedenken verwirklicht. Der Vorgang der Witzbildung scheint mit dem Einfallen des Witzes nicht abgeschlossen, es bleibt etwas übrig, das durch die Mitteilung des Einfalls den unbekannten Vorgang der Witzbildung zum Abschluß bringen will.« (S. Freud, S. 116). Weiter hat Freud erstmals die Beobachtung formuliert, daß man nicht über den eigenen, selbst gemachten Witz lacht: »Die Lust, die der Witz bereitet hat, erweist sich an der dritten Person deutlicher als an dem Urheber des Witzes« (S. 117). Das Lachen geschieht eigentlich auf dem Umweg über den Eindruck der zum Lachen gebrachten Person. ›Lachen ist ansteckend.‹ Man kann beobachten, daß, wer zuerst mit ernster Miene den Witz erzählt hat, dann in das Gelächter der anderen mit einstimmt (S. 126). In komische Fernsehsendungen wird Lachen eingeblendet, eben weil Lachen ansteckend wirkt. »Der Hörer des Witzes muß möglichst viel psychische Übereinstimmung mit der Person des Erzählers besitzen, daß er nämlich über die gleichen inneren Hemmungen verfügt, die die Witzarbeit beim Erzähler überwunden hat. Jeder Witz verlangt so sein eigenes Publikum, und über die gleichen Witze zu lachen, ist ein Beweis weitgehender psychischer Übereinstimmung« (S. 122). Lachen verbindet Menschen miteinander und führt sogar Menschen zusammen, die einander fast nicht kennen oder miteinander auf gespanntem Fuß leben. Dies macht die integrierende Funktion des Lachens aus (Zijdersveld, S. 186).

In einer Witze-erzählenden Gruppe ist der Nicht-Lacher ein Außenseiter, Spielverderber und Störenfried. »Das ist deshalb so, weil im Lachen einer Gruppe, die sich Witze erzählt, gemeinsame Normen berührt werden, Grenzen einer Gruppenidentität, die unter den entlastenden Bedingungen des Unernstes zwar vorübergehend durchbrochen, aber im gleichen Zug auch wiederhergestellt werden. Und damit dieses Manöver gelingt und nicht einen Dammbruch bewirkt, sondern nur einen Druckausgleich zwischen den Innen- und Außenzuständen des gemeinsamen Lebenssystems, muß vor allen Dingen eins gesichert sein: die Konformität. Das gemeinsame Lachen bestätigt sie. Es ist angstmindernd, weil die Gruppe darin ihre affektive Gleichgestimmtheit ausdrückt und die Grenzüberschreitung durch einen Witz mit beispielsweise sexuellen und aggressiven Motiven genau markiert. Wer aber nicht mitlacht, hat nicht zu erkennen gegeben, wo seine Normgrenzen liegen, und ob er mit der Gruppe entscheidende Voraussetzungen der Kommunikation teilt« (Wellersdorf, S. 335). Wellersdorf vermutet deshalb, »daß im Gelächter einer Gruppe eher Einstellungen befestigt als gelockert werden, daß es sich dabei nicht um eine wirkliche Grenzüberschreitung, sondern um eine Grenzmarkierung handelt. Der Witz hat dabei die Funktion eines Tests. Die Gruppe überprüft mit ihm ihre Reizschwellen bei Normverletzungen, ihre Reaktion auf Abweichendes, das Funktionieren ihrer Alarmanlage, eben des Lachens« (S. 336).

Witztechnik und Sprache

Der Wortwitz und seine Erscheinungsformen. Konflikte mit der Sprachnorm

Schon den antiken Autoren war die Unterscheidung von Wortwitz und Sachwitz, von Sprachkomik und Handlungskomik (›in verbis‹, oder ›in rebus‹) bekannt. Ein Sachwitz ist nicht an die Mittel der Sprache gebunden. Wenn ein Zirkusclown sich z. B. neben statt auf den Stuhl setzt, bedarf es keiner Worte, um die Zuschauer zum Lachen zu bringen. Es gibt auch so etwas wie einen musikalischen Witz, der ganz auf musikalischen Anspielungen beruht; z. B. Beethovens Triovariationen über den »Schneider Kakadu«, sein Klavierrondo »Die Wut über den verlorenen Groschen« oder Haydns »Abschiedssymphonie«. Während Handlungskomik und Sachwitz allgemein und international verständlich sind, ist der Wortwitz an das Material einer bestimmten Sprache gebunden und darum meist unübersetzbar.

Jean Paul sagt in einem sehr eindrucksvollen Bild, der Witz sei »der verkleidete Priester, der jedes Paar traut«. Kuno Fischer hat dieses Bild noch erweitert, wenn er behauptet, daß er – nämlich dieser verkleidete Priester – vor allem »diejenigen Paare am liebsten traut, bei denen die Verwandtschaft am meisten dagegen ist«. In dieselbe Richtung geht ein Definitionsversuch der Madame de Staël: »Witz ist Wissen um die Ähnlichkeit verschiedener Dinge und die Verschiedenheit ähnlicher Dinge.« Solche Definitionen meinen vor allem den Wortwitz, der sich an der Doppeldeutigkeit von Worten entzündet, und zwar vor allem dann, wenn die Sinnbereiche eines und desselben Wortes möglichst weit voneinander entfernt liegen. Zwei Witztechniken machen davon vor allem Gebrauch: der Mehrdeutigkeitswitz und der witzige Vergleich. Schon im alltäglichen Sprachmaterial finden wir den witzigen Vergleich; etwa ›klar wie dicke Tinte‹, ›gespannt wie ein alter Regenschirm‹ und ›schlank wie eine Tonne‹. Die komische Wirkung dieser Redensarten wird durch eine Art Verfremdungseffekt bewerkstelligt, insofern als die gewohnte Redensart in eine fremde Umgebung verpflanzt wird, denn der Vergleich paßt nicht, er hinkt, und der Witz liegt dann im Unsinn, in dem Kurzschluß zwischen zwei heterogenen Dingen.

Der Tod der Ehefrau ist wie ein Pfeffergulasch:
die Augen tränen – und das Herz hüpft vor Freude.

Zum Vergleich zwischen Unvergleichbarem oder Gegensätzlichem gehört auch das ›Oxymoron‹, die witzige Dummheit, die scheinbare Gegensätze doch sinnvoll verbindet: z. B. das ›beredte Schweigen‹, oder ›der Scharfsinn der auch Tiefblick verrät‹.

Die Pointe von Witzen beruht z. T. auf der Tatsache, daß ein Wort in verschiedenen Kontexten oder verschiedenen Situationen etwas Verschiedenes bedeuten kann. Fast alle Sex-Witze arbeiten mit der Zweideutigkeit sprachlichen Materials, d. h. mit dem sexuellen Nebensinn eines Wortes. Dabei kann fast jedes Wort doppeldeutig werden.

An einer Omnibushaltestelle in Berlin warten sehr viele Menschen. Endlich rattert ein bereits überfüllter Bus heran. Da fragt eine Dame den Schaffner: ›Sagen Sie mal, warum verkehren Sie nicht viertelstündlich?‹ – ›Aber Madammken‹, entgegnet der entrüstete Schaffner, ›denken Sie denn, ick wär' ein Hahn?‹

Zwei Mädchen treffen sich nach dem Karneval.
Sagt die eine:
›Bin froh, daß die Tage vorbei sind!‹
Sagt die andere:
›Wäre froh, sie kämen wieder.‹

Ein Ehepaar lebt auf ziemlich großem Fuße. Nach der Ansicht der einen soll der Mann viel verdient und sich dabei etwas zurückgelegt haben, nach anderen wieder soll sich die Frau etwas zurückgelegt und dabei viel verdient haben. (Freud, S. 26)

In einer kleinen Wirtschaft am Kaiserstuhl findet sich die Inschrift:

Was ist dir lieber, lieber Freund,
Weib oder Wein? Eine Frage!
Es kommt erstens auf den Jahrgang an,
und zweitens auf die Lage.

Die hier doppeldeutig verwendeten Begriffe ›Jahrgang‹ und ›Lage‹ sind für die Qualifikation des Weines selbstverständlich, sie sind in diesem Bereich sogar zunächst eindeutige Begriffe. Witzig werden sie erst durch die Übertragung auf einen anderen Bereich. Auch das Wörtlichnehmen eines nur bildlich gemeinten Ausdrucks kann komische Wirkungen erzielen. Schon im älteren Schwank spielte dies eine Rolle. Eulenspiegel etwa nimmt die Leute ›beim Wort‹: Mit einer Flöte will er sich ›die Flötentöne beibringen‹ lassen; er ›schmiert den Wagen‹ mit Karrensalbe, aber einschließlich aller Polster; er geht auf eine Wiese, um sich ›die Grillen zu vertreiben‹, und als er wegen seiner unsinnigen Streiche ›das Haus räumen‹ soll, trägt er alle Möbel auf die Straße.

Auch der Kaspar des Puppentheaters versteht dauernd alles falsch, weil er das Gehörte wörtlich nimmt. Im Wörtlichnehmen, in der Realisierung von Metaphern besteht oft genug die Komik der Eulenspiegelschwänke, ebenso ist das Wörtlichnehmen eines Auftrages eine Haupttechnik der Witzleistung in den Dummen- und Törichtenwitzen bis zum heutigen Ostfriesenwitz.

Neuzeitliche Beispiele verlaufen nach demselben Prinzip:

›Ich wußte gar nicht, daß Friedrich der Große richtig ermordet worden ist!‹ – ›Aber, das muß ein Irrtum von Ihnen sein, oder eine Verwechslung!‹ – ›Nein, nein. Unter dieser Abbildung steht es doch deutlich: Friedrich der Große. Nach einem Stich von Menzel.‹

Bei der Betrachtung eines Denkmals wird die Frage gestellt: ›Was stellt diese Statue vor?‹ – Antwort: ›Das rechte (oder linke) Bein.‹

Die Antwort überrascht, weil sie das Wort ›vorstellen‹ in seiner ursprünglichen sinnlichen Bedeutung nimmt, während wir durch die Frage zunächst auf die metaphorische Bedeutungsvorstellung ›repräsentieren‹, ›symbolisch ausdrücken‹ etc. eingestellt waren. Es ist die weitaus beliebteste Technik des Witzes, in unserem Bewußtsein falsche Assoziationen zu erwecken. Das richtige Verständnis des doppeldeutigen Wortes kommt dann überraschend als eine Art plötzlicher Erleuchtung (Roetschi).

›Er lieh ihr sein Ohr, aber sie gab es nie zurück.‹

›Ihr einziger Reiz war der Hustenreiz.‹

Auch beim Wörtlichnehmen ist es oft das sexuelle Gebiet, auf das sich die Zweideutigkeit des Witzes bezieht.

Ein österreichischer Erzherzog geht auf Reisen nach Südosten. Er will einmal Land und Leute von Rumänien studieren. Aber an der rumänischen Grenze ergeben sich Zollschwierigkeiten. Der Zollbeamte hat den ersten der großen Koffer durchsucht und wendet sich verwundert an den Besitzer: ›Aber kaiserliche Hoheit, allein in diesem einen Koffer 365 Butterbrote! Was bedeutet das?‹ Der Erzherzog darauf halb erstaunt, halb unwillig: ›Ja, was wollen's eigentlich? Mein Freund hat mir g'sagt: In Bukareșt bekommt man die schönste Frau für ein Butterbrot!‹

Was machen ein Neger und eine Negerin nach dem Mittagessen? – Ein Niggerchen!

Zum Wortwitz gehören ferner die Scherzfragen nach dem Schema: ›Kannst du einen Satz bilden mit. . .?‹ Oft ist die äußere Einkleidung die eines Schulwitzes. Ein für das Kind unverständliches Wort tritt in der Kinderaussage in einen überraschenden, vom Fragenden wie vom Witzzuhörer unvermuteten Zusammenhang.

Lehrer: ›Wer kann einen Satz bilden mit ›Soll‹ und ›Haben‹?
Fritzchen: ›Ich, Herr Lehrer! – Die Leute sagen, Ihre Frau soll zu haben sein!‹

Kinder sollen Sätze mit ›der, die, das‹ bilden. Fritzchen weiß einen: ›Meine große Schwester kriegt 'nen Kind! Der die das gemacht hat, ist 'nen Ami!‹

Das Witzige am Witz ist immer das Resultat einer charakteristischen Sprachverwendung; er aktualisiert sich allemal durch eine spezifische Aussagetechnik (Preisendanz).

Alles, was vom normalen Sprachmaterial und -gebrauch abweicht, löst einen Konflikt zwischen richtig und falsch aus, der komische Wirkungen erzielen kann. Freilich ist nicht jeder grammatische Fehler witzig – meist ist er sogar ärgerniserregend. Nur *der* Fehler ist witzig, der den Inhalt auf ein anderes Beziehungsfeld schiebt, das heißt, wo im Sinne Freuds ein ›sinnvolles Versprechen‹ vorliegt.

Ein einfachstes Mittel der Sprachkomik ist die Lautvertauschung. Da wird das ›Gegenteil‹ zum ›Geigenteel‹, der ›Hautgout‹ zu ›Hugo‹ verdreht. Man sagt ›staubdumm‹ statt ›taubstumm‹, ›Kuhzunft‹ statt ›Zukunft‹, ›Viehknall‹ statt ›Kniefall‹, ›Stutterbulle‹ statt ›Butterstulle‹, ›schüttebeen‹ statt ›bitte schön‹, ›aus der Falle rollen‹ statt ›aus der Rolle fallen‹, ›hochgepubeltes Ehrlikum‹ statt ›hochgeehrtes Publikum‹. Schillers »Kraniche des Ibykus« werden von jedem Gymnasiasten in die ›Ibiche des Kranikus‹ verschandelt. Und für manche Worte gibt es nicht nur eine, sondern viele Umkehrmöglichkeiten. Berühmtes Beispiel ist das ›Paprikaschnitzel‹, das sich in ›Schnaprikapitzel‹, ›Schniprikapapsel‹ oder ›Piprikaschnapsel‹ wandeln kann.

Weitere Möglichkeiten für Wortwitze bietet das grammatikalische Kapitel der Wortbildung, z. B. ungebräuchliche Femininbildungen wie in der Sprichwortparodie ›Der Mensch denkt, die Menschin lenkt‹, oder die Paarbildung ›Mäusin und Maus‹ (Mörike), ›Regenwurm und Regenwurmin‹ (Budde). Das Weibchen des Papageis ist der ›Mamagei‹, die Frau des Frankfurters eine ›Frankfurt-am-Mainerin‹ (Dernburg). Mit einer anderen falschen Analogiebildung arbeitet die Scherzfrage: ›Warum soll man Badener und nicht Badenser sagen? – Man sagt ja auch nicht Frankfurtser.‹ Ähnlich das Wortspiel: ›Sie ist eine Leuchte und er ein Leuchter.‹ Nicht die Abweichung von der Sprachnorm an sich ist schon komisch; sie wird es erst durch den Sinn im Unsinn, wobei häufig der sexuelle oder fäkale Bereich angesprochen wird (Frankfurtser, Leuchter). In Scheffels Gedicht vom Ichthyosaurus stirbt die ganze ›Saurierei‹. Der Anklang an ›Sauerei‹ spielt bei der komischen Wirkung dieser Wortprägung sicherlich mit.

Komisch wirken Worthäufungen, aristophanische Wortungeheuer

wie z. B. ›Donaudampfschiffahrtskapitänsgattin‹, ›Kummerausschüttung‹, ›Befehlserfüllungsmaschine‹, ›Gelegenheitszusammentreffung‹, oder wenn z. B. aus der Redensart ›den Mantel nach dem Wind drehen‹ ein Substantiv ›Mantelnachdemwinddrehung‹ abgeleitet wird. Solche Wortneubildungen widersprechen der Sprachnorm und reizen deshalb zum Lachen.

Bei den Artikelwitzen geht es häufig um die scherzhafte Aufgabe, Worte zu finden, die mehrere Artikel haben. Solche gibt es in der Tat (z. B. manchmal bei Lehnwörtern wie ›Dschungel‹), meist aber werden sie künstlich erzeugt wie ›Das di der Teufel hol!‹ Besonders Ausländern werden solche Mißhandlungen der deutschen Sprache unterstellt, etwa einem radebrechenden Ungarn:

> Verfluchtige Sprach, das Daitsche! Gibts do Worte, wo alle drei Artikel zusammen vorkommen. Zum Baispül: Der Regent, no, das is also der Ministerpräsident; kann ich aber auch sagen: Di-Regent, dann is es ein Kapellmeister, und wenn ich sag': Das Regent, muß ich Regenschirm aufspannen; No, hát, wie soll man sich auskennen in so einer Sprach!?‹

Im Bereich des Adjektivs wirken komisch besonders die falschen Steigerungsformen. Bei Wippchen heißt es: ›Wenn sie mir blindlingser vertrauten‹; ›ich begebe mich auf das stantepedeste in die nächste Schlacht.‹ Schon Friedrich Rückert nutzte in einem Hexameter-Gedicht die komische Wirkung der Steigerung des Wortes ›deutsch‹:

> Neulich deutschten auf Deutsch vier deutsche Deutschlinge deutschend.
> Sich überdeutschend am Deutsch, welcher der Deutscheste sei.
> Vier deutschnamig benannt: Deutsch, Deutscherig, Deutscherling, Deutschdich.
> Selbst so hatten zu deutsch die sich die Namen gedeutscht.
> Jetzt wettdeutschten sie, deutschend in grammatikalischer Deutschheit,
> Deutscheren Komparativ, deutschesten Superlativ.
> »Ich bin deutscher als deutsch.« »Ich deutscherer.« »Deutschester bin ich.«
> »Ich bin der Deutschereste oder der Deutschestere.« Drauf durch Komparativ und Superlativ fortdeutschend,
> Deutschten sie auf bis zum – Deutschesterestersten,
> Bis sie vor komparativisch- und superlativistischer Deutschung
> Den Positiv von Deutsch hatten vergessen zuletzt.

Nicht jedes beliebige Wort ist in seinen Steigerungsformen komisch. Im Falle von ›deutsch‹ ist witzig nicht nur die Nichtsteigerbarkeit des Wortes, sondern hinzu kommt die durch die Steigerung erzielte Parodie von Deutschtümelei und Nationalismus.

Im Schulwitz wird häufig die scheinbar harmlose Aufgabe gestellt, ein Adjektiv zu steigern, doch begibt sich der Antwortgeber damit ungewollt alsbald auf die Ebene der Fäkalsprache: ›Du bist mir am liebsten am Allerwertesten‹ wird als Superlativ von ›du bist mir lieb und wert‹ ausgegeben. Ähnlich die Steigerungsform von ›imposant‹: ›im Po Sand – im Hintern Steine – im Arsch Felsen‹. Steigerungsformen sind immer dann nicht angebracht, wenn schon die Grundform eines Adjektivs als nicht mehr steigerungsfähig empfunden wird.

‹Wirst du mich auch noch lieben, wenn ich alt und häßlich bin?‹ – ›Aber Liebste! Du kannst wohl älter werden, aber doch nicht noch häßlicher!‹

Das Bindewort ›und‹ hat oft eine wichtige Aufgabe als der zündende Funke im Witz. Normalerweise hat es die Eigenschaft, gleichartige Dinge zu verknüpfen. Wird Ungleichartiges zusammengestellt, so wirkt das komisch. Es entsteht ein komischer Konflikt. Am Anfang von Heines »Harzreise« wird festgestellt, daß Göttingen berühmt sei »durch seine Würste und Universität«. Gerade bei Heine ist diese Technik sehr häufig festzustellen, z. B.: »Apfeltörtchen waren damals meine Passion; jetzt ist es Liebe, Wahrheit, Freiheit und Krebssuppe.« Bei Busch heißt es im »Maler Klecksel«:

lustwandelt sie mit Seelenruh
und ihrem Spitz dem Kloster zu.

Oder

Mit einer Gabel und mit Müh
zieht ihn die Mutter aus der Brüh.

Schließlich kann durch falsche Interpunktion ein Sinnzusammenhang ins Gegenteil und damit ins Komische verzerrt werden. Aus dem Satz ›Er will sie nicht‹ wird etwas völlig anderes, wenn man in der Mitte ein Komma setzt: ›Er will, sie nicht.‹ Bekannt ist auch folgender Geburtstagsglückwunsch:

Alles Schlechte wünsch' ich Dir
Fern vom Halse, bleibe mir
Alles, Unheil treffe Dich
Niemals, aber denk an mich!

Ebenso wie die Wortausweitung wirkt auch die Wortabkürzung bisweilen komisch.

In der Schule fragt der Pfarrer die Kinder nach ihren Namen: ›Hans‹ – ›Du heißt eigentlich Johannes‹. – ›Seppl‹ – ›Du heißt eigentlich Joseph‹. Als Kurt drankommt, sagt er gleich: ›Ich weiß schon; eigentlich müßte ich Joghurt heißen.‹

Gerade die Gegenwart hat solche Witze hervorgebracht, zumal die Neigung zu Abkürzungen zu den Merkmalen der Sprache im technischen Zeitalter gehört.

Frau Navratil und Frau Pospischil treffen einander. Frau Navratil fragt: ›Sagen S', wofür san Sie eigentlich, für de EFTA oder de EWG?‹ – ›Was heißt das eigentlich?‹ erkundigt sich Frau Pospischil vorsichtig, denn sie kann sich unter diesen so oft gehörten Begriffen nichts vorstellen. Frau Navratil erklärt ihr bereitwillig: ›No, is doch ganz einfach: EWG, das heißt sich so viel wie ›Einmal wöchentlich Geschlechtsverkehr‹. Da unterbricht sie Frau Pospischil gleich sehr energisch: ›Reden S' gar nicht weiter. EWG, das ist nix für mich, da bin ich schon mehr für EFTA (öfter).‹

BN – das Kraftfahrzeugkennzeichen für die Bundeshauptstadt Bonn – bedeutet eigentlich: Berliner Nebenstelle.

In der Nazi-Zeit waren besonders beliebt die witzigen Erklärungen der zahllosen Abkürzungen für die mannigfachen NS-Organisationen. Die Abkürzung von Namen und Titeln forderte geradezu zu satirischen oder ironisch-absichtlichen Fehlauslegungen heraus, z. B.

NSKK (Kraftfahrerkorps): Nur Säufer, keine Kämpfer.
NSDAP: Na, suchst du auch Pöstchen?
Eine Mutter bekommt von ihrer Tochter ein Telegramm: KdF – BDM – NSV; sie schreibt wieder: was soll das heißen? und bekommt die briefliche Antwort: Kannst dich freuen! Bin deutsche Mutter! Nun such Vati!

Eine spezielle Kategorie des Abkürzungswitzes bildet der Telegrammwitz. In einem Telegramm kostet jedes Wort. Aus Ersparnisgründen kommt es deshalb darauf an, mit möglichst wenig Worten möglichst viel zu sagen. Das führt natürlich leicht zu mißverständlichen Kurzschlüssen der Sprache, die komisch wirken können.

Auf einem Hofe verabredet die Bäuerin, da ihr Mann verreist ist, mit einem durchreisenden Schweinehändler den Verkauf einer riesigen Sau; endgültige Abmachung werde ihr Mann, sobald er nach Hause kommt, telegraphisch treffen. Der Bauer, abends heimgekommen, gibt sogleich folgendes Telegramm auf: ›Mit dem Verkauf meiner Frau einverstanden. 5 DM das Pfund Lebendgewicht. Die Sau morgen abholen, bitte Maulkorb mitbringen, da beißt.‹

Wir könnten auch die absichtlichen Sprachabweichungen nach grammatikalischen Gesichtspunkten aufzählen, aber es mag hier genügen, nur einige Gebiete zu nennen, in denen der Spieltrieb das herkömmliche Sprachmaterial zerstört, z. B. die komische Zersprengung eines Wortes in zwei Teile: ›ent- oder weder‹, die Umstellung der Bestandteile eines

Wortes: ›Schiedunter‹ für Unterschied, ›der blutwürstige Dietrich‹ statt blutdürstiger Wüterich. Der Wortzerlegungswitz hat ganze Spiele hervorgebracht, wie z. B. das sog. ›Rehspiel‹. Dabei geht es darum, Worte zu finden, in denen die Silbe Re(h) vorkommt. Dieses Wort wird dann so verrätselt, daß die Erklärung auf ein Reh zutrifft. Z. B. wird aus der Retorte, d. h. einem Gefäß zu Destillierzwecken, in der Verrätselung eine ›Reh-Torte‹: ein Gebäck für Rehe. Je abseitiger das Wort ist, je gesuchter die zum Reh hergestellte Beziehung, desto geistreicher ist der Witz. Da wird z. B. aus dem Wort ›Remoulade‹ ein Behältnis gemacht (Lade), in dem ein Reh einen ihm nicht zukommenden tierischen Laut (Muh) ausstößt. ›Unterredung‹ wird zerlegt in: Unter-Reh-Dung; ›Redeschwall‹ zu: Reh de cheval, ›Reliquienbild‹ zu: Reh-lieg – wie ein Bild; ›Wanderniere‹ zu: Wander – nie – Reh.

Wir sind hier im Bereich des Silbenrätsels oder der Scharade, wie sie nicht nur im literarisch gebildeten, sondern auch im volkstümlichen Bereich eine Rolle spielt, so etwa in der niederdeutschen Verrätselung des ›Erd-äppel-pfann-kuchens‹:

> Das erste ist rund, das zweite ist rund, das erste und zweite zusammen ist rund, das dritte ist rund, das vierte ist rund, das dritte und vierte zusammen ist rund, und das erste, zweite, dritte und vierte zusammen ist auch rund.

Der umgekehrte Witz besteht darin, ein Wortungeheuer oder einen ganzen Satz als ein einsilbiges Wort zu deklarieren.

> In der Schule von Appenzell verlangt der Lehrer ein einsilbiges Wort, zu dessen Aussprache man den Mund nur einmal öffnen muß. ›Also, Jaköbli, nenn mir ein solches einsilbiges Wort.‹
> ›Neuierdöpfeli.‹

In den Bereich des Wortwitzes gehört vor allem die scherzhafte, absichtlich fehlerhafte Silbentrennung.

> Als in Berlin die Antigone aufgeführt wurde, tadelte man, daß die Darstellung gar nicht antik sei. Ein witziger Kritiker machte aus dem Gleichklang von ›Antigone‹ und ›antik‹ das Wortspiel: ›antik? o nee!‹

Auch der Metrikwitz entspringt der absichtlich falschen Betonung, der Diskrepanz von Wortakzent und metrischem Akzent. Altes volkstümliches Beispiel ist der Kindervers

Ich saß an meinem Schiebfenstérchen,
da kamen kleine Géspenstérchen
und zupften mich am Róckärmélchen.

Falsche Wortakzente machen die Sprache fast unkenntlich;

Husarén tragénsebél (Husaren tragen Säbel) –
Erásmus, siásmus (er aß Mus, sie aß Mus) –
Supáßer, Aláßer, Aláßi (Supp aß er, Aal aß er, Aal aß sie).
Die Kuránte bíssifil in die Vértifung (die Kuh rannte, bis sie fiel in die Vertiefung).

Es gibt in der Kinderfolklore ganze Sätze, die aus Umkehrworten bestehen, wobei der Wortwitz nicht nur in der Zerstörung des normalen Sprachbestandes liegt, sondern in der Wendung zur Fäkalsprache:

Im Grinterhunde einer Grappelpuppe saßen ein Mulscheister und ein Leichenzehrer und malten die Rattenschisse ihrer freelichen Sauen, von denen die eine Schileefürzchen stickte und die andere am Buchenkacken war (soll heißen: Im Hintergrunde einer Pappelgruppe saßen ein Schulmeister und ein Zeichenlehrer und malten die Schattenrisse ihrer seligen Frauen, von denen die eine Filet-Schürzchen stickte und die andere am Kuchenbacken war).

Ein anderer Sprachscherz ist das Lesen eines Wortes von hinten, das ›Palindrom‹. Auch hier ist die Zerstörung des Sprachmaterials nur dann witzig, wenn überraschenderweise das vom Schluß her gelesene Wort einen Sinn oder sogar das identische Wort ergibt, wie bei den Namen ›Anna‹, ›Otto‹ oder bei dem beliebten ›Reliefpfeiler‹. Auch ganze Sätze lassen sich von hinten her lesen, wie z. B.: ›Ein Neger mit Gazelle zagt im Regen nie.‹ Nach englischer Tradition bestand schon der erste Dialog der Menschheit in einem Palindrom. Adam sagte zu Eva: ›Madam 'm Adam.‹

Viele Beispiele des Wortwitzes bietet das grammatikalische Kapitel der Verbalformen, so z. B. das falsche, durch Analogie gebildete Partizip Perfekt, etwa ›gespissen‹ für gespeist, ›geschmocken‹ statt geschmeckt, ›ich bin gesponnen‹ für ich bin gespannt, ›gemorken‹ für gemerkt, ›spazoren‹ für spaziert, ›umgebrungen‹ für umgebracht, ›der Blamorene‹ für der Blamierte, ›bedröppelt‹ oder ›bedropst‹ für betrübt. Das Partizip Präsens ist im Deutschen ungewöhnlich. Wird es dennoch als poetisches Stilmittel eingesetzt, wirkt es entsprechend komisch:

Lang genug geschienen habend
senkt die Sonne sich am Abend.

Ebenso die falsche Bildung des Passivs: Von jemand, der nicht freiwillig aus seinem Amt geschieden ist, heißt es: ›er ist gegangen worden.‹

Komisch wirkt die Bemühung, Substantive oder Namen verbal aufzufassen und zu konjugieren, wie z. B. ›Sofalehne‹ (›ich soof alleene‹), oder ›Biberich‹ (mit der Fortsetzung: ›bibberst du‹ etc.). Komisch wirkt schließlich die Übertreibung oder Häufung bestimmter Stilformen wie die Neigung der Gegenwart zur Verwendung von Hilfsverben:

ich würde sagen wir sollten
ich sollte meinen wir hätten
ich hätte gedacht wir könnten
ich könnte schwören wir möchten
ich möchte annehmen wir müßten
ich müßte glauben wir würden

ich würde sagen wir müßten
ich müßte meinen wir möchten
ich möchte glauben wir könnten
ich könnte schwören wir hätten
ich hätte gedacht wir sollten
ich sollte glauben wir würden
ich würde sagen wir dächten
ich dächte das wär's
würde ich sagen (Rudolf Otto Wiemer)

Schon die bloße Verschiebung der Satzmelodie kann bewerkstelligen, daß aus einer wirklichen eine bloß rhetorische Frage wird.

Ein Jude ist angeklagt, ein Pferd der amerikanischen Besatzungsarmee in Deutschland gestohlen zu haben, und wird vor ein Militärgericht gebracht. Die folgende Verhandlung findet mit Hilfe eines Dolmetschers statt:
Vorsitzender: Ask him if he stole the horse.
Dolmetscher: Haben Sie das Pferd gestohlen?
Jude: Ich hab gestohlen a Ferd?
Dolmetscher: He says he stole the horse.
Vorsitzender: Ask him why he stole the horse.
Dolmetscher: Warum haben Sie das Pferd gestohlen?
Jude: Ich brauch a Ferd?
Dolmetscher: He says he needs a horse.
Vorsitzender: Ask him what he needs the horse for.
Dolmetscher: Wofür brauchen Sie ein Pferd?
Jude: Ich brauch a Ferd zum Schabbesmachen!
Dolmetscher: He says he needs the horse for religious purposes.

Diese Erzählung von einer Kette sprachlicher Mißverständnisse wird besonders witzig dadurch, daß die unterschiedliche Bedeutung, der Konflikt mit der Sprachnorm, lediglich in der Satzmelodie und Betonung liegt, daß bei der wörtlichen Übertragung der Worte sich das genaue Gegenteil des Sinnes ergibt. Die Verteidigung des Angeklagten wird in der Übersetzung des Dolmetschers zur Selbstanklage. Hinzu kommt allerdings auch noch die Satzstellung des Jiddischen. Damit sind wir bei der großen Gruppe von Witzen, in denen Verständigungsschwierigkeiten zwischen Menschen verschiedener Sprachen den komischen Konflikt verursachen. Mißverständnis von Sprache ist ein Anlaß des Lachens. So bildet der Ausländer, der die Landessprache nicht beherrscht, immer erneuten Anlaß zur Erheiterung.

Eine Französin ist seekrank und blickt mitleidheischend einen jüdischen Herrn an, der in ihrer Nähe steht: ›Toute malade‹, sagt sie schmerzvoll. Und der freundliche Jude antwortet: ›Tut mer aach laad.‹

Ein Amerikaner kommt aufs Postamt und sagt: ›Fräulein, haben Sie eine Wiege, ich will etwas wagen?‹

Witzig sind solche Wortverwechslungen nur dann, wenn das Gesagte durch den Sprachfehler einen neuen Sinn erhält.

Jedes sprachliche Mißverständnis kann zu komischen Wirkungen führen, und derartige Witze schafft das tägliche Leben und das Zusammentreffen von Menschen verschiedener Sprache immer wieder neu. Ein berühmtes literarisches Beispiel bietet etwa Joh. Peter Hebels »Kannitverstan«. Es gibt den Übersetzungswitz, die komische Fehlleistung, die entsteht, wenn man der fremden Sprache nicht ganz mächtig ist. Nicht jeder Übersetzungsfehler als solcher ist schon witzig; er ist es nur dann, wenn durch Fehlleistung die Worte in ein anderes Beziehungsfeld verschoben werden, wobei das skatologische und sexuelle quantitativ dominierend sind.

Die (Main-Kraftwerke) MKW stellen einen italienischen Gastarbeiter ein und schicken ihn, weil er etwas Deutsch kann, herum zum Ablesen der Zähler.
An einer Wohnung öffnet ihm die Hausfrau. Er: »Ich MKW-Kontroll – wieviel Nummer du mit Licht?«
Die Frau wird wütend und droht, als er seine Frage mehrfach wiederholt, ihn hinauszuwerfen. Darauf greift er in die Tasche und holt eine Kneifzange heraus: »Wenn nix Kontroll – ich mache Knips-Knips – dann du nur Kerze!«

Bei den Oberammergauer Festspielen ist der Jesus-Darsteller erkrankt, und vergeblich sucht man nach einem Ersatz. Schließlich findet man unter den amerikanischen Touristen einen Mann mit einem Vollbart, und man trägt ihm die Rolle an. Er brauche, wenn er ans Kreuz genagelt werde, nur einen einzigen Satz zu sagen, den er leicht behalten könne. Man wird sich einig, und als die große Golgatha-Szene kommt und Jesus ans Kreuz geschlagen ist, spricht der Sterbende (mit amerikanischem Akzent) die Worte: ›Es ist prachtvoll.‹

Von den Schwierigkeiten, die ein Ausländer im Umgang mit der deutschen Sprache haben kann, zeugt auch die folgende Bismarck-Anekdote:

Bei einem Festessen hatte Bismarck die Gattin eines ausländischen Diplomaten als Tischdame. Die etwas arrogante Frau suchte die deutsche Sprache als minderwertig hinzustellen, indem sie ihr den Vorwurf machte, im Deutschen gebe es für dieselbe Sache immer wieder verwirrend viele Ausdrücke, z. B. speisen und essen. Bismarck verteidigte sich: ›Verzeihen Sie, Gnädigste. Diese beiden Wörter sind nicht gleichbedeutend. Denn Christus speiste die fünftausend Mann, aber er aß sie nicht.‹ – ›Aber schlagen und hauen ist gleich!‹ – ›Verzeihung, daß ich auch hierin anderer Meinung bin. Sehen Sie, diese prachtvolle Standuhr schlägt die Stunden, aber sie haut sie nicht.‹ – ›Das gebe ich zu, aber von den Wörtern senden und schicken ist doch sicher eines ganz überflüssig!‹ – ›Keineswegs. Denn Ihr Gemahl ist zwar ein Gesandter, aber kein geschickter!‹ – ›Aber in einem müssen Sie mir recht geben, Durchlaucht: Sicher und gewiß ist doch genau dasselbe!‹ – ›Ich bitte um Verzeihung, Gnädigste, daß ich auch hierin gänzlich anderer Ansicht bin. Nehmen wir einmal an, daß hier plötzlich ein Brand ausbricht, so würde es mir eine Ehrenpflicht sein, Sie, gnädige Frau, sogleich an einen sicheren Ort zu führen, aber um Himmelswillen nicht an einen gewissen Ort!‹

Der Übersetzungswitz kann sich komplizieren, wenn die falsche Übersetzung eine noch falschere Rückübersetzung erfährt. So kommen mitunter ganze Kettenwitze zustande.

Bekannt ist die Geschichte jenes Elsässers, der sich im letzten Krieg gegen die Eindeutschung seines Namens ›Vache‹ wehrt. Er meint:

›Jetzt nennen sie mich »Wache«, aber wenn d'Welsche wiederkumme, dann heiße't sie mich »vache« – und wenn dann d'Schwowe wiederkumme, dann nennet sie mich »Kuh« – und wenn dann d'Welsche wiederkumme, dann heisset sie mich »Cul«, und wenn dann d'Schwowe wiederkumme . . .
neich, Arsch will i nit heiße!‹

Nicht nur der Ausländer kann sich blamieren. Auch in der eigenen Sprache kann sich der Ungebildete bloßstellen, wenn er gebräuchliche Fremdwörter nicht kennt, mißversteht oder gar verballhornt.

›Huber, gehen Sie schnell nach Hause, Ihre Frau liegt mit Meningitis zu Bett!‹ – ›Na wart! derwischen, wenn i ihn tu, den ausländischen Schlowaken, nachher bring i ihn um.‹

Der Lehrer fragt: ›Wer kann mir sagen, was die Elemente sind?‹ – Zum allgemeinen Erstaunen erhebt sich der kleine Fritz in der hintersten Reihe, der sonst zu allen Fragen schweigt: ›Elemente, Herr Lehrer, sind det Jeld, watt meine Mutter alle Monate for mia kricht!‹

Die folgenden Liedtexte sind ›kein Witz‹, sondern eine ernstgemeinte Hilfe für das Mitsingen von deutschen Volksliedern auf amerikanischen Oktoberfesten:

How to sing German Songs. . . in English

Ein Prosit der Gemutlichkeit

Ein prosit, ein prosit, der gi.mute.lick.kite
Ein prosit, ein prosit, der gi.mute.lick.kite

In Munchen steht ein Hofbrauhaus

In Moonchin state ein hof.broy.house,
Ein, s'vie, g'soofa
Da loyft zo manches face.shin owse,
Ein, s'vie, g'soofa.
Da hot shown mancher bra.vay mon,
Ein s'vie, g'soofa
Gez.ite, vaz err zo fer.trag.en con.
Shun froo am Morgan finger an,
und spate am Abend kam err hair.owse
Zo shern ists im Hof.broy.house!

Du, du liegst mir im Herzen

Doo, Doo, Leegst mear im hairt.sin
Doo, doo Leegst mear im sin;
Doo, doo mockst mear veal schmertsin,
Vicest nicked vee goote ick dear bin.
Ya, ya, ya, ya,
vicest nicked vee goote ick dear bin.

Du kannst nicht treu sein

Doo canst nicked troy zine,
nine, nine, das can'st doo nicked,
ven auk dine moon't mear va.ray Leeba ver.sprickt
In dine'm hairt.sin hast doo fure vee.la plotz;
da-room bist doo auk nicked fur mick der ricked'ge shots.

O Du lieber Augustin

Oh doo Leeber Augusteen, Augusteen, Augusteen,
Oh doo Leeber Augusteen, Alles ist hen.
Geld ist veg, May.dells veg, Alles veg, Alles veg.
Oh doo Leeber Augusteen, Alles ist hen.

Trink, trink, Bruderlein trink

Trink, trink, brooder.Line trink.

Das Stolzieren mit Fremdwörtern kennzeichnet auch die Neureichen-Witze, wenn ihre Bildung mit ihrem sozialen Status nicht ganz Schritt gehalten hat. Der Unbildungswitz macht davon reichlichen Gebrauch. Lichtenbergs Paradebeispiel ist bekannt: »Er las immer Agamemnon, statt angenommen, so sehr hatte er den Homer gelesen.«

›Denken Sie nur, meine Tochter heiratet demnächst einen Veterinär‹ – ›Was? so einen alten Herrn aus dem ersten Weltkrieg?‹ – ›Aber nein, so einen, der kein Fleisch ißt!‹

Hier werden die anklingenden Begriffe ›Veterinär‹, ›Veteran‹ und ›Vegetarier‹ durcheinandergewirbelt. Das alles sind sog. Galimathias-Witze. Galimathias entsteht sehr leicht dort, wo man von Gegenständen redet, die man nicht genau kennt, oder Worte braucht, die man nicht im Kopf, sondern nur nach ungefähren Anklängen im Gehör hat (Kuno Fischer). Zum Galimathias gehört auch das verballhornte Fremdwort, z. B. ›Beethovens Erotika‹, der ›Gang nach Casanova‹, der ›Schmus primae noctis‹, auch der ›Jux primae noctis‹ oder der Reisebericht von der Sixtinischen Kapelle in Rom, die Frau Neureich zu hören versäumt hat. Für ihren Mann zu Weihnachten verlangt sie in der Schallplattenhandlung eine Platte mit den ›Carmina Bonanza‹, oder Bachs ›zwei- und dreistimmige Investitionen‹.

Witzig sind solche Irrtümer vor allem dort, wo ein sinnvolles Versprechen eingetreten ist, d. h. wo das Mißverständnis einen neuen Sinn ergibt, wenn z. B. aus der ›Viola da Gamba‹ eine ›Viola da Samba‹ gemacht wird, weil auch der Samba etwas mit Musik zu tun hat. Oder wenn aus einer ›Mätresse‹ eine ›Matratze‹ gemacht wird, weil das auch etwas ist, worauf man liegt; oder wenn aus der ›Venus von Milo‹ eine ›Venus von Kilo‹ wird, als Bezeichnung für eine beleibte weibliche Person.

Zur selben Witztechnik gehört das in den 60er Jahren vielbelachte sog. Lübke-Englisch (früher Josef Filser-Englisch). Dem ehemaligen Bundespräsidenten wurden bei Staatsempfängen Fehlleistungen in einem Phantasie-Englisch nachgesagt wie ›Toast upon the women‹ oder ›equal goes it lose‹ (gleich geht's los).

Geht es in all diesen Fällen um unfreiwillige Komik, so kann die

Fremdsprache auch absichtlich, willentlich und wider besseres Wissen mißhandelt werden. Eine große Zahl von Schulwitzen gehört hierher, z. B. das scheinbare Griechisch:

Mähn Äbte Heu? Ob Äbte Heu mähn? Äbte mähn nie Heu,

ein Schülerscherz, der bereits in einer Grammatik des 17. Jahrhunderts vorkommt.

Noch bekannter ist die scheinbare Übersetzung ins Lateinische dadurch, daß deutsche Worte in Teilbestände aufgelöst werden, die dann jeweils ins Lateinische übertragen werden, zusammengenommen aber eben noch immer kein Latein ergeben, z. B. die Übersetzung von ›Offizier‹: o pecus decus: o-Vieh-Zier; oder der Stoßseufzer: ›Leider Gottes‹: scala dei. ›Ei verflucht‹ heißt dann: Studium fuga (Eifer-Flucht). Mehr noch in die Richtung des Kalauers geht die Übersetzung von ›Cäsar fährt Rad‹: Caesar equus consilium. (Ebenso gibt es natürlich auch analoge Fälle mit anderen Sprachen, z. B. Französisch: ›Œuf, œuf, que lac je?‹ d. h.: Ei, ei, was seh ich? Oder die Übersetzung von ›Wie kommen Sie mir vor?‹: Comment venez vous me devant?). Ähnlich:

Nostra potestas lege lectum vult faenum suadere – Unsere Magd Lisbeth will heiraten.

Sehr bekannt ist der folgende Vers, der zwar korrektes Latein abgibt, aber bei wörtlicher deutscher Übersetzung ins Skatologische abgleitet:

Caesar cum vidisset,
portum plenum esse,
iuxta navigavit!
(Als Cäsar sah, daß der Hafen voll war, schiffte er daneben.)

Der folgende Vers gibt bayerisches Latein wieder und ist ein bloßer Klangwitz:

Vena laus amoris pax trux caporis (Wenn a Laus am Ohr is. . .)

Während des Tausendjährigen Reiches sagte man in Österreich:

Quod licet Nazi – non licet Bazi.

Zwei Freunde unter sich: ›Kannst Du mir sagen, was »a priori« heißt?‹ – ›Ja, das bedeutet: »von vornherein«.‹ – ›Aha, jetzt weiß ich auch, was »a propos« meint!‹

Hinterhubers kleiner Max hat in der Schule gefehlt. Der Lehrer sagt ihm: ›Wenn du gefehlt hast, dann mußt du eine Entschuldigung beibringen‹. Das Schreiben aber fällt dem Hinterhuber-Bauern schwer. Schließlich kommt die Entschuldigung. Sie lautet:
›Benedicte ten bum.‹
Der Lehrer geht zum Pfarrer, denn das klingt lateinisch. Der Pfarrer

sagt: ›Ja, benedicte ist schon lateinisch, aber die beiden anderen Worte?‹ Schließlich geht der Lehrer zum Hinterhuber und fragt ihn: ›Was soll denn das heißen?‹ – ›Ganz einfach‹, sagt der Hinterhuber: ›Benötigte den Buam!‹

Alles dies sind ausgesprochene Bildungswitze. Nur wer Latein kann, kann über die Fehler von Nicht-Lateinern lachen, oder selbst absichtlich komisch wirkende Fehler erfinden. Die witzige Übersetzung bringt sogar noch heutzutage immer wieder neue Moden hervor. Auf Uni-Toiletten findet man z. B. nicht selten Inschriften dieser Art:

Penis horizontalis = Halbstarker; penis de campo = Hartmann von Aue; penis hortensis = Gartenschlauch; penis tractans = Treibriemen; penis voluntarius = Wünschelrute.

›Porta Austriaca‹ heißt auf österreichisch: das Hintertürl; Orgasmus auf Schwäbisch: Jetzetle; und bekannt sind auch die Definitionen: Femina frigida = Eis am Stiel, Kastrat = Abgesackter, coitus interruptus = eine vorzeitige penible Entscheidung, Kategorischer Imperativ = eheliche Pflicht. Das sind Studentenwitze von heute, aber sie haben in der Geschichte des Komischen eine lange Tradition.

Eine komische Wirkung wird sodann ausgelöst durch die Mischung verschiedener Sprachen, durch die Verkoppelung dessen, was sonst nicht verbunden aufzutreten pflegt, d. h. durch einen sprachlichen Verfremdungseffekt. Die Sprachmischung kann sich auf ein einziges Wort beschränken. So werden z. B. deutsche Wortstämme willkürlich latinisiert, französisiert oder hispanisiert wie in den Begriffen ›Dichteritis‹, ›Klappmatismus‹, ›Schwachmatikus‹, ›Sammelsurium‹, ›knappemang‹, ›mit der bloßen Lamäng‹, ›Futschicato‹, ›Stinkatores‹, ›Schnorreros‹ (so werden in Berlin spanische Tänzer bezeichnet). In früheren Jahrhunderten ist dieses Verfahren geradezu systematisch ausgewertet worden in einer Dichtung, die man als die ›makkaronische‹ bezeichnet hat. Als literarisches Beispiel mag ebenso die Sprechweise des Riccaut de la Marlinière in Lessings »Minna von Barnhelm« gelten wie der Abraham a Santa Clara nachgebildete Stil der Kapuzinerpredigt in »Wallensteins Lager«: »Contenti estote – begnügt euch mit eurem Kommißbrote.« Solche deutsch-lateinischen Mischungen finden sich besonders häufig im älteren Studentenlied. Man denke an Scheffels Lied vom Römer, der am deutschen Grenzwall Posten steht, oder an das noch immer beliebte Studentenlied »Als die Römer frech geworden«, in dem sich anläßlich der Schlacht im Teutoburger Wald germanische Urlaute mit lateinischen Brocken vermischen.

Scherze dieser Art gehen bis in die Gegenwart, nur daß es mehr die modernen Fremdsprachen sind, die sich zu komischen Mischungen verbinden. Man nennt die so entstehende Mischsprache dann Englösisch, Enzösisch, Franglais oder Atlantisch. Unser heutiges Umgangsdeutsch ist mit Anglizismen so durchsetzt, daß nur noch stärkste Übertreibung komisch wirkt und den Mißbrauch des Fremdworts parodiert.

Ebenso wie zwischen dem Deutschen und verschiedenen Fremdsprachen kann ein komischer Konflikt auch zwischen Mundart und Hochsprache entstehen. Zwischen Mundartsprechern und Dialektunkundigen können ähnliche Verständnisschwierigkeiten auftreten wie gegenüber dem Ausländer und zu komischen Wirkungen führen. Alle stammesmäßig gebundenen Witze haben hier ihre Wurzel.

Im Berliner Witz führt die Verwechslung von ›mir‹ und ›mich‹ zu komischen Fehlleistungen wie in dem bekannten Vers:

> Was ist mich das mit dich, mein Kind?
> Du ißt mich nich, du trinkst mich nich,
> Du bist mich doch nich krank?
> So nimm dich was und stipp dich in,
> So wird dich wieder besser sin.

Auch von den Leuten in Westfalen und im Ruhrgebiet sagt man, sie verwechselten ›mir‹ und ›mich‹:

> Stehen zwei Männer und unterhalten sich. Da kommt ein Dritter vorbei. Sagt der eine zum andern: ›Kuck mal, da geht ein Freund von mich.‹ ›Von mir‹, verbessert der andere. ›Wie, von Sie?‹ ›Nein, von Ihnen!‹ ›Na also, is es doch ein Freund von mich.‹

Der Mundartwitz leitet seine komische Wirkung von zwei Merkmalen ab: Vom akustischen Unterschied zwischen Dialekt und Hochsprache, und vom Bedeutungsunterschied entsprechender Ausdrücke oder Bilder in den beiden Sprachstilen. Gewöhnlich wirken beide Polaritäten in der Komik der Dialektwitze zusammen (W. R. Schweizer). Der Sprachwitz, der seinen Sinn und seine Pointe allein der Sprache verdankt, ist dementsprechend fast immer unübersetzbar. Es gibt ausgesprochene Dialektwitze, die viel von ihrem Reiz und ihrer Wirkung verlieren, wenn sie in die Hochsprache oder in einen anderen Dialekt übertragen werden.

> Ärztliche Morgenvisite in einem Münchner Krankenhaus. Ein junges Mädchen ist an Gelenkrheuma erkrankt. Der Chefarzt fragt: ›Ham Sie schon mal mit den Mandeln zu tun gehabt?‹ Das Mädchen antwortet nach kurzem Besinnen: ›Ja, einmal – dann hab i glei a Kind krieagt.‹

> Eine schwäbische Bäuerin geht in der Stadt in ein Geschäft, versucht sich möglichst schriftdeutsch auszudrücken und verlangt

›Tara-Knöpfchen‹ für ihr Kleid. Die Verkäuferin hat so etwas noch nie gehört. Tara-Knöpfchen? Schließlich erklärt es die Frau in ihrer gewohnten Mundart: ›I mecht halt da ra Knöpfle.‹

Beruhen Mundartwitz und Ausländerwitz auf sprachlichen Mißverständnissen, auf einem Mangel an Kenntnissen auf der Sprachebene des Partners, auf zumeist unfreiwilligen Fehlleistungen, so gibt es andererseits auch ein absichtliches Abweichen vom richtigen Sprachmaterial. Mit dem vorgegebenen Sprachmaterial zu spielen, es mutwillig zu zerstören oder es zumindest aufs Spiel zu setzen, bringt einen Lustgewinn. Der Trieb, mit der Sprache zu spielen, zeigt sich in einfachsten Sprachscherzen am frühesten in der Kindersprache, im Kinderreim, im Abzählvers oder im Nonsensvers. Schon im Alter von etwa 3 Jahren werden komische Effekte durch das Kind produziert, indem es Vokal- oder Konsonantenvariationen vornimmt. Die Komik entsteht durch Verfremdung der gewohnten Sprache, durch ein Abweichen von der Sprachnorm. Beliebige Klänge werden dabei zu sinnlosen Reihen zusammengestellt:

Lirum, larum Löffelstiel

Öpken, döpken Rübezahl...

Zipperle, Pipperle pump,
der Kaiser is e Lump.

Weberle, Waberle, wick, wick, wick,
Mach mers Tuch drei Elle dick.

Man spricht in diesen Fällen auch von ›Klanglyrik‹ oder von ›lyrischem Humor‹, bei dem eine im Lautbereich erzeugte Komik dominiert (Helmers). In denselben Zusammenhang gehören auch die Erbsensprache der Kinder oder andere sog. Geheimsprachen: An jeden Buchstaben wird das Wort Erbse (oder ein anderes) angehängt: Erbsen, urbsen, herbsen, kerbsen, sterbsen usw. Ein anderes Wortspiel arbeitet mit der Technik der Lautzersetzung:

Dri Chinisin mit dim Kintribiß
Sisin if dir Striße ind irziehltin sich wis.
Di kim die Pilizi: I wis is dinn dis?
Dri Chinisin mit dim Kintribiß.

In solchen Texten wird die Fiktion einer Fremdsprache (Chinesisch etc.) unterstellt. Komisch wirkt wieder die Abweichung von der normalen Vokalität einer vorgegebenen Sprache. Ebenso beliebt sind bei Kindern die sog. Zungenbrecher:

Schneiderschere schneidet scharf,
scharf schneidet Schneiderschere.

Zwischen zwei Zwetschgenzweigen
sitzen zwei zwitschernde Schwalben.

(Alemannisch): Dr Papscht het's Schpeckbschteck z'schpot bschtellt.

Beim Zungenbrecher lacht man über den, der zuerst einen Fehler macht. Für derartige Sätze sucht man sich solche Laute und Lautkombinationen aus, die von der jeweiligen Sprache her einen relativ niedrigen Wahrscheinlichkeitsgrad des Vorkommens haben. Die komische Wirkung der Zungenbrecher beruht darin, daß sie beim Sprechen Fehlleistungen produzieren, die von der Sprachnorm abweichen.

Sigmund Freud definiert die Lust am sprachlichen Unsinn als Auflehnung gegen den Denk- und Realitätszwang, dem sich das Kind im Laufe seiner Erziehung immer mehr unterwerfen muß: »In der Zeit, da das Kind den Wortschatz seiner Muttersprache handhaben lernt, bereitet es ihm ein offenbares Vergnügen, mit diesem Material spielend zu experimentieren, Lusteffekt des Rhythmus oder des Reimes. Dieses Vergnügen wird ihm allmählich verwehrt, bis ihm nur die sinnreichen Wortverbindungen als gestattete übrig bleiben.«

Aber auch noch der Erwachsene kennt die Freude am Sprachspieltrieb, z. B. bei der *Namengebung*. Es wirkt komisch, wenn ein langer Kuß ›Dauerbrenner‹ heißt, geistige Beschränktheit ›Dachschaden‹, eine Glatze ›Bubikopf mit Spielwiese‹, die Geige ›Wimmerholz‹, Schnelligkeit ›Wuppdizität‹ (eine Scherzmischbildung aus Wuppdich und Elektrizität). Besonders häufig finden sich scherzhafte Umschreibungen für Berufe, und hierin lebt wohl noch der Standesspott vergangener Zeiten nach, wenn man den Tierarzt ›Viehzwicker‹, den Chirurgen ›Knochenschuster‹, den Zahnarzt ›Gebißklempner‹ oder ›Schnauzenmonteur‹ nennt.

Das einfachste Wortspiel ist die Umkehrung oder die witzige Replik mit dem Gegenteil.

›Justav, ick hab jehört, deine Frau is jefährlich krank?‹ –
›Nee, Otto, jefährlich is se nur, wenn se jesund is!‹

Besonders beliebt sind auch Wortverrenkungen wie ›Nikolausige Zeiten‹, ›Abcebra‹, ›Weihnachtsmänner machen Geschichten‹. Der komische Konflikt entsteht dabei durch das Zusammenspannen von Unzusammengehörigem. Eine komische Wirkung kommt auch zustande, wenn mit den verschiedenen Suffixen von zusammengesetzten Wörtern gespielt wird. Diese Technik kommt auch im mündlichen Volkswitz vor.

Ein Metzgerlehrling sieht zu, wie Wurst gemacht wird. Und da meint er zu seinem Lehrherrn: ›Meeschter, wann rauskummt, was do neikummt, kumme ma nei, daß ma nimma rauskumme.‹

Vom witzigen Wortspiel macht vor allem das literarische Kabarett reichlichen Gebrauch. Der künstlich und überlegt hergestellte Wortwitz des Conférenciers findet dann die meisten Lacher, wenn er scheinbar aus dem Augenblick und unfreiwillig vorgebracht wird, wenn seine Reproduktion vom Zuhörer wie eine Neuproduktion empfunden wird. Aber nicht jedes Wortspiel ist wirklich witzig. Wirkt es zu mühsam oder zu konstruiert, so spricht man gern von einem Kalauer. Der Kalauer wird definiert als gewaltsame Wortverrenkung bis hin zur Wortverstümmelung mit dem Zweck, einen Wortanklang, der sich in der Sprache nicht unmittelbar bietet, zu konstruieren oder zu erzwingen (A. Wellek). Das Larousse-Wörterbuch erklärt: ›ein Spiel mit Worten, die, obwohl sie gleich lauten, verschiedenen Sinn haben.‹ Der Kalauer ist ein Klangwitz, der auf der Gleichheit oder Ähnlichkeit der Wortklänge beruht. Er ist darum abhängig nicht von der Art, wie man die Worte schreibt, sondern wie man sie spricht (Kuno Fischer). Kalauer sind deshalb auch Scherzfragen der Art:

> Welche Tracht kleidet am besten? – Die Eintracht.
> Welche Weisheit ist ärgerlich? – Die Naseweisheit.
> Welche Ringe sind nicht rund? – Die Heringe.

Der Kalauer scheut sich nicht, Worte gewaltsam zu verbiegen und den Gleichklang erst durch Montage zu bewerkstelligen. So erklärt er die ›Salzborger‹ zu den Leuten, die Salz borgen, die ›Lausitzer‹ sitzen lau, und die ›Thüringer‹ ringen mit der Tür. Kaum jemand hat mit derartigen Wortspielen über Orts- und Landschaftsnamen wohl mehr jongliert als der Barockprediger Abraham a Santa Clara. Nur ein Beispiel aus einer seiner Predigten sei hier angeführt:

> Der liebe Gott ist mit seiner Hilfe nicht immer von Eilenburg, sondern auch zuweilen von Wartenberg. Darum sollen wir in unserem Gebet von Anhalt sein. Wenn uns die Vorsehung über Kreuznach, Bitterfeld und Dornburg führt, so dürfen wir nicht verzagen, sondern müssen unsern Blick auf Seligenstadt richten, wohin wir aber nicht gelangen, wenn wir uns unterwegs in Weinheim und Spielberg aufhalten oder zu lange in Fraustadt oder Magdeburg verweilen.

Ende des 18. Jahrhunderts ist ›calembour‹ aus dem Französischen ins Deutsche übernommen worden als Bezeichnung für platte Einfälle oder ›faule‹ Wortspiele, doch gibt die Deutung dieses Begriffs noch immer Rätsel auf. Der ›Kalauer‹ hat seinen Namen wahrscheinlich nicht – wie man behauptet hat – von dem märkischen Ortsnamen ›Kalau‹. Andere meinen, daß sich in ›Calembour‹ der Name eines Herrn Kahlenberg verewigt hat, der in Paris die französische Sprache arg verballhornte (der Buchdrucker Ballhorn verdankt ja seinen Ruhm ähnlichen Fehlleistungen). Etymologen denken auch an die Entstehung des Wortes aus ›bourde‹ – das bedeutet Flause oder Aufschneiderei. Eine weitere denkbare Herkunft ist die Beziehung zu den Schwänken des Pfaffen von Kahlenberg, die schon früh in Frankreich bekannt waren. Allerdings gehen die Kahlenberger Späße und Possen keineswegs auf ›calembours‹ oder Wortspiele hinaus, und so ist diese Etymologie auch wieder bestritten worden.

Wichtiger als die Erklärung des Namens und seiner Herkunft ist die Übereinstimmung im Gebrauch des Terminus, wie ihn vor allem Ernst Jünger in einem Essay umschrieben hat: Gemeinhin nennt man Kalauer eine Sorte von Witzen, die eher verblüffen als befriedigen. Der Witz ist entweder ›an den Haaren herbeigezogen‹, also mühsam, oder er ›schmeckt nach der Kiste‹, ist also alt. Kalauer bezeichnet eine fade Witzelei. So ruft er neben und hinter der Heiterkeit auch ein gewisses Unbehagen hervor: Das Gefühl, auf eine Finte eingegangen zu sein. Deshalb wird das Wort auch als Falschmünze verwandt (E. Jünger).

Der lyrische Humor

Zu den wichtigsten gereimten Sprachwitzen gehören die Schüttelreime. Schüttelreime entstehen, wenn die Anfangskonsonanten eines Reimpaares so vertauscht werden, daß diese gerüttelten Reime einen neuen Sinn, bzw. einen noch verständlichen Unsinn oder gar Tiefsinn ergeben. Durch den Wechsel in der Stellung der Laute kommt ein neuer und überraschender zweiter Sinn hinzu:

Es klapperten die Klapperschlangen,
bis ihre Klappern schlapper klangen.

Bei wem sich Geist und Fresse paaren,
wird gut stets bei der Presse fahren.

Gut jodeln kann der Steiermärker,
Im Jüdeln ist der Meyer stärker.

Ich lernte sie mit Perlen kennen,
jetzt geht sie mit den Kerlen pennen.

Unter der schönsten Steppdecken
kann der blödeste Depp stecken.

Der Schüttelreim gilt als umso besser und treffender, je kompakter und kürzer er ist.

Du bist
Buddhist.

Ein Sternenfall
im fernen Stall. (Überschrift: Weihnachten)

Kompliziertere Formen ergeben sich im Vierzeiler mit weiteren Umstellungsmöglichkeiten. Hierbei kann sozusagen doppelt geschüttelt werden.

Bei dir macht all mein Kummer halt.
Mich läßt der feinste Hummer kalt,
ich pfeif auf Sichel-Hammer-Kult
find ich in deiner Kammer Huld.

Wenn Ritter faul im Sande liegen,
wer soll im Heil'gen Lande siegen?
Daß sie auch beim Gesinde lagen...,
pfui! kann man nur gelinde sagen.

Verbreiteter als der Schüttelreim ist z. Zt. der Limerick. Ein Indiz dafür ist die Tatsache, daß mehrere große Zeitungen ihre Spalten für regelmäßige Einsendungen von Limericks offenhalten. Zweifellos sind die neueren Limerick-Produktionen im deutschen Sprachgebiet angeregt worden durch den außerordentlichen Erfolg dieses Reimspiels im Englischen. Die wohl berühmteste Sammlung auf diesem Gebiet ist das 1839 erstmals erschienene »Book of nonsense« von Edward Lear. Lear gilt als der klassische Vertreter der englischen Nonsens-Reime. Seine Strophen wurden Limericks genannt, vermutlich nach der irischen Stadt gleichen Namens und weil sie im Kehrreim die Worte ›Will you come up to Limerick‹ enthielten. Es wurde dann große Mode, Limericks zu verfassen, vor allem zu Beginn unseres Jahrhunderts, als zahlreiche englische Zeitungen und Zeitschriften Limerick-Wettbewerbe veranstalteten. Aus England ist dieser Funke dann auch nach Deutschland übergesprungen, vor allem als Intellektuellenscherz.

Es hallte im Land ein Protestschrei,
daß Bonn jetzt als Hauptstadt wohl fest sei.
Man entgegnet den Tadlern
darauf, daß bei Adlern
der Stammsitz ja immer ein Nest sei.

Ein Sätzlein macht öfter die Runde:
›Den Letzten, den beißen die Hunde.‹
Zu beißen den Ersten,
scheint demnach am schwersten.
Warum, bleibt ein Rätsel im Grunde!

Die Form des Strophenbaus bleibt beim Limerick immer die gleiche. Sie besteht aus fünf Zeilen, von denen die dritte und vierte durch eine geringere Zahl von Hebungen oder durch relative Kürze auffallen. Die Limerick-Form ist allerdings nicht so einmalig, sondern sie gleicht der Struktur von zahlreichen Kinderreimen und Volksliedern, wie z. B.

Ringlein, Ringlein, du mußt wandern,
von dem einen Ort zum andern.
Das ist fein,
das ist schön,
Aber laß das Ringlein nur nicht sehn.

Auch die sog. Klapphorn-Verse haben eine feste Struktur. Als Verfasser des Urverses gilt der Göttinger Notar Friedrich Daniel, der wohl nicht mit absichtlicher Komik, sondern mit unfreiwilligem Humor und nur gelegenheitshalber gedichtet hat. Am 14. Juli 1879 erschien in den »Fliegenden Blättern« von ihm der Vers:

Zwei Knaben gingen durch das Korn,
der andere blies das Klappenhorn.
Er konnt's zwar nicht ordentlich blasen,
Doch blies er's einigermaßen.

Daraus wurde eine Mode; man kann sagen, zeitweise eine Krankheit, die jahrzehntelang anhielt. Noch Bert Brecht hat eine Serie von Klapphornversen gedichtet. Stereotyp pflegt die erste Zeile mit den Worten ›Zwei Knaben gingen durch das Korn‹ zu beginnen. Und bei den älteren Klapphornversen blieb diese Anfangszeile konstant. Dann aber entstanden auch Ableitungen, die z. T. noch heute weit verbreitet sind.

Zwei Knaben stiegen auf einen Turm,
der eine hatte den Bandelwurm,
der andere frisch und munter,
ließ sich daran herunter.

Zwei Knaben gaben sich einen Kuß,
der eine, der hieß Julius,
der andere, der hieß Kätchen,
ich glaub, es war ein Mädchen.

Zwei Knaben machten Jokus
sie tranken Most im Keller.
Der eine wollte auf den Lokus –
jedoch der Most war schneller!

Alle solchen Reimschemata und Reimtraditionen stehen unter gewissen Moden: Sie kommen auf, klingen wieder ab, kehren u. U. später einmal wieder. Zu den momentan ausgestorbenen Gattungen gehört der

Leber-Reim. Charakteristisch ist für ihn – ebenso wie für Limerick oder Klapphornvers – der Einsatz mit einer formelhaft-stereotypen Wendung: ›Die Leber ist vom . . . und nicht vom . . .‹ Davon hat die Gattung ihren Namen. Die Geschichte des Leber-Reims geht bis ins 16. Jahrhundert zurück. Im 17. Jahrhundert erlebte er seine Blütezeit, gegen Ende des 18. Jahrhunderts ist sein Ruf schon nicht mehr der beste: Leberreime werden von den Schriftstellern mit unbedeutender, schlechter Poesie gleichgesetzt. In der Literatur des 19. und 20. Jahrhunderts schließlich flackert der Leberreim ohne rechten Zusammenhang nur hier und da wieder auf. Auf dem Land freilich hat er noch das ganze 19. Jahrhundert hindurch weitergelebt. Vor allem bei niederdeutschen Bauernhochzeiten ist er in meist sehr derber Form bis in die neuere Zeit beliebt gewesen. Der Leberreim bringt nicht nur Scherz und Unsinn, sondern auch erbauliche Lehren, Wünsche und Rätsel.

Die Leber ist vom Hecht und nicht von einem Kauze,
Wer keinen Schnabel hat, dem gab Gott eine Schnauze.

Die Leber ist von einem Hecht und nicht von einem Biber,
Dem einen ist sein Weib, dem andern andre lieber.

Die Phänomene des lyrischen Humors, oder die sog. komische Lyrik ist lange Zeit vernachlässigt gewesen und erst neuerdings von Hermann Helmers eingehend untersucht worden.

Der Reimwitz, besonders durch Wortzerstückelungen und ähnliche sprachliche Mittel, findet sich besonders bei Heinrich Heine, bei Wilhelm Busch, bei Christian Morgenstern oder bei Karl Kraus. Solche Wortspiele sind aber nicht nur literarisch, sondern auch volkstümlich. Ein berühmtes Beispiel sind die populär gewordenen Verse der Münchner Bilderbogen:

Wenn der Mops mit der Wurst übern Spucknapf springt
und der Storch in der Luft den Frosch verschlingt. . .

Die komische Wirkung dieser Nonsensdichtung entsteht durch immer erneutes Auswechseln der Substantive. Durch ihre Auswechselbarkeit entsteht ein surrealistisch-verfremdeter Inhalt. Hier sind wir wieder im Bereich authentischer Volkspoesie, d. h. einer Unsinnsdichtung, wie sie tatsächlich populär ist.

Bei der volkstümlichen Schnaderhüpfelpoesie ist es nicht immer deutlich, ob die komische Wirkung beabsichtigt oder unfreiwillig ist. Schnaderhüpfel sind keineswegs durchgängig komische Dichtung, aber einzelne wirken doch so, vor allem dann, wenn in der Knappheit des Vierzeilers ein Parallelismus von Entgegengesetztem auftritt, so daß ein witziger Kurzschluß erfolgt:

Das Dirndl ist sauber,
aber reich ist sie nit,
aber i schlaf nur bei ihr,
beim Geld schlaf i nit.

Daß i nie gfallen bin,
das dank i Gott,
aber gstolpert bin i oft schon
übers sechste Gebot.

Die Parodie

Absichtliche Veränderungen sprachlich vorgegebenen Materials zum Zweck komischer Wirkungen finden sich auch im Bereich der Parodie. Parodie ist verspottende Nachahmung; sie ist nichts für sich selbst Stehendes, sondern beruht auf einer Vorlage. Eine Parodie kann als eine witzig-komische Aussage überhaupt nur dort verstanden werden, wenn sich der Hörer des Parodierten bewußt werden kann, d. h. wenn er den komischen Konflikt zwischen Original und Parodistischem, Verändertem, Verballhorntem bemerkt. Die komische Wirkung beruht für den Zuhörer dann in der Freude am Wiedererkennen des Bekannten im veränderten Gewande.

Wo sich die Parodie volkstümlicher Stoffe annimmt, wird vor allem das oft Gehörte, das bis zum Überdruß Wiederholte, das Veraltete, Abgenutzte, oder auch das Sentimentale, modernem Gefühl nicht mehr Gemäße verspottet. Abgewandelt wird auch das Nicht-mehr-für-wahr-Gehaltene. Die Parodie macht selbst vor dem heiligen Wort nicht halt. Als vielzitiertes und oft gehörtes Wort reizt gerade das Bibelwort zur komischen Abwandlung. Die berühmten Worte des Pilatus z. B. werden ergänzt:

Ich wasche meine Hände in Unschuld und Schmierseife.

Oder nach den Seligpreisungen wird ergänzt:

Wer's glaubt wird selig,
und wer stirbt wird mehlig.

Im Anschluß an Matth. 4,4 sagte ein Bettler, der ein trockenes Stück Brot erhielt:

Der Mensch lebt nicht vom Brot allein,
man streicht auch Butter drauf.

Auch Sprüche Salomonis 1,10 werden häufig parodistisch erweitert:

Mein Kind, wenn dich die bösen Buben locken,
so folge ihnen auf den Socken.

Manche volkstümliche Sentenz gibt sich in blasphemischer Weise das Ansehen eines Bibelspruchs und wirkt witzig bloß in der Banalität der Aussage, wie z. B. die bekannte Entschuldigung für unkonventionelles Betragen bei Tische:

Jesus sprach zu seinen Jüngern:
Wer keinen Löffel hat, ißt mit den Fingern.

Sicher wird man die Parodien des biblischen Wortes nicht bloß etwa im Munde Gottloser und ausgesprochener Bibelverächter hören, sondern die Parodierung des Bibelzitats setzt gerade Bibelkenntnis voraus. Schon im Spätmittelalter sind Parodien von Legenden und Bibelzitaten hinter Klostermauern entstanden.

Durchaus zum volkstümlichen Überlieferungsbereich dürfen wir auch Zitatparodien und Parodien auf geflügelte Worte rechnen, soweit sie über einen individuell witzigen Einfall hinausreichen und eine breitere Schicht mit ihnen vertraut ist. Frei nach Descartes wird zitiert:

cogito ergo consum,

oder:

coito ergo sum.

Nietzsches bekanntes Wort: ›Wenn du zum Weibe gehst, vergiß die Peitsche nicht‹, wurde verdreht zu:

Wenn du zum Weibe gehst, vergiß nicht, dich aufzupeitschen.

Die Worte des Harfners aus »Wilhelm Meister« wurden parodiert:

Wer nie sein Brot im Bette aß,
der weiß nicht, wie die Krümel pieken.

Gellerts: ›Lebe, wie du, wenn du stirbst, wünschen wirst, gelebt zu haben‹, wird verballhornt zu:

Lebe, wie du, wenn du stirbst,
wünsche wohl gespeist zu haben.

Legion sind die Zitat-Parodien aus Schillers »Lied von der Glocke« – wohl das meist parodierte Gedicht der deutschen Literatur überhaupt:

Drum prüfe, wer sich ewig bindet,
ob er nicht noch was Besseres findet,

Ebenso:

Er zählt die Häupter seiner Lieben,
und sieh, es sind statt sechse sieben.
Er zählt sie nochmals mit Bedacht,
und sieh, es sind statt sieben acht.

Für Goethe sei nur an die zahllosen Erlkönig-Parodien erinnert.

Vater und Kind
Reiten im Wind
Fragt böser Mann
ob er Bubi haben kann.
Vater verneint
Bubi weint.
Große Not!
Vater lebendig
Bubi tot.

Schließlich:

Wer reitet so spät durch Nacht und Wind?
Es sind die Cartwrights, das weiß jedes Kind.

Witzig wirkt bei diesen Gedichtparodien – ähnlich wie im Telegrammwitz – auch die Kurzform, der Kurzschluß, d. h. es gibt im Sinne Freuds einen Lustgewinn durch Ersparnis. Witzig wirkt jede Umkehrung, jeder Ersatz des Tragischen durch das Triviale, oder auch die bloße Umstellung, so etwa die Verlagerung der Überschrift an den Schluß, wie im Folgenden:

Auf dem Fels ein kleines Mädel,
blonde Haare auf dem Schädel,
unten schwimmt ein Kahn vorbei,
Schiffer Maul und Nase offen,
Kahn kippt um und Mann ersoffen,
Überschrift: Die Loreley.

Häufig sind auch parodistische Verballhornungen von Buch- oder Werktiteln wie ›Die Braut von Messing‹, die ›Petersilie‹ von Kleist, ›Die schöne Limousine‹, ›Schön Rotkraut‹ von Mörike, ›Verdummt in alle Ewigkeit‹, ›Der lügende Flohhändler‹, der ›Schreifritz‹, die ›Butterfliege‹, oder der ›Riegelotto‹, ›Lohengrün‹ und ›Die Meisterringer von Nürnberg‹. Jeder Zitatwitz kann natürlich auch in die Form einer Erzählung gegossen werden.

Lehrer: ›Wo kommen die Worte vor: »Nun sei bedankt, mein lieber Schwan!«‹ –
Schülerin: ›Das hat die Leda gesagt.‹

Witzig wirkt weiter jede Zitatmischung. Wir geben nur ein einziges Beispiel, das »Einheitsvolkslied« von Erich Weinert, das aus einer Kompilation bekannter Liedzeilen besteht. Die Liedzeilen sind jedoch eben nicht zu einem bloß wilikürlichen Potpourri aneinandergeschlossen, sondern bieten in ihrer Verfremdung einen neuen Sinn im Unsinn, der die formelhaften Platitüden des populären Liedgutes im 19. Jahrhundert und seine Natur- und Volkstumsideologie desto krasser hervortreten läßt. Das nationale Lied chauvinistischer Prägung wird durch die Parodie offenkundig und als verkehrte Welt demaskiert.

Stimmt an, mit hellem hohen Klang!
Nun muß sich alles wenden.
Wer nicht liebt Wein, Weib und Gesang
Mit Herzen, Mund und Händen.

Das Wandern ist des Müllers Lust.
Was blasen die Trompeten?
Wir treten mutig Brust an Brust
Zum Beten, ja zum Beten.

Stolz weht die Flagge schwarzweißrot
An uns und allen Dingen.
Wir sterben gern den Heldentod.
Es muß uns doch gelingen.

Ich schieß den Hirsch im wilden Furst.
Wie brennt mein Eingeweide!
Ein frischer Trunk, ein deutscher Durst
Im Wald und auf der Heide.

Ich steh' allein auf weiter Flur.
O Täler weit, o Höhen!
Drum Brüder, reicht die Hand zum Schwur!
Sie blieb von selber stehen.

Ein freies Leben führen wir.
Ich trage wo ich gehe,
Ein treues, deutsches Herz bei mir.
Was kommt dort von der Höhe?

Die Lerche schmettert himmelan.
Es geht von Mund zu Munde.
Der Kaiser ist ein lieber Mann
In einem kühlen Grunde.

Alles Vielzitierte wird abgenutzt und bekommt dadurch immer mehr eine innere Disposition zur Parodie. Das gilt vorzugsweise auch für das Sprichwort. Schon seinem Wortsinn nach ist ein Sprichwort ein viel gesprochenes Wort, und leicht wird aus einem vielgesprochenen dann ein zu viel gesprochenes Wort. Doch ist es nicht nur die Abnützung, die zur Parodie führt. Gerade die apodiktische und oft einseitige Weisheit des volkstümlichen Sprichworts fordert zum ›Widerspruch‹ heraus, und dies heute mehr als in den vergangenen Jahrhunderten seiner unumschränkten Gültigkeit. Oft genügt zur Parodierung schon die bloße Abänderung eines einzelnen Wortes oder sogar auch nur eines Buchstabens, und gerade in der scheinbaren Geringfügigkeit der Abänderung – ähnlich dem Druckfehlerteufel – beruht schon der komische Effekt:

Gelegenheit macht Liebe.

Wie man sich bettet, so liebt man.

Lügen haben schöne Beine.

Wer schläft, sündigt nicht,
Wer sündigt, schläft besser.

Oder auch:

Wer schläft, kündigt nicht.

Der Klügere gibt – nicht nach.

Ein besonders häufiges Mittel, Komik zu erreichen, ist die Mischung zweier Sprichwörter und ihrer Bildhaftigkeit zu einer sich widersprechenden Aussage. Sie löst einen komischen Konflikt aus, indem sie Unangemessenes miteinander verbindet, d. h. nicht jede beliebige Verballhornung allein genügt schon, um einen komischen Effekt zu erzielen, sondern ein Sprichwort muß durch die Mischung mit einem anderen auch eine neue Pointe enthalten, die mit dem normalen und ursprünglichen Wortlaut nicht verbunden war, z. B.:

Eigner Herd ist aller Laster Anfang.
Wie man sich bettet, so schallt es heraus.

Spare in der Not, da hast du Zeit dazu.

Wer im Glashaus sitzt, sollte nicht mit dem Zaunpfahl winken.

Die absichtliche oder unabsichtliche Vermischung von Sprachbildern wirkt immer komisch. Bekannt sind die Redensartenmischungen:

Das schlägt dem Faß die Krone ins Gesicht.

Mit dem einen Auge schmunzelte er, mit dem andern stand er geknickt da.

Sich gleichen wie ein Ei des Kolumbus dem andern.

Wie das Hornberger Schießen im Sande verlaufen.

Aus der angeblichen Rede eines Strafverteidigers wird witzig zitiert:

Der Herr Staatsanwalt glaubt, den Nagel zum Sarg meines Klienten auf den Kopf getroffen zu haben, aber ich werde ihm aus diesem Nagel einen Strick drehen, an dem er sich die Zähne ausbeißen wird, denn mit einem Strick ist nicht gut Kirschen essen. Mein Klient kommt auf keinen grünen Zweig, und wenn er auf keinen grünen Zweig kommt, kann er nicht Wurzeln fassen, er steht mit einem Fuß im Grab und mit dem andern nagt er am Hungertuch.

Bei Lichtenberg, Morgenstern, bei Karl Kraus, Karl Valentin, bei Bert Brecht und Günter Grass finden sich viele weitere Beispiele. Manche Sprichwortparodien sind erst ganz jungen Datums und kennzeichnen z. T. treffend die heutige gesellschaftliche Situation:

Wohlstand kommt vor dem Fall.

Die Liebe geht durch den Wagen.

Der Scheck heiligt die Mittel.

Fernsehen am Abend erquickend und labend.

Irren ist ärztlich.

Überstund hat Gold im Mund.

Wo keine Pille ist, ist auch kein Weg.

Wo eine Pille ist, ist auch ein Bett.

Mit am häufigsten werden Sprichwörter, die die Arbeit preisen, in Sprichwörter zum Lob der Faulheit umgeprägt, z. B.:

Arbeit adelt – wir bleiben bürgerlich.

Arbeit macht Spaß – und Spaß wird nicht gemacht.

Arbeit ist aller Laster Anfang.

Alte Formmodelle und Strukturen des Sprichworts werden immer wieder mit neuem Material aufgefüllt, und dabei zeigt sich ein hohes Maß von Kreativität auch noch in der Volksdichtung der Gegenwart. Die komische Neuprägung von Sprichwörtern folgt dabei den alten Strukturmodellen, z. B.:

Wer A sagt, muß auch -limente sagen.

Wer ›Not‹ sagt, muß auch ›Standrecht‹ sagen.

Oder in der Serie:

Lieber den Spatz in der Hand als die Taube auf dem Dach.

Lieber eine Taube im Bett als eine Schwerhörige auf dem Dach.

Lieber eine Laus im Pott als gar kein Fleisch.

Lieber ein arbeitsloses Geschlechtstier als ein geschlechtsloses Arbeitstier.

Besser ein kinderloses Ehepaar als ein eheloses Kinderpaar.

Lieber Feste feiern als feste arbeiten.

Lieber reich und glücklich als arm und unglücklich.

Besser ein Haar in der Suppe als Suppe im Haar.

Das Sprichwort oder auch eine Sprichwortparodie kann in seiner zugespitzten Aussage auch die Pointe eines Witzes sein.

Lehrerin: ›Fritzchen, wenn du so dumm bist und sitzenbleibst, würdest du dann nicht ganz verzweifelt sein?‹ –
Fritzchen: ›Och, wenn ich mir Sie so ansehe, würde ich sagen: »Geteiltes Leid, halbes Leid.«‹

Ein älterer Patient klagt seinem Arzt: ›Ich habe durch eine schwere Bruchoperation einen Hoden dem Gott Äskulap opfern müssen.‹ – Darauf der Arzt tröstend: ›Unter Eunuchen ist der Eineiige König.‹

Sprichwortverfremdungen und -parodien mögen intellektuelle Spielerei sein. Aber auch die Volksüberlieferung selbst kennt eine ganz bestimmte Technik, Sprichwörter ad absurdum zu führen. Dies geschieht auf dem Weg der Umprägung eines Sprichworts in Form des Beispielsprichworts oder Sagworts (Wellerismus). Das Sagte- oder Beispielsprichwort gibt eben nicht das nackte moralisierende Sprichwort, sondern setzt es als Zitat eines Sprechers. Dieser tritt aber durch seine Person oder durch seine Handlung in einen komischen Konflikt zum Inhalt des zitierten Sprichworts, so daß eine Lachwirkung erzielt wird. (Theodor Storm nannte die Beispielwörter ›Sprichwörter in Szene gesetzt‹!). Das normsetzende Sprichwort wird im Wellerismus aufgelöst, sein moralischer Anspruch verpufft in Nichts. Ein paar Beispiele:

Irren ist menschlich, sagte der Igel, da sprang er von der Kleiderbürste.

Was ich nicht weiß, macht mich nicht heiß, sagte der Ochse, als er gebraten wurde.

Zeit ist Geld, sagte der Oberkellner, da addierte er das Datum mit.

Aller guten Dinge sind drei, sagte das vierte Rad am Wagen und rollte allein davon.

Mit Speck fängt man Mäuse, rief die Sexbombe, und ging ›oben ohne‹.

Parodistische Veränderungen vorgegebenen Traditionsmaterials dürfen nicht nur negativ als zersungenes oder zersagtes Sprachmaterial angesehen werden. Sie offenbaren zugleich auch einen Prozeß sprachlicher Umbildung und kreativer Neubildung. Nicht zuletzt sind diese Parodien gute Beispiele des Volkswitzes. Sie zeugen vom angeborenen menschlichen Spieltrieb mit der Sprache, von der Umkehr des tierischen Ernstes, und sie zeugen vom nicht immer selbstverständlichen

Mut des Menschen, sich über Konventionen hinwegzusetzen und sich von den überlieferten Ordnungen zu befreien.

Ein interessantes Beispiel für diesen Prozeß liefern auch die sog. Märchenwitze. Dabei handelt es sich um Schwundstufen von bekannten Volksmärchen. So manche Zeitungen bringen ihren regelmäßigen ›Märchenwitz‹. Dabei tritt fast immer die Zaubermotivik der aus der Kinderzeit wohlbekannten Märchen in einen unerwarteten und dadurch komischen Konflikt zu den rationalen Überlegungen der Gegenwart. Verkürzungen von längeren Zaubermärchen zu pointiert-kurzen, witzigen Geschichten beherrschen heutzutage die mündliche Erzählung, soweit sie sich märchenhafter Themen bedient. Bücher mit bewußten Märchenparodien gehören sogar zu den Bestsellern des Buchhandels, und ihre Leser sind zum wenigsten Kinder oder Jugendliche.

Ein Mädchen geht am Ufer eines Sees spazieren. Da trifft sie auf einen Fisch, den die Wellen ans Land gespült haben. Mitleidig, wie sie ist, wirft sie den Fisch ins Wasser zurück, und da sagt der Fisch mit menschlicher Stimme zu ihr: ›Zum Dank dafür, daß Du mir das Leben gerettet hast, will ich Dir drei Wünsche in Erfüllung gehen lassen.‹ ›Nicht schlecht‹, sagt sie: ›ich möchte gern das schönste Mädchen von der Welt sein.‹ Sagt der Fisch: ›Du bist es bereits. Nun der zweite Wunsch.‹ ›Ja‹, sagt sie, ›ich bin auch ein ziemlich armes Mädchen, und so wünsche ich mir, daß sich mein Haus in Gold verwandelt.‹ ›Auch dieser Wunsch ist bereits in Erfüllung gegangen‹, sagt der Fisch. Nun hat sie also Schönheit und Reichtum, und es fehlt noch die Liebe, und so sagt sie: ›Zum Dritten wünsche ich mir, daß sich mein kleiner schwarzer Kater zu Hause in einen sympathischen jungen Mann verwandelt, der sich in mich verliebt.‹ Und da sagt der Fisch: ›Geh nach Hause, Du wirst alles so finden, wie Du es Dir gewünscht hast.‹

Und das Mädchen läuft nach Hause. Schon von weitem sieht sie ihr goldenes Haus, und wie sie an den Fensterscheiben vorübergeht, spiegelt sie sich darin und bemerkt, wie schön sie geworden ist, und als sie ins Haus hineingeht, kommt tatsächlich ein sympathischer junger Mann auf sie zu, der mit trauriger Stimme sagt: ›Tut's Dir nicht doch ein bißchen leid, daß Du mich vor zwei Jahren hast kastrieren lassen?‹

Eine andere Variante des Märchenwitzes vom ›Fischer und syner Fru‹:

Ein Fischer hat einen Wunsch frei, nachdem er den Butt wieder ins Wasser zurückgeworfen hat. Er wünscht sich, ein berühmter Mann zu werden. Der Wunsch geht in Erfüllung. Als er nach Haus

»Du hast gelogen.«

Märchen-Witze (Froschkönig)

kommt, begrüßt ihn seine Frau: ›Grüß di Gott, Franz Ferdinand, geh, laß uns a bisserl nach Sarajewo fahr'n!‹

Die Lehrerin erzählte ihren Schülerinnen das Märchen vom Froschkönig: ›Als der kleine Frosch ihr den goldenen Ball aus dem Brunnen geholt hatte, war die Prinzessin so dankbar, daß sie ihn in ihrem Zimmer schlafen ließ.
Und als sie am nächsten Morgen erwachte, hatte er sich in einen wunderschönen Prinzen verwandelt, und sie heirateten und lebten glücklich bis an ihr Ende.‹
Eine Schülerin sieht die Lehrerin zweifelnd an.
›Glaubst du die Geschichte etwa nicht?‹ fragt die Lehrerin.
›Nein‹, erwidert sie. ›Ich glaube sie nicht. Und ich wette, ihre Mutter hat sie auch nicht geglaubt.‹

Der ›unfreiwillige Humor‹

Parodien sind absichtliche und beabsichtigte Veränderungen vorgegebener Texte. Die unbeabsichtigte Veränderung von Wortmaterial bezeichnen wir dagegen als ›unfreiwilligen Humor‹. Dieser Ausdruck hat sich eingebürgert, obwohl er ganz unzutreffend ist. Es handelt sich nämlich nicht um ›Humor‹ im Sinne einer heiteren Seelenstimmung, sondern um Witze; allerdings um solche, die nicht ein aktiver Verstand hervorgebracht hat, sondern um Zufalls- oder auch Unwissenheitsprodukte: Über denjenigen, der diese Witze hervorbringt, ohne es zu wollen, wird gelacht. Das wesentliche beim unfreiwilligen Humor ist, daß es sich durchweg um ernstgemeinte Aussagen handelt. Der unfreiwillige Humor ist auch fast immer ein Sprachwitz, und wir finden bei ihm dieselben Techniken, wie wir sie seither schon behandelt haben, nur nicht als bewußtes und absichtliches Spiel mit der Sprache, sondern eben als eine unfreiwillige Leistung. Witz gibt es also nicht nur da, wo die lachenerregende Sprachbildung Ausdruck einer intellektuellen Fertigkeit und geistiger Überlegenheit ist; Witze macht nicht nur der, der Witz hat, sondern auch das unfreiwillig Komische, das sich ganz unvorhergesehen und mühelos ergibt, hat eine große komische Kraft. Deshalb strebt übrigens auch alle berechnete komische Wirkung danach, diesen Eindruck des Unfreiwilligen und Spontanen zu erwecken. Je trockener und beiläufiger ein Witz erzählt wird, desto mehr belustigt er, insbesondere, wenn der Erzähler sich den Gegensatz zunutze macht, den ein ernstes Gesicht und eine witzige Geschichte abgeben (K. Fischer).

Man kann die Sparte des sog. unfreiwilligen Humors unterteilen nach verschiedenen Anlässen und Funktionen. Die einfachste und nächstliegende Gruppe bilden die Druckfehlerwitze. Wer selbst einmal in einer Druckerei zugesehen hat, der weiß, wie rasant das Tempo der Setzmaschinen ist. Kommt ein Fehler vor, so sagt der Drucker entschuldigend, der ›Druckfehlerteufel‹ habe sich eingeschlichen. Schon das Wort ist interessant: Menschliches Versagen wird einem dämonischen Wesen in die Schuhe geschoben, ähnlich wie beim ›Hexenschuß‹. Nicht jeder Druckfehler ist indessen witzig, sondern nur dann, wenn durch den Fehler ein neuer Sinnzusammenhang entsteht, der zu dem eigentlich Gemeinten in einem komischen Konflikt steht. Nun tut einem die Setzmaschine nicht immer den Gefallen, daß sie auch witzige Fehler macht, aber häufig geschieht es doch. Druckfehler entstehen jedoch nicht einfach nur durch einen technisch-mechanischen Fehler, sondern sie sind wie oft beim Versprechen oder Verhören auch sinnvolle Versprecher im Sinne der Psychoanalyse. Die Komik ist um so größer, je geringer die Mittel sind, je geringer der Aufwand ist, der sie erreicht (›Ersparnis‹). Am witzigsten ist es, wenn sich nur durch die Veränderung eines einzigen Buchstabens ein neuer komischer Sinn ergibt.

Dem beherzten Feuerwehrmann gelang es, trotz des starken **B**auches durch das schmale Küchenfenster in das Haus einzudringen.

Hübsch war die Braut, aber über die **T**ugend bereits hinaus.

Sie lehnte innig ihren K**r**opf an seine Brust.

Vereinigte Staaten von **M**ordamerika

Aus Konzertkritiken:
Die junge Sängerin zeigte ab und zu noch einige kleine Unreinlichkeiten.

Mit der Rolle der Carmen beendete Frau P. ihr Gastspiel. Möge die geschätzte Sängerin bald **n**iederkommen. – Berichtigung: Die Notiz im Abendblatt sollte selbstverständlich lauten: Möge die geschätzte Sä**u**gerin bald wiederkommen.

Natürlich gibt es auch unfreiwillige komische Sprachleistungen viel umfangreicherer Art, und wieder bilden die Zeitungen eine unerschöpfliche Fundgrube. Ein dankbares Feld ist die komische Mischung von Metaphern, oder die Verbindung von Nichtzusammengehörigem.

Der Jubilar ist auch heute ein Mann der Arbeit, der 17 Kinder sein eigen nannte.

35 000 Zuschauer machten ihrem Ärger Luft – allerdings am verkehrten Ende.

Mehr noch als der Textteil bietet der Anzeigenteil von Zeitungen Anlaß zu Beobachtungen unfreiwilligen Humors, weil hier eben nicht der stilistisch geschulte Redakteur spricht, sondern das Publikum, der Verbraucher, das Volk selbst.

Altwaren. Ich kaufe alles, was Sie zu Hause entbehren können. Vergessen Sie nicht, Ihre Frau mitzubringen, wenn Sie mich besuchen.

Wir bringen Mäntel zu Preisen, die nicht zu übertreffen sind.

In Italien für Deutsche: Gutes Essen, gute Preise!

Habe vom Magistrat die Erlaubnis, Gäste zu beherbergen, zu beköstigen und zu schlachten.

Ausverkauf. Büstenhalter für die Hälfte.

Wegen Krankheit meiner Frau bleibt mein Hosenladen 14 Tage geschlossen.

Junges Mädchen sucht Zimmer mit einem Bett, worin sie Unterricht erteilen kann.

Geburtsanzeige:
Gesa und Ina haben ein Brüderchen bekommen. Dank dem Herrn, der über uns wohnt.

Fast immer irgendwie komisch sind Heiratsanzeigen. Schon die zugrunde liegende Situation, die Selbstanzeige, die Selbstanpreisung in Werbungsdingen und privatesten Angelegenheiten ist vom Normalen abweichend und daher komisch.

Bundesbahnbeamter, 50 Jahre, wünscht Heirat. Damen wollen Adresse mit Bild und Vermögen einsenden.

Alleinstehende Witwe bietet gesundem und kräftigem Mann Einheirat in Kragenweite 38.

Junge, attraktive Frau, 27 Jahre alt, sucht sich baldmöglichst zu verheiraten, da sie bisher immer nur als Vertreterin gearbeitet hat.

Die unfreiwillige Komik bei Todesanzeigen und Grabinschriften beruht darauf, daß Tod und Sterben ohnehin Grenzsituationen, Extremfälle sind, zu denen daher besonders leicht auch komische Kontraste hergestellt werden können. Etwa wenn die Trauer- und Todesanzeige mit einer Geschäftsempfehlung verbunden wird im Sinne von ›le roi est mort – vive le roi!‹.

Mein lieber Mann wurde durch den Tod seiner Schuhmacherei plötzlich entrissen. Das von ihm betriebene Geschäft setze ich mit einem tüchtigen jungen Gesellen fort.

Meine gute Frau entschlief an den Folgen unerforschlicher Wege der Vorsehung. Wer diesen Verlust in seinem ganzen Abscheu zu würdigen weiß, der wird ihr auch im Grabe ein getreuer Kunde bleiben und die von ihr betriebene Putzhandlung nicht im Stiche lassen, da ich diese mit fünf jungen Putzmamsellen fortsetzen werde.

Daneben gibt es den einfachen Sprachwitz, der auf grammatikalisch falschen Beziehungen aufbaut.

Mein herzliebes Söhnchen wurde mir fortgenommen. Sanft ruhe seine Asche, die zu großen Hoffnungen berechtigte.

Oder den zweideutigen Witz:

Auf einer Trauerschleife: Unserer lieben Hebamme Therese Klein einen letzten Scheidegruß. Die Wöchnerinnen des Albertinenhauses.

Bekannt und häufig zitiert ist die oft unfreiwillige Komik der volkstümlichen Grabinschriften und Marterlsprüche.

Hier liegt ein Ehemann in wohlverdienter Ruh.
Erst macht' er eines, dann das andre Auge zu.

Hier ruht die Zofe Adolphin,
Sie war die Frömmste von den Frommen.
Wie sie gelebt, so ging sie hin.
Der Herr hat sie zu sich genommen.

Grabinschrift eines Ehemanns für seine Frau:
Tränen können sie nicht mehr lebendig machen. Darum weine ich.

Hier ruht
Rosa Meierheim
geboren 18. Juni 1815
gestorben 7. Februar 1874
renoviert 1908

Weitere Anlässe unfreiwilliger Komik bietet etwa das sog. Amtsdeutsch, d. h. die sprachliche Form von Erlassen, Verboten, öffentlichen Anschlägen, Dienstberichten, Protokollen, Fragebogen etc. Am ergiebigsten sind Badevorschriften, weil hier bei Aus- und Ankleide- oder Reinlichkeitsvorschriften hinsichtlich hygienischer Maßnahmen usw. die versteckten sexuellen Anspielungen oder auch vorgestrige Moralanschauungen deutlich werden.

Jedes An- und Auskleiden außerhalb der Kabinen wird strengstens verfolgt.

Das Waschen der Badewäsche oder Sich-waschen mit Seife oder Hände ist aus Rücksicht der Appetitlichkeit anderer strengstens verboten.

Die Badekleidung hat anständig zu sein; was anstößig ist, bestimmt der Bademeister.

Damen tragen die Bademütze im Becken.

Die Bademeister müssen wenigstens mit einer weißen Mütze bekleidet sein.

Beispiele für den ›wiehernden Amtsschimmel‹ zeigen nicht selten einen komischen Konflikt zwischen umständlich-bürokratischem Verhalten und gesundem Menschenverstand, und sie sind dabei häufig sozialkritisch.

Meldung von Unglücksfällen nur über den Dienstweg.

Aus einer Dienstvorschrift der kanadischen Armee: Sobald ein Soldat eine Atombombe fallen sieht, hat er als erstes seinen direkten Vorgesetzten zu benachrichtigen. Unmittelbar danach muß der Soldat das für einen solchen Fall vorgesehene Formular ausfüllen und an das Armeehauptquartier schicken.

Die Akten können erst vernichtet werden, wenn beglaubigte Abschriften davon gemacht sind.

Oft handelt es sich einfach um logische Konflikte oder Kurzschlüsse, wie sie nur allzu leicht vorkommen bei dem Versuch, einen Sachverhalt möglichst knapp und objektiv darzulegen.

Dieser Weg ist kein Weg. Wer es aber dennoch tut, hat sich's selber zuzuschreiben und erhält 3 Tage oder 5 Mark und fließt dann in die Gemeindekasse. Wer es anzeigt, kriegt die Hälfte.

Der Amtsarzt bestimmt, wer beim Verkehr eine gelbe Binde tragen muß.

Bericht eines Polizeiwachtmeisters: Auf meinem Streifengang durch den Stadtpark hörte ich aus einem Gebüsch das typische Geräusch eines unehelichen Geschlechtsverkehrs und nahm den erforderlichen Anstoß.

Als Zeugnis für seine Teilnahme an der Schlägerei legte der Genannte dem Wachhabenden ein blaues Auge vor.

Die besten Witze macht das Leben selbst, und eine Fundgrube sind darum die schriftlichen Fehlleistungen in Briefen von Ungebildeten oder Schreibungewohnten, soweit sie überhaupt ans Licht der Öffentlichkeit gelangen.

An das Elektrizitätswerk!
Schreibe Ihnen heute zum dritten Mal. Hoffentlich nicht wieder vergeblich. Bei mir ist eine schwere Störung, vermutlich ein Kurzschluß. Bitte schicken Sie mir endlich einen Mann! Muß mich seit 6 Wochen mit der Kerze behelfen!

Witwe Rosi Maier

An die städtische Fürsorge:
Ich brauche eine neue Hose, da ich in der alten keine Musik mehr machen kann. Ich nehme auch jede sonstige Arbeit an, um meine Notdurft zu stillen.

Aus dem Dankbrief eines Soldaten für ein Liebesgabenpaket mit warmer Wäsche: In Ihren werten Unterhosen hoffe ich zu siegen.

Dank für eine Einladung: Ich danke Ihnen, sehr verehrte gnädige Frau, daß ich wieder einmal in Ihrer lieben Mitte habe weilen dürfen.

Man lacht über die Verfasser solcher Briefe um so mehr, als diejenigen, die solche Sätze formulieren, das Gesagte selbst nicht witzig meinen. Der Kontrast zur Logik und zum Ernst wird noch stärker, wenn nicht ein Ungebildeter, sondern gerade ein Gebildeter – Prototyp dieser Kategorie ist immer der Professor oder der Lehrer – sich solchen lapsus linguae zuschulden kommen läßt. Man spricht in solchen Fällen von ›Kathederblüten‹. Auch sie sind immer ungewollt und unbeabsichtigt.

Aus der Literaturgeschichtsstunde: Meier, Sie haben wieder bei der Jungfrau von Orleans geschlafen. Die Folgen werden sich spätestens bei Ablauf des Schuljahres zeigen.

Versprecher, Zerstreutheitswitze, Kathederblüten etc. nennt man auch ›Galimathias‹, und eine Anekdote erklärt auch den Ursprung dieser Bezeichnung:

Ein französischer Advokat soll in einem lateinisch geführten Prozeß, wo es sich um den Hahn eines Bauern Namens Matthias handelte, statt ›gallus Matthiae‹ fortwährend gesagt haben ›galli Matthias‹, daher dann diese Art konfusen Sprechens ›Galimathias‹ genannt wurde. (K. Fischer, S. 59).

Überall, wo frei und ohne Manuskript geredet wird, gibt es solche Versprecher. Auch im Parlament. Hier allerdings immer seltener, weil immer weniger frei geredet wird. Zeitungen bringen Stilblüten gelegentlich unter der Bezeichnung ›Bonn-mots‹.

Ich muß die Angriffe insoweit richtig stellen, als sie falsch sind.

Sie glauben gar nicht, meine Damen und Herren, wie befruchtend die Arbeit in den Ministerien zwischen Männern und Frauen ist.

Ein agrarischer Parlamentsredner: Der Fleischmangel rührt in erster Linie daher, daß die Vermehrung des Menschengeschlechts mit der des Viehs nicht gleichen Schritt gehalten hat.

Auch wo es darauf ankommt, aus dem Stegreif zu formulieren und zugleich schnell zu reagieren, kommen unfreiwillige Stilblüten zustande. Musterbeispiele bieten etwa Sportberichterstatter in Funk und Fernsehen.

Tausende standen an den Hängen und Pisten.

In den letzten zehn Minuten zeigten die Rothosen, was in ihnen steckt.

Der Reiter ist gestürzt; das Pferd reitet allein weiter.

Die AGSC-Spieler massierten sich hinten.

Über ein Frauenhandballspiel: Ein tolles Durcheinander im Schlamm am Wurfkreis. Im Augenblick wurde Fräulein Stiller von hinten gedeckt.

Legion sind natürlich die ›Stilblüten‹ aus Schulaufsätzen. Die Komik dieser Fehlleistungen beruht in der Regel auf dem ungewollten – meist sexuellen – Nebensinn des Geschriebenen, das dem Kind noch gar nicht bewußt sein konnte.

Wiedergabe eines Märchens: Da ritt der alte König grollend fort. Er kam auch nicht wieder. Aber die junge Königin blieb ihm treu und schenkte ihm jedes Jahr einen kleinen Prinzen.

Dort, wo jetzt verlassene Trümmer ragen, standen einst stolze Burgfräulein und warteten auf ihre ausgezogenen Ritter.

Im Brautgemach angekommen fragte Elsa von Brabant Lohengrin, wes Geschlechts er sei.

Der Unterschied zwischen Islam und Christentum ist außerordentlich groß: Während die Mohammedaner viele Frauen besitzen dürfen, hat der Christ nur eine einzige. Das nennt man Monotonie.

Für Liebe und Freundschaft hatte Napoleon kein Organ.

Es gibt humoristische Schriftsteller, die ganz bewußt dieses Mittel der Schülerstilblüte zur komischen Wirkung aufgegriffen haben. Ludwig Thoma gehört zu ihnen. Hinter der Fassade des naiven und scheinbar unfreiwilligen Humors verbirgt sich massive Zeitkritik. So schreibt L. Thoma etwa im »Schulaufsatz vom Kriege«:

Am häufigsten waren früher die Religionskriege, weil damals die Menschen wollten, daß alle Leute Gott gleich lieb haben sollten, und sich deswegen totschlugen. In der jetzigen Zeit gibt es mehr Handelskriege, weil die Welt jetzt nicht mehr so ideal ist. Wenn der Krieg angegangen ist, spielt die Musik... Bei jedem Volk schaut dann der König zum Fenster heraus.

Kindermund

Wir haben hier zu unterscheiden zwischen dem Kinderwitz, d. h. dem von Kindern für Kinder produzierten Witz, den Kinder selbst erzählen und lustig finden, und dem sog. Kindermundwitz, der wirklichen oder vermeintlichen unfreiwilligen Komik ernstgemeinter kindlicher Aussagen für Erwachsene. Die beiden Bereiche lassen sich allerdings in der Praxis nicht immer klar trennen. Sicher ist der von Kindern selbst erzählte Witz nicht nur technisch und inhaltlich völlig anders als der Erwachsenenwitz, sondern auch als die Witze, die Erwachsene als Kindermundwitz belachen. Den eigentlichen Kinderwitzen fehlen oft die Pointen; sie sind oft auch zu umständlich und zu unkonzentriert erzählt, als daß der Erwachsene darüber lachen könnte, oder ihre Aggressionen sind zu harmlos. Doch gibt es kaum Sammlungen, die witzige Äußerungen von Kindern selbst authentisch festhalten, d. h. auch Angaben über Alter, Erzählsituation, Funktion und Lustwirkung machen. Es fehlen empirische Beobachtungen, und keine der vorliegenden Sammlungen von Kinderwitzen ist bislang thematisch geordnet worden. Worüber das Kind selbst lacht, ist erst neuerdings untersucht worden, und besonders die Arbeiten von M. Wolfenstein, H. Helmers und A. Nordhues gehen den von Kindern selbst produzierten Witzleistungen sowie den kindlichen Assoziationen und Kontexten zu Witzen der Erwachsenen nach. Andererseits sind Sammlungen von Kindermund-Witzen besonders beliebt und zahlreich. Obwohl viele Kindermundwitze ohne Zweifel ›wahre Begebenheiten‹ sind, handelt es sich dabei meist um Witze *über* Kinder, nicht um Witze *von* Kindern. Das Kind selbst lacht nicht über diese Witze, es verursacht sie nur. Was Kindern selbst belachenswert erscheint, ist es nicht immer und notwendig auch für die Erwachsenen, und das Kind selbst hat seinen Ausspruch eben nicht als Witz gemacht oder verstanden. Rein witztechnisch handelt es sich dabei meist um Doppeldeutigkeiten. Witzig sind die kindlichen Aussprüche nur für den Erwachsenen, der um die Doppeldeutigkeit einer solchen Aussage weiß, während das Kind nur eine der beiden Bedeutungen, nämlich die harmlosere, kennt. Nichtsahnend und unwissend äußert es Komisches, und die Erwachsenen sagen dann sprichwörtlich: ›Kindermund gibt Wahrheit kund.‹ Das Kind braucht die Hemmungsschranke, etwas Unanständiges zu sagen, erst gar nicht zu überwinden. In seiner Unschuld erzählt es Dinge, über denen in der Erwachsenenwelt ein strenges Tabu liegt. Der Lustgewinn besteht in der Durchbrechung des Tabus, in der Beseitigung der Hemmung. So sind diese angeblichen Kindermundwitze fast immer von Erwachsenen ausgedacht oder zumindest notiert. Sie bedienen sich der Rolle des naiven Kindes, das es wegen seiner Unschuld wagen darf, Tabus zu durchbrechen. Fritzchen-Witze wie Klein-Erna-Geschichten sind Witze von Erwachsenen für Erwachsene.

Bevor wir dieses Witzgenre thematisch analysieren, wollen wir aber versuchen, über das kindliche Witzverständnis selbst zu recherchieren. Kein Zweifel: Viele Witze, über die Kinder lachen, haben sie von Erwachsenen aufgeschnappt, und sie lachen sogar dann noch darüber, wenn sie die Pointe verbaut haben. Aber Witze sind auch ein wichtiger Bestandteil der Kinderfolklore selbst, und Kinder und Jugendliche haben dabei ihre eigenen Traditionen, ihre spezifischen Witz-Formen und Inhalte, und auch dieses Genre der Kinderfolklore ist seinen spezifischen Witz-Moden unterworfen. Besonders verbreitet sind z. B. Scherzfragen vom Typ:

Was ist grün, hängt an der Wand und macht ›wau wau!‹? –
Ein Hund im Rucksack.

oder:

Was fliegt in der Luft herum und macht ›mus, mus‹? –
Eine Biene im Rückwärtsgang, denn im Vorwärtsfliegen macht sie ›summ, summ‹.

Die Freude an solchen Scherzfragen mag mit Enttäuschungen des Warum-Frage-Alters zusammenhängen, wenn Kinder auf ihre Fragen keine oder nur ausweichende Antworten erfahren haben. So freuen sie sich und sind stolz auf ihre Überlegenheit, wenn sie selbst Fragen stellen können, auf die die Erwachsenen keine Antwort wissen.

Ganz besonderer Beliebtheit erfreuen sich unter Schulkindern derzeit die sog. Häschen-Witze.

Häschen kommt zum Apotheker und fragt: ›Hattu Möhren?‹
Der Apotheker sagt: ›Nein, ich hab' keine Möhren.‹
Am nächsten Tag kommt das Häschen wieder: ›Hattu Möhren?‹
›Nein, ich hab' keine Möhren.‹
Auch am folgenden Tag stellt sich das Häschen wieder in der Apotheke ein: ›Hattu Möhren?‹
›Nein, zum Kuckuck, ich hab' wirklich keine Möhren.‹ Schließlich wird es dem Apotheker zu dumm und er stellt ein Schild ins Fenster:
›Heute keine Möhren.‹
Als das Häschen das sieht, sagt es zum Apotheker: ›Hattu doch Möhren hat!‹

Die viele Fragerei geht dem Apotheker zuletzt so auf die Nerven, daß er seine Apotheke aufgibt, die nun das Häschen übernimmt.
Der Apotheker will nun seinerseits das Häschen ärgern, kommt zum Häschen in die Apotheke und fragt: ›Hattu Möhren?‹

Darauf fragt das Häschen zurück: ›Hattu Rezept?‹

Die Erzählung kann noch in einer dritten Szene fortgesetzt werden:

Das Häschen kommt zum Apotheker und fragt: ›Hattu Probläme??‹
Der Apotheker antwortet: ›Nein, ich habe keine Probleme.‹
Am nächsten Tag kommt Häschen wieder und fragt: ›Hattu Probläme?‹
Wieder heißt die Antwort: ›Nein, ich habe keine Probleme!‹
So geht das nun jeden Tag. Aber nach einer Woche hat sich der Apotheker erhängt. Kommt Häschen wieder und sagt: ›Hattu also doch Probläme gehat!‹

Die formale Struktur der Häschen-Witze ist immer die gleiche: Das Häschen kommt mit allen möglichen und stets dreimal wiederholten Fragen in ein Geschäft (Apotheker, Kaufmann etc.) und führt mit seiner Replik die Antworten des Geschäftsmannes ad absurdum. Für einen Erwachsenen sind diese Witze in der Regel nicht besonders lachenerregend, aber Kinder finden sie ungemein belustigend, und der Grund hierfür ist sehr einsichtig: Das Häschen ist eine Witzfigur, mit der Kinder sich ohne weiteres identifizieren können. Es ist selbst eine Kindfigur, die sich auch einer Kindersprache bedient (›Hattu? Kenn du?‹). Das penetrant wiederholte Fragen nach immer dem Gleichen, das Habenwollen von Dingen, die gerade nicht da sind, was den Erwachsenen schließlich auf die Nerven geht, schildert eine dem Kind wohlvertraute Situation. Die Überlistung des Erwachsenen, des Menschen hinter der Theke, der Rollentausch mit dem Erwachsenen, entspricht einem begreiflichen kindlichen Wunsch, und so verlaufen auch diese Witze nach unserem (S. 14) aufgestellten Schema, wonach das unterlegene Kind zum Schluß als Sieger hervorgeht. Martha Wolfenstein versteht den Prozeß des kindlichen Witzemachens als Möglichkeit, Schwierigkeiten der realen Sphäre zu verarbeiten und schmerzliche Erlebnisse so umzufunktionieren, daß sie Anlaß zur Freude sind (Wolfenstein, S. 12).

Im Kindermund kommen ungefähr alle Konfliktbereiche des Witzes vor, und so stellt der Kinderwitz keine Einheit dar. Die Entwicklung des Witzes der Kinder vollzieht sich über mehrere Stufen. Als frühester Schritt wäre der Umbau von Sprachelementen zu nennen, der als erster Witzansatz des Kindes gelten kann. Dann folgt das Stadium der Sinnverkehrung und Episierung. Im Alter von etwa 12 Jahren vollzieht sich dann eine Verselbständigung der komischen Tendenzen, womit faktisch schon eine Angleichung an den Erwachsenenwitz einsetzt (Nordhues, S. 135 f.).

Unfreiwillige Komik aus Kindermund ist vor allem sprachlich bedingt: Das Kind wächst sehr langsam in seine Muttersprache hinein und erst allmählich entwickelt sich ein Bewußtsein für Worte und deren Bedeutungen, insbesondere für die Mehrdeutigkeit von Worten. Das Interesse des Kindes am Witz erwacht nicht zufällig erst beim Übergang ins Jugendalter – grob gerechnet zwischen 7 und 12 Jahren, weil nun auch der Wortschatz wesentlich differenzierter wird und die Freude am Wortwitz erst jetzt aufkommen kann. H. Helmers hat zahlreiche Beispiele von Kindern selbst erzählter Witze mit Sprachabwandlungen berichtet. Dabei erweist es sich, daß Kinder vor allem über die spielerische Abwandlung von Sprache lachen, z. B. ›Lilfe‹ statt Hilfe, ›Gerbefunk‹ statt Werbefunk, ›Minderkädchen‹ statt Kindermädchen, ›Schornsteinneger‹ statt Schornsteinfeger – wobei in diesem Fall mit sinnvollem Versprechen nicht nur eine Buchstabenveränderung, sondern auch eine doppeldeutige Sinnänderung vorliegt. Besonders belustigend wirkt deshalb das Satzbauspiel – meist bekannt unter dem Namen ›Der Vater plätschert in der Badewanne‹, bei dem in der Spielrunde immer wieder ein neues Wort eines Satzzusammenhangs verändert wird, bis schließlich alle Worte ausgewechselt sind und ein Nonsenssatz entstanden ist. Auch an den Umkehrungen der ›Verkehrten Welt‹ hat das Kind seine besondere Freude. Ebenso bezieht der Kasper des Kinderpuppenspiels einen wesentlichen Teil seiner Komik aus (vom erwachsenen Puppenspieler beabsichtigten aber für den kindlichen Zuhörer scheinbar unfreiwilligen) Sprachschnitzern. Das Interesse für Witz wächst mit der Beherrschung der Mutterspache. Insbesondere sind es dann nicht nur einzelne Wortverdrehungen, die beim Kind Heiterkeit erregen, sondern schon ganze Witzerzählungen. Zwei Beispiele für einen schon episierten Wortwitz:

> An dem Neubau hängt ein Schild: ›Zutritt verboten!‹ Da kommen zwei Jungen und laufen hinein. Der Bauaufseher sieht und fragt sie, ob sie nicht lesen könnten. Da sagen sie: ›Doch!‹ ›Warum seid ihr dann hier hingekommen?‹ fragt der Aufseher. ›Auf dem Schild steht: Zudritt verboten, wir sind aber bloß zu zweit.‹ (10 Jahre; Helmers, S. 81)

> Der Schulanfänger Heini geht mit seinem Freund am ersten Schultag in die Klasse. Als er die Holzbänke sieht, meint er: ›Wat denn, 1. Klasse und keene Polster!‹

Weiter wächst mit Erziehung und Sozialisation die Tendenz nicht nur zum Lachen, sondern auch zum Auslachen. Die Auseinandersetzungen beginnen im Kreise der Familie. Zwischen Geschwistern wird häufig die kleinere Schwester gegenüber dem älteren Bruder als die Unterlegene dargestellt:

> Fritzchens Schwester beklagt sich bei der Mutter, daß ihr Bruder

den Pfirsich, den er mit ihr teilen sollte, ganz für sich behalten hat. ›Das ist nicht wahr!‹ schreit Fritzchen. ›Ich habe ihr den Kern gegeben, damit sie sich einen ganzen Baum im Garten pflanzen kann!‹

›Na, Fritzchen, läßt du deine kleine Schwester auch mal rodeln?‹ ›Freilich, wir wechseln ab! Sie fährt immer hinauf, und ich fahr hinunter.‹

Fritzchen sitzt mit seinem Schwesterchen in der Badewanne. Er stellt fest, daß sie anders beschaffen ist als er. Nachdenklich meint er: ›Mädchen machen aber auch alles kaputt.‹

Vom Jungen aus betrachtet ist das Mädchen anatomisch unterentwikkelt oder verletzt.

Ein Hauptinteresse beim Kinderwitz liegt im Skatologischen, eine Thematik, die den Erwachsenen nicht mehr sonderlich zu interessieren scheint. Es gibt eine anal-aggressive Tendenz in Kinderwitzen, und nirgends kommen Worte wie ›scheißen‹ und ›pissen‹ öfter vor als in Kinderwitzen.

Fritzchen sagt zum Lehrer: ›Ich muß mal austreten.‹
›Kannst du das denn schon allein?‹ fragt der Lehrer.
›Natürlich‹, sagt Fritzchen und verläßt die Klasse.
Nach einiger Zeit kommt er zurück, naß von oben bis unten.
›Wie ist denn das passiert‹, fragt der Lehrer, ›du sagtest doch. . .‹
›Ja, ja‹, unterbricht ihn Fritzchen, ›bei mir ist es gutgegangen, aber da kam der Rektor, und der hat mich übersehen.‹

Die Lehrerin betritt am Morgen die Klasse, will sich auf ihren Stuhl setzen, muß jedoch mit Entsetzen feststellen, daß er völlig naß ist. Eine Geruchsprobe bestätigt ihren Verdacht, daß einer ihrer Schüler sein Geschäft auf ihrem Stuhl erledigt hat. ›Wer war das?‹ Niemand meldet sich. ›Ich will wissen, wer das war!‹ Wieder meldet sich niemand. ›Gut! Jetzt stellen wir uns alle mit dem Gesicht zur Wand und zwar so dicht, daß keiner den Nachbarn sehen kann. Derjenige, der das hier verbrochen hat, geht dann leise an die Tafel, schreibt seinen Namen hin und stellt sich zurück. Ich drehe mich dann um, lese den Namen und wische ihn sofort wieder weg. Dann weiß es niemand außer ihm und mir.‹
Gesagt, getan. Alles stellt sich mit dem Gesicht zur Wand. Unheimliche Ruhe. Plötzlich ein leises trapp-trapp, trapp-trapp, trapp-trapp, dann ein ungeheures Rauschen, dann wieder ein leises trapp-trapp-trapp, dann wieder völlige Ruhe. Die Lehrerin dreht sich um und geht zur Tafel. Davor eine große Pfütze. Und als sie den Blick hebt, steht dort: ›Der geheimnisvolle Pinkler hat wieder zugeschlagen!‹

Andere soziale Konflikte im Kinderwitz betreffen Autoritätskonflikte im Verhältnis des Kindes zu seinen Eltern. Viele Kinderwitze sind Autoritätsbeschimpfungen und zeigen den Autoritätsschwund in der modernen Familie.

Der kleine Fritz erzählt von seinen Erlebnissen in der Schule. ›Papi, heut hat mir einer gesagt, daß ich dir ähnlich sehe.‹ – ›So, und was hast du gesagt?‹ – ›Nichts. Er ist der Stärkste in unserer Klasse.‹

Ein kleiner Junge steht dem Vater gegenüber und läßt ihn seine Überlegenheit fühlen. Der Provokateur, in diesem Fall der Vater, greift an und unterliegt.

Ein Besucher zu einem Bauernjungen: ›Sag mal, wo kann ich denn deinen Vater finden?‹ – ›Im Schweinestall‹, erwidert der Junge, ›Sie erkennen ihn an seinem Hut.‹

Auch hier wird der Vater vor anderen Menschen bloßgestellt und verhöhnt (Nordhues, S. 73).

Oft ist der Kindermundwitz geradezu antiautoritär:

›Paul, hol mir bitte eine Flasche Bier‹, sagt der Vater zu seinem 16jährigen. ›Ach Vater, ich bin um drei verabredet. . .‹
›Dann geh du, Hans‹, sagt der Vater zu seinem 14jährigen. ›Vater, gleich kommt Stefan mit seinen neuen Schallplatten. . .‹
Sagt Peter, der 12jährige: ›Vater, ärgre dich doch nicht mit denen herum! Gehste eben selber und bringst mir gleich 'ne Packung Zigaretten mit!‹

Je jünger, desto antiautoritärer. Der Witz zeigt bei seiner Steigerung deutlich im Verhalten der Söhne ihrem Vater gegenüber die Tendenz, wie wenig sich das Kind um ein den Eltern wohlgefälliges, angepaßtes Verhalten bemühen will. Der Vater erscheint als Trottel. Nicht er bestimmt, was die Kinder tun, sondern sie haben die Zügel fest in der Hand. Diese Anti-Haltung kommt im Witz nur selten so offen zum Ausdruck wie in dem hier zitierten Beispiel (Nordhues, S. 84). Nicht selten ist auch die Rebellion gegen die Prügelstrafe:

Der Vater schlägt Fritzchen mit dem Stock. Hinterher fragt er: ›Weißt du jetzt, warum ich dich geschlagen habe?‹ – ›Na so was‹, heult Fritzchen los: ›Erst haust du mich, und dann weißt du nicht einmal, warum.‹

Das Kind denunziert die Erwartungen und Befürchtungen der Eltern, indem es deren Verbote und Gebote nicht einfach hinnimmt, sondern die Frage nach dem Grund stellt. In der Pointe wird dann die Konsequenz gezogen, daß es in den wenigsten Fällen so sein muß, wie sich die Erwachsenen das vorstellen (Nordhues, S. 92).

Häufig geht es um Sauberkeit, um die kindliche Abneigung gegenüber Körperpflege und Hygiene.

Fritzchen darf zur Oma in die Ferien fahren. – ›Hast du auch deine Waschsachen eingepackt?‹ examiniert die Mutter. – ›Waschsachen? Ich denke, ich fahre in die Ferien?!‹

Das Fräulein Lehrerin: ›Was ist Hygiene?‹ Fritzchen: ›Hygiene ist, wenn man sich öfters wäscht als notwendig ist.‹

›Nun hör doch endlich mal auf, mit dem Finger immer in der Nase herumzubohren!‹ tadelt die Mutter ihren kleinen Sohn. ›Ja, aber wo soll ich denn sonst bohren?‹

Sämtliche Verbote der Eltern scheinen im Witz rationaler Begründung zu entbehren und werden deshalb vom Kind nicht akzeptiert (Nordhues, S. 84). Es ist keineswegs ein Familienidyll, das der Kindermundwitz uns vorführt, und viele Beispiele spiegeln das traurige Verhältnis der Eltern zueinander. Die Ehe der Eltern erscheint oft beklagenswert. Die Mutter ist vom Vater abhängig, oder aber der Vater kann sich nicht durchsetzen. Oft ist das Kind nur das Sprachrohr des Erwachsenen, indem es ausspricht, was der Erwachsene von sich aus nicht sagen will. Das Kind ist das ›enfant terrible‹, das der Tante oder den Großeltern Unangenehmes sagt.

›Oma, sag mal, woher bekommen die Kühe eigentlich die viele Milch?‹ – ›Vom Grasfressen, mein Kind.‹ – ›Oma, hättest du auch Milch, wenn du Gras fressen würdest?‹ – ›Aber wie kommst du darauf?‹ – ›Weißt du, Papa hat neulich gesagt: Einmal muß die Alte ja doch ins Gras beißen!‹

Kinder dürfen tabuierte skatologische Wörter benutzen, ja sich in ihrem Gebrauch sogar noch übertrumpfen.

Kinder unter sich: ›Ist das eine Scheiße in diesem Haus.‹ – ›Aber wie kannst du nur so etwas Häßliches sagen, da ist doch die ganze Erziehung von Mama im Arsch!‹

Im Kinderwitz ist das Kind gegenüber seinen Eltern, Großeltern etc. der Überlegene. Es ist der Kritiker der Institution Familie, der Kritiker der Funktionen, die Vater und Mutter oder die Verwandtschaft einnehmen. So wird durch das Kind ausgesprochen, was der Erwachsene sich denkt. Es wird angegriffen, was der Erwachsene meint, in seinem Namen nicht angreifen zu können, denn dann würde er sich selbst kritisieren bzw. angreifen (Nordhues, S. 93).

Dasselbe zeigt sich auch in der Kritik an der Autorität der Schule und des Lehrers. Der Schulwitz behandelt so ziemlich alle Probleme des Unterrichts und der Schule: Lernwilligkeit, Aufmerksamkeit, Sitzenbleiben, Hausaufgaben, die einzelnen Fächer wie Rechnen, Aufsatz und Geographie. Schulwitze enthalten eine aggressive Tendenz gegen Lehrer, die Schule sowie gegen ihre institutionellen Ordnungen.

> Der kleine Peter hat die kranke Lehrerin besucht. Als er das Haus verläßt, stehen ein paar Klassenkameraden davor. Sie wollen wissen, wie es der Lehrerin geht. ›Es ist keine Hoffnung mehr‹, sagt Peter betrübt. ›Sie kommt morgen wieder in die Schule.‹

> ›Papa, stimmt es, daß die Lehrer bezahlt werden?‹ – ›Ja, mein Kind!‹ – ›Das ist aber ungerecht: Wir arbeiten, und sie bekommen Geld dafür.‹

Der Lehrer erscheint als diejenige Person im Kinderwitz, die aus einer für das Kind unerfreulichen Situation noch Profit schlägt. Sein Einsatz zum Wohle der Schüler erscheint im Kinderwitz durchaus fragwürdig (Nordhues, S. 94).

Kinder schätzen Witze, in denen Erwachsene dümmer sind als Kinder oder in denen die Autorität von Eltern oder Lehrern untergraben wird.

> Vater: ›Warum hast du nachsitzen müssen?‹
> Sohn: ›Ich habe nicht gewußt, wo die Azoren sind.‹
> Vater: ›Warum paßt du auch nicht besser auf deine Sachen auf?!‹

Ein 13jähriger Junge gibt dazu folgenden Kontext: »Dieser Witz hat mir gefallen, weil der Vater so dumm ist... und nicht weiß, daß die Azoren eine Inselgruppe sind. Ich glaube, Kinder lesen Witze, in denen der Vater durch den Kakao gezogen wird, sehr gern. Mir geht es genauso.« (Helmers, S. 124).

Die unfreiwillig-komischen Äußerungen von Kindern, über die Erwachsene lachen, beruhen meist darauf, daß ein Kind ein ihm neues Element seiner Umwelt- und Wirklichkeitserfahrung in einem falschen Analogieschluß verarbeitet. Nichtverstandenes, nie zuvor Gesehenes interpretiert das Kind auf seine Weise und mit dem ihm zur Verfügung stehenden Vokabular und Logikverständnis, wenn es z. B. eine Windmühle als ›Haus mit Hubschrauber‹ beschreibt, wenn es den Gang zur Kommunionsbank als ›Schluckimpfung‹ mißversteht, wenn es in der Kirche den Anschlag der Gesangbuchverse für die ›Bekanntgabe der Lottozahlen‹ hält, die Hirten im Krippenspiel für ›Cowboys‹, und nichts in den Klingelbeutel wirft, weil es ›doch selbst eine Sparbüchse zu Haus‹ hat.

Es gibt einige inhaltliche Stoffbereiche, deren sich der Kindermundwitz besonders häufig bemächtigt hat: 1. Sexuelle Mißverständnisse und erotische oder auch skatologische Zweideutigkeiten, 2. Religiöse Mißverständnisse und 3. Irrtümer aus falschen Schlüssen und logische Mißverständnisse. Zuweilen werden alle Bereiche miteinander vermengt. Meist geht es jedoch primär um sexuelle Mißverständnisse: Metaphern der Erwachsenensprache werden vom Kind unfreiwillig in zweideutigem Sinne angewandt. In kindlicher Naivität gebraucht das Kind den Wortschatz der Erwachsenen, weil es nicht weiß, daß bestimmte Wörter noch einen sexuellen Nebensinn besitzen. Über diese sprachlichen Fehlleistungen lacht aber – wie gesagt – nicht das Kind, sondern der Erwachsene.

Am Muttertag geht ein Vater mit seiner kleinen Tochter an der Hand durch die Stadt. In allen Konditoreien und Bäckerläden stehen Torten mit der Aufschrift wie ›Der lieben Mutti‹, ›Zum Muttertag‹ usw. Plötzlich sagt die Tochter: ›Guck mal, Vati, all die Mutterkuchen!‹

Fritzchen und Klein-Erna spielen Vater und Mutter. Sagt Klein-Erna: ›Machst du mir auch ein Kind!‹ Fritzchen: ›Kinder werden nicht gemacht, die werden geboren!‹ – ›Bohrst du mir eins?‹

Klein-Erna ist ein aufgewecktes und wildes Kind. Sie macht ihrer Mutter deshalb oft Sorgen und Ärger. Doch eines Tages überrascht sie die Mutter mit der Feststellung: ›Ich will nicht länger dein Sorgenkind sein. Ich will mich jetzt bemühen, ein Freudenmädchen zu werden!‹

Zwei Jungen treffen sich. Fragt der eine: ›Was wünschst du dir zum Geburtstag?‹ Sagt der: ›Ein Fahrrad! Und du?‹ Antwortet der erste: ›Ich wünsche mir einen Tampon!‹ Der andere: ›Was is'n das?‹ Der erste: ›Das weiß ich auch nicht so genau, aber es muß ganz was Tolles sein. Ich habe in der Zeitung gelesen: Damit kann man radfahren, skifahren, tennisspielen, tanzen, bergsteigen. . .‹

Statt der Zeilen des bekannten Gebetes ›Dies Kind soll unverletzet sein‹ spricht das Kind sein Nachtgebet mit den Worten: ›Dies Kind soll unser letztes sein.‹

Der Versprecher ist aus zwei Gründen witzig: 1. weil das Kind noch nichts von Geburtenkontrolle weiß, 2. weil Geburtenkontrolle ohnehin nicht auf dem Weg des Gebetes zu erreichen ist.

Wenn das Kind sprachliche Bilder wörtlich nimmt, ist es in gewissem Sinne logischer als der Erwachsene:

›Mutti, wo geht das Feuer hin, wenn es ausgeht?‹

›Ist Tante Emma so arm, daß sie mit den Hühnern ins Bett geht?‹

›Lehrer‹ ist die Steigerung von ›leer‹.

Sprache wird vom Analphabeten rein akustisch aufgefaßt. Deshalb gehören diese Kindermundwitze auch in den größeren Umkreis des

Sprachwitzes. Hinzu kommt, wie schon gesagt: Das Kind ist manchmal überlogisch. Es gründet seine Ausagen oft auf sehr genaue Beobachtung, aus der dann nur eine falsche Schlußfolgerung gezogen wird. Da werden z. B. tierische Verhältnisse, die das Kind in der Natur schon gesehen hat, auf menschliche Verhältnisse übertragen.

Heini: ›Ich will keine Kinder.‹
Klein-Erna: ›Und was willst du machen, wenn sie heimlich brütet?‹

In anderen Fällen wird das Kind dank seiner Beobachtungsgabe geradezu zum Voyeur der elterlichen Schlafzimmergeschehnisse, nur deutet es das Gesehene oder Gehörte anders als die Erwachsenen.

Ein Kind protestierte gegen die langen Gebete, die es aufsagen muß, und fragt, warum es sich nicht der kürzeren bedienen dürfe, die es seine Eltern hat aufsagen hören. ›Was für Gebete meinst du denn?‹ fragt die Mutter. ›Gestern nacht habe ich dich ganz deutlich gehört. Du hast gesagt: ›O Gott, ich komme!‹ und Papi hat gesagt: ›Herr Jesus, warte auf mich!‹ (›God, I'm coming‹ – ›Jesus, wait for me.‹)

Man sitzt beim Mittagstisch, und die kleine Ursula sagt plötzlich: ›Heut' nacht war ein Mäuschen im Schlafzimmer, Mutti!‹ – ›Aber Kind, wir haben doch keine Mäuse im Schlafzimmer!‹ – ›Doch, Mutti, ich hab' genau gehört, wie Vati gesagt hat: ›Aber Mäuschen, was hast du für einen kalten Po!‹

Die Lehrerin fragt in der Schule: ›Wer kann mir eine Obstsorte mit einem Kern nennen?‹ – Ein Schüler meldet sich: ›Die Zwetschge.‹ – ›Richtig! Wer kann mir eine Obstsorte nennen mit vielen Kernen?‹ – ›Der Kürbis.‹ – ›Richtig! Wer kann mir eine Obstsorte nennen ohne Kern?‹ – ›Die Banane.‹ – ›Richtig! Wer kann einen Satz mit diesen drei Früchten bilden?‹
Klein-Fritzchen meldet sich: ›Letzte Nacht hat meine Mutter zu meinem Vater gesagt: ›Wenn du jetzt nicht deine Banane aus meiner Zwetschge nimmst, hau ich dich auf den Kürbis!‹

Ein Vater geht mit seinem Kind auf der Straße. Das Kind grüßt einen fremden Mann. Vater: ›Woher kennst du den?‹ – Kind: ›Das ist der Mann vom Umweltschutz. Der kommt doch jeden Tag zur Mutti und fragt, ob die Luft rein ist.‹

Beobachtungen von Kindern im elterlichen Schlafzimmer sind häufig Gegenstand des Witzes. Wenn Erwachsene solche Geschichten weitererzählen, lachen sie dabei nicht nur über kindliche Aufgeklärtheit oder Unaufgeklärtheit, sondern sie identifizieren sich wohl auch mit den unterschwelligen inzestuösen Neigungen, die Witze dieser Art offenlegen.

Ein Bruder spielt mit seinem Schwesterchen Vati und Mutti. Sie legen sich ins Bett, und der kleine Junge flüstert ihr etwas ins Ohr, worauf das Mädchen ruft: ›Du bist wohl ganz verrückt. Ich hab' heut Kopfschmerzen und große Wäsche, und jetzt kommst du auch noch!‹

Umgekehrt werden kindliche Perspektiven ins Erwachsenenleben transponiert und müssen dort nicht mehr notwendigerweise unschuldig wirken.

›Mutti, Engel können fliegen, warum unsere Gerda nicht?‹ – ›Aber Gerda ist doch kein Engel!‹ – ›Aber Papi hat doch vorhin in der Küche zu ihr »Mein Engel« gesagt.‹ — ›Dann allerdings fliegt sie!‹

Dieser Witz leitet über zu einer Gruppe von Erzählungen, in denen das scheinbar naive Kind sich als viel aufgeklärter als der Erwachsene erweist, oder jedenfalls aufgeklärter, als ihm nach seinem Alter zugetraut wird. Fast alle Storchenwitze oder auch die sog. Fritzchen-Witze beziehen daraus ihr Kapital. Das Kind erscheint einmal altklug und einmal naiv. Es enthüllt die sexuellen Probleme hauptsächlich der Erwachsenen, weniger die, die es seinem Alter entsprechend selbst haben müßte. Der Erwachsene tritt als Gegenspieler auf. Er unterliegt entweder, weil das Kind viel mehr weiß als er, oder wenn es ihm naiv gegenübertritt, unterliegt er, weil in seiner Antwort seine ganzen Beklemmungen und Hemmungen gegenüber sexuellen Problemen zum Ausdruck kommen (A. Nordhues, S. 108).

Aus dem Hof ruft Fritzchen zu seiner Mutter hoch: ›Mutti, kann ein zehnjähriges Mädchen schon Kinder kriegen?‹ – ›Nein‹, ruft die Mutter zurück. – ›Siehste‹, sagt Fritzchen zu seiner Freundin, ›ich hab dir ja gleich gesagt, wir brauchen nicht aufzupassen!‹

Der Lehrer fragt Fritzchen: ›Was tätest du, wenn du noch ein Brüderchen oder Schwesterchen bekämest?‹ Klein-Fritzchen: ›Ich bekomme keins mehr, Herr Lehrer. Meine Mutter nimmt die Pille und ist außerdem Witwe.‹

Witzig ist hier nicht nur die schlagfertig-aufgeklärte Replik des Jungen, sondern auch die doppelt geführte Argumentation, die einen logischen Konflikt zeigt.

Berliner Steppke in der Drogerie: ›Ich möchte Jummis ham.‹ – Verkäuferin: ›Erstens ist das nichts für Kinder, zweitens bist du noch nicht dran, drittens soll dein Vater selbst kommen.‹ – Steppke: ›Erstens ist das nicht für, sondern gegen Kinder, zweitens bin ick schon lange dran, drittens ist das nicht für Vatern, sondern für Muttern, die macht morjen en Betriebsausflug.‹

Man kann Übertrumpfungswitze auch in punkto Aufgeklärtheit registrieren: je jünger, desto verdorbener:

> Drei Jungen – sechs, acht und zehn – kommen an einem offenen Fenster vorbei. In dem Zimmer liegt ein junges Paar. Die drei schauen zu. Da sagt der Zehnjährige: ›Warum raufen die sich denn?‹ – ›Quatsch‹, sagt der Achtjährige, ›die raufen sich nicht, die lieben sich.‹ – ›Ja‹, sagt der Sechsjährige verächtlich, ›aber der Mann ist ein Stümper!‹

> Der Religionslehrer fragt den kleinen Moritz, wer Moses war. ›Moses‹, ist die Antwort, ›war der Sohn der ägyptischen Prinzessin.‹ – ›Falsch!‹ ruft der Lehrer, ›die Tochter des Pharao ging am Ufer spazieren und fand Moses in einem Körbchen auf dem Wasser schwimmend.‹ – ›Sagt sie, Herr Lehrer!‹

> Der Lehrer in der Schule: ›Und jetzt, liebe Kinder, werde ich euch erzählen, wie der erste Mensch erschaffen wurde.‹ Da meldet sich aus der hintersten Reihe der kleine Fritz: ›Herr Lehrer, uns würde vielmehr interessieren, wie der dritte Mensch erschaffen wurde!‹

In der sexuellen Sphäre tritt die Klugheit des Kindes unter der Maske der Unwissenheit auf. Das heißt, nicht das Kind ist altklug, sondern der Erwachsene, der diese sog. ›Kindergeschichten‹ erfindet, der die Situation und die Akteure so dirigiert, daß das Bild des klugen, eingeweihten Kindes entsteht, das er selber so gern gewesen wäre, wenn er sich bloß getraut hätte, die Eltern mit vorgetäuschter Unwissenheit zu ärgern (G. Legman). Man würde sich allerdings täuschen, wollte man annehmen, daß derartige Witze nur unter Erwachsenen ihr Publikum hätten. Vor allem Kinder im Alter der Vorpubertät haben ein Interesse an sexuellen Witzen, die sie oft von Erwachsenen aufschnappen und relativ unverstanden weitergeben. Psychologischer Hintergrund solcher Erzählungen ist eine gewisse Renommiersucht, der Wunsch, doch auch schon für erwachsen zu gelten.

Es ist bemerkenswert, wie oft das Thema der sexuellen Aufklärung bzw. das Thema des Glaubens oder nicht mehr Glaubens an den Klapperstorch, den Babybringer der Kindermythologie, Gegenstand der Kindermundwitze ist. Neben den Bezeichnungen wie ›Kinder kauft man‹ oder ›sie fallen vom Himmel‹ sind weitere wichtige Erklärungsmöglichkeiten der Frage, woher die kleinen Kinder kommen: ›der Teich‹ oder ›der Klapperstorch‹. Ihren Ursprung haben alle diese Erklärungen in den Hemmungen der Eltern, ihren Kindern die auftretenden Fragen wahrheitsgemäß zu beantworten. Statt dessen umgehen sie ausweichend dieses Thema. Das Kind tritt jedoch wieder als der Wissende auf. Es weiß um die falsche Beantwortung der Fragen durch seine Eltern, Lehrer, Großeltern. Es entlarvt diese, indem es sein Wissen ihnen entgegenhält und sie für dumm hält (Nordhues, S. 117).

Doktors Zwillinge streiten sich. ›Immer gibst du damit an, daß du älter bist. Du brauchst dich gar nicht so aufzuplustern, bloß weil du deinen Kopf eine halbe Stunde eher rausgestreckt hast!‹ Da wird die Oma bleich und droht, in Ohnmacht zu fallen. Beruhigend legt die Kleine ihr die Hand auf die Stirn: ›Aus dem Teich, Oma, aus dem Teich!‹

Vor dem Storchenkäfig im Zoo erklärt die Oma ihren Enkeln: ›Das hier sind die Störche, die alle Kinder auf die Welt bringen!‹ Da stößt das Schwesterchen ihren Bruder an und meint: ›Wollen wir die Oma aufklären oder lassen wir sie doof sterben?‹

Mutter: ›Sieh mal, dort oben den schönen Klapperstorch!‹ – ›Unsinn, Mutti, es gibt doch gar keinen Storch!‹

›Mama, bringt der Storch wirklich die Babys?‹ – ›Selbstverständlich, mein Schatz.‹ – ›Und die Weihnachtsgeschenke, bringt die tatsächlich der Weihnachtsmann?‹ – ›Ja, mein Kind.‹ – ›Und unser tägliches Brot schenkt uns der liebe Gott?‹ – ›So ist es.‹ – ›Dann möchte ich aber gern mal wissen, wozu wir eigentlich Papa haben?‹

Nachdem sie sich das hilflose Gestammel ihrer Mutter über das Kinderkriegen angehört haben, sagt der frühreife Junge zu seiner jüngeren Schwester: ›Ha, ich hätte nie gedacht, daß Papa zu den Burschen gehört, die es mit einem Storch treiben.‹

Fritzchen muß einen Aufsatz schreiben. Thema: Meine Herkunft und meine Familie. Er fragt also seinen Vater: ›Vater, wo komme ich her?‹ Vater: ›Dich hat der Storch gebracht.‹ – ›Und wo kommst du her?‹ ›Ich? Mich hat auch der Storch gebracht.‹ – ›Und Großvater und Großmutter, hat der Storch die auch gebracht?‹ – ›Gewiß doch, mein Junge.‹ Fritzchen setzt sich an sein Aufsatzheft und schreibt: ›Wie ich herausgefunden habe, hat in unserer Familie seit drei Generationen kein normaler Geschlechtsverkehr stattgefunden.‹

Es zeigt sich, daß der Junge nicht nur bereits über Geschlechtsverkehr Bescheid weiß, sondern sogar über dessen abwegige Möglichkeiten und Formen wie Sodomie (sexuelle Beziehungen zu Tieren).

Vor allem das neu eingeführte Unterrichtsfach ›Sexualkunde‹ bietet zahlreiche Anknüpfungsmöglichkeiten für Schulwitze. Hier treffen die Lehrer häufig auf aufgeklärte Schüler, die schon mehr wissen, als der Lehrer im Unterricht mitzuteilen bereit ist. Noch immer geistert die Geschichte durch den Raum, daß Kinder entstehen analog zu der Entstehung von Pflanzen durch Befruchtung durch die Bienen.

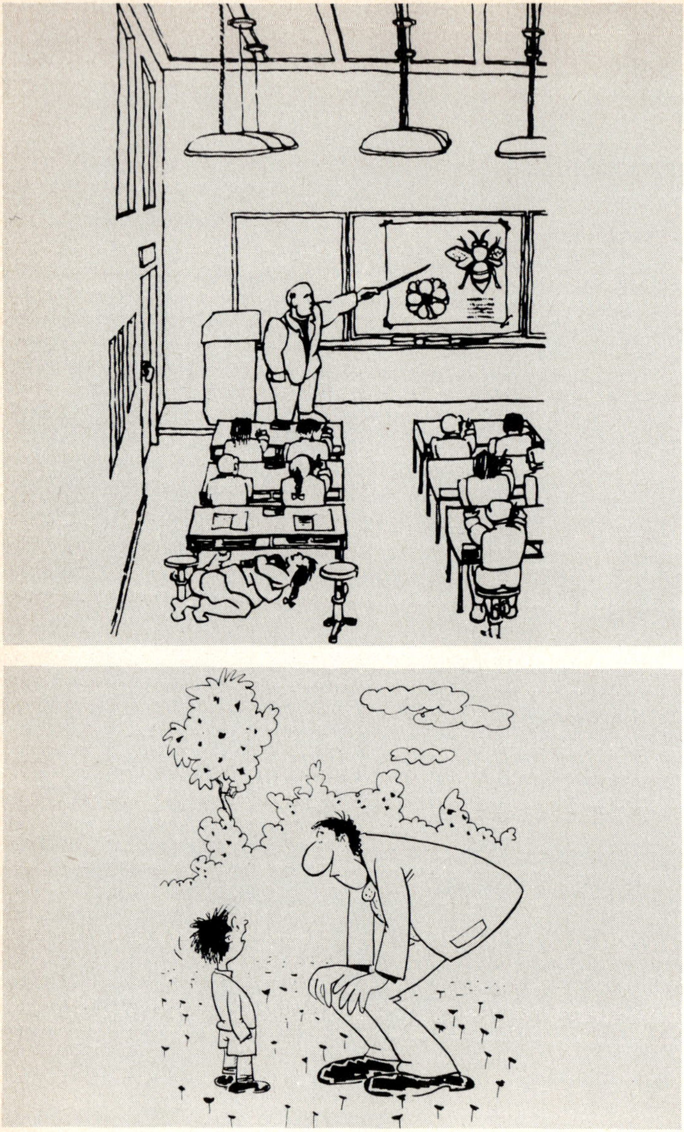

»Aber was macht denn die Biene, wenn die Blume ihre Tage hat?«

Im Biologie-Unterricht spricht der Lehrer sehr vorsichtig von Bienen, Schmetterlingen und Blütenstaub. Fritzchen hat verstanden und meldet sich: ›Im Prinzip ist es das gleiche wie bei der menschlichen Fortpflanzung.‹

Dem Lehrer wird von dem aufgeklärten Kind das Konzept aus der Hand genommen (Nordhues, S. 105 f.).

›Du, Opa‹, sagt der kleine Fritz, ›habt ihr früher in der Schule auch Unterricht über Sex gehabt?‹ – ›Über Sex, was ist denn das?‹ – ›Na, das ist die Lehre vom Verkehr. Und heute war die Clitoris dran.‹ – ›Was ist das denn?‹ fragt der Opa. Darauf Fritzchen: ›Na, das mußt du doch wissen, Opa, das ist der Anlasser für den Verkehr!‹

Es ist Schulpause. Drei Gleichaltrige aus Parallelklassen fragen sich untereinander nach dem neuen Sexualunterricht. Der erste: ›Wir haben oben angefangen und sind jetzt beim Nabel.‹ – Der zweite: ›Wir haben unten angefangen und kommen gerade hin, wo es interessant wird.‹ – Darauf der dritte: ›Mensch, da sind wir viel weiter, seit zwei Wochen bumsen wir schon!‹

In diesem Kinderwitz liegt eine Dreizahlgeschichte vor, die dem Schema der Übertrumpfung entspricht. In der Steigerung durch die Dreizahl wird der Grad der sexuellen Aufgeklärtheit veranschaulicht. Hier im Unterricht geht es nicht so sehr um die theoretischen Details, angeblich wird auch der Bezug zur Praxis hergestellt. Dies dürfte wohl ein Beispiel dafür sein, daß im Kinderwitz oft auch Wunschvorstellungen ausgesprochen werden, die praktisch nicht eingelöst werden, was im folgenden Witz der Fall ist.

Fritzchen will morgens eine frische Unterhose anziehen, weil in der Schule heute die Sexualkunde drankommt. Einwände und Proteste der Mutter helfen nichts. Mittags nach der Schule sagt Fritz: ›War doch nicht nötig mit der neuen Unterhose. Alles nur theoretisch!‹

Der Schulwitz arbeitet mit den stehenden Figuren der meist unverheiratet gedachten Lehrerin, dem ›Fräulein‹, und dem kleinen Jungen, Klein-Moritz, Fritzchen oder wie er immer heißt. Im Mittelpunkt der Fritzchen- oder Schulwitze stehen die Probleme, die die Lehrerin anschneidet, und die witzigen, meist sexuell nuancierten Fragen und Antworten, mit denen die Kinder sie plagen. Häufig geht es um sexuelle Beziehungen zwischen dem ungezogenen Jungen und der Lehrerin. Die hauptsächliche Methode, aus der Schulzimmersituation Komik zu ziehen, ist die Umkehrung der ausweichenden Beantwortung sexueller Fragen durch die Eltern und besteht darin, jede harmlose Frage der Lehrerin sexuell zu beantworten. Es liegt auf der Hand, daß sie für die Sünden der Eltern büßen muß (G. Legman).

Fritzchen starrt während des Unterrichts dauernd seine neue Lehrerin an. Dieser wird das zuviel und sie fragt Fritzchen, warum er sie immer so seltsam ansehe. Fritzchen antwortet darauf: ›Ich liebe Sie, Fräulein!‹ – ›Aber Fritzchen, ich liebe doch keine Kinder.‹ – ›Macht nichts‹, meint Fritzchen, ›ich paß schon auf!‹

Fritzchen fixiert sehr interessiert die schon etwas ältere Lehrerin. ›Ich sehe es dir doch an, Fritzchen, du möchtest mich etwas fragen.‹ – ›Ach, ich möchte nur wissen, ob Sie auch zum schönen Geschlecht gehören?‹

Fritzchen nähert sich der Lehrerin durch anzügliche Bemerkungen. Doch wir kennen auch den Fall, daß sich ein Mädchen in ähnlicher Weise über ihre Lehrerin äußert.

In der Deutsch-Stunde. Lehrerin Bromsemann, schon älteren Jahrgangs, nimmt Vergangenheit, Gegenwart und Zukunft durch. Plötzlich sieht sie auf Klein-Erna und sagt: ›Ich werde heiraten. Was ist das, Erna . . .?‹ – ›Höchste Zeit, Fräulein!‹

Die Lehrerin erklärt: In der Natur gibt es drei verschiedene Reiche: das Tierreich, das Pflanzenreich und das Mineralreich. Zu welchem Reich gehören wir Menschen?‹ – ›Zum Pflanzenreich‹, ruft Fritzchen. – ›Wie kommst du darauf‹, will die Lehrerin wissen. – ›Weil die Menschen sich fortpflanzen.‹

Die Lehrerin fragt in der Schule: ›Welches ist denn der höchste Berg auf der Welt?‹ Fritzchen meldet sich: ›Der Montblanc, Frau Lehrerin.‹ – ›Das ist leider nicht richtig, aber es freut mich, daß du mitdenkst.‹ – ›Und nun‹, fährt die Lehrerin fort, ›möchte ich wissen, welches ist der längste Fluß der Erde?‹ – Wieder meldet sich Fritzchen: ›Der Rhein.‹ – ›Nein, Fritzchen, das stimmt leider auch nicht. Aber es freut mich, daß du mitdenkst.‹ – Fritzchen ärgert sich darüber und fummelt mit den Fäusten ein wenig in den Hosentaschen herum. Nach einer Weile fragt er die Lehrerin: ›Was ist das, es ist hart wie Holz und hat einen roten Kopf?‹ – Die Lehrerin schimpft mit Fritz: ›Aber so etwas sagt man doch nicht!‹ – Meint Fritzchen: ›Warum denn nicht, es ist ein Streichholz, Frau Lehrerin. Aber es freut mich, daß Sie mitdenken!‹

Der Lehrer oder noch häufiger die Lehrerin als Respektsperson stellt eine Frage, und der Schüler gibt eine verblüffende Antwort, die eine nonkonforme Logik verrät. Die witzigen Dialoge, die sich zwischen Fritzchen und seiner Lehrerin abspielen, erweisen oft genug das Kind als den Aufgeklärten, das ›Fräulein‹ aber als die Fragende, Unwissende, Naive.

Fritzchen schwätzt, und die Lehrerin faucht ihn an: ›Du bleibst nach dem Unterricht noch eine Stunde hier!‹ – ›Na schön‹, sagt Fritzchen, ›mir kann es egal sein, was die Leute von uns denken!‹

Fritzchen entschuldigt sein Zuspätkommen: Er habe den Stier zur Kuh führen müssen. Lehrerin: ›Hätte das nicht dein Vater besorgen können?‹ – ›Freilich könnte er's besorgen, aber nicht so gut wie der Stier.‹

Der komische Konflikt in Kindermundwitzen löst sich nicht selten auch an Begriffen wie Sterben, Tod, Himmel aus, Worte, die das Kind in ihrer Tragweite noch nicht begreifen kann. So wird auch die jenseitige Welt im Kindermund ganz konkret und diesseitig aufgefaßt. Es entsteht eine Art Kindermundphilosophie, besonders, wenn man Kinder mit den ›letzten Dingen‹ konfrontiert.

Klein-Erna geht mit ihrer Mutter ins Naturhistorische Museum. Da ist u. a. auch ein menschliches Skelett zu sehen. Klein-Erna: ›Mutti, kuck mal hier, was ist denn das?‹ – ›Das ist das, was vom toten Menschen übrig bleibt.‹ – ›Wieso‹, fragt Klein-Erna, ›kommt denn bloß der Speck in'n Himmel?‹

Die Lehrerin hat den Kindern erzählt, daß der Mensch nach seinem Tod wieder zu Staub wird. Die kleine Inge kann das nicht so recht glauben. So fragt sie ihre Mutter, ob das auch stimme. – ›Ja, es stimmt‹, sagt die Mutter, ›nach unserem Tode werden wir alle wieder zu Staub.‹ – Da meint die Kleine: ›Mutti, dann ist unter meinem Bett einer gestorben!‹

Religionsunterricht, Unterweisung im christlichen Glauben ist oft genug der Hintergrund von Kindermundwitzen. Das Erhabene, das die religiösen Glaubensartikel für den Gläubigen bedeuten, tritt durch ihre plötzliche und ungewollte Profanierung durch das Kind in einen komisch wirkenden Konflikt.

Nach Namen von Engeln gefragt, nennt ein Kind außer Gabriel und Michael noch ›Lobgetön‹. Auf die erstaunte Erkundigung des Lehrers, was es von diesem Engel wisse, antwortet es: ›Der ist der schönste:

Ach wie schön, ach wie schön
ist der Engel Lobgetön!‹

Aus einem Poesiealbum: Ich bin der allmächtige Gott, wandle vor mir und sei fromm. Dein Freund Hans.

Die Kinder kommen aus der Schule: ›Morgen haben wir schulfrei, da ist Maria im Gefängnis‹ (Maria Empfängnis).

›Wo lebte Elias?‹ – ›In der Wüste.‹ – ›Es ist richtig, mein Kind; ›Und wie nannte man solche frommen Männer, die in der Wüste wohnen?‹ – ›Wüstlinge.‹

Aus der Tatsache, daß schon den kleinsten Kindern Gebete, Bibeltexte und religiöse Glaubensinhalte eingebleut werden, ergeben sich gerade hier kindliche Fehlleistungen, die, mit Erwachsenenaugen betrachtet, natürlich den Charakter der atheistischen Blasphemie erreichen und somit zugleich auch zum Kapitel des konfessionellen Witzes gehören.

›Hab' ich Unrecht heut' getan,
geht's dich, lieber Gott, nichts an.‹

Fritzchen ist zum erstenmal in der Kirche. Interessiert verfolgt er das unbekannte Geschehen. Als die ersten Gläubigen aufstehen, zum Pfarrer gehen, vor ihm niederknien und die Hostie in den Mund gelegt bekommen, fragt Fritzchen: ›Müssen wir auch zur Schluckimpfung?‹

Aus einem mündlich gesprochenen Glaubensbekenntnis:
Ich glaube, daß mich Gott geschaffen hat samt allen Grenadieren.

Aus dem Vaterunser:
Und vergib uns unsere Schuld, wie wir vergeben unseren Schullehrern.

Alles dies sind durchaus begreifliche Fehlleistungen, denn wie soll ein noch nicht schulpflichtiges Kind wissen, was ›Schuldiger‹ oder ›Kreaturen‹ sind?

Im religiösen Kindermundwitz drückt sich oft Religions- und Glaubenskritik aus. Das Kind spricht den Verdacht aus, die religiösen Erklärungen könnten vielleicht doch unzutreffend sein.

Im katholischen Kindergarten fragt die Schwester: ›Was ist das: Es ist braun, hat einen buschigen Schwanz und hüpft von Ast zu Ast?‹ – Fritzchen: ›Wie ick den Laden hier so kenne, ist das bestimmt wieder das kleine Jesulein!‹ Die Nonne berichtet diesen Vorfall der Schwester Oberin. Ihre Reaktion: ›Ach, das fromme Kind!‹

In der Religionsstunde fragt der Lehrer Klein-Fritzchen: ›Was passiert, wenn du eines der zehn Gebote brichst?‹ – Antwortet Klein-Fritzchen nach reiflicher Überlegung: ›Dann sind es nur noch neun.‹

Der Pfarrer fragt in der Sonntagsschule: ›Was müßt ihr zuerst tun, damit eure Sünden vergeben werden?‹ – Klein-Fritzchen antwortet brav: ›Zuerst sündigen, Herr Pfarrer!‹

Der Pfarrer fragt weiter: ›Was sind denn nun Unterlassungssünden?‹ Beklommene Stille. Niemand meldet sich, keiner hat eine Ahnung. Nach einer Weile drängt der Pfarrer: ›Kann sich denn niemand etwas unter Unterlassungssünden vorstellen?‹ Die kleine Julie hebt zaghaft den Finger: ›Herr Pfarrer, das sind sicher Sünden, die wir vergessen haben, zu begehen.‹

Der Religionslehrer fragt die Kinder: ›Bei wem von euch wird zum Essen gebetet?‹ Niemand meldet sich. ›Nanu? Spricht denn bei keinem von euch der Vater bei Tisch vom lieben Gott?‹ Da meldet sich Fritzchen: ›Doch, meiner tut das!‹ – ›Ja, und was sagt er?‹ – ›Ach, du lieber Gott, was ist das wieder für ein Fraß!‹

Kein Zweifel, daß sich in solchen Witzen massive Kritik an Religion, christlicher Unterweisung und kirchlichem Leben äußert, die die Erwachsenen in den Mund der Kinder legen.

In einer letzten Gruppe von Kindermundwitzen entspricht die kindliche Logik nicht der Erwachsenen-Logik. Viele Kindermundwitze fallen im Grunde in die Gruppe der logischen Konflikte (s. S. 100 ff.). Das Kind zeigt in ihnen eine Art Überlogik. Oder umgekehrt: Eindeutige Dinge werden vom Kind erst in ihrer Zweideutigkeit oder in der mangelnden Logik der Aussage erkannt. Aufbau und Struktur dieser Witze sind oft sehr ähnlich: Vielfach beginnen sie damit, daß der Vater, die Mutter oder der Lehrer etwas erklärt und das Kind dann eine falsche Schlußfolgerung zieht, oder es bildet sonst eine falsche Analogie.

Der Lehrer erklärt: ›Der Maulwurf frißt täglich soviel, wie er wiegt.‹ – Fritzchen: ›Ja, woher weiß denn der Maulwurf jeden Tag, wieviel er immer wiegt?‹

Lehrer: ›Was ist wichtiger, die Sonne oder der Mond?‹ – Antwort: ›Der Mond. Die Sonne scheint auch, wenn es sowieso hell ist, aber der Mond, wenn's dunkel ist.‹

Fritzchen: ›Weißt du, Mutter, ich habe nachgedacht. Die Frauen sind eigentlich ganz unnütz auf der Welt.‹ – ›So, und wer würde den Männern die Knöpfe an die Hose nähen?‹ – Fritzchen: ›Gäbe es keine Frauen, brauchten die Männer ja keine Hosen!‹

Lehrer: ›Was versteht man unter Ausnutzung der Wasserkraft?‹ Fritzchen: ›Wenn meine Mutter so lange weint, bis mein Vater ihr ein neues Kleid kauft.‹

Eine witzige Replik dieser Art wird allerdings wohl niemals ein Kind selbst produziert haben. Es sind die Probleme der Erwachsenen, die sie oft genug den Kindern in den Mund legen. Bevorzugte Hauptperson des kindlichen Logik-Witzes ist das Kleinkind im Warum-Fragealter.

›Opa, warum hast du keine Haare mehr?‹ – ›Das kommt vom Alter.‹ –

›Opa, warum hast du keine Zähne mehr?‹ – ›Das kommt vom Alter.‹ –

›Opa, mit dem kleinen Brüderchen, da haben sie uns bestimmt angeschmiert, das hat auch keine Haare und keine Zähne, das ist bestimmt nicht mehr neu.‹

Es ist nicht eigentlich ein Zuwenig an Logik, mit dem hier gedacht wird, sondern eher ein Zuviel.

›Heiratest du mich, wenn wir mal groß sind?‹ fragt die kleine Christine ihren fünfjährigen Freund. – ›Würde ich ja gern, aber das geht leider nicht, weil in unserer Familie nur untereinander geheiratet wird, zum Beispiel hat mein Großvater meine Großmutter geheiratet, mein Onkel meine Tante und so weiter und so weiter.‹

Der kleine Klaus, Schüler der dritten Klasse, schreibt an seine Mitschülerin Monika folgenden Brief: ›Ich habe dich gern, tue mich heiraten! Klaus.‹ Sie antwortet ihm: ›Lieber Klaus! Ich kann dich nicht heiraten, wir sind schon genug Kinder zu Hause. Monika.‹

Im Kindermundwitz wiederholen sich exakt alle Techniken des allgemeinen Sprachwitzes und auch fast aller anderen Witzgruppen: Der Fremdwortwitz, der Unbildungswitz, der surrealistische Witz, der Tierwitz, der sexuelle Witz, der konfessionelle Witz, der komische logische Widerspruch usw., nur eben mit der bemerkenswerten Besonderheit der unfreiwilligen und unbeabsichtigten Hervorbringung.

Es ist zu unterscheiden der Witz *über* Kinder und der Witz *von* Kindern. Und noch einmal sei ausdrücklich hervorgehoben, daß es fast immer und ausschließlich die Erwachsenen sind, die über derlei ›Kindermundwitze‹ lachen. Der von Kleinkindern selbst produzierte und weitererzählte Witz ist meist ganz anders strukturiert. Es sind vorwiegend Analwitze. Man merkt ihnen an, daß sie nicht von den Erwachsenen kommen, sondern von Jahrgang zu Jahrgang weitergereicht werden. Diese ungezählten, simplen Dialoge über Pissen, Kacken, Scheiße, Pupen, Pupsen und Einen-fahren-lassen – sie bilden die weitaus größte Gruppe der eigentlichen Kindermundwitze, sie sind das wirkliche Thema Nr. 1 der Kinderstube, nicht der Sexualbereich der Kindermundwitze für Erwachsene, von dem hier vorwiegend die Rede war. Analwitze aus der Kinderstube sind für die Erwachsenenwelt nicht so interessant und belachenswert. Hier nehmen die Erwachsenen kaum zur Kenntnis, was Kinder wirklich beschäftigt.

Daneben gibt es auch noch einen anderen Bereich kindlicher Witzproduktion, den man noch kaum erforscht hat: den antiautoritären kindlichen Witz. In bezug zum Erwachsenen ist das Kind der unterlegene Teil. Aber manchmal lehnt es sich auf, und auch hierbei ist der

Witz nicht selten die Waffe der Schwachen. Die witzige kindliche Replik steht hier oft in der Nähe des Schlagfertigkeitswitzes.

›Fritzchen‹, mahnt die Großmutter, ›du weißt doch, daß Rotkäppchen vom Wolf gefressen wurde, als es nicht folgsam war.‹ – ›Ja‹, nickt Fritzchen, ›die Großmutter aber auch!‹

›Wenn ich den Kopf nach unten halte‹, erklärt der Lehrer, ›strömt mir das Blut hinein. Warum aber nicht in die Füße, wenn ich stehe?‹ – Fritzchen: ›Weil Ihre Füße nicht hohl sind!‹

Oft ist es aber nur kindliche Naivität, die in der Sicht der Erwachsenen in Obstruktion umgemünzt und als Unverschämtheit gewertet wird. Das kleine Fritzchen ist die fiktive Figur, der alle diese Aggressionen gegen die Erwachsenenwelt in die Schuhe geschoben werden.

Strukturell ist im Kindermundwitz ein Kind die Hauptfigur mit einem Erwachsenen als Gegenspieler. Das Kind, das eigentlich dem Erwachsenen nicht ebenbürtig ist, provoziert den Erwachsenen und bleibt am Ende der Sieger. In der Pointe profiliert sich das Kind als der Überlegene. Wenn das Kind nun doch der überlegene Partner im Kindermundwitz ist, so wundert man sich, warum Erwachsene ihn so gerne erzählen. Aber man weiß im Grunde noch immer zu wenig darüber, warum eigentlich der Erwachsene so viele seiner erzählten Witze in die Form des Kindermundwitzes einkleidet. Vielleicht gestatten es die Witze den Erwachsenen, Probleme ihrer eigenen Kindheit zu verarbeiten. Im Kindermundwitz könnte sich der Erwachsene nochmals von erfahrenen Zwängen und Ängsten seiner Kindheit distanzieren, und er könnte Lust erfahren aufgrund der Tatsache, daß es ihm jetzt – zumindest verbal – gelingt, diesen Zwängen durch das Erzählen von Witzen zu entgehen und sie zu verarbeiten (A. Nordhues, S. 53). »Witze gedeihen am besten auf den Gräbern alter Ängste« (Grotjahn, S. 100). Z. T. identifizieren sich Eltern aber auch mit dem überlegenen Kind, weil sie möchten, daß ihr Kind eben besonders schlagfertig und originell ist und sich in der Welt auch gegen die anderen bösen Erwachsenen durchzusetzen vermag. Wie anders lassen sich die Heerscharen von stolzen Müttern, Vätern, Tanten und Omas erklären, die mit ihren Leserzuschriften die Kindermund-Witzecken der Tageszeitungen und ihrer Wochenendbeilagen füllen?

Komische Konflikte mit der Logik

Es gibt Aussagen, die logisch zu sein scheinen, es aber in Wirklichkeit doch nicht sind, z. B.

> Alles in der Welt geht natürlich zu; nur meine Hose geht natürlich nicht zu.

Das ist zunächst ein Wortwitz, der mit der unterschiedlichen Bedeutung des ›nicht‹ in der Satzstellung arbeitet; außerdem mit einem Betonungsunterschied: ›nicht natürlich‹ und ›natürlich nicht‹ sind zwei ganz verschiedene Dinge. Und ebenso gibt es eine Doppelbedeutung des Wortes ›zugehen‹ im Sinne von ›schließen‹ und ›sich ereignen‹. Über das Wortspiel hinaus entsteht aber ein komischer Konflikt zwischen der Allgemeingültigkeit einer Aussage für die ganze Welt: ›Es gibt nichts Übernatürliches‹ – ›Alles in der Welt geht natürlich zu‹, und dem banalen, ichbezogenen, scheinbaren Ausnahmefall. Mit genau der gleichen Technik arbeiten die folgenden Sätze:

> Alle Leute denken nur an sich; nur ich: ich denke an mich.

> Liebe deinen Nächsten wie dich selbst, denn jeder ist sich selbst der Nächste (Karl Kraus).

> Zum Klavierspielen muß man geboren sein; denn wenn man nicht geboren ist, kann man nicht Klavier spielen.

> Niemals geboren zu werden, wäre das beste für die sterblichen Menschenkinder, aber unter 100 000 Menschen passiert dies kaum einem.

In solchen Fällen kann man von Denkfehlerwitzen sprechen. Inbegriff logischen Denkens ist eine exakte Definition. Es gibt aber auch gezielt humoristische Definitionen, z. B. solche von Wissenschaften:

> Logik ist diejenige Wissenschaft, die mit vielen unverständlichen Worten das verständlich zu machen sucht, was selbstverständlich ist.

> Soziologie ist die Kunst, Gegenstände, die jeder versteht und die keinen interessieren, so darzulegen, daß sie keiner versteht und daß sie jeden interessieren.

> Psychoanalyse ist die Krankheit, die sie zu heilen vorgibt.

Ein junger Amerikaner erklärt seiner alten Tante das Geheimnis von Telegraphie und Radio: ›Du hast einen Hund, der so lang ist wie die Strecke New York–Chikago. Wenn du ihm in New York auf den Schwanz trittst, bellt er in Chikago. Das ist Telegraphie. Radio ist das gleiche, nur ohne Hund.‹

›Sag emal, Tünnes, wat is eigentlich ene Philosoph?‹
›Dat will ich dir mal explizeere, wenn de m'r geistig folge kanns. Ene Philosoph is ene Blinde, dä in ener dunkle Stub en schwatze Katz suche soll, die gar nit da is!‹
›Du Flabes!‹

Was ist dabei witzig? Worin liegt der komische Konflikt? Offenbar wird das Unverständliche, das Hochtrabende, das bloße Wortgeklingel, die Fachidiotie in all diesen Fällen sehr despektierlich von ihrem Thron gezerrt und als eine Nichtigkeit, der scheinbare Wert als ein Unwert, das Anspruchsvolle als etwas im Grunde Törichtes entlarvt. Es ist sicher kein Zufall, daß diese Beispiele gerade Logik, Philosophie oder Soziologie betreffen, d. h. Wissenschaften, die vor allem mit logischen Schlußfolgerungen sowie mit einem dem Laien unverständlichen Fachvokabular arbeiten. Komisch ist auch die dreiste und sich wissenschaftlich gebende Behauptung von offensichtlich Falschem.

Eine Definition verlangt absolute Objektivität und Genauigkeit. Sobald sie subjektiv, ungenau und unlogisch wird, gerät ihr Objektivitätsanspruch in einen komischen Konflikt. Prüfen wir noch einige witzige Definitionen und fragen wir uns, worin jeweils der Reiz ihrer Komik liegt:

Eine kluge Frau ist die, die sich auf Kredit anzieht und auf Barzahlung auszieht.

Politik ist die Kunst, Geld von den Reichen und Stimmzettel von den Armen zu ergattern, unter dem Vorwand, jeden der beiden vor dem anderen zu schützen.

Werbung ist der Versuch, Leuten Geld aus der Tasche zu ziehen, das sie nicht haben, damit sie Sachen kaufen, die sie nicht brauchen, um Leuten zu gefallen, die sie nicht mögen.

Entwicklungshilfe ist, wenn viele arme Leute eines reichen Landes wenigen reichen Leuten eines armen Landes Geld schenken.

Die Pille ist der einzige runde Gegenstand, der aneckt.

Alle diese Definitionen arbeiten mit einer Gegensatztechnik: Arm und reich, wenig und viel, ausziehen und anziehen, gefallen und nicht mögen, haben und nicht haben, Barzahlung und Kredit, rund und ekkig. In der Definition werden diese Gegensätze scheinbar vereint oder überbrückt. Bestimmte Qualitäts- oder Quantitätsurteile werden durch ihr Gegenteil bestimmt. Witzige Definitionen sind vor allem diejenigen, die einen scheinbaren Widerspruch enthalten, aber dabei doch stimmig, richtig und treffend sind. Witzig wirkt die Bestimmung eines Begriffes durch sein Gegenteil.

Ein Fußgänger ist ein Kraftfahrer, der einen Parkplatz gefunden hat.

Oder auch die Bestimmung gegensätzlicher Begriffe durch den scheinbar gleichen und nur durch die Betonung unterschiedenen Satz:

Was ist Konsequenz? *Heute* so, *morgen* so! Was ist Inkonsequenz? Heute *so*, morgen *so*!

Sehr häufig findet sich der Definitionswitz in der Einkleidungsform eines Gesprächs zwischen Kind und Erwachsenem, weil es eben zum Wesen eines Kindes gehört, Fragen nach der Bedeutung eines ihm unbekannten Begriffes zu stellen. Die kluge Antwort gibt der Erwachsene, der hier wieder nur das Kind in der willkommenen Rolle des Fragestellers nach scheinbaren Selbstverständlichkeiten oder nach tabuierten Worten benutzt.

Der kleine Sohn hat ein Fremdwort gehört, das er nicht versteht. Er sucht seinen Vater und findet ihn in der Küche beim Abwaschen. – ›Papa‹, fragt der Sohn, ›was ist ein Bigamist?‹ – ›Ein Bigamist? Das ist ein Mann, der doppelt soviel Geschirr abwäscht als ich.‹

Papi, was ist ein Puff? – Eine halbe Eisenbahn.

Zwei zwölfjährige Mädchen unterhalten sich: ›Du, was ist eigentlich Pubertät?‹ will Lotte wissen. – Inge klärt sie auf: ›Das ist die Zeit, wenn die Jungen nicht recht wissen: sollen sie uns noch verhauen oder schon küssen.‹

Tief im afrikanischen Busch gehen zwei Kannibalen ihres Weges – eine Mutter und ihr Kind. Plötzlich hören sie über sich einen ohrenbetäubenden Lärm; das Kind preßt sich ängstlich an seine Mutter.
›Mami, was ist das?‹
›Nichts weiter, Liebling‹, sagt die Mutter und blickt nach oben.
›Es ist nur ein Flugzeug.‹
›Was ist das, ein Flugzeug?‹
›Das ist so etwas wie ein Hummer. Die Schale ist dick und schwer aufzumachen, aber das Innere schmeckt köstlich!‹

Es gibt natürlich auch Definitionen, die einfach nur mit sprachlichen Mitteln spielen, und sie sind deshalb vor allem bei Dichtern und Schriftstellern besonders beliebt und häufig. Schleiermacher z. B. wird der Satz zugeschrieben:

Eifersucht ist eine Leidenschaft, die mit Eifer sucht, was Leiden schafft.

Freuds Musterbeispiel für einen Definitionswitz greift ebenfalls ein Wortspiel auf:

Erfahrung besteht darin, daß man erfährt, was man nicht wünscht erfahren zu haben.

Bekannt ist Wilhelm Buschs Definition:

Enthaltsamkeit ist das Vergnügen
an Dingen, welche wir nicht kriegen.

oder:

Das Gute – dieser Satz steht fest –
ist stets das Böse, was man läßt.

Eine inhaltlich gleiche Aussage findet sich bei Henry Miller:

Tugend nennt man die Summe der Dinge, die wir aus Trägheit, Feigheit oder Dummheit nicht getan haben.

Mehr als jede andere Art des Witzes ist die witzige Definition eine individuelle geistreiche Hervorbringung, d. h. nicht so sehr Inhalt und Form des Volkswitzes. Es sind intellektuelle Spielereien, Zitate witziger Menschen. Bevorzugt wird die Definition von abstrakten Begriffen, von wissenschaftlichen oder literarischen, oder von Fremdwörtern, nicht selten auch in versmäßig gebundener Form.

›Freund, sag' mir, was ist Theorie?‹ –
›Wenn's stimmen soll und stimmt doch nie!‹

›Was ist Praxis?‹ – ›Frag nicht dumm!
Wenn's stimmt und keiner weiß warum.‹

Ein Rezensent – das ist ein Mann,
der alles weiß und gar nichts kann (Wildenbruch).

Bildung ist, was übrig bleibt, wenn man alles andere vergessen hat.

Nicht zuletzt gibt es witzige Definitionen des Witzes selbst:

Der Witz ist das einzige Ding, was um so weniger gefunden wird, je eifriger man es sucht (Friedrich Hebbel).

Witz ist eine Explosion von gebundenem Geist (Friedrich Schlegel)

Humor ist, wenn man trotzdem lacht.

Humor ist der Knopf, der verhindert, daß uns der Kragen platzt (Joachim Ringelnatz)

Definitionswitze sind selbstverständlich wieder sehr häufig im erotisch-sexuellen Bereich:

Junggesellen sind Männer, die keinen Acker kaufen, wenn sie ein Pfund Kartoffeln haben möchten.

Ein Bigamist ist ein Jockey, der mit einem Pferd zwei Hürden nimmt.

Onanie ist das Vergnügen an und für sich.

Sperma ist ›das Kind im Manne‹.

Tabu ist, wenn man's trotzdem macht.

Gegensatztechnik – das bedeutet, daß Definitionswitze sehr häufig eine Aggression beinhalten und eine Tendenz haben. So gibt es zahlreiche definitorische Bestimmungen der Frau oder bestimmter Frauen, der alten Frau, der Jungfrau, der alten Jungfer, der Braut, der Schwiegermutter, der Witwe, der eitlen, geschwätzigen, klugen Frau, der ›Dame‹, der Hure, der Sexbombe usw., die fast immer auf männlichen Aggressionen beruhen.

Frauen sind austauschbare Instrumente für ein stets identisches Vergnügen (Proust).

Eine Dame ist eine Frau, deren Anwesenheit zur Folge hat, daß sich Männer wie Herren benehmen.

Eine Arztfrau ist eine Witwe, deren Mann noch lebt.

Eine Braut ist ein Mädchen, das nicht daran denkt, daß sie die Aufmerksamkeit vieler Männer gegen die Unaufmerksamkeit eines einzelnen eintauscht.

Eine Sexbombe ist eine Dame, die die Waffen wechselte, weil sie in der Schule keine Kanone war.

Sexbomben sind Sprengkörper, die größtenteils von Blindgängern begleitet werden.

Es gibt zwei Arten von Mädchen: gefallene und solche, die nicht gefallen haben.

Hier zeichnet sich bereits eine Tendenz zur Serienbildung ab und damit eine folkloristische Fragestellung. Der Volkskundler ist weniger an der einzelnen witzigen Erfindung interessiert, als vielmehr an seriell-stereotypen Gruppierungen, am sich Wiederholenden und an der Variierung des Wiederholbaren. Es gibt eine Reihe von volkstümlichen Witz-Serien, in denen bestimmte Definitionen gegeben werden, insbesondere als Antworten auf feststehende typische Scherzfragen wie ›was ist paradox?‹, ›was ist relativ‹, ›was ist Takt?‹, ›was ist genau?‹, ›was ist das Gegenteil?‹ oder ›was ist der Unterschied?‹. Innerhalb dieser Grundfragen gibt es wiederum typische Spezialfragen. Beliebt ist etwa die Frage nach dem Unterschied von abstrakt und konkret.

Die Lehrerin will den Kindern die Begriffe abstrakt und konkret erklären: ›Abstrakt ist, was man nicht sieht, konkret ist, was man sieht. ›Wißt Ihr Beispiele?‹ Darauf der kleine Fritz: ›Meine Hosen sind konkret, und Ihre Hosen sind abstrakt.‹

Besonders verbreitet ist die Frage nach dem Unterschied von Optimismus und Pessimismus, die Anlaß zu einer ganzen Serie witziger Antworten gegeben hat und noch immer gibt:

Der Optimist lernt Russisch, der Pessimist Chinesisch.

Der Pessimist sagt: ›Alle Frauen sind schlecht.‹ Der Optimist: ›Hoffentlich.‹

Ein Optimist ist ein Mann, der seiner Heirat zuversichtlich entgegensieht. Ein Pessimist ist ein verheirateter Optimist.

Optimismus ist es, wenn ein Starfighter-Pilot das Rauchen aufgibt, um im Alter nicht an Lungenkrebs zu sterben.

Der Optimist sagt: Das Glas ist noch halb voll.
Der Pessimist sagt: Das Glas ist schon halb leer.
– Und dabei geht es um die selbe Sache!

Es gibt auch den eingekleideten oder auf eine bestimmte Situation bezogenen Optimismus-Witz. Auch eine Tierfabel kann den Handlungsrahmen für einen Optimismus-Witz abgeben:

Zwei Frösche waren zusammen in einen Sahnetopf gefallen – der eine ein Optimist, der andere ein Pessimist. Der Pessimist sagte: ›Dem Schicksal, das mich betroffen hat, kann ich doch nicht entgehen. Jede Hoffnung ist vergeblich!‹ Mit diesen Worten sank er unter und ertrank. Der Optimist dagegen sagte: ›Ich will kämpfen und strampeln, solange noch Kraft in mir ist; vielleicht geht alles gut.‹ Und er strampelte und strampelte, eine Viertelstunde, eine halbe Stunde, eine Stunde. Nach Eindreiviertelstunden saß er auf der Butter.

Die Optimismus-Pessimismus-Bestimmungen gehören strukturell zu den witzigen Vergleichen. Der Vergleich ist ein geistiger Akt, der auf der Fähigkeit beruht, Ähnlichkeiten und Verschiedenheiten in zwei oder mehreren Erscheinungen zu erkennen. (Schweizer, S. 35). Eine komische Wirkung entsteht dann, wenn ein Vergleich ›hinkt‹ oder wenn Nicht-Vergleichbares verglichen wird: Ein Vergleich ist umso witziger, je heterogener die Dinge sind, die miteinander verglichen oder sogar in gewisser Beziehung identifiziert werden, z. B.:

Die Frau ist wie ein Löschblatt. Sie nimmt alles auf – und gibt es verkehrt wieder (Curt Goetz).

Frauen sind wie Streichhölzer, reibt man zuwenig, zünden sie nicht, reibt man zuviel, verbrennt man sich die Finger (Curt Goetz).

Der Vergleich kann hinken und eine ganze Kettenreaktion auslösen, wie die Schilderung des jungen Mannes von der Einladung im vornehmen Hause:

›Wenn die Suppe so warm gewesen wäre wie der Wein, der Wein so alt wie das Huhn, das Huhn so knusperig wie das Hausmädchen und das Hausmädchen so willig wie die gnädige Frau. . . dann wäre es großartig gewesen!‹

Sigmund Freud spricht in diesem Zusammenhang von einer ›Darstellung durchs Gegenteil‹ (Literarische Beispiele finden sich z. B. häufig bei Heinrich Heine). Volkssprachliche populäre Vergleiche verlaufen oft nach dem Schema ›Wenn. . . dann‹, z. B.

Wenn der mal stirbt, muß man seine Klappe separat totschlagen.

Wenn der so lang wäre wie doof, dann könnt' er kniend aus der Dachrinne saufen.

Wenn Doofheit klein machen würde, so könntest du unterm Teppich Motorrad fahren.

Dein Gesicht auf 'ner Briefmarke, dann ginge die Post pleite.

Auch im volkstümlichen Bereich spielen die Gegenteil-Witze eine große Rolle:

A.: Immer wenn ich Kaffee trinke, kann ich nicht schlafen.
B.: Bei mir ist es gerade umgekehrt: Immer wenn ich schlafe, kann ich keinen Kaffee trinken.

Albert Einstein: Als Kind habe ich meine Kopfschmerzen durch das Erfinden geometrischer Aufgaben bekämpft. Max Liebermann: Das ist mir völlig unbegreiflich. Ich habe als Kind die Geometrie immer durch das Erfinden von Kopfschmerzen bekämpft.

Früher erröteten die Mädchen, wenn sie sich schämten. Heute schämen sie sich, wenn sie erröten.

Jungen spielen mit Soldaten, Mädchen mit Puppen. Im Laufe der Jahre ist es umgekehrt.

Auch eine andere Witz-Kategorie hängt mit der logischen Diskrepanz beim Vergleich aufs engste zusammen, die scherzhaft-witzige Frage nach dem Unterschied. Die einleitende formelhafte Frage: ›Was ist der Unterschied?‹ läßt immer einen Witz erwarten.

Was ist der Unterschied zwischen einem Diplomaten und einer Dame? – Wenn ein Diplomat ›ja‹ sagt, meint er ›vielleicht‹. – Wenn er ›vielleicht‹ sagt, meint er ›nein‹, und wenn er ›nein‹ sagt, ist er kein Diplomat. – Wenn eine Dame ›nein‹ sagt, meint sie

›vielleicht‹, wenn sie ›vielleicht‹ sagt, meint sie ›ja‹, und wenn sie ›ja‹ sagt, ist sie keine Dame.

Was ist der Unterschied zwischen Kapitalismus und Sozialismus? – Im Kapitalismus wird der Mensch vom Menschen ausgebeutet. Im Sozialismus ist es umgekehrt.

Eine andere Antwort:
Der Kapitalismus macht soziale Fehler, und der Sozialismus macht kapitale Fehler.

Aus Polen:
Was ist der Unterschied zwischen den Deutschen in der DDR und in der BRD?
Im Prinzip besteht kein Unterschied, aber die Deutschen in der DDR müssen wir lieben.

What ist the difference between Chamberlain and Hitler?
Chamberlain takes his weekend in the country, but Hitler takes his countries in the weekend.

Was ist der Unterschied zwischen Kaffee und Tee?
Der Kaffee darf sich setzen,
aber der Tee muß ziehen.

Was ist der Unterschied zwischen Wasser und einer Schwiegermutter?
Das Wasser ist flüssig, aber die Schwiegermutter ist überflüssig.

Was ist der Unterschied zwischen einem Klavier und einer Violine?
Das Klavier brennt länger.

Was ist der Unterschied zwischen Blue Jeans und der Bürokratie?
Gar keiner. An allen entscheidenden Stellen sitzen Nieten.

Was ist der Unterschied zwischen den Beatles und Hämorrhoiden? – Die Beatles hängen einem zum Hals heraus, und die Hämorrhoiden... können auch nicht singen.

Witze, bei denen in dieser Weise die Erwartung des Zuhörers in die Irre geführt wird, könnte man Anti-Climax-Witze nennen (vgl. Zijdersveld, S. 42).

Ein Fremdwort, das zu einer ganzen Serie von witzigen Definitionen und heiteren Exemplifizierungen Anlaß gegeben hat, ist ›Takt‹, wobei der komische Konflikt meist darin besteht, daß Takt durch einen Fall gröbster Taktlosigkeit erläutert wird. Das kann bis in die Nähe des grausam-makabren Humors gehen. Gelegentlich hört man aber auch die Takt-Witze in der uneingekleideten Form einer reinen Definitionsfrage. Danach ist Takt die Fähigkeit, einem anderen auf die Beine zu helfen, ohne ihm dabei auf die Zehen zu treten (Curt Goetz), oder die

Fähigkeit, sich selbst den Mund zu verbieten, bevor es ein anderer tut. Nahe verwandt ist die Antwortserie auf die Frage ›Was ist eine Zumutung?‹ Eine Zumutung ist, wenn man einen Taxifahrer nach der nächsten Bushaltestelle fragt. Hier sind wir bereits in der Nähe der Paradox-Witze. Die weitaus häufigste Antwort hat nämlich die Definitionsfrage gefunden ›was ist paradox?‹ Es gibt hierüber ganze Witzzyklen.

Paradox ist...

wenn man einen Betrunkenen nicht für voll nimmt,

wenn ein Angeklagter sitzen muß, weil er gestanden hat,

wenn ein Mathematiker mit einer Unbekannten nichts anzufangen weiß,

wenn die Jugend das schönste Alter sein soll.

Die Paradoxie-Definitionen arbeiten meist mit der Doppeldeutigkeit, d. h. mit dem komischen Konflikt zweier unterschiedlicher Bedeutungen desselben Wortes, die durch die Einfügung in einen Satz in einen Widerspruch gebracht werden: Eine Unbekannte – das kann sein eine unbekannte Frau, oder eben die unbekannte Größe in einer mathematischen Aufgabe; ›voll‹ im Sinne von betrunken, und ›voll‹ im Sinne von ›voll zurechnungsfähig‹. Alter im speziellen Sinne von Betagtheit und im allgemeinen Sinn von Lebensalter, womit eben auch die Jugend gemeint sein kann. In allen diesen Fällen ist der Paradoxie-Witz ein Sprachwitz.

Ein Paradoxon im philosophischen Sinne ist ein Satz, der parà dóxan ist, d. h. gegen die Meinung, Vorstellung, Erwartung, wobei dóxa hier mehr eine Erwartung, als eine Meinung bezeichnet. Paradoxien haben also einen Überraschungseffekt, wie etwa musikalische Erwartungstäuschungen. Cicero definierte Paradoxien als »mirabilia contraque opinionem omnium«. Nun ist dem common sense entgegen sowohl das offensichtlich Falsche wie das tiefliegende Wahre (RGG[3] V, 100 f., Art. Paradoxie). Die Paradoxie – eben das Unverhältnis – ist die Grundform allen Witzes (Wellek, S. 159).

In all diesen Paradox-Bestimmungen steckt ein gewollter Widersinn, eine gewollte Unlogik. Der Paradoxie-Witz parodiert das Rationale. Seine Kettenbildung ist fast unendlich.

Paradox ist ...

wenn ein Bruder seine Schwester unverwandt ansieht,

wenn ein Ober am Unterarm ein Überbein hat,

wenn der Kreisarzt um die Ecke geht,

wenn einem der Zwicker in die Brille fällt,

wenn ein Stehkragen sitzen soll,

wenn ein Untermieter oben wohnt,

wenn ein dicker Mann eine dünne Frau dick macht und sich selbst dann dünn macht,

wenn man sich für eine kalte Platte erwärmt.

Eine ähnliche Zyklenbildung gibt es bei den Antworten auf die Frage ›was ist relativ?‹.

Drei Haare auf dem Kopf sind relativ wenig, aber drei Haare in der Suppe sind relativ viel.

Fünf Flaschen im Keller sind relativ wenig, aber fünf Flaschen in einem Aufsichtsrat sind relativ viel.

Das ist natürlich auch wieder ein Sprachwitz, der mit der Doppeldeutigkeit von ›Flasche‹, im wörtlichen Sinne und mit der Übertragung ›Flasche‹ = ungeschickter Mensch arbeitet. Daneben gibt es in eine Handlung eingekleidete Witze. So arbeitet beispielsweise der Tübinger Gôgenwitz häufig mit der Situation, daß die eingeborenen Weingärtner, eben die Gôgen, Begriffe definieren, die sie in Studenten- oder Universitätskreisen irgendwo aufgeschnappt, aber nicht verstanden haben. Dabei wird auch der Begriff ›relativ‹ sehr drastisch und – wie fast immer in den Gôgenwitzen – skatologisch erklärt:

Zwei Gôgen haben als Stadträte Freikarten zu einem Festvortrag des berühmten Physikers bekommen, der von der Relativitätstheorie handelt. ›Du, Karle, des han i et verstande, woischt du jetzt was relativ isch?‹ ›Ha, ganz oifach‹, sagt der andere: ›Wenn Du dei Nas in mei Arschloch steckst, no hend mir zwoi jeder a Nas im Arschloch, aber für mi isch sell relativ gut ond für die halt relativ schlecht‹. (Oft noch mit dem staunend-verwunderten Zusatz: ›Ond dadefir hot der de Nobel-Preis kriagt?‹)

Es kommt also auf den jeweiligen Standort und Standpunkt an, eine Situation als ›relativ gut‹ oder ›relativ schlecht‹ zu bezeichnen. Viele Witze sind so aufgebaut: Was für den einen gut ist, ist für den anderen schlecht: ›Wat dem einen sin Uhl, ist dem andern sin Nachtigall‹ – sagt ein plattdeutsches Sprichwort.

Der Mann kommt strahlend und gesund aus dem Kurort zurück und sagt zu seiner Frau: ›Stell Dir vor, ich bin mein Rheuma restlos losgeworden.‹ Sie entgegnet vorwurfsvoll: ›Aber Mann, woher sollen wir es jetzt wissen, wenn sich das Wetter ändert?‹

Zwei Bazillen treffen sich. ›Um Himmels willen, wie siehst du denn aus?‹ fragt die eine bestürzt. ›Bin eben krank‹, antwortet die andere. ›Was hast du denn?‹ ›Penicillin.‹

Was gut ist für den Menschen, ist schlecht für die Bazillen und umgekehrt.

The Germans live in Germany, the Romans live in Rome, the Irish live in Ireland, only the English live at home.

Eine bekannte Schauspielerin kehrte von einer kurzen Reise aus Paris zurück. Sie trug einen sehr wertvollen Nerzmantel. ›Donnerwetter, ist der schick!‹ meinte ihre Garderobiere, ein junges Mädchen. ›Wo stammt der Nerz denn her?‹ ›Hm, guter Bekannter. Hatte zufällig 5000 Mark bei sich, als wir uns in Paris trafen!‹
Einige Wochen danach nahm die junge Garderobiere Urlaub und fuhr auch nach Paris. Wie staunte die Schauspielerin, als das junge Mädchen ebenfalls mit einem ausgesucht schönen Nerzmantel aus Paris zurückkam. ›Donnerwetter! Der ist ja fast so schick wie meiner! Wie haben Sie den denn ergattert?‹
›Auf die gleiche Weise wie Sie, gnädige Frau! Gute Bekannte in Paris getroffen. Und jeder hatte immer zufällig 20 Mark in der Tasche!‹

Wenn zwei dasselbe tun, ist es nicht immer dasselbe. Das ist fast immer das Ergebnis einer Analyse dieser Witze, die man auch Standpunktwitze nennen könnte. Mann und Frau sind außerordentlich häufig die Gesprächspartner in den Standpunktwitzen, weil eben ein und dieselbe Sache von verschiedenen Positionen aus eine völlig unterschiedliche Perspektive gewinnen kann, deren Relationsverschiebung eben den Witz ausmacht.

Sie: ›Jedesmal, wenn du ein hübsches Mädchen siehst, vergißt du, daß du verheiratet bist. . .!‹
Er: ›Im Gegenteil – gerade dann fällt es mir ein.‹

Er ist mit ihr in eine Bar gegangen. Nach einer Weile sagt sie: ›Sag einmal, findest du den Anblick dieser halbnackten Damen eigentlich erfreulich?‹
›Keineswegs‹, erwidert er. ›Aber weniger dürfen sie wahrscheinlich nicht anhaben.‹

Aber auch andere antithetische Partner, wie etwa Professor und Student, Arzt und Patient oder Oberkellner und Gast sind dankbare Kontrahenten für Standpunktwitze.

Gast: ›Seit ich das letzte Mal hier war, sind Ihre Portionen aber erheblich kleiner geworden.‹
Wirt: ›Das kommt Ihnen nur so vor. Wir haben nämlich das Lokal vergrößert.‹

›Komm weg, Jakob, da ist ein böser Hund, der bellt so wütend!‹ –

›Du weißt doch: Hunde, die bellen, beißen nicht.‹ – ›Nun ja, ich weiß; – weiß ich, ob er's weiß?‹

Auch die ärztliche Sprechstunde bietet nicht selten die äußere Situation für Standpunkt- und Relationswitze.

›Regen Sie sich nicht auf‹, sagte mein Arzt. –
›Ich rege mich nie auf›, erwiderte ich, ›die andern regen mich auf.‹ (Curt Goetz)

Arzt: ›Sie müssen mal eine Zeitlang das Trinken lassen, dann wollen wir sehen, ob Ihre Krankheit nicht besser wird.‹ –
›Herr Doktor, könnte ich nicht doppelt soviel trinken, dann werden wir doch sehen, ob es schlimmer wird.‹

Eine Art Konzentration erleben diese Standpunkts- und Relationswitze, wenn nicht zwei Parteien mit entgegengesetzter Beurteilung der Lage sich gegenübertreten, sondern für einen und denselben Menschen ein und derselbe Vorgang zwei entgegengesetzte Bedeutungen haben kann. So in dem internationalen Schwanktyp ›Gut und schlecht‹. (AaTh. 2014).

Zwei alte Bekannte treffen sich: ›Wie geht's?‹ – ›Schlecht. Meine Frau ist gestorben.‹ – ›Herzliche Teilnahme.‹ – ›Das ist nicht so schlecht: sie hat mir zwei Millionen hinterlassen.‹ ›Ah, das ist gut.‹ – ›Nein, nicht so sehr, das Geld ist mir in einer Aktiengesellschaft bankrott gegangen.‹ – ›Das ist schlecht.‹ – ›Nein, das ist nicht so schlecht, eine Versicherung hat mir den ganzen Schaden wieder ersetzt.‹ – ›Das ist gut.‹ – ›Nein, das ist nicht so gut, mit der Versicherungssumme habe ich ein Haus gebaut, das ist abgebrannt.‹ – ›Ja, das ist schlecht.‹ (läßt sich beliebig fortsetzen).

Ein bekannter marxistischer Philosoph ist gestorben. Als er sich beim heiligen Petrus meldet, fragt ihn dieser, ob er in den Himmel oder in die Hölle möchte. Der Philosoph antwortet:
›Ich bin Empiriker, darum möchte ich beides sehen.‹
In der Hölle kommt er in einen Riesensaal, in dem sitzen lauter Greise, und jeder hält ein bildschönes junges Mädchen auf dem Schoß.
Dann kommt er in den Himmel und dort sieht er dasselbe.
Darauf fragt er den heiligen Petrus, was denn der Unterschied zwischen Himmel und Hölle sei.
›Ja, das ist angewandte Dialektik: unten ist die Hölle für die Mädchen und oben das Paradies für die Greise.‹

Berühmtestes literarisches Beispiel eines Ad-Absurdum-Führens der Logik ist die Diskussion Mephistos mit dem Studenten in Fausts Studierstube. Im Bereich des Volksschwankes finden wir die Ironisierung der Logik bei einigen Schildbürgerschwänken. Die Schildbürger glauben ja von sich, sie seien weise. Der Spott über ihre Torheit tut ihnen wenig und trifft sie nicht in ihrem innersten Wesen. In die gleiche Richtung gehen die Ja- und Nein-Witze, die man bis in die ältere Schwank-Literatur zurückverfolgen kann.

Zwei Hausangestellte unterhalten sich:
›Wie gefällt Dir denn deine neue Stelle?‹ fragt die eine neugierig.
›Ach, mir wird das langsam zu blöd. Dauernd muß ich sagen: Jawohl, gnädige Frau, sehr gern, gnädige Frau, bitte sehr gnädige Frau. . .‹
›Das ist ja nichts‹, erklärt die andere, ›ich muß dauernd sagen: Nein, gnädiger Herr, aber nicht doch, gnädiger Herr, bitte nicht, gnädiger Herr!‹

Man könnte hier auch eine Gruppe von ›Warum?-Witzen‹ anschließen. Wenn die Antwort auf die Frage ›warum?‹ witzig sein soll, muß sie einen komischen Konflikt offenlegen, z. B.:

Eine Ärztekommission besuchte ein Irrenhaus und unterhielt sich mit den Patienten. Ein Mann, der einen intelligenten Eindruck machte, wurde gefragt, warum er in diese Anstalt gekommen sei. – ›Das will ich Ihnen erklären, meine Herren‹, sagte er. ›Sehen Sie, ich heiratete eine Frau mit einer erwachsenen Tochter. Dann heiratete mein Vater diese Tochter meiner Frau, wodurch meine Frau die Schwiegermutter ihres Schwiegervaters wurde. – Dann bekam meine Stiefmutter, die Tochter meiner Frau, einen Sohn, und dieser Junge war natürlich mein Bruder, weil er meines Vaters Sohn war. Aber er war auch der Stiefsohn und Enkel meiner Frau, und das machte mich zum Großvater meines Stiefbruders. Dann bekam meine Frau einen Sohn. So ist meine Stiefmutter, als Stiefschwester meines Sohnes, zugleich meine Großmutter, weil seine Stiefschwester meines Vaters Frau ist. Ich bin der Bruder meines eigenen Sohnes, der auch der Sohn meiner Stiefgroßmutter ist. Ich bin der Schwager meiner Mutter, meine Frau ist die Tante ihres eigenen Kindes, mein Sohn ist der Neffe meines Vaters und ich bin mein eigener Großvater. Und sehen Sie, das sind die Gründe, weshalb ich hier bin.‹ (Bausinger, S. 61 f.)

Was gelegentlich in anderer Form als Verwandtschaftsrätsel vorkommt, ist hier in einen Idiotenwitz umgeprägt worden. Aber auch andere Warum-Fragen finden witzige Antworten:

›Warum gibt es eigentlich Fahrpläne, wenn die Züge doch immer Verspätung haben?‹
›Woher wüßten Sie sonst, daß die Züge Verspätung haben!‹

›Schäl, warum hat der Pitter eijentlich ein Glasauge?‹
›Na, Tünn, sonst könnt er doch nit durchsehen!‹

Warum nehmen Damen ihre Handtaschen mit auf die Toilette? – Damit sie auch etwas in der Hand haben.

Warum sagt man, daß Ehen im Himmel geschlossen werden? – Weil viele Ehemänner drei Tage nach der Hochzeit wie aus den Wolken gefallen sind.

Witzig ist die Erklärung einer sprichwörtlichen Redensart durch eine andere. Aber witzig ist schließlich jede unlogische Beantwortung einer an sich logisch berechtigten Frage. Eine witzige Kausalität und Irreführung der Logik ergibt sich auch, wenn eine Replik zwei Argumente angibt, die sich gegenseitig aufheben.

Der Direktor eines Hotels beobachtet seit Tagen einen Gast, der immer vor dem Essen sein Besteck am Tischtuch abwischt. Endlich spricht er den Gast darauf an:
›Ich möchte Sie bitten, das zu unterlassen. Erstens ist unser Besteck immer tadellos sauber, und zweitens machen Sie mir damit das ganze Tischtuch schmutzig!‹

Die äußere Einkleidungsform der Logik-Konflikte ist häufig die ärztliche Sprechstunde, der Gerichtshof, das Gespräch mit Kindern, die Examenssituation. Alles dies sind Situationen, in denen Frage und Antwort, Urteilskraft, gerechte Entscheidung, Erklärung, Aufklärung, Prüfung von Wissen etc. eine Rolle spielen.

Vor allem aber auch unter den jüdischen Witzen gibt es zahlreiche, in denen die Logik eine besondere Bedeutung hat. Da gibt es etwa den Witz von einem Rabbi, der seine Brille vermißt und sich eine ganze Reihe von scharfsinnigen Fragen nach dem gegenwärtigen Besitzer der Brille vorlegt und sie ebenso scharfsinnig beantwortet, immer unter strenger Anwendung des logischen Prinzips des ausgeschlossenen Dritten zu der Folgerung gelangt, er müsse die Brille auf der eigenen Nase haben:

Da die Brill is nix da, is se entweder weggelaufen, oder es hat se einer genommen. Lächerlich, wie kann se sein weggelaufen, se hat doch keine Füß? Wenn se hat einer weggenommen, hat se entweder einer weggenommen, der hot e Brill oder es hat se einer weggenommen, der hat ka Brill. Wenn er scho hat e Brill, nemmt er doch ka Brill. Wenn es is gewesen einer, der hat ka Brill, is es entweder einer gewesen, der hot ka Brill und sieht, oder es ist einer gewesen, der hot ka Brill und seht nix. Wenn er hat ka Brill und seht, was braucht er do e Brill? Es ist also aner gewesen, der hot ka Brill und seht nix. Wenn es is gewesen einer, der hot ka Brill und seht nix, kann er doch nix finden die Brill? Wenn se hat kaner weggenommen, der hot e Brill und seht und es hat se kaner weggenommen, der hot ka Brill und seht nix, und wenn se is nix weggelaufen, weil se hot kane Füß, muß doch die Brill sein do! Ich seh aber doch, se is nix do! Ich seh? Also hab ich doch e Brill! Wenn ich hob e Brill, is se entweder mei Brill oder e fremde Brill! Wie kommt aber e fremde Brill auf mei Nos?! Da ich hab ka fremde Brill, is es mei Brill! Do ist se!!

Die übermäßige Denkenergie wirkt komisch, weil ein großer gedanklicher Aufwand vertan ist, um zu einem Resultat zu gelangen, das man durch Wahrnehmung oder auf einem viel kürzeren Gedankenweg hätte erreichen können. Im Sinne Freuds lachen wir hier aus erspartem Hemmungsaufwand. Wir überwinden den Respekt, den wir sonst für geistige Leistungen haben, angesichts der Belanglosigkeit der Gegenstände, zu deren Behandlung sie aufgeboten werden (Reik). Dieser Witz gilt darüber hinaus als einer der spezifisch jüdischen. Die Art der Schlußfolgerung bei der Suche der Brille erinnert an die Talmudauslegung, an die der Rebbe gewöhnt ist. Aus demselben Grund werden Logik-Witze auch sonst gerne Juden und insbesondere Rabbinern in den Mund gelegt.

Aus dem Brief eines Ehemanns an sein Weib:
Teure Riwke, sei so gut und schick mir Deine Pantoffeln! Natürlich meine ich meine und nicht Deine Pantoffeln. Aber wenn Du liest ›meine Pantoffeln‹, dann meinst Du, ich möchte Deine Pantoffeln. Wenn ich aber schreibe: Schick mir Deine Pantoffeln, dann liest Du ›Deine Pantoffeln‹ und verstehst richtig, daß ich meine: ›meine Pantoffeln‹ und schickst mir meine Pantoffeln. Schick mir also Deine Pantoffeln!

Ein Jude und ein Grieche streiten miteinander, welche Kultur die höhere ist, die jüdische oder die griechische. Jeder verteidigt die seines Volkes. Der Grieche sagt: ›Ich will dir einen Beweis bringen, der dich überzeugt. Vor drei Jahren hat man bei Ausgrabungen in Griechenland Drähte in der Erde gefunden; das beweist, daß es im alten Hellas bereits Telephon gegeben hat.‹ Darauf der Jude: ›Das beweist mir nichts; denn ich kann dir beweisen, daß die Juden die höhere Kultur haben. Bei uns in Palästina hat man auch Ausgrabungen gemacht; man hat gegraben und gegraben und hat nichts gefunden; das ist der Beweis, daß unsere alten Juden schon die drahtlose Telegraphie gekannt haben!‹

Zu den ältesten und am weitesten verbreiteten Logik-Witzen gehört ein Stück, das sich bis ins 5. vorchristliche Jahrhundert zurückverfolgen läßt, das aber dennoch immer wieder ganz modern anmutet:

Zwei Freunde haben sich in der Gaststätte einen prachtvollen Fisch bestellt. Der eine nimmt sich das größere Stück, so daß der andere sich mit dem kleineren begnügen muß. Als dieser nun empört dem ersteren Eigensucht und Mangel an feiner Lebensart vorwirft, fragt jener zurück: ›Welches Stück hättest du denn als erster genommen?‹ Dieser erwidert: ›Das kleinere natürlich!‹ Darauf der erste: ›Was willst du denn? Du hast es ja!‹

Dieser Witz taucht in den meisten Sammlungen jüdischer Witze auch auf, weil eben das witzige Spiel mit der Logik zu den häufigsten Inhalten jüdischer Schwänke und Witze gehört.

Zu den Logik-Witzen gehören im Grunde genommen auch die Pointen-Killer-Witze, weil in Ihnen die Logik des Witzes verletzt wird. Hauptperson ist häufig der etwas unterbelichtete Offizier, der einen Witz hört, ihn im Kasino weitererzählen will, und dabei die Pointe verfehlt.

Im Zentralhotel läßt sich ein Offizier vom Ober die neuesten Witze erzählen. Der Ober gibt ihm ein Rätsel auf: ›Wer ist das: Es ist der Sohn meines Vaters und doch nicht mein Bruder?‹ – ›Kann ich nicht raten‹ – ›Nun‹, sagt der Ober, ›das bin ich selbst.‹ – ›Ausgezeichneter Witz, den muß ich meinen Kameraden im Kasino erzählen.‹ Am nächsten Abend gibt der Offizier im Kasino das Scherzrätsel auf: ›Wer ist das: Es ist der Sohn meines Vaters und doch nicht mein Bruder?‹ – ›Das sind Sie selbst, Herr Kamerad‹, sagt einer. ›Falsch geraten‹, meint unser Offizier: ›Das ist der Ober vom Zentralhotel!‹

An einem anderen Abend gibt der Ober dem Offizier ein anderes Rätsel auf. Er legt eine Hand voll Bohnen auf den Tisch, und dann legt er eine Bohne auf die Seite. ›Was ist das?‹ – ›Kann ich nicht raten, sagen Sie schon die Lösung!‹ – ›Nun, das ist Bon – aparte!‹ – ›Glänzender Witz, muß ich gleich morgen meinen Kameraden im Kasino erzählen.‹ Am nächsten Abend gibt unser Offizier seinen Kameraden die Aufgabe. Er nimmt eine Hand voll Bohnen und legt eine auf die Seite: ›Was ist das?‹ Niemand kann es raten. ›Nun‹, sagt er: ›Ganz einfach: das ist Napoleon!‹ (In einer anderen Version versucht es der Offizier mit Erbsen, weil keine Bohnen zur Hand sind).

Ein Mädchen gibt seinem Freund ein Rätsel auf: ›Wieviel Brötchen kannst du morgens nüchtern essen?‹ Er sagt: ›Ich denke, vier.‹ Sie: ›Falsch, denn wenn du eines gegessen hast, bist du nicht mehr nüchtern.‹ – Er will den Witz weitergeben und erzählt ihn einem Freund: ›Wieviel Brötchen kannst du morgens auf den nüchternen Magen essen?‹ Der Freund meint: ›Sechs.‹ – ›Schade‹, sagt der junge Mann, ›wenn du vier gesagt hättest, hätte ich dir einen schönen Witz erzählen können.‹

›Kennst du den Witz von der Frau, die eine Schere verschluckt hat, und der Ehemann sagt zu ihr: Macht nichts, ich kauf dir eine neue?‹ – ›Nee, erzähl' doch mal!‹

Zu unseren komischen Konflikten mit der Logik gehören schließlich noch die Zahlen- und Rechenwitze, die falsche Mathematik.

Zu Petrus kommt ein Handwerksmeister. Er ist mit 32 Jahren sehr jung gestorben und beklagt sich, daß es doch ungerecht sei, ihn so jung schon von der Erde zu holen.
Petrus: ›Ja, wir werden Ihre Rechnungen noch einmal genau überprüfen.‹ – Zwei Tage rechnet man im Himmel die ganzen Rechnungen des Handwerkers nach und kommt darauf: Der Mann hatte so viele Stunden aufgeschrieben, daß er hätte 103 Jahre alt werden müssen – und das ist doch ein ganz respektables Alter.

Zwei Freunde. Der eine sagt: ›Meine Frau und ich sind zusammen 70 Jahre alt. Rate, wie wir uns beide darin teilen.‹ – ›Nun, ganz einfach: Deine Frau ist die böse Sieben und Du bist die Null daran.‹

Ein Jude kommt von einer Reise nach Budapest, wo er den berühmten Pianisten Dreyschock gehört hat, in seine Kleinstadt zurück und erzählt stolz: ›Ich bin gegangen ins Konzert – hab ich gehört Zweischock auf Klafünf.‹ ›Du meinst: Dreyschock auf Klavier.‹ ›Ach, hab ich mir nur gemerkt: macht zusammen siebene!‹

Heute üben sie in der Schule schätzen:
›Heini, wie hoch ist die Schule?‹
›Ein Meter vierzig!‹ – Die Lehrerin ist verwirrt: ›Wieso?‹ – ›Ich bin ein Meter siebzig, und die Schule steht mir bis zum Hals.‹ Empört schickt ihn die Lehrerin zum Direktor. Der Direktor läßt sich von Heini berichten, daß er nur falsch geschätzt habe. Der Direktor will ihn testen:
›Was meinst Du, wie alt ich bin?‹ Heini ist um die Antwort nicht verlegen: ›Sie sind vierundvierzig Jahre!‹ – ›Richtig, woher weißt Du das?‹ – ›Ach, in unserer Straße wohnt ein Halbidiot – und der ist zweiundzwanzig. . .‹

Der Chef zum Angestellten: ›Kommen Sie bloß wegen Gehaltserhöhung? Haben Sie denn keine Ehre im Leibe? Wissen Sie denn überhaupt, wie wenig Sie bei uns arbeiten? Ich werde es Ihnen einmal vorrechnen! Das Jahr hat 365 Tage und nicht mehr! Davon schlafen Sie täglich 8 Stunden, das sind allein 122 Tage, bleiben also noch 243 Tage! Täglich haben Sie acht Stunden frei, das sind wieder 122

Tage, bleiben also noch 121 Tage! 52 Sonntage hat das Jahr, an denen Sie nicht arbeiten, was bleibt übrig? 69 Tage, Sie rechnen doch mit? Sonnabendnachmittag haben Sie auch frei, da wird auch nicht gearbeitet, das sind 52 halbe Tage oder 26 ganze Tage, bleiben also nur noch 43 Tage! Aber weiter! Wir haben täglich 1 Stunde Tischzeit, Sie brauchen also schon beinahe 16 Tage zum Essen, was bleibt übrig? 27 Tage.

Außerdem haben Sie 14 Tage Urlaub, bleibt also noch ein Rest von 13 Tagen. Dann hat das Jahr noch 12 Feiertage, es bleibt übrig sage und schreibe – ein Tag und das ist der 1. Mai, an dem Sie auch noch frei haben!

Und nun wollen Sie auch noch Zulage haben!!!‹ (Bausinger, S. 62)

Falsch rechnen kann man aus zwei verschiedenen Gründen, die aber beide witzig wirken: entweder aus listiger Überlegenheit; man verrechnet sich zu seinen Gunsten, wie der Oberkellner, der das Datum mitrechnet, weil ›Zeit Geld ist‹. Es gibt aber auch das Verrechnen aus Dummheit oder Ungeschicklichkeit, das zu komischen Wirkungen führen kann.

In all diesen Fällen zeigen sich ganz verschiedene Witzsituationen, verschiedene Handlungsträger, verschiedene Typen. Doch haben alle diese Witze die gleiche innere Struktur; der Grund des Lachens ist überall derselbe: Er besteht in der Diskrepanz zwischen logisch-mathematischem Anspruch und der Wirklichkeit.

Denkfehlerwitze sind fast immer auch die sog. Computer-Witze. In ihnen wird das Menschliche technisch, das Technische menschlich aufgefaßt, und so entsteht zum Denkfehlerwitz noch ein Konflikt zwischen Technik und Natur. Die Rechenmaschine ersetzt eben nicht völlig das menschliche Denken.

In einer Behörde ist ein Computer installiert worden, der auf viele Fragen antworten soll. Erste interne Testfrage der Belegschaft: ›Was ist schöner als Geschlechtsverkehr?‹ – Antwort nach einigen Sekunden: ›Fußpilz.‹ – Allgemeine Ratlosigkeit. – Ein anderer Programmierer stellt der Maschine die gleiche Frage, doch die Antwort lautet wieder: ›Fußpilz.‹ Da kommt jemand auf die Idee, die Fragestellung zu variieren: ›Warum ist Fußpilz schöner als Geschlechtsverkehr?‹ – Der Computer antwortet: ›Juckt länger.‹

Zwei Computer beschließen nach Feierabend, einen Bummel durch die Stadt zu machen, um endlich mal ein paar von den Vergnügungen der Menschen kennenzulernen, von denen sie so viel gehört haben. Zuerst strolchen sie allein durch die Straßen, dann treffen sie sich an einer Ecke, wo der eine Computer vor einem Briefkasten und einem Feuermelder steht.

›Na, ist endlich was los?‹ fragt der andere.

›Ach, Scheißspiel! Die blöde Gelbe sagt nicht mal was, wenn du ihr an den Schlitz gehst, und die Rote schreit schon um Hilfe, wenn man bloß auf den Knopf drückt.‹

Es ist zum Lachen, wenn Rechenmaschinen sich menschlich verhalten, wenn sie sich irren, wenn sie gar nicht rechnen können, wenn sie Zornesausbrüche und Flüche ausdrucken, weinen, wenn sie einfache Dinge ungeheuer komplizieren, wenn sie dämonisch werden oder sich gar verlieben, wenn das Übermenschliche allzumenschlich wird. Es gibt witzige Beispiele von Computerübersetzungen. Der Bibelsatz »Der Geist ist willig, aber das Fleisch ist schwach«, lautet in der englischen Computerübersetzung: »The whisky is good, but the steaks cannot be recommended!«

Partnerwünsche und intime Sehnsüchte werden von Zeitungen in den Computer gegeben, der auf diese Weise den richtigen Ehepartner finden kann. Und kein Wunder, daß der Witz auch den Scheidungscomputer erfunden hat. Mit einem Werbetext:

›Und nachdem Sie nun von unserem Heirats-Computer zusammengefügt worden sind, meine sehr verehrten Herrschaften, erlaube ich mir, Sie auch noch auf unseren elektronischen Scheidungsservice hinzuweisen. Sie brauchen nur die Intim-Lochbelege dem Trennungs-Computer zu überantworten, und er sagt Ihnen, warum auch Ihre Ehe unheilbar zerrüttet sein muß! Die Gebühr ist die gleiche.‹

Die Leistung des Computers wird immer auch als etwas Unheimliches betrachtet. Logische Kombination gilt als die Domäne des Kopfes, und der Kopf, das Denken gilt als die ausschließliche Domäne des Menschen. Die Logik der Angst folgert nun, daß der Computer, der zwar nicht einen Kopf, aber doch Köpfchen hat, dem Menschen eines Tages an den Kragen gehen könnte. In diese Richtung gehen etwa die Gottesbeweise durch den Computer.

In Amerika wird der Computer gefragt: ›Gibt es Gott?‹ (Is there God?), und die Antwort des Computers lautet: ›Now there is.‹ (Jetzt gibt es ihn!)

Man hat über den Computerwitz selbst einen Witz gemacht und strukturell eine Formel aufgestellt:

$$\frac{C \cdot Q}{S} = W$$

Der Computer (C), mal genommen mit einer seiner Qualitäten (Q), gebrochen durch eine menschliche Schwäche (S), ergibt einen Witz (W).

»Ich werd' verrückt. Das Ding sagt: ›Cogito, ergo sum‹.«

*»Ich buchstabiere: Wilhelm – Anton – Ulrich.
Wilhelm – Anton – Ulrich.«*

Fassen wir das in diesem Kapitel Ausgeführte zusammen, so kommen wir zu einem Ergebnis, das bereits Immanuel Kant in seiner »Kritik der Urteilskraft« formuliert hat: »Es muß in allem, was ein lebhaft erschütterndes Lachen erregen soll, etwas Widersinniges sein – worin also der Verstand an sich kein Wohlgefallen finden kann.«

Komische Konflikte mit der Realität

Jede Verfremdung der Wirklichkeit wirkt lächerlich. Das lehrt am eindrucksvollsten der Besuch eines Spiegelkabinetts, wenn der Zerrspiegel den Beschauer in den unmöglichsten Proportionen wiedergibt. Vom selben Prinzip lebt die Karikatur, wenn sie charakteristische körperliche Merkmale einer bekannten Persönlichkeit bewußt übertreibend hervorhebt, eine große Figur noch größer, eine kleine noch kleiner macht, ein charakteristisches Lächeln zum Grinsen, eine markant gebogene Nase zum Vogelgesicht verzerrt. Davon lebt auch die Komik des Clowns, wenn er sich übergroße Schuhe anzieht oder seine Glatze übermäßig betont. Man denke auch an die ›Schwellköpfe‹ der Fastnachtsumzüge: riesige Pappmaché-Aufsätze, die den Rest des Körpers lächerlich klein erscheinen lassen. Komische Konflikte mit der Realität gibt es ebenso in den Schwänken von der verkehrten Welt, in den traditionellen Lügengeschichten und Münchhauseniaden wie in ganz verschiedenen Arten des Witzes: im surrealistischen Witz, in Tierwitzen wie in Elefanten- und Papageien-Witzen, in Übertrumpfungs- und Lügenwitzen oder im Traumwitz. In allen Fällen beruht die Komik auf dem Konflikt mit der Wirklichkeit. Der Witz ist realistisch ja nur im Stil. Inhaltlich geht er weit über die erfahrbare Welt hinaus, und das Unwahrscheinlichste hat zu allen Zeiten eine komische Wirkung erzielt.

Der Übertrumpfungs- und Lügenwitz

Übertrumpfung – und zwar Übertrumpfung bis zum Unmöglichen und Irrealen – ist das Prinzip vieler Witze, und sicher eines der häufigsten. Schon Kinder versuchen sich gegenseitig auszustechen.

Auf dem Schulhof wird geprahlt: ›Mir san drei Kinder, und jeda von uns hat a eigns Bsteck!‹ – Sagt der zweite: ›Mir san vieri daham, und jeds hat a eigns Zahnbürstl!‹ – Und der Dritte: ›Des waar scho was! Mir san finf Kinder – und a jeds hat an eigna Vater!‹

Ein Junge zum anderen: ›Du hast ja gar keinen Vater!‹
Antwort: ›Vielleicht mehr als Du!‹

Tünnes führt als Fremdenführer einen Amerikaner und macht auch eine Dombesteigung mit ihm.
›Von he us kann m'r am weiteste sehe‹, erklärt Tünnes.
›Bis Holland?‹ meint der Kunde ironisch.
Tünnes: ›Noch vill wigger.‹
Darauf der Amerikaner: ›Bis England?‹
Tünnes: ›Noch vill wigger.‹
Der Amerikaner: ›Bis Amerika?‹
Tünnes: ›Noch vill wigger.‹
Der Amerikaner: ›Wieso?‹
Tünnes: ›Bis zum Mond!‹

Der Übertrumpfungswitz (Freud spricht von ›Überbietungswitzen‹) gelangt schnell in den Bereich der Aufschneiderei, der Lüge. Der Lügenwitz ist mehr Sachwitz als Wortwitz.

Die Freude am ungehemmten Fabulieren, die Lust an der List, den Zuhörer übers Ohr zu hauen oder ihn unmerklich so zu verwirren, daß er das Gespür für die Grenzen zwischen Wahrheit und Lüge verliert, der Drang, geheime Sehnsüchte zur Realität werden zu lassen, hat die Menschen zu allen Zeiten und bei allen Völkern dazu gebracht, Lügengeschichten zu erzählen. Der Bericht gänzlich unmöglicher oder an sich möglicher, aber doch bis zur Unwahrscheinlichkeit übertriebener Begebenheiten, ist seit der Antike Inhalt von Volkserzählungen. Manche Lügenwitze lassen sich bis zu Lukians »Wahren Geschichten« zurückverfolgen. Lügen haben also nicht kurze, sondern eigentlich recht lange Beine. Auf deutschem Boden reichen die Lügenschwänke vom lateinischen ›modus florum‹, über Bebels Cannstadter Lügenschmied, das Lügenbuch vom Finkenritter bis zu Münchhausen. Es gibt ein Lustgefühl an Gebilden der Unwahrheit, oder wie Otto Weininger formuliert hat:

Der Sinn des Witzes ist, vor anderen Dingen,
die Wirklichkeit um den Kredit zu bringen.
Indem er lächelnd zeigt, was alles möglich wäre,
bricht er das Pathos der realen Sphäre.

Vorstellungen von der verkehrten Welt sind im Lügenschwank (wie im Schlaraffenland) wohl auch häufig Wunschträume. Solche Utopien entstehen, wenn die wirklichen ökonomischen und sozialen Bedingungen die Verwirklichung der Wünsche unmöglich machen. Das Schlaraffenland ist ein Ventil für unrealisierbare Wünsche.

Im volkstümlichen Bereich ist die Lügengeschichte weitgehend in die Kinderfolklore abgesunken:

Feurio, der Neckar brennt,
holet Strauh und löschet gschwend.

Des Abends, wenn ich früh aufsteh,
des Morgens, wenn ich zu Bette geh,
dann krähen die Hühner und gackert der Hahn,
dann fängt das Korn zu dreschen an.

Dazu gehört etwa auch das noch heute beliebte Lied vom Doktor Eisenbart, der die Leute auf seine – eben sehr kuriose, der wirklichen ärztlichen Praxis diametral entgegengesetzte, jedenfalls verkehrte Art kuriert. Oder aber der Schwank ist in den Witz übergegangen. Die Gattung der Jagdlüge, das Jägerlatein, Seemannsgarn und andere Aufschneidereien gibt es sowohl im älteren Schwank wie noch im zeitgenössischen Witz.

Ein Jäger erzählt von seinem Hund: ›Waldmann war so klug, daß er es seinem Herrn am Gesicht ansehen konnte, ob er guter Laune oder ob er traurig war. Einmal hatte er kein Geld mehr und saß ziemlich im Druck. Waldmann guckt ihn an, und dann läuft er weg. Nach kurzer Zeit kommt er wieder und hat zwei Hundertmarkscheine in seiner Schnauze. Da hat doch der Hund eine Hypothek auf die Hundehütte aufgenommen!‹

Diese 1936 aufgezeichnete schleswig-holsteinische Erzählung nähert sich schon dem surrealistischen Witz; aber der surrealistische Witz ist keine soziale Utopie. Je größer die Verkehrtheiten sind, mit denen alle Lebensbedingungen der wirklichen Welt auf den Kopf gestellt werden, desto wirkungsvoller der komische Kontrast.

Ein Arbeiter aus Oberkassel erzählt:
›Auf ein Motorrad kriegen mich keine zehn Pferde mehr. Mein Freund, der hat so ein Ding und er hatte auch noch einen Beiwagen nebendran. Er sagte zu mir, ich soll mich in den Wagen setzen, dann tät er mich heimfahren. Und ich Toll setze mich in die Kiste. Und was meint ihr, das Ding hatte keinen Boden, und ich mußte laufen, laufen von Beul bis nach Kassel, so sein ich bestimmt noch nicht gelaufen!‹

Hier will der Erzähler offensichtlich den Eindruck erwecken, er sei der Hereingefallene gewesen. Dadurch lenkt er den Zuhörer davon ab, zu merken, daß in Wirklichkeit der Zuhörer selbst der Hereingefallene ist, indem er leichtgläubig die Geschichte für wahr hält. Sobald der Erzähler in seiner erlogenen Geschichte sich selbst als den Dummen darstellt, ist der Zuhörer eher bereit, an die Wahrheit des Erzählten zu glauben.

In der Lügengeschichte gibt es nicht nur einen inhaltlichen Konflikt zwischen Wirklichkeit und Lüge, der komisch wirkt, sondern es geht auch um einen Überlegenheitskonflikt zwischen Erzähler und Zuhörer.

In vielen Schwänken gibt es einen Dummen, über den man lacht; und zwar lachen Erzähler und Zuhörer über ihn, wenn der Dumme übertölpelt, hereingelegt wird, sich lächerlich macht. Im Lügenwitz aber ist der Zuhörer der Dumme, der hereingelegt werden soll. Der Erzähler will dem Zuhörer zutrauen, daß er das Gelogene für wahr hält. Der Erzähler scheint dem Zuhörer zu unterstellen, er vermöchte das Erzählte nicht zu messen am tatsächlich Möglichen. Der Lügenerzähler selbst steht fest auf der rationalistischen Ebene. Das zeigt sich besonders in der Lügenwette, im Lügenwettbewerb. Solche Geschichten werden meist nicht einzeln erzählt, sondern gebündelt. Sie gedeihen nur in Gesellschaft: Einer fängt mit dem Flunkern an, der nächste will ihn übertrumpfen. Es sind Übertrumpfungswitze. Wie noch etwa vor einer Generation auf einer Baustelle unter Zimmerleuten eine fast nicht endende wollende Serie von lügenhaften Übertrumpfungswitzen im Gespräch einer Arbeitspause entstehen konnte, wie das Aufschneiden in Flunkern und schließlich in ein immer großartigeres Lügen übergeht, das hat Eugen Weiß in seinem Buch »Die Entdeckung des Volks der Zimmerleute« sehr schön nachgezeichnet. Jedesmal, wenn der nachfolgende Erzähler sagt: ›Das ist noch lange nichts!‹, schiebt er die Lüge des Vorgängers in den Bereich der Glaubensmöglichkeit und behauptet, daß das soeben Gesagte ja noch durchaus möglich sei. Damit stellt er sich aber, indem er eine noch größere Lüge erzählt, noch eindeutiger auf den Boden rationalistischer Wirklichkeitsauffassung, weil seine Lüge, wenn sie noch größer als die vorhergehende sein soll, noch mehr der realen Wirklichkeit widersprechen muß.

Das alte Prinzip der Lügenwette gibt es noch im modernen Witz:

›Aber ihr sollt euch doch nicht streiten, liebe Kinder‹, sagt der Lehrer, als er eine Gruppe wild durcheinander brüllender Buben trifft. ›Worum geht es denn?‹
›Die Sache ist die‹, ruft der Älteste, ›wir wollen diesen kleinen Hund dem schenken, der die größte Lüge sagen kann. Und jeder von den Jungens meint, daß seine Lüge die größte ist – aber meine ist es!‹ – ›Aber Kinder, Kinder!‹ sagt der Lehrer kopfschüttelnd, ›als ich in eurem Alter war, da wußte ich nicht einmal, was eine Lüge ist.‹ – ›Hier, bitte schön!‹ ruft die Bande einstimmig: ›Der kleine Hund gehört Ihnen.‹

Hier ist die unbewußte Lüge überzeugender als die bewußte. Gerade im Kindermundwitz sind Übertrumpfungsgeschichten nicht selten.

Zwei Berliner Steppkes treffen sich und wetten um fünf Mark, wer von beiden besser lügen kann. Klaus fängt an: ›Vorige Woche machte ich einen Bummel durch Berlin, stieg auf den Funkturm, breitete meine Arme aus und flog über die ganze Stadt.‹ – Da steckt Berni die fünf Mark ein. ›Warum steckst du denn das Geld schon ein?‹ Berni: ›Ich hab' dich doch fliegen sehen!‹

Die Akzeptierung der Lüge des anderen, bedeutet noch eine Übertrumpfung im Lügenwettbewerb.

Drei Maler erzählen sich von ihrer Arbeit. ›Neulich‹, sagt der eine, ›neulich hab' ich ein kleines Holzbrett so täuschend ähnlich marmoriert, daß es später, als ich's in den Fluß warf, sofort untersank wie ein Stein.‹ – ›Pah‹, sagt der zweite, ›gestern hängte ich ein Thermometer an meine Staffelei mit der Polarlandschaft. Das Quecksilber fiel sogleich auf zwanzig Grad unter Null.‹ – ›Das ist alles nichts‹, bemerkte der dritte Maler, ›mein Porträt eines prominenten New Yorker Millionärs ist so lebenswahr, daß es zweimal in der Woche rasiert werden muß.‹

›Mein Vater war ein bekannter Biologe‹, erzählt ein junger Mann, ›ihm ist es gelungen, einen Igel mit einem Regenwurm zu kreuzen. Das Ergebnis waren 50 Meter Stacheldraht.‹ – ›Das ist noch gar nichts‹, unterbricht ihn einer der Zuhörer, ›meinem Vater ist es mal gelungen, ein Ferkel mit einem Briefkasten zu kreuzen. Das Ergebnis war ein Sparschwein.‹

Noch heute gibt es Lügenclubs, die die größte Lüge mit dem ersten Preis auszeichnen. In Burlington/Kentucky prämiert angeblich einmal im Jahr ein Lügenclub die haarsträubendste Lüge:

Vergangenen Sommer war es bei uns in Kentucky so heiß, daß die Eidechsen ins Herdfeuer krochen, um dort den Schatten der Bratpfanne zu genießen.

Der Übertrumpfungswitz nennt oft drei Personen, die sich in ihren Prahlereien zu überbieten suchen. Aufschneidwitze sind darum formal oft dreigliedrig mit Achtergewicht. Der siegreiche Dritte ist oft genug ein Amerikaner, weshalb man in diesen Fällen auch von Amerikaner-Witzen sprechen könnte (s. S. 285 ff.). Nicht weit entfernt davon ist die Gruppe der Vertreter-Witze.

Zwei Vertreter renommieren mit ihren tollen Verkaufserfolgen. ›Neulich‹, erzählt der eine, ›habe ich einer Frau eine Waschmaschine verkauft. Dabei hat ihre Wohnung gar keinen Stromanschluß.‹ – ›Das ist noch gar nichts‹, berichtet der andere. ›Ich habe neulich einem Mann eine Kuckucksuhr verkauft und ihm noch zwei Zentner Vogelfutter dazu geliefert.‹

Zwei Freunde unterhalten sich über ihre Vorweihnachtsgeschäfte, und darüber, was sie doch für tüchtige Kaufleute seien. ›Ich‹, sagte der eine, ›habe es doch tatsächlich fertiggebracht, einer Firma, die

Glühbirnen herstellt, zehntausend Wachskerzen zu verkaufen‹ – ›Das ist noch gar nichts‹, meint geringschätzig der andere, ›mir ist es vor acht Tagen gelungen, einer Frau, die für ihren verstorbenen Mann die Garderobe für seinen letzten Gang kaufen wollte, eine Hose zu verkaufen, die man von beiden Seiten tragen kann.‹

Auch im jüdischen Erzählgut gibt es häufig Übertrumpfungswitze.

Drei Juden unterhalten sich über die Wundertätigkeit ihrer Rabbiner.
Sagt der Erste: ›Unser Rebbe ist ein wahrer Wunder-Rebbe. Neulich hat es gebrannt in einem Haus. Und oben im 7. Stock ist noch gewesen ein kleines Kind. Aber die Feuerwehr hat es nicht können retten, weil schon das ganze Haus gestanden hat in Flammen. Und das Kind hat geschrien und geschrien. Da ist unser Rebbe – ein wahrer Wunder-Rebbe – gekommen, hat nur gesagt: ›Feuer hin – Feuer her!‹ – und da ist das Feuer gewichen zur Seite, und unser Rebbe ist hineingegangen in das Haus, ohne daß ihn berührten die Flammen, ist hinaufgestiegen in den 7. Stock und hat gerettet das kleine Kind. Was sagt Ihr nun?‹
Sagt der Zweite: ›Unser Rebbe ist aber noch ein viel größerer Wunder-Rebbe: Letztes Jahr ist gewesen eine große Flutkatastrophe. Und auf einer Insel mitten in der großen Überschwemmung sind noch gewesen viele Leute, die waren völlig abgeschnitten und hätten unfehlbar ertrinken müssen, denn das Wasser ist gestiegen höher und höher. Da ist gekommen unser Wunder-Rebbe und hat nur gesagt: ›Wasser hin – Wasser her!‹ und da hat sich das Wasser geteilt, und wie Moses unser Volk hat geführt durch das Rote Meer, ist unser Wunder-Rebbe trockenen Fußes hindurchgegangen und hat alle Leute herausgeführt und gerettet.‹
Sagt der Dritte: ›Das alles ist gar nichts gegen unseren Wunder-Rebbe. Der ist ein wahrer Wunder-Rebbe. Unser Rebbe neulich hat gemußt in einer ganz dringenden Sache nach Krakau fahren. Aber es war Schabbes, und unser Rebbe ist ein frommer Mann. Er weiß, daß er nicht am Schabbes fahren darf zu so dringenden Geschäften. Unser Rebbe steht auf dem Bahnsteig, und da steht auch schon der Zug nach Krakau, und die Lokomotive dampft und zischt und der Zugführer gibt schon das Zeichen und der Zug setzt sich schon in Bewegung. Da sagt unser Rebbe: ›Schabbes hin – Schabbes her!‹ und ist eingestiegen in den Zug nach Krakau.‹

Als eine Art Gegenstück zum Übertreibungswitz gibt es den Untertreibungswitz, das Understatement. Untertreibung scheint das Gegenteil von Übertreibung zu sein. Das ist aber nur scheinbar so. Die Untertreibung ist die raffinierteste Form der Übertreibung (Harold Nicolson). Beim Untertreibungswitz geht es auch um eine Übertreibung, nur statt einer Übertreibung ins Maximale, geht die Richtung diesmal ins Verkleinernde, Minimale.

> Den Minirock aus Leder, den ich neulich gesehen habe, wollte ich mir gestern kaufen. Aber stell dir vor, es war kein Rock, es war ein Gürtel!

Schon die Alltagssprache bietet genug Beobachtungsmaterial für Untertreibungen. Bisweilen sagt man gerade das Gegenteil von dem, was man denkt: ›Du bist mir gerade der Rechte‹ (gemeint ist: der Falsche); ›die Kleinigkeit von 1000 Mark‹ (soll heißen: den dicken Betrag von 1000 Mark); ›da kam ich schön an!‹; ›das sind ja schöne Aussichten!‹; ›du bist ein nettes Früchtchen!‹; ›dafür danke ich!‹.

> In der Bahn klagen drei Frauen über den Rückgang des Kirchenbesuchs. ›In unserer Gemeinde‹, sagt die eine, ›sitzen manchmal nur dreißig bis vierzig Leute zusammen.‹ – ›Das ist noch gar nichts‹, sagt die zweite. ›Wir sind oft nur zu fünft oder sechst.‹ – ›In unserer Gemeinde ist es noch schlimmer‹, berichtet die dritte: ›Immer wenn der Pfarrer sagt, *Geliebte Gemeinde*, werde ich rot.‹

Manchmal arbeiten auch die Schüchternheitswitze mit dem Mittel der Untertreibung:

> Frau Lehmann hat einen Untermieter. Er ist aus Sachsen. Eines Abends erscheint er in der Küche und tritt von einem Bein auf das andere. ›Entschuldichense, Frau Lehmann‹, sagt er verlegen, ›häddn'se vielleicht emal 'n Gläschen Wasser für mich?‹ – ›Aber natürlich‹, lächelt Frau Lehmann freundlich, läßt ein Glas vollaufen und reicht es ihm. Der Sachse bedankt sich und entschwindet. Aber nach zwei Minuten ist er wieder da. ›Ich muß Sie nochemal belästich'n, Frau Lehmann. Wenn ich vielleicht 'n Depfchen Wasser kriechen gennde. . .‹ – Frau Lehmann wundert sich ein bißchen. Aber sie reicht ihm das gewünschte Töpfchen. Wieder vergehen zwei Minuten, bis der Sachse erneut auftaucht. ›Ach Godd, Frau Lehmann‹, sagt er. ›Es ist mir ja so beinlich, awer dirfte ich Sie nochemal um'n Emerchen Wasser bidden?‹ Frau Lehmann zieht die Brauen hoch. ›Wozu brauchen Sie eigentlich das viele Wasser? Zum Waschen? Oder haben Sie so einen Durst?‹ – ›Nä‹, erwidert der Sachse kleinlaut. ›Mei Bedde brennd. . .‹

Während im Lügenwitz vergrößert wird, wird im Untertreibungswitz etwas Großes, etwa wie hier eine lebensbedrohende Gefahr, eine Lebensgefahr verkleinert.

Der surrealistische Witz

Der surrealistische Witz ist ein Teil des absurden Witzes, zu dem auch Idiotenwitze, Anachronismen und Paradoxwitze etc. gehören. Der surrealistische Witz deckt einen komischen Kontrast zur Realität auf. Er ist eine Erzählung, die nicht der Rationalität und Logik folgt. Die Aufhebung der Wirklichkeit, gerade in einer technisierten und nicht mehr wundergläubigen Welt, erzeugt einen komischen Effekt. In vergangenen Epochen war das Übernatürliche für die Komik noch nicht frei. Schilderung übernatürlicher Vorgänge waren Märchen, Fabel oder Sage, aber noch nicht Witz. Erst in einem Stadium absoluter Rationalität kann das Überwirkliche komische Perspektiven gewinnen. Hier liegt zugleich der tiefere Grund, warum der surrealistische Witz nicht Sache breiterer Bevölkerungskreise ist. Er ist mehr oder weniger ein Witz von und für Intellektuelle. »Um das die Wirklichkeit Übersteigende als witzig ansehen zu können, ist das Volk magischem Denken noch viel zu nahe« (Bausinger, S. 160).

Mit dem Surrealismus der bildenden Kunst und Literatur hat der surrealistische Witz nicht allzuviel zu tun. Er rechnet nämlich im Grunde mit ganz realen Möglichkeiten. Nur im Kontrast zu einer völligen Realität wirkt er komisch. Surrealistische Witze verlaufen mehr oder weniger nach einem und demselben Schema und sind typologisch genau bestimmbar. Das Abweichen von der Wirklichkeit und der phantastische Inhalt allein machen den surrealistischen Witz indes noch nicht aus. Die Pointe liegt vielmehr in einer Art von logischem Kurzschluß zwischen der surrealistischen Situation zu Beginn des Witzes und den Schlußfolgerungen, die das alltägliche Leben zieht. Die Handlungsträger haben bizarre Reaktionen, die nicht den normalen entsprechen. Hauptpersonen des surrealistischen Witzes sind in der Regel Tiere, mit besonderer Vorliebe Pferde und Hunde, weshalb die Gattung in USA auch als ›Shaggy Dog Stories‹ bezeichnet wird (›Shaggy Dog‹ meint einen zotteligen Hund). Auch daß sich diese Tiere vorzugsweise in einer Bar treffen, weist auf das amerikanische Ursprungsmilieu hin. Witze dieser Art sind in Amerika schon seit den Vierziger Jahren dieses Jahrhunderts vor allem aufgrund von Radiosendungen bekannt und erst später nach Europa übertragen worden. J. H. Brunvand hat einen Katalog solcher Tierwitze vorgelegt.

Ein Mann ruft im Tierasyl an. Meldet sich ein Hund: ›Wau.‹ – Der Mann verwirrt: ›Wer ist dort?‹ – Hund: ›Wau.‹ – Der Mann: ›Verzeihung, ich verstehe nicht ganz. . .‹ – Hund: ›Wilhelm-Anton-Ulrich.‹

Ein Mann spielt mit seinem Hund Schach. Ein zweiter Herr tritt hinzu und meint: ›Sie haben aber einen klugen Hund!‹ Worauf der Schachspieler antwortet: ›Wieso, er hat doch schon zwei Partien verloren.‹

›Ein Mann spielt Schach mit seinem Hund‹: Also etwas Surreales wird als das Selbstverständlichste von der Welt ausgegeben. Das Wunderbare wird zu einem Gemeinplatz. Es sind sehr trockene Witze, und es kommt bei ihrer erzählerischen Wirkung darauf an, das übernatürliche Geschehen so beiläufig und selbstverständlich wie möglich mitzuteilen. Dennoch gibt es im surrealistischen Witz immer einen, der sich wundert, aber die Überraschung liegt auf einem anderen Feld, meist auf einem nebensächlichen und unerwarteten. Nicht, daß der Hund Schach spielt, ist bemerkenswert, sondern daß er immer verliert. Das Herunterspielen des unerhörten Ereignisses und die Verwunderung lediglich über das Akzidentelle gehört zur Struktur des surrealistischen Witzes. Das eigentlich Bemerkenswerte wird an einer ganz anderen Stelle als dem eigentlich Surrealen gesehen. Witztechnisch-psychologisch gesehen ist dies wieder die Technik der ›Verschiebung‹ auf ein anderes Feld; z. B.:

Ein Pferd kommt in eine Bar, marschiert die Wand hinauf, geht kopfunter die Decke entlang, die andere Wand herunter, bestellt einen Kaffee, trinkt ihn und knabbert schließlich genüßlich die Tasse vom Henkel ab, um sie aufzuessen, legt den abgeknabberten Henkel sorgfältig an den Rand der Untertasse, bezahlt und geht freundlich grüßend hinaus. Sagt ein Herr nicht wenig verwundert: ›Um Gottes Willen, Herr Wirt, verstehen Sie das?‹ – ›Nein‹, sagt der, ›sonst hat es den Henkel immer mitgegessen, wo er doch das Beste ist.‹

Zwei Pferde sitzen in der Hamburger Oper. Das eine Pferd sagt: ›Will, die Carmen singt heute abend aber sehr schlecht!‹ – ›Ja, ich habe sie gestern in Köln auch besser singen hören.‹ – Sie reden laut und stören. Der Herr hinter ihnen klopft ihnen auf die Schulter: ›He, Mensch, immer schön Pferd bleiben!‹

Die Pferdewitze bilden eine besondere Gattung des surrealistischen Witzes. Der Pferdewitz ist indessen keineswegs völlig neu. Er hat im 19. Jahrhundert durchaus seine Vorläufer. Das vermutlich älteste Beispiel dieses Genres stammt von Christian Morgenstern, der überhaupt in vielem den surrealistischen Witz vorweggenommen hat.

Der Gaul

Es läutet bei Professor Stein.
Die Köchin rupft die Hühner.
Die Minna geht: Wer kann das sein? –
Ein Gaul steht vor der Türe.

*»Laß uns stehenbleiben,
lieber ein Kälbchen – als einen Herzinfarkt!«*

»Der will mich sinnlich berühren!«

»Je vous aime!«

Die Minna wirft die Türe zu.
Die Köchin kommt: Was gibt's denn?
Das Fräulein kommt im Morgenschuh.
Es kommt die ganze Familie.

›Ich bin, verzeih'n Sie‹, spricht der Gaul,
›Der Gaul von Tischler Bartels.
Ich brachte Ihnen dazumaul
Die Tür- und Fensterrahmen!‹

Die vierzehn Leute samt dem Mops,
sie stehn, als ob sie träumten.
Das kleinste Kind tut einen Hops,
die andern stehn wie Bäume.

Der Gaul, da keiner ihn versteht,
schnalzt bloß mal mit der Zunge,
dann kehrt er still sich ab und geht
die Treppe wieder hinunter.

Die Dreizehn schau'n auf ihren Herrn,
ob er nicht sprechen möchte.
›Das war‹, spricht der Professor Stein,
›ein unerhörtes Erlebnis!‹

Die Situation ist wie im modernen surrealistischen Witz: Für das Pferd ist das menschliche Agieren völlig selbstverständlich und nicht weiter verwunderlich. Es verwundert sich nur der Mensch. Im surrealistischen Witz staunt manchmal aber auch das Tier.

Aus der komischen Diskrepanz zwischen Wundern und Nichtwundern entsteht die komische Situation. Parallelen zur Sage bieten sich an: Im weiteren Sinne gehören die ›Pferde im Bodenloch‹ dazu, aber gerade sie bieten ein gutes Beispiel dafür, daß in früherer Zeit das Surreale eben dem Bereich der Sage zuzurechnen war. Die Pferde, die die Treppe hinauflaufen und zum Dachfenster hinaussehen, sind in der älteren Auffassung eben ein aus dem Volksglauben begründetes Mirakel.

Der Tierwitz

Nicht jeder surrealistische Witz ist ein Tierwitz (es können z. B. Sachen wie Steine, Autos etc. als sprechende Figuren auftreten). Aber auch nicht jeder Tierwitz ist ein surrealistischer Witz. Nur bestimmte Witz-Tendenzen eignen sich für eine Verfremdung durch Tiere. Elefanten-, Papageien- oder Mäuse-Witze sind Kategorien eigener Prägung, in denen Tiere menschlich handelnd und sprechend auftreten. Sie haben einen surrealistischen Einschlag insofern, als sie annehmen lassen, es könnten Elefanten auf Bäume klettern und in Autos steigen. Dennoch fallen diese Genres nicht streng genommen unter die surrealistischen Witze. Die Unterschiede liegen in der inneren Struktur, aber auch im Inhalt. Der eigentliche surrealistische Witz hat so gut wie nie einen sexuellen Inhalt oder Kontext, der Tierwitz dagegen fast immer.

Sortiert man Tierwitze nach einzelnen Tieren, so ist diese zoologische Differenzierung zugleich auch eine nach Witztechniken, weil in der Tat die darin auftretenden Tiere nicht zufällig sind, sondern für bestimmte Witzarten und -inhalte stehen. Immer sind Tierwitze anthropomorph aufzufassen, aber gerade deshalb ist es nicht zufällig, ob man im Witz einen Papagei, einen Elefanten, ein Huhn oder eine Kuh auftreten läßt. Bergson sagt: »Es gibt keine Komik außer in der menschlichen Sphäre« (S. 8), d. h. wenn wir über ein Pferd oder über einen Hund, Elefanten, Papagei, eine Maus im Witz lachen, dann eben deshalb, weil menschliche Maßstäbe an dieses Tier angelegt werden. Das Komische ist vorwiegend auf den Menschen und auf menschliche Verhältnisse beschränkt. Dinge und Tiere erscheinen in der Regel erst dann lächerlich, wenn sie dem Menschen ähnlich sind oder in irgendeine Beziehung zu ihm und seinem Tun treten (Jahn, S. 3 f.).

Der Elefantenwitz unterscheidet sich schon rein formal vom surrealistischen Witz. Ebenso wie in anderen modernen Witzmoden (z. B. Ostfriesenwitze, Häschenwitze u. a.) erscheint er häufig in der Form von Frage und Antwort. Da die Frage ein unlösbares Rätsel enthält, muß der Witzerzähler selbst die Antwort hinzufügen. Gibt ein Zuhörer die Antwort, ist der Witz schon bekannt und die Pointe verkorkst. Die Antwort ist in jedem Fall unerwartet, mehr: sie soll vom Zuhörer, der die Frage nicht beantworten kann, als ›doof‹ empfunden werden. Elefantenwitze sind ausgesprochen alberne Witze, Nonsens-Witze.

Wie kann man vier Elefanten in einem roten VW unterbringen? –
Ganz normal: Zwei vorn, zwei hinten.

Woran erkennt man, daß vier Elefanten zusammen ins Kino gegangen sind? –
Daran, daß der rote VW vor dem Kino steht.

Warum sind Elefanten grau? –
Grau macht schlank!

Woran erkennen Sie, ob in Ihrem Bett ein Elefant schläft? –
Er trägt auf seinem Schlafanzug ein großes E!

Schon an dem Verhalten des Elefanten, wie z. B. daran, daß er ein kleines Auto fährt, daß er ins Kino geht und einen Schlafanzug trägt, wird deutlich, daß die Bezeichnung ›Elefant‹ nur als Tarnwort für einen Menschen steht. Doch kann ein Elefant sich eben beim besten Willen nicht menschlich verhalten. Elefantenwitze zielen ins Absurd-Groteske; ein Elefant geht eben nicht in einen VW, geschweige denn vier. Andere Elefantenwitze wollen einfach irreführen und verblüffen.

Wie bringt man einen Elefanten in den Kühlschrank? –
Tür auf – Elefant rein – Tür zu.

Was macht ein Elefant, der auf einem Baum sitzt und nicht mehr herunterkommt? –
Er setzt sich auf ein Blatt und wartet, bis es Herbst wird.

Eine weitere Gruppe von Witzen lassen Elefant und Maus als Partner auftreten.

Maus und Elefant beim Grenzübertritt. Die Maus hat einen Paß, der Elefant hat keinen und wird zurückgewiesen. Da kauft sich die Maus ein Brötchen, schneidet es auseinander und klebt dem Elefanten eine Hälfte vorne auf die Stirn, die andere aufs Hinterteil. Nun versuchen sie den Grenzübertritt erneut. Die Maus sagt zum Zollbeamten: ›Ein belegtes Brötchen wird man als Reiseproviant wohl mitnehmen dürfen?!‹

Was ist der latente Inhalt der Elefantenwitze? Hat nicht der Unsinnswitz auch einen tieferen Sinn? Von Jonathan Swift stammt das Wort: »Es ist das Schicksal der Elefanten, daß sie immer kleiner gezeichnet werden, als sie in Wirklichkeit sind«.

Witze von Tieren spiegeln immer auch menschliche Sozial-Konflikte. Im Witz verkörpert der Elefant zwar einen Supermann, aber einen, vor dem man nicht zu ängstlich zu sein braucht. Wie so oft in Tiererzählungen, erweist sich das kleine und schwache Tier als dem großen und starken intellektuell überlegen. Der Elefant hat riesenhafte Funktionen. Aber wie der Riese im Märchen wird er von dem listigeren Kleinen besiegt oder überlistet. Der riesige Elefant ist für die Maus nur der Belag eines Brötchens. Mit der Maus muß der Erzähler über den Elefanten triumphieren können. So verharmlosen Elefantenwitze eine Welt voller Ängste und Minderwertigkeitskomplexe. Der Elefant tritt auf als eine Art Vaterfigur, mit der man in einem aussichtslosen Machtkampf steht. Die Kindfigur der Maus darf sich als überlegen fühlen, ohne dafür bestraft zu werden. Vielleicht liegt hierin ein Grund, warum diese Witze vor allem von Kindern und Jugendlichen geschätzt und weitererzählt werden, weil sie sich nämlich mit der dem Elefanten überlegenen Maus leicht identifizieren können.

Dies ist allerdings nur die eine Seite der Elefantenwitze, die durchaus mehrschichtig sind. Der Elefant ist weiter ein Bild sexueller Potenz. Sein Phallus hat enorme Ausmaße, sein Rüssel wird gelegentlich als Penis mißverstanden. Es gibt mehrere Zeichenwitze, in denen ein Elefant ein schlafendes Menschenpaar überrascht; z. B. streckt er seinen Rüssel in ein Auto, auf dem steht ›just married‹. Die junge Frau ruft aus: ›um Himmels willen Mann, wirst Du denn gar nicht müde!‹

Auf Safari in Afrika. Ein Unfall: einem der Männer ist ein wichtiger Teil seines Körpers abhanden gekommen. Man hat zwar einen Chirurgen, jedoch keinen neuen Körperteil. Schließlich nimmt man einen Elefantenrüssel als Ersatz. Die Sache läuft gut aus; die Männer reisen nach Europa zurück. Nach einigen Jahren trifft der Chirurg seinen Patienten und fragt ihn, ob er mit der Operation zufrieden sei. ›Ja‹, antwortet dieser, ›eigentlich sehr, nur wird die Sache etwas unangenehm, wenn ich zu einer Party eingeladen bin und es liegen Erdnüsse auf dem Tisch.‹

Eine weitere Gruppe von Witzen schildert den Elefanten als sexuellen Partner von besonders kleinen Tieren. Es sind unmögliche Geschlechtsverhältnisse, die hier ins Tierische übertragen erscheinen.

Elefant und Maus kommen aufs Standesamt: ›Wir wollen heiraten.‹ – ›Was‹, sagt der Standesbeamte: ›Ihr wollt heiraten?‹ – Sagt die Maus: ›Wir wollen nicht, wir müssen!‹

Ein Mäuserich und eine Elefantendame haben geheiratet. Nach einiger Zeit sind sie einig, daß sie endlich für Nachwuchs sorgen sollten. Sie gehen zu einem Apfelbaum. Der Mäuserich läßt sich vom Ast vorsichtig auf die Elefantendame herunter und beginnt mit der Arbeit. Plötzlich fällt der Elefantendame ein Apfel auf den Kopf. Sie schreit laut auf. Da sagt der Mäuserich: ›Tut mir leid, Schatzi, aber beim erstenmal tut es immer etwas weh.‹

Die Grammatik sagt uns, daß es *der* Elefant und *die* Maus heißt. Wenn in der sexuellen Partnerschaft der beiden Tiere dennoch der Elefant die weibliche Rolle zu spielen hat, ist dies auch wieder – wie oben – ein Versuch, die Übermacht des Großen zu brechen.

In einer dritten Gruppe von Witzen wird der Elefant vertraut und intim. Er erscheint im Bett oder im Badezimmer.

Wie kann man merken, daß ein Elefant mit einem im Bett liegt?
Antwort: 9 Monate später gibt es einige Probleme.

Oder die Elefanten-Anatomie wird oft mit sexueller Terminologie beschrieben.

Why does an elephant have four feet?
Antwort: It's better than six inches.

»Otto, nimmst du nicht zuviel von diesen Hormonpillen?«

bert

Warum haben Elefanten einen so langen Rüssel?
So können sie die Giraffen französisch küssen.

Ganz offensichtlich wird hier das Interesse der Elefanten an erotischen Abenteuern. Der Elefant ist außerdem fähig, mit jedem beliebigen Tier in sexuellen Verkehr zu treten. Er erscheint als ein Wesen von enormem erotischen Appetit und sexuellen Fähigkeiten.

Wie der Elefantenwitz ist auch der Papageienwitz mindestens partiell ein sexueller Witz. Daß der Papagei spricht, ist noch nicht belachenswert, aber wenn die ihm angelernten Sprachbrocken unanständig sind oder jedenfalls in der Situation, in der er sie von sich gibt unpassend wirken, erzielen sie eine Pointe. Häufig gehört es zur Struktur des Papageienwitzes, daß der Papagei seinen Besitzer wechselt. Das, was er beim Vorbesitzer gelernt hat, ist bei seinem neuen Herrn deplaziert. Vormaliger und neuer Besitzer kontrastieren darum häufig in Rang oder Geschlecht; z. B. der Papagei einer Prostituierten wechselt in ein Pfarrhaus. Das Hauptelement in den Papageiengeschichten ist natürlich die ordinäre Ausdrucksweise des Vogels, die ihm allein angekreidet wird, während die Person, die sie ihm beigebracht hat, ungestraft bleibt (Legman, S. 208). Das ist das Menschliche an diesem Genre des Tierwitzes: Der Papagei darf ungestraft das sagen, was der Witzerzähler – zumindest unbewußt – selbst gerne sagen würde, wenn es ihm erlaubt wäre. Die Sachinhalte des Papageienwitzes beziehen sich in den meisten Erzählungen auf die erotische Vergangenheit des früheren Besitzers, aber sie können sich auch auf konfessionelle, politische oder andere Inhalte erstrecken.

Ein Pfarrer kauft sich einen Papagei. ›Sagt er bestimmt nichts Unanständiges?‹ – ›Aber ganz bestimmt nicht!‹ beteuert der Besitzer. ›Er ist ein frommes Tier. Sehen Sie die Schnur an seinem Bein? Wenn Sie an der Schnur ziehen, sagt er das Vaterunser auf, und wenn Sie an der Schnur ziehen, die an dem anderen Bein befestigt ist, sagt er den 23. Psalm auf.‹ – ›Wunderbar!‹ sagt der Pfarrer. ›Was aber geschieht, wenn ich an beiden Schnüren ziehe?‹ – ›Ach, du dummer Scheißer‹, krächzt der Papagei, ›dann falle ich auf den Arsch.‹

Als Kardinal Frings seinen letzten Amtsbesuch in Rom machte, schenkte er dem Papst seinen langjährigen Gefährten, den Papagei Yoko. An jedem Morgen kam nun seine Heiligkeit an den Käfig, und Yoko krächzte: ›Gut'n Morgen Eminenz! Gut'n Morgen Eminenz!‹
Nach sechs Wochen war's dem Heiligen Vater zuviel. Er beschloß, durch seinen feierlichsten Aufzug Yoko davon zu überzeugen, daß einem Papst mehr gebühre als die Anrede eines Kardinals. Die Tü-

ren öffneten sich, und die ganze Farbenpracht des päpstlichen Hofstaates erschien: vom Tragsessel über der Schweizer Garde schaute seine Heiligkeit mit Tiara und Soutane würdevoll und zugleich erwartungsvoll auf Yoko, den Papagei. Der erstarrte, blinzelte dreimal, erinnerte sich plötzlich und schrie begeistert flatternd: ›Kölle Alaaf!‹

Ein Dresdner kommt zum Staatssicherheitsdienst. ›Ich möchte melden, daß mein Papagei entflogen ist.‹ – Mißbilligend sieht ihn der Beamte an. ›Was geht uns das an? Hier ist nicht das Fundbüro, sondern der Staatssicherheitsdienst.‹ – ›Eben, eben‹, sagt der Mann seufzend. ›Ich möchte Ihnen nur sagen, daß ich die politischen Ansichten meines Papageis nicht teile.‹

Auch Hühnerwitze sind in der Regel anthropomorph und sexuell orientiert. Eierlegen und Brüten, die Potenz des Hahnes und die Größe des ihn umgebenden Hühnerstaats suggerieren solche Gedanken. Zur inneren Struktur gehört dabei auffallend oft die Paarung des Huhns (oder Hahnes) mit einer anderen Vogelart.

Eine Henne findet etliche Ostereier und setzt sich auf sie drauf. Als der Hahn die Eier sieht, läuft er über den Hof und verdrischt den Pfau.

Zwei Berliner Hühner stehen vor einem Haufen Eierbriketts. Sagt das eine Huhn: ›Kiek mal, lauter Besatzungskinder.‹

Der Hahn bringt ein Straußenei in den Hühnerstall, ruft alle Hennen zusammen und sagt: ›Meine Damen, ich will Ihnen keine Vorwürfe machen, aber ich möchte Ihnen doch einmal zeigen, was anderswo geleistet wird!‹

Auf einer Geflügelausstellung beobachteten Herr und Frau Grün einen Hahn, der eine Henne bestieg. Als sie nach zwanzig Minuten an der gleichen Stelle vorbeikamen, war der Hahn noch immer in voller Aktion. Staunend betrachteten sie das Tier, und Frau Grün sagte: ›Siehst du. . .?‹ Herr Grün, der sich über die Anspielung ärgerte, fragte den Wärter, wie oft der Hahn hintereinander eine Henne besteigen könne. ›So etwa zwanzigmal‹, antwortete der Wärter, ›jedesmal natürlich eine andere Henne.‹ ›Hörst du. . .?‹ sagte Herr Grün daraufhin.

Im Hühnerhof gibt ein Huhn an: ›Alle meine Eier sind Klasse A. Aber deine Eier sind höchstens Klasse B!‹ Das andere Huhn: ›Meinst du, ich werde mir wegen der blöden zwei Pfennig den Arsch verrenken?‹

Wir können hier den Tierwitz nicht weiter – getrennt nach einzelnen

»Nun hör schon auf zu meckern. Mit wem soll ich dich denn betrügen in dieser Einsamkeit?«

»Nein, Längsstreifen können Sie sich bei Ihrer Figur natürlich nicht leisten.«

»Essen? – Nee! Will gar nicht groß und stark werden – denn ich bin ja nicht lebensmüde!«

Tierarten – erörtern. Es muß genügen, darauf hinzuweisen, daß es auch Affenwitze, Giraffenwitze, Rinder- oder Löwenwitze, Hunde- und Katzenwitze, Mäusewitze etc. gibt. In der Regel sind es sexuelle Witze, und nicht selten offenbaren sie geheime zoophile oder unbewußt sodomitische Neigungen. Auch das Moment der Kastration von Haustieren ist außerordentlich häufig. Und schließlich ist der Zoologische Garten nicht zufällig so häufig der Schauplatz des Tierwitzes. Man läßt anthropomorphe Tiere alles das tun, was Menschen nicht zu tun wagen.

Ein Zebra bricht aus einem Zoo aus, weil es sich dort langweilt. Es gelangt auf einen Bauernhof. Dort begegnet es einem Schwein und fragt neugierig, was für ein Tier es sei.
›Ich bin ein Schwein‹, grunzt es zur Antwort. ›Ich diene dem Menschen zur Nahrung.‹
Das Zebra schüttelt sich entsetzt und läuft weiter, bis es einer Kuh begegnet.
›Und wer bist du?‹ erkundigt es sich.
Die Kuh antwortet gemächlich: ›Ich bin ein Rindvieh und liefere den Menschen Milch.‹
›Wie langweilig‹, sagt das Zebra und läuft neugierig weiter in einen dunklen Stall; ganz hinten sieht es einen angeketteten Stier.
›Was bist denn du?‹ fragt es wieder.
›Ich bin ein Stier.‹
›Und wozu bist du da?‹
Der Stier mustert das Zebra abschätzend und sagt: ›Zieh du erst einmal deinen albernen Pyjama aus, dann werde ich dir schon zeigen, wozu ich da bin.‹

›Was ist denn heute mit Ihrem Kater los?‹ fragt ein Gartenbesitzer seinen Nachbarn, ›der flitzt wie ein Verrückter durch sämtliche Gärten.‹
›Ach, ich habe ihn gestern kastrieren lassen, und jetzt sagt er seine sämtlichen Verabredungen ab.‹

Simba, eine sehr sexy Dackeldame wohnt im 7. Stockwerk. Aus dem Fenster sieht sie ihren ständigen Begleiter, den Dackel Gustav. Sie ruft hinunter: ›Komm doch rauf, Gustav, ich bin alleine! Ich mache dir auch die Türe auf!‹ Schnell zieht sie noch das Kissen in ihrem Körbchen zurecht und eilt zur Tür. 5 Minuten vergehen, $^1/_4$ Stunde vergeht, endlich nach einer halben Stunde klopft es an die Tür. Sie öffnet, Gustav steht draußen. ›Unverschämt, finde ich das‹, meint Simba, ›läßt man eine Dame so warten! Jetzt habe ich keine Lust mehr!‹ – ›Entschuldige Simba‹, jault Gustav, ›die Freude war so groß, da mußte ich die Treppe rückwärts hochlaufen!‹

In einem Eisenbahnabteil sitzt ein junger Mann einer jungen Dame gegenüber, die einen jungen Hund auf dem Schoß hält. Um ein Gespräch zu beginnen, sagt der junge Mann schließlich: ›Ich wollte, ich wäre an der Stelle des reizenden Hündchens.‹ – ›Wünschen Sie sich das lieber nicht‹, meint die junge Dame lächelnd. ›Ich fahre nämlich in die Hundeklinik, um ihm den Schwanz kupieren zu lassen.‹

Zwei Kühe treffen sich nach langer Sommerpause auf der Alm wieder im Stall. Die eine Kuh ist fröhlich und gelöst, während die andere ein trauriges und unzufriedenes Gesicht macht. Sie kommen ins Gespräch und berichten einander ihre Erlebnisse auf der Alm. Sagt die fröhliche Kuh: ›Ich habe einen herrlichen Sommer verlebt. In der Koppel nebenan war ein junger Bulle, der mir viel Freude bereitet hat.‹ – ›Ach‹, sagt die traurige Kuh, ›bei mir war es langweilig und uninteressant. Wir hatten einen blöden Ochsen im Nachbargatter, der den ganzen Tag nur von seiner Operation gesprochen hat.‹

Die Komik liegt darin, daß man sieht, wie menschlich es doch auch im Tierreich zugeht, selbst im sexuellen Bereich, und daß aber gerade eine spezifisch nicht-menschliche oder sogar unmenschliche Sache, nämlich die Kastration als Thema der so menschlichen Tierunterhaltung ausgewählt wird. Die Übertragung menschlicher Verhältnisse ins Tierreich hinkt also irgendwo. Der Tierwitz ist nicht eine Fabel, in der eben Tiere wie Menschen handeln, sondern die Komik besteht darin, daß der rationalistische Erzähler in der Gegenwart irgend einen komischen Konflikt mit der Wirklichkeit entdeckt.

Das Tier handelt menschlich, und der Mensch kann sich in dem menschlich sprechenden und menschlich agierenden Tier wiedererkennen. Eine besondere Gruppe von Tierwitzen treibt den Verfremdungseffekt noch eine Stufe weiter. Die Pointe dieser Witze liegt darin, daß das Tier auf den tierisch agierenden Menschen sieht. Es gibt z. B. einen Zeichenwitz, der zwei Ratten in einem Versuchskäfig (Skinner Box) zeigt. Die eine Ratte sagt zu der anderen: ›Junge, ich habe es geschafft, den Versuchsleiter zu konditionieren. Jedesmal, wenn ich die Barriere niederdrücke, läßt er ein Stück Futter herunterfallen.‹ Oder die Welt wird z. B. aus der Perspektive des Tausendfüßlers gesehen.

Als der Mensch das Rad erfunden hatte, sagte er (der Tausendfüßler): ›Die Ersatzhandlung eines Kretins, dem neunhundertachtundneunzig Beine fehlen!‹

Es gibt schließlich noch eine neue, modisch gewordene Art des Tierwitzes, die man als ›Fabelwitz‹ bezeichnen könnte. Die Erzählung berichtet eine Handlung unter Tieren, die wie eine Fabel verläuft und

Der Tierwitz und seine anthropomorphen Tendenzen

sachlich und trocken berichtet wird. Die Pointe liegt in der Moral, die völlig überraschende und unerwartete Folgerungen aus dem geschilderten Geschehen zieht.

Eine Maus ist auf der Flucht vor einer Katze. Auf der Wiese steht eine Kuh, die gerade einen Kuhfladen macht, der glücklicherweise auf die Maus fällt. Nur die Schwanzspitze der Maus schaut noch heraus. Die Katze zieht die Maus am Schwanz aus dem Kuhfladen heraus, reinigt sie im Gras und frißt sie auf.

Moral:

1. Nicht jeder, der dich bescheißt, meint es schlecht mit dir.
2. Nicht jeder, der dich aus der Scheiße zieht, meint es gut mit dir.
3. Wenn du schon in der Scheiße steckst, so zieh wenigstens den Schwanz ein.

Wie in der Fabel, so haben auch im Witz die Tiere ein festes Image. Jede Tierart hat ihre bestimmten Möglichkeiten für den Menschen, entweder durch die Rolle, die das Tier im Leben des Menschen spielt (Hund, Pferd, Rind) oder durch seine physischen Eigenschaften und Fähigkeiten (das Sprechen des Papageis, die Größe des Elefantenrüssels, die Kleinheit der Maus). Dadurch werden die Rollen, die einzelne Tiere im Witz einnehmen, eingeschränkt.

Tiere werden im Witz allerdings erst dann interessant, wenn sie eben nicht als natürliche Tiere nach ihrem Instinkt agieren. Darum ist nicht jede Katze- und Maus- oder Fuchs- und Gans-Geschichte schon witzig. Tiere werden für den Witz erst dann ergiebig, wenn sie überlegt und bewußt sprechen und handeln, d. h. auf menschliche Weise agieren und reagieren. Das bedeutet einerseits, daß sich nur bestimmte Witz-Tendenzen für eine Verfremdung durch Tiere eignen, andererseits aber auch, daß Witze von Tieren immer auch menschliche Konflikte spiegeln.

Traum- und Identitätswitze

Noch von einer letzten Gruppe surrealen Geschehens im Witz ist zu berichten, dem Traumwitz. Der moderne Witz entdeckt und verwendet ganz bewußt die Sphäre des Unbewußten. Er bezieht in hohem Maße den Traum mit ein. Und ein beliebter komischer Konflikt ist es, das Bewußte mit dem real gewordenen Unbewußten zu konfrontieren.

Eine Frau träumt schon seit Wochen den gleichen Traum. Sie sieht im Schlaf ein altes Haus, in dessen Sälen ein Gespenst spazieren geht. Ein tief verhülltes Gespenst. Endlich macht sich die Frau auf den Weg, setzt sich in ihr Auto und fährt durch die Gegend. Eines

Tages, bei ihrer Spazierfahrt, entdeckt sie plötzlich das Haus! Das gleiche Haus, das sie jede Nacht im Traum sieht. Es ist kein Zweifel möglich. Sie steigt aus dem Wagen und geht auf das große Gittertor zu, wo sie ein bärtiger, brummiger Portier empfängt. ›Ich möchte das Haus kaufen‹, sagt sie. ›Bitte – aber ich möchte Sie gleich darauf aufmerksam machen, daß es in dem Haus spukt.‹ – ›Ein richtiges Gespenst?‹ – ›Ja.‹ – ›Und wer ist das Gespenst?‹ – ›Sie, Madame.‹

Eine Frau träumt einen schrecklichen Alptraum. Sie träumt von einem großen, schwarzen Mann, einem brutalen Riesen, der unter ihrem Bett hervorkriecht. Drohend richtet er sich vor ihr auf und stürzt seine dunkle massige Gestalt auf ihr Lager. Die Frau fährt mit einem Angstschrei aus den Kissen: ›Um Gottes Willen, was wollen Sie von mir?‹ Sagt eine tiefe dunkle Stimme: ›Wieso fragen Sie mich da? Sie haben doch schließlich von mir geträumt.‹

Zu den Konflikten mit der Wirklichkeit gehört schließlich eine Reihe von Witzen, in denen die Identität eines Ichs in fast schizophrener Weise in Frage gestellt wird (Identitätswitze, engl. ›identity joking‹). Dennoch sind diese Witze ihren Personen nach grundsätzlich keine Irren-Witze.

Hersch Ostropoler übernachtet in einem Hotelzimmer in Galizien zusammen mit einem General. Er läßt sich um 6 Uhr früh vom Wirt wecken. Im Dunkeln steht er auf, zieht sich hastig an und setzt schließlich statt seines Hutes den Tschako des Generals auf. Auf dem Weg zur Bahn greift er plötzlich nach der ungewohnten Kopfbedeckung und kreischt: ›Gott soll mich schützen – er hat statt meiner geweckt den General!‹

Schloime Zalmann aus Chelm hatte Angst vor dem Badhaus. So viele nackte Leute waren da drin, die alle am Freitagnachmittag beim rituellen Bad so gleich aussahen, daß er fürchtete, verloren zu gehen. Was tat er? Er knüpfte ein rotes Bändchen um seinen Knöchel, um sich wiederzuerkennen. Jedesmal, wenn er hinuntersah, grinste er beruhigt: ›Ich bin's, Schloime Zalmann.‹ Aber ein Witzbold knüpfte vorsichtig das Bändchen los und schlang es um seinen eigenen Knöchel. Plötzlich sah ihn Schloime und schrie: ›Gott im Himmel, wenn der Mann is ich – wer is dann Schloime Zalmann?‹

Ebenso lassen sich die Grundlagen der Du-Definition verwirren (Schwanitz, S. 47):

Von Zwillingsbrüdern war der eine jüngst verstorben. Der Überlebende trifft einen alten Freund, der ihn fragt: ›Sag einmal, ich hörte zu meinem Schmerz, daß einer von euch gestorben sei. War es dein Bruder oder warst du es?‹

Ausspruch des berühmten Professors Galetti aus Gotha (1750–1828), Urbild des zerstreuten Professors: ›Als ich Sie von ferne sah, Herr Professor Ettinger, glaubte ich, Sie wären Ihr Bruder, der Buchhändler Ettinger. Als Sie jedoch näher kamen, bemerkte ich, daß Sie es selbst sind. Und nun sehe ich erst, daß Sie doch Ihr Bruder sind!‹

Komische Konflikte mit Moral, Sitte und Anstand

Unter einem ›unanständigen Witz‹ ist im weitesten Sinne ein Witz zu verstehen, dessen Inhalt gegen die Gebote der Sitte verstößt. Moralvorschriften betreffen u. a. die Sauberkeit, den Schutz des Eigentums, der Einehe, die Sicherheit von Leib und Leben, Respekt vor dem alten Menschen, Hilfsbereitschaft, Nächstenliebe, Rücksicht gegenüber dem Trauernden oder Leidenden, Pietät, d. h. Achtung gegenüber Verstorbenen etc. Damit sind auch bereits die komischen Konflikte durch die Gebotsübertretungen gegeben. Im Bereich des Schwankes gehören hierher belachenswerte Vergehen gegen das Eigentum: Geschichten von listigen Dieben (Meisterdieb), Räubern, Gaunern und Spitzbuben. Im Bereich des Witzes rechnen hierzu nicht nur die skatologischen Erzählungen und der Fäkalwitz, sondern auch der grausame und makabre Witz, Äußerungen des sog. schwarzen Humors und der Schadenfreude. Es sind beliebig viele komische Konflikte mit der Moral und den Tugenden denkbar. Wir können hier nur einige wenige Bereiche beispielhaft herausgreifen.

Der grausame und makabre Witz – Schwarzer Humor

Es ist zu unterscheiden zwischen makabrem und groteskem Humor. Makabrer Humor hat mit dem Tode zu tun, während grotesker Humor sich zumeist auf das sexuelle Leben bezieht (Zijderveld, S. 34). Der schwarze Humor ist nicht erst eine Erfindung unserer Zeit. Es gibt ihn bereits in der Schwankdichtung des späten Mittelalters – man denke nur an die Erzählungen von der ›vier- (oder fünf)mal getöteten Leiche‹ oder von den ›Mönchen von Kolmar‹. Das Thema der makabren Komik schlägt durchaus eine Brücke zwischen dem älteren Schwank und heutigen Witzmoden. Auch der Schwank kann über Leichen gehen, und makabre Schwänke sind gar nicht so selten. Die Vermischung von Lachen und Grauen ist uns noch aus anderen Phänomenen wohl bekannt. Man denke nur an das bekannte Märchen »Von einem, der auszog, das Fürchten zu lernen« (KHM 4), oder an die Beliebtheit von Vampir- und Dracula-Filmen. Die Grenze des Lachens mag sich dabei im Laufe der Zeit verschoben haben. Der Bänkelsänger des 19. Jahrhunderts hat gewiß die Mordgeschichten und grausigen Taten, die Katastrophen und Hinrichtungen, von denen seine Lieder handeln, nicht komisch genommen. Die Schauerballade »Sabinchen war ein Frauenzimmer« gehört dagegen zur heiteren Muse; und heute ist die nostalgische Liebe, mit der Schauerballaden wieder ausgegraben, Schallplatten mit Küchenliedern produziert werden, und vor allem die ganze Parodie auf den Bänkelsang, eine Sache der Komik. Zu den Lieblingsliedern junger Leute von heute gehört die Ballade vom Polenmädchen im Polenstädtchen, im Grunde eine gräßliche Selbstmordgeschichte. Auch der multiplizierte Tod läßt die Tragik des Einzelschicksals zurücktreten. Man denke an das Lied von den 10 kleinen Negerlein. Schon Wilhelm Busch gibt bekannte Beispiele. Wir lachen über seine Verse und Zeichnungen. Aber wir lachen nicht deshalb, weil die Geschehnisse, die Wilhelm Busch beschreibt, alle gut ausgingen oder weil es sich im Grunde um Harmlosigkeiten handeln würde. Im Gegenteil: Die Dinge, die bei Wilhelm Busch geschehen, sind schlimm, und sie erfahren mit wenigen Ausnahmen keine mildernde Abschwächung. Das Ende der Personen ist eindeutig: Max und Moritz werden gemahlen und gebakken, der Wurstdieb gefriert zu Eis und wird so zertrümmert, die fromme Helene verbrennt zu Asche:

Und hilflos und mit Angstgewimmer
verkohlt das arme Frauenzimmer.
Hier sieht man ihre Trümmer rauchen,
Der Rest ist nicht mehr zu gebrauchen.

Das Eigenartige an Wilhelm Busch ist, daß das Schreckliche scheinbar als alltäglich und ganz gewöhnlich angesprochen wird:

Hinderlich wie überall,
ist der eigene Todesfall.

Damit wird der Tod selbst angesprochen, aber in einer starken Verkleinerung, d. h. als etwas, das wie die alltäglichen und gewöhnlichen Dinge hinderlich im Weg steht. Tod und Lustbarkeit sind irgendwie zusammengespannt:

›Heissa!‹ ruft Herr Sauerbrot,
›Heissa, meine Frau ist tot!
Drinnen in dem Nebenzimmer,
ruhet sie bei Kerzenschimmer. . .‹

Wiederum ist es der Kontrast, der witzig wirkt (vgl. W. R. Schweizer, S. 169).

Ein seit Aristoteles oftmals wiederholtes Dogma lehrt, der komische Widerspruch müsse unschädlich sein, die Komik finde nur da statt, wo

Menschen nicht Schaden nehmen. Die Praxis des schwarzen Humors hat das längst überholt. Es ist gerade das Wesen des schwarzen Humors, daß mit dem Entsetzen Scherz getrieben wird, daß Leichen hier behandelt werden wie Holzbündel und Lebende wie Leichen (Schupp, S. 214). Wer immer den Ausdruck ›schwarzer Humor‹ geprägt hat, die Sache als solche ist undefinierbar und widerspruchsvoll. ›Schwarz‹ bedeutet uns soviel wie Trauer, Verzweiflung, Tod, auch Sünde, das Böse. Humor dagegen Versöhnung mit dem Widrigen, Unlust Erregenden durch befreiendes Lachen. Mithin wäre schwarzer Humor lediglich Humor über ›Schwarzes‹. Zwischen beiden Teilen des Begriffes klafft ein Abgrund, der den Begriff eigentlich zu einem Widerspruch in sich selbst macht (Henniger, S. 6 f.). Schwarzer Humor entsteht als Lustgewinn aus der Ersparung der peinlichen Affekte der existentiellen Bedrohung, der Angst, des Grauens und Ekels, des Schauderns vor dem Numinosen, der Pietät, des Schuldbewußtseins, der Verzweiflung (Schupp, S. 219). Wenn der Mensch an die Grenze kommt, wo er etwas nicht mehr ertragen kann, lacht er. Das Grauenerregende schlägt in Komik um. Man kann das etwa ablesen an der Publikumsreaktion in Gespenster- und Horrorfilmen, z. B. im »Exorzisten«. Oder man denke an die verfilmte Welterfolgskomödie »Arsen und Spitzenhäubchen«, auch an Evelyn Waughs »Tod in Hollywood« (»The Loved One«), ein Buch, das die kalifornischen Beerdigungsbräuche persifliert. Witzig wirkt die Verletzung der Tabus, die über Tod und Sterben liegen. Dies läßt sich schon am einfachen Sprachverhalten ablesen, z. B. in sprichwörtlichen Redensarten oder in Sprüchen. Es gibt im volkstümlichen Spruchgut eine ganze Reihe von witzigen Formulierungen, die sich auf den Verlust der Ehefrau beziehen.

Lieber das Weib auf der Bahr,
als Lichtmeß hell und klar.

Weibersterben – kein Verderben.
Gäulverrecken – großer Schrecken

Die Umgangssprache hat zahllose tabuierende Umschreibungen für die Begriffe Tod und Sterben geschaffen, verhüllende Euphemismen wie z. B. ›das Zeitliche segnen‹, ›in die Ewigkeit abgerufen werden‹, etc. Im Gegensatz dazu stehen einige Ausdrücke, die keine Milderung, sondern eine drastische Realistik zeigen: ›Abzwitschern‹, ›abkratzen‹, ›vor die Hunde gehen‹, ›nen Deckel auf die Nase kriegen‹, ›unter die Mehlwürmer gehen‹, ›ihm tut kein Zahn mehr weh‹, ›jetzt hat der Arsch Feierabend‹, ›sich von der Verpflegung abmelden‹, ›sich die Radieschen von unten bekieken‹. Es sind dies Ausdrücke, die sich bis zur Frivolität steigern können. Hier enthält der kräftige Ausdruck sozusagen eine Gegenkraft zu dem tabuierten Wort ›Sterben‹. Dabei werden die tabuierten Worte ›sterben‹ und ›tot sein‹ umschreibend vermieden, aber durch naturalistische Derbheit übertrumpft oder durch Humor bewältigt.

Unter den Todesarten sucht sich der makabre Witz gewisse Extreme: Kannibalismus, Mord und wenn schon Mord, dann Verwandtenmord, Selbstmord, Gattenmord.

> Ein Mann kommt nach Hause, seine Frau liegt in den letzten Zügen. ›Ich muß dir gestehen‹, stöhnt sie, ›vor drei Tagen habe ich dich betrogen.‹ – ›Das weiß ich‹, sagt er, ›deswegen habe ich dich doch vergiftet.‹

> Zwei Freunde treffen sich nach langer Zeit und sprechen über gemeinsame Bekannte. ›Wie geht es eigentlich dem Meier?‹ – ›Er ist zum drittenmal Witwer geworden.‹ – ›Ach, woran starb denn die erste Frau?‹ – ›Pilzvergiftung.‹ – ›Mein Gott, und die zweite?‹ – ›Pilzvergiftung!‹ – ›Mein Gott. Und die dritte? Du wirst doch wohl nicht sagen, daß die auch . . .‹ – ›Nein. Die hatte einen Schädelbruch!‹ – ›Unfall?‹ – ›Nein. Sie wollte keine Pilze essen!‹

Der komische Konflikt entsteht oft einfach zwischen dem pietätlosen, grausamen oder gar makabren Geschehen und der scheinbaren Selbstverständlichkeit, mit der die schlimmsten Dinge geschehen und ohne sentimentale Rücksichten trocken berichtet werden. Je trockener und beiläufiger ein Makaber-Witz erzählt wird, desto mehr belustigt er, insbesondere, wenn der Erzähler sich den Gegensatz zunutze macht, den ein ernstes Gesicht und eine witzige Geschichte abgeben (Jünger, S. 77).

> Der Cowboy begegnet einem andern, der in schwarzer Trauerkleidung auf seinem Pferd daherkommt. ›Nanu‹, sagt er, ›ist bei euch denn jemand gestorben?‹ – ›Na ja‹, meint der Trauernde, ›wir beerdigen den Großvater.‹ – ›Ja wieso denn, der war doch noch so rüstig, ihr habt doch neulich erst ganz groß seinen Achtzigsten gefeiert.‹ – ›Na ja‹, der andere kratzt sich am Ohr, ›er war ja wirklich noch rüstig – aber dann stand er immer so rum und guckte so dämlich – da ham wir'n abgeknallt.‹

Im modernen Witz kann sogar der Selbstmord zu einem humoristischen Akt werden.

> ›Hör endlich mit deinen theatralischen Selbstmordversuchen auf‹, sagt er zu ihr, ›guck dir bloß mal die hohe Gasrechnung an!‹

> ›Es war der schrecklichste Moment meines Lebens, Otto, als ich deinen Abschiedsbrief bekam. Ich wollte mich erschießen, aber ich hatte kein Geld, mir einen Revolver zu kaufen.‹ – ›Liebste, hättest du mir nur ein Wort gesagt!‹

Inbegriff des makabren Witzes ist der Kannibalenwitz. Er ist zugleich ein Musterbeispiel für die Beobachtung, daß der Witz von Verstößen gegen die Norm lebt. Und er ist ein Beispiel für den Konflikt zwischen Sittengebot und Triebanspruch: Im fernen Afrika erscheint es dem Witz zufolge noch möglich, was hierzulande die Sitte verbietet, nämlich seinen Mitmenschen zu schlachten und zu verzehren.

Die Kannibalen treffen sich zum Picknick. Jeder hat eine Brotzeit dabei: ein Beinchen, eine gut abgelagerte Schulter und so weiter. Einer brachte eine Urne. ›Was ist denn das?‹ staunen die anderen. ›Das kennt ihr nicht? Das ist das Neueste: Nes-Mensch!‹

Eine vierköpfige Delegation aus Afrika trifft in Bonn ein, um um Entwicklungshilfe zu bitten. Als sie dem Flugzeug entsteigen, zählt man: fünf Schwarze. – Einer ist die Marschverpflegung.

Es gibt sogar im heimischen Bereich kannibalische Tendenzen.

›Sag emal, Schäl, woröm beß do eigentlich nit op däm Gutshoff geblevve, dat wor doch esuen got Stell!‹
›Nä, Tünnes, pass op: Einmal eß et Päth engegange, do got et de ganze Woch Trapp-Trapp. Glich dorop got et tagelang türkisches Essen, weil d'r Sultan, dä große Hungk krepiert wor. Wie ävver e paar Dag drop de Schwiegermutter sturv, do han ich mich us dem Stöb gemacht!‹

Witzmoden sind heute international und zeichnen sich durch eine sehr rasche Verbreitung aus. Im Laufe der fünfziger Jahre kam es zuerst in Amerika zu einem neuen Typ von makabren Witzen (›sick jokes‹), die fast immer mit der Frage eines Kindes beginnen, z. B.: ›Mama – oder Papa – darf ich spielen gehen?‹

›Mutti, darf ich mit Großvater spielen?‹ – ›Nein, der Sarg bleibt zu!‹

In all diesen sogenannten Mutti-Witzen tritt ein Kollaps des Erwartungsschemas ein. Das verbietende Nein der Mutter fällt noch unter die nach dem Erwartungsschema zu erwartenden Konsequenzen, keineswegs aber das weitere: die enorme Diskontinuität von Erwartungsschema und Erwartungserfüllung macht demnach die Pointe dieses Witzes aus (Preisendanz, S. 28). Wiewohl ein Dialog zwischen Mutter und Kind, kommt es zu keinem richtigen Zwiegespräch. Die Antwort des travestierten Elternteils ist stets eine niederschmetternde Scheußlichkeit und enthüllt eine ganz andere als die harmlose Situation, die in der Frage des Kindes inbegriffen ist (G. Legman, S. 236). Ähnlich:

›Mutti, ich mag meinen kleinen Bruder nicht.‹ – ›Sei still, du ißt, was auf den Tisch kommt.‹

»Wieviel wiegen Sie bitte? Es ist wegen der Kochdauer.«

»Du weißt doch, daß der Arzt dir scharfes Essen verboten hat!«

Der makabre Witz

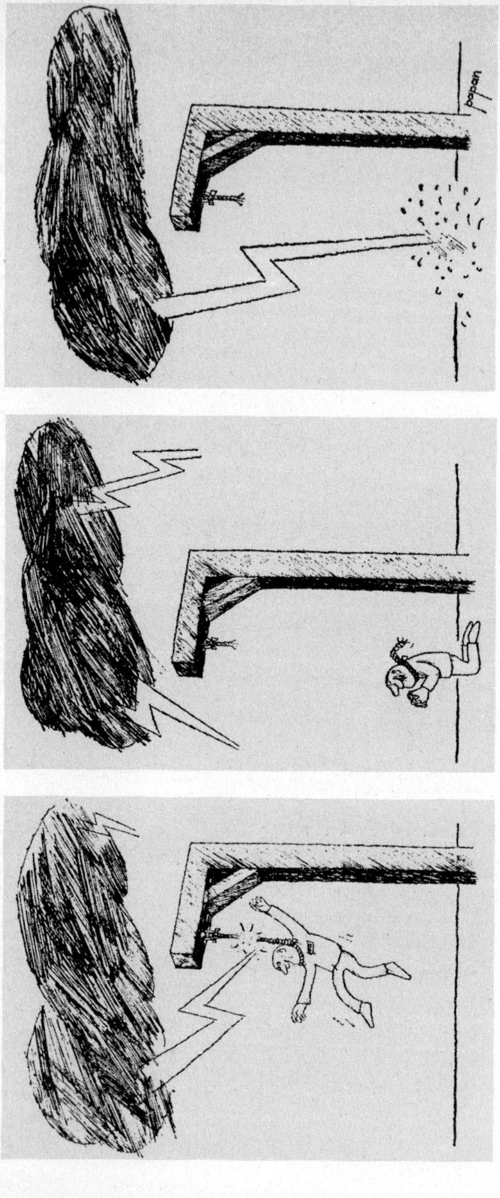

›Mami, ich mag nicht mehr im Kreis herumlaufen!‹ – ›Wenn du jetzt nicht still bist, nagle ich dir den anderen Fuß auch noch fest.‹

›Mama, ich habe Papa gefunden.‹ – ›Kind, du sollst nicht dauernd im Garten graben.‹

›Mami, ich will nicht nach Amerika!‹ – ›Sei still und schwimm weiter!‹

Eine andere Gruppe von Witzen betrifft Taktlosigkeit und seelische Grausamkeit gegenüber Sterbenden.

Ein Ehemann, der voller Sorge und Angst am Bett seiner todkranken Frau wacht, erhält von ihr den Rat, einen Augenblick spazieren zu gehen, da er so elend aussehe. Nach einer Stunde kommt er zurück, voll von Neuigkeiten. ›Sag mal, weißt du eigentlich, wer sich gerade verlobt hat?‹ fragt er seine Frau. Die Sterbende dreht sich mühsam um und schlägt die Augen auf: ›Wer?‹ – ›Ich!‹

Onkel Plum ist sehr krank, und der Doktor macht ein ernstes Gesicht. ›Erfüllen Sie ihm alle Wünsche‹, sagt er zu Tante Plüsch, ›er wird es nicht mehr lange machen.‹ – ›Hast du einen besonderen Wunsch?‹ fragt Tante Plüsch. Onkel Plums Äuglein leuchten auf und er flüstert: ›Cognac. Och, ne ganze Flasche!‹ ›Ja, du bekommst aber nur ein Glas‹, sagt da Tante Plüsch fest, ›das andere bleibt für den Leichenschmaus!‹

Mutter zu Fritzchen: ›Die Oma ist sehr krank. Geh und sag ihr etwas Nettes!‹ Der Kleine geht zum Bett: ›Soll ich bei deiner Beerdigung auf der Flöte spielen, Oma?‹

Man kann in solchen Fällen auch von brutalem Humor sprechen. Er handelt nicht selten auch von technischen Pannen, von abstürzenden Flugzeugen, von Fallschirmen, die sich nicht öffnen, oder vom Nicht-mehr-Funktionieren lebenerhaltender Maschinen.

Der Elektriker im Krankenhaus zum Patienten in der eisernen Lunge: ›Atmen Sie bitte tief durch. Ich muß für zehn Minuten den Strom abstellen!‹

Der Lehrer fordert die Kinder auf, etwas zum Basteln mitzubringen: Schrauben, Bolzen, Zahnräder, Federn. Am nächsten Tag breiten sie alles auf den Pulten aus. Fritzchen hat die auffälligste Ausbeute: ein chromglänzendes Gestänge mit einem Schlauch dran. ›Das ist aber schön‹, lobt ihn der Lehrer, ›woher hast du denn das?‹ – ›Aus der eisernen Lunge von meinem Opa!‹ verkündet Fritz. ›So‹, fragt der Lehrer verblüfft, ›was hat denn der Opa da gesagt?‹ – ›Och, der hat gar nichts mehr gesagt, der hat nur noch pfffffffft gemacht!‹

Das erste vollautomatische Raketenflugzeug startet. 4000 Passagiere sind an Bord. Der gigantische Apparat ist bereits in der Stratosphäre, da erschallt eine vertrauenerweckende Lautsprecherstimme: ›Meine Damen und Herren. Diese Maschine fliegt ohne Besatzung. Dies soll jedoch für Sie kein Grund zur Beunruhigung sein. Die Fernsteuerung wurde tausendmal erprobt. Sie fliegen mit einer Geschwindigkeit von 4000 Stundenkilometern und weitaus sicherer als von Menschenhand gesteuert. Entspannen Sie sich bitte und genießen Sie Ihren Flug. Es besteht nicht die geringste Gefahr, daß irgend etwas schiefgehen kann... schiefgehen kann... schiefgehen kann... schiefgehen kann...‹

Zwei Fallschirmspringer bei der NATO-Übung: ›Mensch, Hans, mein Fallschirm geht nicht auf!‹ – ›Macht nichts, ist ja nur Manöver!‹

Groteske Pietätlosigkeit gegenüber der Leiche gibt weitere Anlässe für makaber-grausame Witze.

Der Huberbauer ist gestorben. Eine halbe Stunde vor der Beerdigung stellt die Witwe mit Entsetzen fest, daß er in einem braunen Anzug beerdigt werden soll. Sie wendet sich händeringend an die Leichenfrau, weil ihr Mann sich im Testament ausbedungen hatte, daß er im schwarzen Hochzeitsanzug beigesetzt wird. Die Leichenfrau verspricht, ihr Möglichstes zu tun. Nach einer Viertelstunde war der Wunsch erfüllt. Auf die Frage der Witwe, wie das so schnell gegangen sei, kam die Antwort: ›Wenn es pressiert, vertauschen wir nur die Köpfe.‹

Klein-Erna ihr Opa ischa nu tot geblieben. Und wie Mama ihn aufbahrt, will sie ihm auch das klein Käppi aufsetzen, damit er auch so aussieht, wie im Leben. Und sie fummelt und fummelt, aber das klein Käppi rutscht immer wieder runter von die Glatze... Da kommt endlich der Herr von ›Pietät und Takt‹.
Und da sagt Mama denn zu ihm: ›Ach, Herr Pietät und Takt, ich fummel und fummel, aber das klein Käppi will nich sitzen, und Opa soll doch so aussehen wie in Leben!‹
Herr Pietät und Takt: ›Das wolln wir gleich haben, lassen Sie mir mal'n Augenblick mit die Leiche allein!‹
Und schon nach zwei Minuten holt er Mama wieder rein und sagt: ›Sieh' so, werte Frau!‹ Und richtig, Opa hat klein Käppi auf, akerat wie in Leben! Mama ischa ganz platt und sagt: ›Ach, Herr Pietät und Takt, wie haben Sie das bloß gemacht?‹ Herr Pietät und Takt: ›Das will ich Sie gern verraten... Klein Tapeziernagel!‹

›Frau Meier, Ihr Mann ist von einer Dampfwalze überfahren worden.‹ –
›Ich bin gerade in der Badewanne. Schieben Sie ihn bitte unter der Tür durch.‹

Komisch wirkt die Pietätlosigkeit bei der Überbringung der Trauernachricht, weil sie der Situation unangemessen ist. Erspartes Mitleid ist eine der häufigsten Quellen der humoristischen Lust (Freud, S. 188).

Pietätloser Mißbrauch mit der Asche eines Verstorbenen bildet dann ein weiteres beliebtes Thema des makabren Witzes.

Ein Mann ist gestorben, der in seinem Leben sehr faul gewesen ist. ›Bestattung oder Einäscherung?‹ fragt der Beerdigungsunternehmer. ›Verbrennung‹, antwortet die Witwe, ›und schicken Sie mir die Asche bitte ins Haus.‹
Als sie die Asche ihres arbeitsscheuen Mannes erhält, füllt sie sie in ihre Sanduhr und sagt: ›So, jetzt arbeite!‹

Es ist Winter. Auf dem Rückweg von der Trauerfeier im Krematorium kommt die schwäbische Trauergesellschaft in ein schlimmes Glatteis. Da sagt schließlich einer: ›Streu d'Kathrin!‹

Im Hamburger Milieu Klein-Ernas nimmt sich derselbe Witz wieder etwas anders aus:

Onkel Emil ischa nu auch tot geblieben, und Tante Frieda, Mama und Klein-Erna bringen nu die Urne vom Krematorium nach Ohlsdorf. Ischa'n ganz fürchterliches Glatteis! Andauernd rutscht Tante Frieda aus, und wie sie nu zum dritten Mal hinfliegt, macht sie die Urne auf und sagt ganz fünsch zu Klein-Erna: ›Nu is aber Schluß mit die Pietät, nu wird gestreut!‹

Der komische Konflikt mit der Pietät wird hier ganz offen als solcher benannt: ›Nu is aber Schluß mit die Pietät!‹ Es gibt ferner die witzige Replik bei der Kondolenz. Vom Trauernden erwartet man keinen Spott, auf eine Kondolenz keine Antwort oder gar Replik. Eine solche ist unerwartet und zündet daher doppelt. Komisch wirkt auch die Verletzung der von Sitte und Brauch vorgeschriebenen Trauerzeit. Es liegt hierbei der Bruch eines Tabus, einer Pietätsregel vor. Musterbeispiel hierfür ist noch immer die international verbreitete Schwankerzählung von der Matrone von Ephesus. Es ist auffällig, wie ein Witz oft sogar aus der aktuellen Trauersituation entsteht. Vor allem dann, wenn die Trauer überdehnt wird. Der Mensch ist unfähig, anhaltend zu trauern. Witz schafft eine persönliche Distanz zur Trauer.

Kaum war Konrad Adenauer, der erste Kanzler der Bundesrepublik Deutschland, gestorben, da erhob sich der Streit, wo er begraben

werden sollte. Die Rhöndorfer wollten ihn bei sich haben, denn da stehe sein Haus, in dem er gelebt habe und gestorben sei.
Die Kölner boten ein Staatsbegräbnis im Kölner Dom an. Die Bonner aber vertraten den Standpunkt, daß ein Bundeskanzler in der Bundeshauptstadt beigesetzt werden müsse. Der Streit kam vor den Bundestag. Da machte die SPD den Vermittlungsvorschlag, man sollte Adenauer nach Jerusalem überführen, weil er so viel für die jüdisch-deutsche Aussöhnung getan habe. Doch die FDP warnte: Dort ist vor langer Zeit schon einmal einer nach drei Tagen von den Toten auferstanden. Anfrage der CDU: ›Wer war das denn?‹

Galgenhumor

Es ist im Zusammenhang mit dem makabren Witz und dem sog. schwarzen Humor nun noch etwas zu sagen über den sog. ›Galgenhumor‹, d. h. das Lachen angesichts des Galgens. Der Begriff ›Galgenhumor‹ (engl. gallows's humor) selbst ist ziemlich jung und kommt nach dem Trübnerschen Wörterbuch erstmalig im ›Kladderadatsch‹ vom 24. September, Nr. 20, 1848 vor. Galgenhumor ist jene Geistesverfassung, in die Henker und Delinquent geraten, wenn von beiden erkannt wird, daß die Phänomene des Sterbenlassens und -müssens sie nicht mehr erschüttern (Albert Paris). Jean Paul spricht vom Humor als einem »unter Tränen lächelnden Knaben«. Beispiele finden sich häufig im sog. Verbrecherwitz. Zeit und Szene sind *die* unmittelbar vor der Hinrichtung.

Es war einmal ein Mörder zum Tod verurteilt worden. Als ihm gemeldet wurde, daß er den nächsten Tag geköpft werden solle, sagt er: ›Na, das is man gut, daß ich nicht gehängt werden soll, ich kann das Kitzeln am Hals nich vertragen.‹ Als er aber anderntags abgeholt werden soll, da schlägt er um sich und stößt den Schinderknecht mit den Füßen, daß der Henker sich an den Priester wendet. Da faltet der Pfaffe die Hände auf seiner Brust und sagt so recht treuherzig: ›Aber mein lieber Mann, nun tu mir doch den Gefallen und laß dich köpfen!‹ – ›Na, dann helpt dat nich‹, sagt der Kerl. ›Recht haben's. Ordnung muß sein, aber das soll mir nich wieder passieren.‹ Als er nun zum Schinderplatz geführt wird, fragt er: ›Was haben wir heute für nen Tag?‹ – ›Montag‹, sagt der Henker. ›Na, die Woche fängt gut an‹, und als das nun zu regnen anfing, schimpfte er: ›Das ist ja heut ein Malefizwetter‹, worauf der Schinder sagt: ›Sie habens gut, Sie brauchen den Weg bloß einmal zu machen.‹ Obwohl das nun nur so vom Himmel goß und plätscherte, kamen die Leute doch in Haufen zusammen, vor Neugierde. Da rief

der arme Sünder ihnen zu: ›Kinder, lauft nich so! Eh ich nich da bin, gehts ja doch nicht los‹, und als er dann auf das Schafott raufstieg, sagt er: ›Donnerwetter, das wackelt ja bannig, das ist ja ordentlich lebensgefährlich.‹
Der Pfarrer aber, der vor Aufregung mehr zittert als der arme Sünder, gibt ihm zum Abschied die Hand und sagt: ›Na, adschüs auch, leben Sie wohl‹, darauf flüsterte der Henker ihm zu: ›Entschuldigen Sie man, wenn Sie dat ein bißchen weh tut, dat's nämlich meine erste Hinrichtung.‹ – ›Na, meine auch‹, antwortet der Delinquent. In diesem Augenblick trifft die Begnadigung ein, und aus tiefster Seele ruft das Unglückstier: ›Na, das wird aber auch die höchste Zeit.‹ (Nach S. Neumann, Ranke-Festschrift, S. 252).

›Die Woche fängt ja gut an. . .‹ etc. Wenn wir diese Bemerkung hören, wird in uns Mitleid für den Verurteilten angeregt. Aber seine Gleichgültigkeit oder sein Stoizismus ersparen uns den Aufwand an emotionaler Energie – in diesem Fall das Mitleid (Grotjahn, S. 24).

In der letzten Phase des Krieges werden zwei Männer zum Tod verurteilt. Kurz vor der Hinrichtung teilt man ihnen mit, daß sie nicht erschossen, sondern gehängt werden sollen.
›Siehst Du‹, wendet sich der eine zum anderen: ›Nicht einmal Munition haben sie mehr!‹

Als der Räuber in der Todeszelle vom Pfarrer auf die Hinrichtung später am Tage vorbereitet werden soll, meint der Todeskandidat: ›Schönen Dank, Herr Pfarrer, aber bemühen Sie sich nur nicht! Morgen spreche ich mit Ihrem Chef selbst!‹

In England soll ein Mörder hingerichtet werden. Er darf seinen letzten Wunsch äußern. Meint der Mörder, daß er vom besten Scharfrichter und dem besten Schwert ins Jenseits befördert werden wolle. Dies wird ihm bewilligt. Mehrere gute Scharfrichter reisen an und führem dem Delinquenten ihr Können vor. Dessen Wahl fällt auf den Scharfrichter, der eine Feder in die Luft wirft und mit einem Hieb zerteilt.
Der Hinrichtungstag ist gekommen. Der Scharfrichter läßt sein Schwert in Richtung des aufrecht stehenden Mörders sausen. – Danach aber steht der Gerichtete weiterhin und sagt zum Scharfrichter: ›Das war doch keine Leistung, Sie haben mich ja gar nicht getroffen!‹ Antwortet dieser: ›Wieso? – Nicken Sie doch mal mit dem Kopf!‹

Der Verurteilte sitzt angeschnallt im elektrischen Stuhl, als ihn der Gefängnisdirektor fragt: ›Haben Sie noch einen letzten Wunsch?‹ – ›Ja, wenn Sie bitte meine Hand halten würden.‹

Diese Beispiele sind von recht verschiedener Tendenz und innerer Brisanz. Auch der Ausgang ist verschieden. Einige ältere Schwänke verlangen ein ›happy ending‹, einen glücklichen Ausgang in Gestalt einer im letzten Augenblick eintreffenden Begnadigung. In anderen Erzählungen wird die Hinrichtung vollzogen. Einige Erzählungen sind von grotesker seelischer Grausamkeit, andere beweisen echte Seelengröße, die das Ereignis des eigenen Todes in der Gewißheit von etwas Größerem und Ewigem für klein und unbedeutend erachtet. Einige Erzählungen sind nur frivol, unverfroren, kaltschnäuzig, zynisch, und genau besehen müßte einem dabei das Lachen vergehen oder im Halse stekken bleiben. Andere Erzählungen dagegen sind nicht leichtfertig, sondern zeigen eine Art Trotzreaktion auf die Angst. Angst schlägt wieder in Aggression um. Zynismus kann auch Stärke bedeuten und zum Ausdruck bringen: ›Wir können selbst das Schlimmste aushalten!‹ (vgl. Grotjahn, S. 58).

Der Unterlegene, das ist eben der Delinquent, das Opfer des Henkers, das nur noch wenige Augenblicke zu leben hat, wird zum Überlegenen. Die spöttische Gelassenheit des Verurteilten, die geistige Überlegenheit des Unterlegenen, wirkt hier befreiend. Einen komischen Konflikt löst sodann die stoische Ruhe oder gar Gleichgültigkeit angesichts einer lebensbedrohenden, tödlichen Gefahr aus. Zum Lachen-Können gehört immer ein gewisses Maß von Nichtbetroffenheit. Der tragische Humorist macht sich selbst zugleich zum Zuschauer; er kommt zu einer Distanz von sich selbst. »Der tragische Humor entwindet sich also der Bedrohung durch das Schicksal, indem er sich in die Distanz des Spieles begibt. Auch bei diesem Übertritt ist ihm freilich der Schmerz noch anzumerken, der ihn getrieben hatte« (H. Thielicke, S. 92).

Die Redensart ›mit einem lachenden und einem weinenden Auge‹ trifft genau die psychische Situation des tragikomischen Witzes. Im makabren Witz wie ebenso im grausamen Witz steht das Lächeln neben dem Schaudern, das aber ausgeschaltet wird. Bergson sagt: »Le rire n'a pas de plus grand ennemi que l'emotion... Il s'adresse à l'intelligence pure« (das Lachen hat keinen größeren Feind als das Gefühl... es wendet sich an unseren reinen Intellekt). Nietzsche spricht vom Witz, als dem »Epigramm auf den Tod eines Gefühls« (»Böse Weisheit. Sprüche und Sprichwörtliches«, Neudruck Berlin 1975, Nr. 43), und für André Breton ist der Schwarze Humor vor allem »L'ennemi mortel de la sentimentalité« (der Todfeind der Sentimentalität; vgl. K. G. Simon, S. 59). So ist der makabre Witz paradox und gewinnt sein besonderes Wesen durch die Mischung gegensätzlicher Gefühle. Obgleich die Vernichtung des Lebens an sich nicht komisch ist, kann der Zuschauer doch sozusagen noch dem Tod ins Gesicht lachen.

Der skatologische Witz. Anal- und Fäkalkomik

Der Fäkal-/Analwitz oder skatologische Witz (von griechisch skor, Genitiv skatos: die Exkremente, der Dreck) verletzt das Gebot der Sauberkeit; er durchbricht das Tabu, das normalerweise über allem Unanständigen liegt, hier speziell hinsichtlich der menschlichen Ausscheidungen. Der Fäkalwitz ist im besonderen Maße vulgär, unflätig und unappetitlich. Der skatologische Witz umfaßt auch den Ekelwitz, dessen Funktion darin besteht, sich gegenseitig den Appetit zu verderben. Am lautesten und derbsten ist gewöhnlich das Lachen, das erregt wird durch einen Hinweis auf die Verdauungsorgane, ihre Funktionen und Exkremente. Schon der einfachste Hinweis auf den Abort, das Bade- oder Schlafzimmer, auf einen Nachttopf, auf die Phasen des Verdauungsprozesses, den Stuhlgang, das Pissen, die Defäkation, vermögen einfache Gemüter, insbesondere aber auch Kinder, zu schallendem Gelächter zu bewegen. Thomas Mann spricht einmal von der »lustvollen Begier nach dem Ekelhaften«.

Schon die volkssprachlichen Bezeichnungen für die Exkremente sind in einer gehobenen Umgangssprache tabuiert. Aus der Durchbrechung des Tabus durch den einfachen Mann entsteht die Komik für den Zuhörer. Sie beruht häufig nicht nur auf dem Wortwitz, sondern auf dem Mißverhältnis von vulgärer und gehobener Ausdrucksweise.

> In eine ländliche Apotheke kommt ein kleiner Junge und sagt: ›Mien Mudder hätt de Schieteree.‹ – ›Aber Junge‹, sagt der Apotheker, ›da drückt man sich doch etwas anständiger aus und sagt: sie hat die Diarrhö oder den ›langen Gang!‹ – ›Jo, den hätt se ok vullscheeten!‹

Beim skatologischen Witz besteht die Komik oft darin, daß das schmutzige, Anstoß erregende Wort nicht ausgesprochen werden muß, aber doch suggeriert wird.

> Betriebsunfall in einer Fabrik. Zwei Werksangestellte sind tödlich verletzt. Der eine heißt Kampf, der andere Runge. Der Pfarrer krönt seine pathetische Leichenrede: ›Kampf, du hast ausgekämpft. Runge, du hast ausgerungen.‹
> Ein Kumpel zum anderen: ›Der darf aber meine Beerdigung nicht halten, ich heiße Schiess (andere Version: Vogel).‹

Hierher gehören auch bestimmte Verse, die ein skatologisches Wort als Reim erwarten lassen, das aber nicht ausgesprochen wird:

> Amsel, Drossel, Fink und Meise
> und die ganze Vogelschar

Rosen, Tulpen und Narzissen,
das ganze Leben ist ... ein Traum

oder, in einen Text eingekleidet:

Klein-Erna soll in der Schule ein Gedicht aufsagen:

Ein Fischer saß am Elbestrand
und hielt 'ne Angel in der Hand.
Er wollte fangen einen Barsch,
das Wasser ging ihm bis zum Knie.

Der Lehrer meint: ›Aber Klein-Erna, das reimt sich doch gar nicht?‹ – ›Na‹, meint Klein-Erna, ›dann warten Sie man, bis die Flut kommt.‹

Wo skatologische Komik noch im Witzgut der Gegenwart eine Rolle spielt, da wird sie meist in ein rückständig-unterentwickeltes, bäuerliches oder in ein armselig-proletarisches Milieu verlegt. Im Hamburger Klein-Erna-Witz wie in Tünnes und Schäl-Witzen kommt das skatologische Element verhältnismäßig häufig vor, weil beide Witzgruppen im kleinstbürgerlichen Milieu angesiedelt sind. Sodann spielen skatologische Witze eine unverhältnismäßig große Rolle in den schwäbischen Gôgenwitzen, den Erzählungen von der Tübinger Urbevölkerung. Auch hier verspottet man rückständige sanitäre Einrichtungen einer Kleinstadt oder einer sozial unterprivilegierten Schicht. Es gibt weiterhin im kindlichen Witz, ebenso im Kinderreim, wie ihn P. Rühmkorf und E. Borneman erschlossen haben, eine ungeheure Freude an der Fäkalkomik.

Fritzchen passiert etwas Allzumenschliches. Die Mutter schimpft: ›Daß mir das nicht nochmals passiert!‹ Fragt Fritzchen: ›Ach, dir is det passiert? Un ick dachte schon, det war ick!‹

Fäkalkomik ist nicht selten mit sozialer Über- und Unterlegenheit verbunden. Für das Kind ist es komisch, wenn seiner Mutter oder seinem Lehrer ein ›Malheur‹ passiert. Die umschreibende Formulierung ›wo auch der Kaiser zu Fuß hingeht‹ ist ebenfalls aus der Untertanenperspektive gesehen.

Nach S. Freud besteht in der frühkindlichen Entwicklung eine Lust an den Vorgängen der Verdauung. Die ›normale‹ Reaktion von Erwachsenen gegenüber allem, was mit den Exkrementen zu tun hat, ist die des Ekels. Über die Erziehung wurden beim Erwachsenen Schranken aufgebaut, die die ursprüngliche Lust in ihr Gegenteil wendet, eben den Ekel. Nur unter besonderen Bedingungen kann diese Lust auch beim erwachsenen Menschen wieder aktiviert werden, wie z. B. unter der Bedingung der Komik. Die komische Wirkung der Fäkal-

Manneken Pis/Toiletten-Witz

»Ein Doppelzimmer für mich und meine Mutter!«

»Ein Einzelzimmer bitte!«

witze beruht auf der Wiedererschließung verlorengegangener frühkindlicher Lustquellen.

In der älteren Schwankliteratur – man denke nur an die Erzählung von Neidhart mit dem Veilchen, an Autoren von Bebel bis Hans Sachs – spielt das skatologische Element eine ungleich größere Rolle als im modernen Witz. Es sind vor allem die Stadtbürger, die sich lustig machen über den Bauern, der noch immer seine Notdurft im Stall oder im Freien verrichtet. Noch das Brüsseler ›Manneken Piß‹ ist ein skatologischer Witz (zugleich verbunden mit Nackthumor), den sich verschiedene Städte geleistet haben auf öffentlichen Brunnen, wo solche Figuren immer wieder Bewunderung und Lachen erregen. Auch ein Theaterstück wie Friedrich Dürrenmatts »Herkules und der Stall des Augias« beruht auf Fäkalkomik. Es lassen sich schließlich auch ethnische Unterschiede feststellen. Man hat z. B. beobachtet, daß die Deutschen für das Skatologische im Humor weit empfänglicher sind als andere Völker. Das ist zweifellos eine Reaktion auf übermäßig strenges oder frühes ›Toilettentraining‹, auf die Härte und das Zwanghafte im Erziehungssystem und eine Reaktion auf den Reinlichkeitskomplex (Vgl. G. Legman, S. 19).

Der sexuelle Witz

Inhalt des sexuellen Witzes sind komische Konflikte zwischen den Geschlechtern, oder speziell: komische Situationen im Geschlechtsleben. Sex-Witze sind wie kaum ein anderes Gebiet der Erzählforschung vorwiegend mündliche Überlieferung, weil die besten und treffendsten Stücke nicht gedruckt werden. Wie keine andere Witzart durchbricht nämlich der sexuelle Witz Tabus – Handlungs- und Worttabus –, d. h., er erzählt von Dingen, über die man normalerweise nicht spricht oder die man nicht tut. Im sexuellen Witz ist der Lustgewinn um so höher, je stärker die Tabus sind, die dabei überwunden werden. Eine Komik der sexuellen Beziehungen entsteht vor allem dort, wo die dafür vorgesehenen gesellschaftlich legitimierten Wege verlassen werden. Das gilt zunächst vor allem für jede Form und Variante von Ehestreit und Ehebruch, für Aggressionen zwischen Mann und Frau. Es gilt darüber hinaus für alle als normwidrig geltenden sexuellen Praktiken, für Gruppensex, Prostitution, Homosexualität, Sodomie etc. Oft schätzt auch eine komische Figur ihre Möglichkeit sexueller Betätigung vollkommen falsch ein (z. B. bei den Potenz- und Impotenz-Witzen). Der sexuelle Witz greift aber nicht nur das Normwidrige an, sondern er greift durch die Schilderung des Normwidrigen auch die Norm selbst an. So sind Ehebruchwitze Aggressionen gegen die Institution der Monogamie. Schilderungen von gesellschaftlich mißbilligtem und verpöntem Sexualverhalten können auch Normverletzungen aufgreifen, die unbewußt als wünschenswert erscheinen. In jedem Fall beruht die Komik des sexuellen Witzes auf einer Kollision individueller Triebbedürfnisse mit gesellschaftlich verbindlichen Verhaltensnormen.

Ehebruch ist ein durchgehendes Thema vom älteren Schwank bis zum Gegenwartswitz. Aber nicht nur deshalb, weil es sich hier um ein überall vorkommendes und allgemein menschliches Geschehen handelte; vielmehr lassen sich bei der Behandlung der Ehebruchsthematik gewichtige Entwicklungen und Akzentverlagerungen beobachten. Die traditionellen Ehebruchschwänke belustigen auf Kosten des betrogenen Ehemanns. Sie bilden eine Art psychologisches Ventil innerhalb gesellschaftlicher Verhältnisse, in denen Ehen nicht aufgrund natürlicher Zuneigung, sondern aufgrund von Konventionen geschlossen wurden. Es ist klar, daß man von einem Ehebruch-Schwank nur dort sprechen kann, wo es die Einehe als eine Norm gibt, die die lachenerregende Erzählung verletzt. Man lacht über den gehörnten Ehemann, über den Hahnrei; doch das Hauptinteresse in diesen Geschichten liegt bei der Frau. Ehebruch der Frau ist ›komischer‹ als der des Mannes, vermutlich wohl deshalb, weil er als seltener und weniger selbstverständlich gilt. Die unterschiedliche Auffassung des Ehebruchs bei Mann und Frau ist von sozialgeschichtlichem Interesse. Der Schwank jedenfalls faßt primär nur den außerehelichen Geschlechtsverkehr der Ehefrau mit einem fremden Mann als Ehebruch auf. In einer patriarchalischen Welt ist die Frau in der Obhut des Mannes; sie ist sozusagen sein Eigentum. Mit dem Ehebruch verletzt die ehebrecherische Frau das Eigentumsrecht des Mannes. Der ehebrecherische Mann, soweit er mit einer Unverheirateten außerehelichen Verkehr hat, verletzt keine Eigentumsrechte. Nur Normverletzungen aber schaffen die nötige Spannung für komisches Geschehen. Und einen Ehebruch des Mannes gibt es erst in neueren Geschichten: im Witz. Der ältere Ehebruchschwank zielt auch nicht nur aufs Lachen. Er ist darüber hinaus eine moralisch-beispielhafte Erzählung, indem er zeigt, wie die Frau wieder unter die Herrschaft des Mannes zurückgebracht wird.

Der ältere Ehebruchschwank ist im wesentlichen auf Situationskomik aufgebaut. Man denke an den zurückkehrenden betrogenen Ehemann im Korb des Krämers im Schwank vom ›alten Hildebrand‹ (KHM 95), oder an die Rolle der buhlerischen ›Mönche von Kolmar‹, die in den kochenden Wasserbottich hüpfen, um sich zu verstecken. Das alles ist ausgesprochene Situationskomik, während der neuzeitliche Ehebruchwitz kurz ist und auf den Wortwitz, auf die schlagfertige Replik aufbaut.

Aber auch die Rolle der Personen ist im älteren Schwank eine andere als im zeitgenössischen Witz. Sie sind allesamt Typen und durch gegensätzliche Charaktereigenschaften gekennzeichnet: häßlich – schön, klug und listig – dumm, treu – treulos, geizig – großzügig, brutal – schwächlich, eifersüchtig – gutgläubig, jung – alt, potent – impotent (vgl. K. Roth). Immer geht es um Gegensätze und Unverhältnisse von Mann und Frau in körperlicher wie intellektueller Hinsicht. Im Verlachen sexueller und intellektueller Defekte liegt die eigentliche Funktion der Ehebruchsschwänke. Zielscheibe des Spotts sind typische Defekte wie die Impotenz des Alten, die Dummheit des Bauern, die Geilheit des Pfaffen, die sexuelle Unzulänglichkeit des Schneiders, die Hahnreischaft des Ehemannes, die Gutgläubigkeit des Liebhabers. Mit anderen Worten: es geht im Schwank nicht um eine wirkliche Korrektur des sozialen und sittlichen Verhaltens. An der Korrektur des Defekts kann ihm kaum liegen (K. Roth). Das Witzige ist ja auch nie der Ehebruch selbst, sondern das listige Handeln, mit dem die Geschlechtspartner den Überzähligen ausmanövrieren. Nicht die Tatsache des Ehebruchs, sondern das ›wie‹ interessiert: Wie die gewitzte Ehefrau ihren Mann überlistet, wie der Liebhaber entwischt, wie der Ehemann die Ehebrecher ertappt und bestraft.

Grundmuster aller komischen Ehebruchserzählungen ist das Dreiecksverhältnis: Ehemann-Ehefrau-Ehebrecher(in). Obwohl jede dieser drei Personen eigene, persönliche Ziele verfolgt, wird dieses Dreiecksverhältnis in den Schwänken und Witzen stets reduziert auf ein Zweierverhältnis: Jeweils zwei gehen für eine gewisse Zeit gegen den dritten eine ›Koalition‹ ein. Hieraus resultiert eine begrenzte Zahl von Konstellationen; z. B. der Ehemann steht in Opposition zu Ehefrau und Liebhaber, oder: die Ehefrau steht in Opposition zu Ehemann und Geliebtem. Der eine Partner übernimmt die Rolle des Ordnungsstörers, der andere die des Ordnungshüters (K. Roth).

Die Reaktion auf Ehebruch im älteren Schwank ist: Rache am Ehebrecher (Die Mönche von Kolmar verbrühen sich; der Pfarrer wird geprügelt und verjagt etc.). Eine neuzeitliche Reaktion könnte die Ehescheidung sein. Aber sie wäre nicht witzig. Eine witzige, weil eben nicht erwartete Reaktion ist dagegen: Gleichgültigkeit. Ehebruch kann im modernen Witz vor allem dann in einen komischen Konflikt geraten, wenn er nicht zu einem Scheidungsgrund führt.

Der Bankdirektor lebt in glücklicher Ehe mit seiner schönen Frau. Eines Tages nimmt ihn ein alter Freund beiseite. ›Wirklich, du mußt blind und taub sein; weißt du denn gar nicht, was um dich vorgeht? Deine Frau hat doch vier Liebhaber!‹ – ›Nu wenn schon; ich bin doch lieber beteiligt mit 20 Prozent an einer guten Sache, als mit 100 Prozent an einer miesen!‹

Witzig wirkt hier die bloß materielle Auffassung der Ehe. Auch enthält diese Erzählung eine Aggression gegen die bürgerliche Konventionsehe, die nicht auf Liebesheirat gegründet ist. Der Witz bedeutet zugleich eine Art Verharmlosung des Ehebruchs: das Schlimme wird belächelt und noch die gute Seite dabei gesehen. Im Unterschied zu den Ehebruchschwänken des 15.–16. Jahrhunderts wird der Ehebruch im heutigen Witz fast beiläufig behandelt. Die gesellschaftlichen Probleme entstehen nicht durch den Ehebruch selbst, sondern durch seine Begleitumstände.

Eine Freundin findet die andere in Tränen aufgelöst: ›Was ist denn passiert?‹
›Mein Mann hat mich mit unserer Haushaltshilfe verlassen.‹
›Mach dir doch deshalb keine Sorgen – wir geben eine Anzeige auf, und du findest bestimmt ein neues Mädchen.‹

Witzig wirkt hier die Akzentverschiebung gegenüber der Erwartung. Der ältere Schwank schildert bedächtig die Entwicklung, die ein Liebesverhältnis außerhalb der Ehe, ein Dreieck-Verhältnis nimmt, bis es schließlich zu einer komischen Situation kommt. Der Ehebruch-Witz der Gegenwart greift nur eine Szene heraus, und er setzt gewöhnlich gleich beim Höhepunkt einer Ehebruchsgeschichte ein, nämlich bei seiner Entdeckung durch den Ehepartner. Eine große Zahl von Ehebruchwitzen springen gleich in diese Situation hinein, in der der Ehebrecher in flagranti im Ehebett des Partners erwischt wird. Aber es ergibt sich nun eben keine tragische Situation, sondern eine komische, bei der der Hahnrei oder der betrogene Partner selten die Lacher auf seiner Seite hat. Im Gegenteil, ebenso wie im alten Ehebruchschwank wird er verlacht und verspottet. Der Ehebrecher findet eine witzige Ausflucht, der Betrogene wird noch ein weiteres Mal betrogen, er wird abgelenkt, er ist zu dumm die Situation zu durchschauen, obwohl sie eindeutig ist. Aus all diesen In-flagranti-Situationen zieht der Witz seine komischen Pointen.

Ein vielbeschäftigter Manager kommt ausnahmsweise schon früh am Nachmittag nach Hause. Da er den Hausschlüssel vergessen hat, läutet er an der Türglocke. Nach einiger Zeit öffnet seine sehr knapp bekleidete Frau.
›Wie siehst du denn aus?‹ meint erzürnt der Mann.
›Wie soll ich denn aussehen, ich habe ja nichts anzuziehen!‹
Der erboste Ehemann rast die Treppen hinauf, öffnet den Kleiderschrank, um seiner Frau den vollen Inhalt zu zeigen und schreit: ›Hier, bitte, ein gelbes, ein grünes, ein blaues, drei Hosenanzüge, fünf Abendkleider, guten Tag Heinz, drei Reisekostüme, acht Bikinis!‹

Der ehebrecherische Partner verwickelt sich in Widersprüche, seine Verteidigung wird zur Selbstanklage.

Der Gatte, Vater von vier Kindern, äußert einen schrecklichen Verdacht: ›Hör, Sara, mir scheint, der Dovidl ist nicht von mir!‹
›Wie kannst du so etwas behaupten?‹ entrüstet sich die Frau, ›gerade der Dovidl ist von dir!‹

Die schlagfertige Antwort des in flagranti Erwischten ist Quelle unendlich vieler Witze:

Der Chef kommt nach einer längeren Geschäftsreise wieder nach Hause. Im Schlafzimmer überrascht er seine Frau mit dem Buchhalter seines Betriebes. Zunächst peinliches Schweigen, dann brüllt der Direktor seine Frau an: ›Was macht dieser Mensch hier bei dir?‹ – ›Er arbeitet deine Rückstände auf.‹

Ein Mann überrascht seine Frau, wie sie mit einem anderen im Bett liegt und beginnt, ihr eine Szene zu machen. Mitleidsvoll guckt sie ihren Ehemann über die Schulter des Liebhabers hinweg an und sagt: ›Willst du wohl deinen Mund halten? Sieh lieber zu und lern von ihm!‹

Das ist nicht nur eine schlagfertige Reaktion, sondern eben die Antwort einer sexuell frustrierten Frau. Der Ankläger wird zum Beschuldigten, der Fehltritt zur logischen Notwendigkeit.

›Du, stell dir vor‹, meinte Olga zu ihrer besten Freundin, ›dein Mann betrügt dich!‹
Die Freundin lacht und sagt geringschätzig: ›Ich weiß, daß mich mein Mann betrügt. Ich weiß, wann er mich betrügt, wo er mich betrügt. Ich weiß, wie lange er mich schon betrügt. Ich weiß sogar, mit wem er mich betrügt. Nur eines kann ich mir nicht recht vorstellen, nämlich, womit er mich betrügt!‹

Der Witz geht soweit, daß er Liebe innerhalb der Ehe für praktisch unmöglich hält.

Ein Herr verlangt ein Paar Damenstrümpfe.
Fragt die Verkäuferin: ›Für Ihre Gattin – oder darf es etwas Besseres sein?‹

Im Zusammenhang mit den Untersuchungen des Professors Kinsey über die Sexualprobleme wurde in einer kleinen Stadt auch die Frau eine Rechtsanwaltes gefragt:

›Was halten Sie von der Liebe?‹
›Liebe?‹ sagt die junge Frau langsam. ›Ich weiß gar nicht, was das ist.‹
›Aber gnädige Frau...?‹

›Wirklich, so ist es – ich habe meinen Mann nämlich noch nicht ein einziges Mal betrogen. . .‹

Der Witz rechtfertigt den Ehebruch, weil er nur außerhalb der lebenslänglichen Fessel durch die Ehe Liebe für möglich hält. Die durch ihre Liebe und ihr körperliches und geistiges Zueinanderpassen für einander bestimmten Paare sind im Recht gegenüber der Konvention.

Im Unterschied zum Schwank halten sich im Witz Ehebruch der Frau und des Mannes die Waage. Die Institution der Ehe bedeutet jedenfalls hier auch für den Mann eine Beschneidung seiner sexuellen Freiheit. Aber auch für die Frau wird Ehebruch nicht zu einer schnell zu vergessenden oder zu bereuenden Tat, sondern zu einer Schule des Lebens, zu einem weitreichenden Lustgewinn, zur angenehmen lebenslangen Erinnerung.

Eine Neunzigjährige beichtet: ›Hochwürden, ich habe Ehebruch getrieben.‹

›Aber Oma‹, sagt der Pfarrer, ›das muß doch mindestens ein halbes Jahrhundert her sein.‹

›Schon‹, sagt sie, ›aber ich rede so gern darüber.‹

Der Ehebruchwitz kann sich zum doppelten Ehebruch steigern. Die Pointe besteht dann in der Aufhebung der Aggression dadurch, daß beide Partner sich nichts vorzuwerfen haben.

Ein Ehepaar liegt schlafend im Bett. Sie schreckt plötzlich aus dem Traum auf und ruft mit schriller Stimme: ›Mein Mann kommt!‹, worauf ihr Mann aus dem Bett springt und sich im Schrank versteckt.

In anderen Ehebruchwitzen besteht die Komik darin, daß der Betrüger selbst zum Betrogenen wird.

›Gestern abend komme ich spät nach Hause. Die Haustür wird geöffnet, ich denke, es ist das Dienstmädchen und will es küssen.‹

›Ja und weiter?‹

›Aber es ist meine Frau! Sie schiebt mich sanft zurück und sagt: Nicht jetzt Schatzi, mein Mann kann jeden Augenblick nach Hause kommen.‹

Sieht man von dem weiten Feld der Ehebruch- und Ehestreit-Thematik ab, die Schwank und Witz gemeinsam sind, so sind doch viele andere sexuelle Themen eben nur im neuzeitlichen Witz möglich. Im Schwank der älteren Zeit wäre es noch undenkbar gewesen, davon überhaupt zu sprechen. Es ist selbstverständlich, daß vor allem auch der Moment der Eheschließung selbst Anlaß für den Witz ist. Es sind die Hochzeitsnachtwitze, oder ganz allgemein der erste Geschlechtsverkehr, die Defloration. Die Akzente und Möglichkeiten des Witzes sind dabei sehr verschieden. Der Hochzeitsnachtwitz ist nicht nur einfach Schilderung von sexuellen Vorgängen. Nicht das Voyeur-Spielen bringt die Pointe. Es interessiert sozusagen weniger das Normale, sondern die Pannen, das Abnormale, Spannungen, Konflikte und Überraschungen, die sich bei dieser wichtigen Begegnung abspielen, wenn die Hochzeitsnacht z. B. bis dahin verborgene körperliche Defekte entblößt.

Eine junge Engländerin stellt auf der Hochzeitsreise voll Entsetzen fest, daß ihr Mann nur ein Bein hat. Sie telegraphiert ihrer Mutter: ›My husband has only one foot.‹ Ihre Mutter telegraphiert zurück: ›Be happy, my husband has only three inches.‹

Die Neuvermählten ziehen sich zum erstenmal gemeinsam in ihrem Hotelzimmer aus. Der Ehemann merkt, daß seine junge Frau ihn mustert. Er bietet seinen Mannesstolz auf, reckt die Brust heraus, schlägt mit den Fäusten dagegen und sagt: ›Hundertneunzig Pfund Dynamit!‹ – ›Ja‹, sagt die Frau. ›Mit einer drei cm langen Zündschnur.‹

Der junge Ehemann steht im Hochzeitsappartement nackt vor dem Spiegel und bewundert sich. ›3 cm mehr, und ich wäre ein König‹, sagt er stolz. ›Ja‹, sagt die Braut, ›3 cm weniger, und du wärst eine Königin.‹

Das unerschöpfliche Potenz-Thema ›wie oft‹ taucht natürlich besonders in den Hochzeitsnacht-Witzen immer wieder auf. Nicht selten offenbaren sie ein sexuelles Inferioritätsgefühl des Mannes gegenüber der Frau. Die Frau ist potentiell immer potent, der Mann potentiell immer impotent (Grotjahn, S. 54).

Elterliche Ratschläge vor oder nach der Hochzeit sind eine weitere häufige Thematik.

Der Vater erteilt der heiratslustigen Tochter guten Rat: ›Dein Zukünftiger soll sparsam sein; das ist die Grundlage der guten Ehe. Er soll nicht zu gescheit sein, dann hast du's leichter; vor allem aber muß er bei der gegenwärtigen Umweltverschmutzung einen Sinn für Hygiene haben!‹
Nach kurzer Zeit kommt die Tochter und erklärt dem Papa: ›Ich habe den Richtigen gefunden. Er hat seine Sparsamkeit bewiesen, indem er mich die Zeche bezahlen ließ und mit mir dann in ein Hotel ging und nur ein Einbettzimmer bestellte. Und ein bißchen dumm ist er auch: Als ich ins Bett ging, schob er mir das Kopfkissen nicht unter den Kopf, sondern unters Kreuz. Und hygienisch ist er: als er ins Bett kam, hatte er seine Lanze ganz in Zellophan verpackt!‹

Ein junges rheinisches Mädchen soll heiraten. Seufzend beschließt

die Mutter, sie aufzuklären. Als es jedoch soweit ist, sagt sie nur kurz entschlossen: ›Mach mer nur kein Jedöns. Do bes om Land opjewachse, do weiß wie die Henne et mache, und dat jenügt.‹
Die Heirat findet statt, die Hochzeitsnacht kommt heran, und der junge Ehemann findet seine frisch angetraute Frau im Bett liegen mit einem dicken Turban um den Kopf. Auf seine verblüffte Frage erklärt sie ihm: ›Du kanns met mir mache, wat de wills. Ävver die Pickerei om Kopp verdrach ich nit!‹

Obwohl konventionelle Sitte die Unberührtheit der Braut und ebenso auch die Keuschheit des Bräutigams bis zur Hochzeit fordert, ist eben die Unerfahrenheit eines Partners oder auch beider Partner in der Hochzeitsnacht, oder auch Dummheit und Unkenntnis in Eroticis die Quelle unzähliger Witze.

Am Morgen sieht sich die frischgebackene Braut ihren Mann noch einmal von oben bis unten an, und plötzlich beginnt sie bitterlich zu weinen.
›Was ist denn los, Schatz?‹ fragt besorgt der Ehemann.
›Schau doch mal hin‹, schluchzt die Frau erneut. ›Jetzt haben wir alles gleich in der ersten Nacht aufgebraucht!‹

Ebenso unerwünscht ist die sexuell zu erfahrene Braut, die so tut, als sei sie unerfahren, dann aber doch durch eine unbedachte Äußerung oder Handlung sich als schon sehr abgebrüht und abgegriffen offenbart. Auch der Mann kann der Unerfahrene sein, und seine Dummheit kann sich bis ins Groteske steigern.

Ein Trottel, der nicht weiß, was er in der Hochzeitsnacht zu tun hat, wird ermahnt, ›den Tieren zuzuschauen‹. Am nächsten Morgen beklagt sich die Neuvermählte: ›Ach, es war schrecklich. Er hat immerzu nur an meinem Hintern geschnuppert und den Bettpfosten angepinkelt.‹

Natürlich interessieren die sexuellen Verhaltensweisen der ersten Nacht: Was kann sich ein Paar, das zum erstenmal zusammen schläft, schon alles leisten? Raffiniertere sexuelle Techniken unterliegen wohl einem gewissen Tabu der öffentlichen Erörterung, und es wirkt witzig, wenn sie verschlüsselt doch offenkundig werden, ohne daß sie direkt ausgesprochen zu werden brauchen. Hier wirkt die ›Ersparnis‹ witzig.

›Wie ist der Unfall denn passiert?‹ fragte der Arzt den jungen Ehemann. ›In der Hochzeitsnacht ist der Kronleuchter, der über unserem Bett hängt, heruntergefallen!‹ – ›Na, zum Glück haben Sie ja nur ein paar Kratzer am Hinterteil!‹ – ›Ja, ich kann von Glück reden, Herr

Die männliche Unterlegenheit

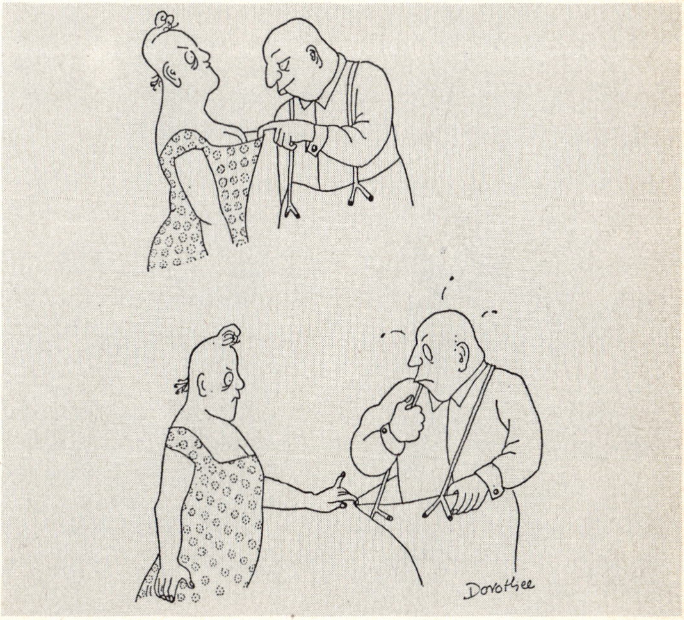

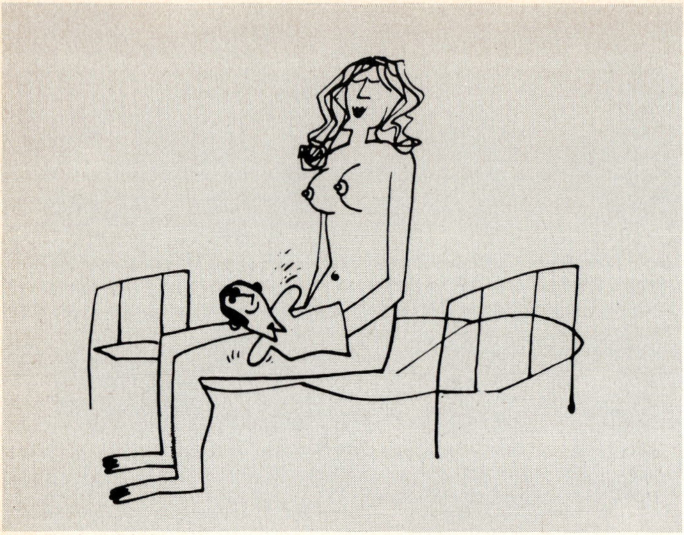

»Genug, Eva!«

Doktor! Eine Minute später, und das Ding hätte mir den Schädel eingeschlagen!‹

Der Horcher oder Voyeur an der Tür des neuvermählten Paares wird Zeuge ungewöhnlicher Praktiken oder er mißversteht das, was er hört oder sieht.

Drei Töchter heiraten alle am selben Tag. Die Eltern horchen an den Schlafzimmertüren. Sie hören die erste Tochter lachen, die zweite weinen, und die dritte ist stumm. Am nächsten Morgen fragen sie, warum. Die erste Tochter: ›Ihr habt mir immer gesagt, ich soll lachen, wenn mich etwas kitzelt.‹ Die zweite Tochter: ›Ihr habt mir immer gesagt, ich soll weinen, wenn mir etwas weh tut.‹ Die dritte Tochter: ›Ihr habt mir immer gesagt, ich soll den Mund halten, wenn ich ihn voll habe.‹

Selbstverständlich kann es bei einem jungen Paar Mißgeschicke geben, und sie sind eine Quelle immer neuer Witze.

Er: ›Wenn ich gewußt hätte, daß du noch unberührt bist, hätte ich mir etwas mehr Zeit genommen.‹
Sie: ›Wenn ich gewußt hätte, daß du dir etwas mehr Zeit nehmen wolltest, hätte ich mir vorher meine Strumpfhose ausgezogen.‹

Die Rückkehr an den Ort der Flitterwochen kommt in vielen Witzen vor. Die Wiederkehr des Hochzeitstages, der Jahrestag, der zehnjährige Jahrestag, die silberne oder goldene Hochzeit sind dabei häufig der Anlaß, insbesondere durch den komischen Kontrast von einst und heute, den die Erinnerungen an diesen Tag aufkommen lassen. Fast immer handelt es sich dabei um Impotenz-Witze, die aber eine Gruppe für sich bilden. In vielen Witzen geht es um den Konflikt zwischen Anspruch und Erfüllung, Wunsch und Wirklichkeit auf sexuellem Gebiet.

Es gibt zwei große Enttäuschungen im Leben eines Mannes: Das erste Mal, wenn es das zweitemal nicht mehr klappt, und das zweite Mal, wenn es das erstemal nicht mehr klappt.

Wann ist eine Frau verlegen? –
Viermal:
1. beim ersten Mal, das zweite Mal, wenn sie es das erste Mal mit einem anderen Mann tut als mit ihrem eigenen; das dritte Mal, wenn sie zum ersten Mal Geld dafür nimmt, und das vierte Mal, wenn sie zum ersten Mal dafür bezahlen muß.

Der achtzigjährige Sami hat die achtzehnjährige Rebekka geheiratet, und siehe da: es stellt sich Nachwuchs ein. Darob recht verwundert, geht Sami zum Rabbi; wie so etwas möglich sei?

›Ein Wunder!‹ – ›Ein Wunder?‹ – ›Nun, ist das Kind von dir, dann ist's ein Wunder. Und ist es nicht von dir – ist's ein Wunder?‹

Impotenzwitze spielen nicht selten in der ärztlichen Sprechstunde.

Ein Herr, bereits über 50 Jahre alt, heiratet ein um 25 Jahre jüngeres Mädchen. Vor dem Beginn seiner Flitterwochen berät er sich mit seinem Hausarzt wegen eines Stärkungsmittels. Der Arzt überlegt lange, was für seinen Patienten wohl das Richtige wäre. Dann spritzt er ihm ein Stierhormon.
Nach längerer Zeit trifft der Doktor den frischgebackenen Ehemann wieder und fragt lächelnd:
›Haben die Hormone gewirkt? Hat sich schon ein Stammhalter eingestellt?‹
›Nein‹, erwidert der Patient nüchtern. ›Dafür aber Hörner!‹

Vermutlich nur die Kehrseite desselben Problems ist die Potenzprahlerei. Sexuelle Protzerei entspringt einer Überkompensation der Angst vor Impotenz oder sie ist einfach ein sexueller Ersatz (Legman, S. 642). Oft – vor allem in amerikanischen Witzen – ist der Neger der Prototyp des überpotenten Mannes.

Ein Neger, der imstande ist, im Laufe einer Nacht dreißigmal zu verkehren, schafft es nur sechsundzwanzigmal in der Nacht, in der seine Freunde auf ihn wetten. ›Das verstehe ich nicht‹, sagt er nachher. ›Am Nachmittag bei der Probe ging es perfekt.‹ (Legman, S. 330).

Ein Ehepaar besucht eine landwirtschaftliche Ausstellung und bestaunt einen herrlichen Bullen. Die Frau fragt den Pfleger: ›Wie oft in der Woche?‹ – ›Jeden Tag!‹ Spöttisch sieht die Frau ihren Mann daraufhin an. Grinst der Pfleger: ›Aber jeden Tag mit einer anderen Kuh!‹

Da niemand so potent sein kann, wie die Potenzwitze es vortäuschen, verfolgen sie offensichtlich den Zweck, die Furcht vor der Impotenz zu leugnen, oder die Befürchtung zu beschwichtigen, man sei nicht fähig, eine Frau zu lieben oder zu befriedigen. Diese Witze sind Zeugnisse der ›orgiastischen Impotenz‹, die Wilhelm Reich als erster so bezeichnet hat (Legman, S. 331). Alle diese Witze spielen zwar zwischen Mann und Frau, doch sind es Witze, die vorwiegend unter Männern erzählt werden. Im Grunde ist die sexuelle Prahlerei an einen anderen Mann adressiert (Legman, S. 289).

Die alte Krankenschwester zu einer jungen Kollegin: ›Stell' Dir vor, auf der Station ist ein Seemann eingeliefert worden. Er ist über und über mit Tätowierungen bedeckt. Und auf seinem Glied steht sogar ein ganzes Wort: Opel.‹ Die junge Schwester: ›Du hast recht, ich hab's auch schon gesehen; nur das heißt nicht ›Opel‹, sondern ›Konstantinopel‹ (Variante: Adam – Amsterdam).

Bei einer Quizveranstaltung wird ein junges Mädchen auf die Bühne gebeten und gefragt: ›Können Sie uns drei Stücke des englischen Dichters Shakespeare nennen?‹ Das Mädchen nickt mit dem Kopf und sagt: ›10 cm, 15 cm, 20 cm!‹
Darauf erstaunt der Quizmaster: ›Aber das sind ja Längenangaben!‹
»›Stimmt‹, erwidert die Kandidatin, ›aber so kann ich mir das viel leichter merken: 10 cm bedeutet ›Viel Lärm um nichts‹, 15 cm ›Wie es Euch gefällt‹ und 20 cm ›Ein Sommernachtstraum‹. Da ruft ein Herr aus dem Publikum: ›Und was denken Sie bei 30 cm?‹ Darauf das Mädchen: ›Das ist nicht von Shakespeare, sondern von Grillparzer, mein Herr, und heißt, ›Weh dem, der lügt!‹«

Inschrift in einer Herren-Toilette der Freiburger Uni:
Such keinen Witz an dieser Wand;
den größten hast du in deiner Hand.

›Welcher menschliche Körperteil vergrößert sich etwa um das Zwölffache seines natürlichen Umfanges, wenn er erregt ist?‹ fragt der Professor die Medizinstudentin.
›Darauf möchte ich nicht antworten‹, erwidert sie errötend.
›Dann muß ich Ihnen leider sagen, daß Sie durch's Examen gefallen sind. Erstens war die Antwort ganz einfach, es ist nämlich die menschliche Pupille. Zweitens sind Sie nicht schlagfertig genug, und drittens werden Sie sehr enttäuscht sein, wenn Sie jemals heiraten sollten.‹

Daneben gibt es im sexuellen Witz auch das Penis-Understatement, Witze, die z. T. den Anstrich der Selbstentmannung tragen (vgl. Legman, S. 322 f.). Es ist nun allerdings eine sehr interessante Beobachtung zu machen: Der Witz über den impotenten oder sexuell ungeschickten Mann, kurz über den Mann als sexuellen Versager bezieht sich keineswegs nur auf den alten oder alternden Mann, sondern dieses Thema zieht sich durch den gesamten sexuellen Witz. Die phallische Unzulänglichkeit des Mannes oder zumindest seine begründete oder unbegründete, aber jedenfalls unbewußt immer latente Furcht, seine Frau nicht befriedigen zu können, nicht immer zu können, wenn die Frau kann oder will, ist ein Grundthema erotischer Folklore und des sexuellen Witzes – und dies nicht erst im Zeitalter der Pille, der Frauenemanzipation, der Kolle-Filme, des Illustrierten-Sex und des darin propagierten Frauentyps der Orgasmus-Fanatikerin.

Zur Verletzung bürgerlicher Normbereiche gehört schon jeder vor- und außereheliche Geschlechtsverkehr. Die Tatsache indessen, daß zwei Menschen, die nicht miteinander verheiratet sind, sexuelle Kontakte haben, wäre allein noch nicht witzig. Um einen Lacheffekt zu erzielen, müssen noch andere Motivationen hinzukommen, z. B. Kontraste, Mißverhältnisse, Aggressionen, unterschiedliche Erfahrungen der beiden Partner, scheinbare Naivität, außereheliche Schwangerschaft, witzige Wortspiele und Doppeldeutigkeiten, oder was sonst immer.

Enttäuscht fragt Fritz: ›Warum nicht, Lotte?‹

Worauf sie antwortet: ›Erstens tut ein anständiges Mädchen so etwas nicht vor der Ehe, zweitens hat es Mutti verboten, und drittens bekomme ich nachher immer Sodbrennen.‹

Hier geht es u. a. wieder um einen logischen Konflikt: Der dritte und am Schluß gewichtigste Grund desavouiert die beiden erstgenannten.

Ein junges Mädchen läßt ihr Kind auf den Namen ›Kolibri‹ taufen. Der Pfarrer fragt: ›Wieso Kolibri?‹ – ›Weil ich nicht weiß, ob es der Kohlenmann, der Lichtmann oder der Briefträger war.‹

Bei den Witzen um Sex und Geld verhält es sich ähnlich. Prostitution als solche ist nicht witzig. Im Gegenteil: häufig handelt es sich um sozialkritische Erzählungen, wenn die Beteiligten das Opfer von Ausbeutung sind. Um einen Lacheffekt zu erzielen, muß jedoch Prostitution sich noch mit anderen komischen Elementen verbinden. In den folgenden Beispielen liegen sie im Bereich des Wortwitzes, der Rätselfrage, des Fritzchen-Schulwitzes, der Makaberkomik und dem Tiervergleich.

‹Kannst du – ohne hinzugucken – sagen, was auf der Rückseite eines 50-Pfennig-Stücks abgebildet ist?‹

›Klar: eine kniende Frau.‹

›Weißt du auch, warum sie kniet?‹

›Nee!‹

›Na, meinst du für 50 Pfennig legt sie sich auch noch hin?‹

In einen Parfümerieladen tritt eine attraktive Dame und will eine Flasche Parfüm kaufen. Sie zahlt mit einem Hundertmarkschein. ›Verzeihen Sie, gnädiges Fräulein‹, sagt da der Verkäufer ganz schüchtern, ›aber der Schein ist falsch!‹ – ›Um Himmelswillen‹, schreit die Dame entsetzt, ›dann bin ich ja vergewaltigt worden!‹

Zwei Freundinnen treffen sich wieder. ›Woher hast du denn diesen schicken Nerzmantel?‹ – ›Na ja, den habe ich mir so nach und nach zusammengeflickt.‹ – ›Flamos, Flamos!‹

Nitribits Grabstein enthält nur den Namen

Nitribit
von bis

Ein Witzbold schrieb darunter:

Hier liegen ihre Gebeine –
endlich alleine.

BOCCACCIO

Agnese

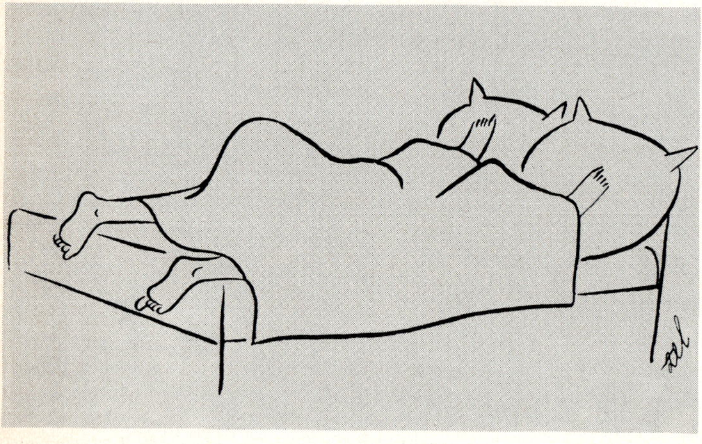

Tour de France

Ein weiterer Witzbold ergänzte:

Denkste!
auch unter Würmern
gibts Hengste.

In der Schule sind die Satzzeichen durchgenommen worden.
Lehrer: ›Wer kann mir einen Satz mit einem Punkt sagen?‹
Fritzchen: ›Meine Schwester ist schön *Punkt*.‹
Lehrer: ›Gut! Jetzt einen Satz mit einem Komma und einem Punkt!‹
Fritzchen: ›Meine Schwester weiß *Komma*, daß sie schön ist *Punkt*.‹
Lehrer: ›Sehr gut! Und jetzt noch einen Satz mit zwei Kommas und mit einem Strichpunkt.‹
Fritzchen: ›Weil meine Schwester weiß *Komma* daß sie schön ist *Komma* geht sie auf den Strich *Punkt*.‹

Einige Witze beziehen sich auf das Tabu der Nacktheit. Nudistenwitze gibt es jedoch nicht erst in unserem Jahrhundert, seit es Nacktbadestrände, FKK, ›Abessinien‹, skinny dipping usw. gibt – alles ja auch komisch-naive Übertragungen eines tabuierten Wortes, denn statt ›nacktbaden‹, sagt man lieber ›unbekleidet‹, ›oben ohne‹ oder benützt eine Abkürzung etc. Nacktheit als unmoralisches und normwidriges Verhalten gab es schon im spätmittelalterlichen Schwank (z. B. Stricker: »Der bloße Ritter«), und es bilden sich dazu noch heutige Varianten.

Drei Damen gehen am Nacktstrand von Sylt spazieren. In einer Düne liegt ein nackter Mann. Er schläft. Über sein Gesicht hat er eine Zeitung gebreitet. ›Wer mag das sein?‹ fragt die erste Dame sinnend. ›Mein Mann ist das nicht.‹ – ›Nein‹, bestätigt die zweite, ›dein Mann ist das nicht‹. – ›Das‹, konstatiert die dritte resolut, ›ist überhaupt niemand aus unserem Hotel.‹

Zwei Babys unterhalten sich. Sagt das eine: ›Was ich an der ›Oben-ohne-Mode‹ hasse, ist die kalte Milch!‹

Eine Frau war angeklagt, nackt gebadet zu haben an einem dafür weder geeigneten noch zugelassenen Ort. Vor Gericht muß sie ihre Personalien angeben.
›Verheiratet?‹
›Ja.‹
›Kinder?‹
›Ja.‹
›Wie viele?‹
›15.‹
Der Richter schaut die Angeklagte an, er schaut den Staatsanwalt an und sagt: ›Herr Staatsanwalt, sind Sie damit einverstanden, daß

wir den Fall niederschlagen? Die Frau hatte ja nie eine Chance, sich anzuziehen. . .‹

Wir sehen an einem solchen Beispiel aber auch wieder, wie vielschichtig ein Witz sein kann, wie schwer es ist, seine Dominanz-Idee zu fixieren: Es geht um Nacktheit, um Geburtenkontrolle, um eine männliche Gesellschaft von Richtern und Staatsanwälten, die über das sittliche Verhalten einer Frau zu Gericht sitzen. Diese superiore männliche Gesellschaft, die die Anklage erhebt, wird zum Schluß zum inferioren Teil, der die Frau freisprechen muß. Insofern erhebt der Witz auch Anklage gegen die Welt des Mannes.

Kehren wir zu den Formen des eigentlich sexuellen Witzes zurück, so ist zu sagen, daß es keine Art sexuellen Verhaltens gibt, die nicht auch Gegenstand des Witzes geworden wäre. Vor allem gilt dies natürlich von den Formen des Sexualverhaltens, die in einer Gesellschaft als Normverletzung gelten. Viele Witze beziehen sich auf normabweichende oder ungewöhnliche Positionen beim Geschlechtsverkehr, wobei die tabuierte Sex-Technik meist nicht direkt genannt, sondern nur umschrieben wird. Die Anspielungen im Witz dürfen über sexuelle Techniken sprechen, über die man unverschlüsselt ohne diese Tarnung nicht reden würde.

Auf der Bauchdecke der jungen Patientin bemerkt der Arzt einen W-artigen Eindruck. Auf die Frage nach der Ursache erfährt er: ›Mein Freund ist amerikanischer Soldat, er heißt William und hat die Initiale auf dem Koppelschloß stehen.‹
Ein paar Tage später sieht der Arzt eine andere Patientin mit eingedrückten W. ›Ach, Ihr Freund heißt wohl William und ist amerikanischer Soldat?‹
›Wieso?‹ fragt die erstaunte Patientin. ›Er ist französischer Soldat und heißt Marcel.‹

Frau Schmitz und Frau Meier treffen sich. Frau Schmitz: ›Mein Mann ist 100 % impotent.‹ Frau Meier: ›Mein Mann ist 300 % impotent!‹ – ›Wieso?‹ Frau Meier: ›100 % war er schon immer, aber gestern ist er die Treppe heruntergefallen und hat sich den Zeigefinger gebrochen und die Zunge abgebissen!‹

Weitere Gruppen von sexuellen Witzen befassen sich mit Homosexualität, mit Sodomie oder Inzest.

Ein Mann kommt zum Standesbeamten und möchte seinen Namen von Amts wegen geändert wissen.
›Wie heißen Sie denn?‹ fragt der Beamte.
›Herbert Schwuler!‹
›Na, das kann ich verstehen, daß Sie gern anders heißen wollen‹,

meint der Beamte mitfühlend. ›Wie wollen Sie denn in Zukunft heißen?‹
›Emma Schwuler!‹

Inserat: Herr sucht Herrn, um mit ihm Dame zu spielen.

Tünnes ist arbeitslos und kann keine Stelle finden. Da macht ihn Schäl auf ein Zeitungsinserat aufmerksam: ›Arbeit für Personen beiderlei Geschlechts.‹ Meint Tünnes: ›Na und? Wer hat das schon?!‹

Graf Bobby ist ein eingefleischter Junggeselle. Angesichts der unordentlichen Wohnung meint ein Besucher: ›Muеßt's halt heiraten, Bobby.‹ – ›Ja, freilich‹, sagt Bobby betreten, ›heiraten müeßt man schon – aber wen?‹ – ›Ach geh! Irgendwen wirst du doch besonders gern haben!‹ – Bobbys Gesicht verklärt sich: ›Ja, ja, gern haben schon – den Peter, der ist ja seit der Schule mein bester Freund‹, dann traurig: ›Aber heiraten kann ich ihn doch nicht – der ist ja evangelisch.‹

Graf Bobby geht zum Arzt und soll eine Urinprobe bringen. Er füllt ein Fläschchen und stellt es auf seinen Nachttisch. Die Putzfrau wirft versehentlich das Fläschchen um. Damit niemand etwas merkt, füllt sie es mit ihrem eigenen Urin wieder auf. Bobby bringt das Fläschchen zum Arzt. Eines Tages trifft er seinen Freund Mucki, der ihn gleich nach dem Resultat der ärztlichen Untersuchung fragt. Da sagt Bobby: ›Wir hätten doch besser aufpassen sollen!‹

Zwei junge Teilnehmerinnen eines Betriebsausfluges haben sich von den Kollegen abgesondert und auf einer Wiese niedergelassen. Plötzlich kommt ein wütender Stier auf sie zu. Die Mädchen ergreifen die Flucht, aber der Stier bleibt ihnen auf den Fersen. Schließlich wirft sich eines der Mädchen ins Gras und röchelt: ›Ich kann nicht mehr. Lieber bekomme ich ein Kalb als einen Herzinfarkt.‹

Ein junger Ostfriese geht mit seiner Braut spazieren. Die beiden kommen an den Weiden seines Vaters vorbei. Dort bespringt gerade ein Stier eine Kuh. Sagt der Mann: ›Du, das möchte ich wohl jetzt auch gerne.‹ Sagt sie: ›Kannst du doch, sind doch alles eure Kühe.‹

Warum haben die Ostfriesen so lange Arme?
Damit sie der Kuh beim Küssen auch ans Euter fassen können.

Ein Junge kommt vom Psychiater nach Hause und berichtet seiner Mutter: ›Der Arzt hat gesagt, ich hätte einen massiven Ödipus-Komplex.‹ Sagt seine Mutter: ›Ach Ödipus, Schnödipus, Hauptsache, du hast deine Mama recht lieb!‹

Bei sexuellen Witzen, die die Schwangerschaft betreffen, ist nicht die Schwangerschaft als solche belachenswert, sondern nur wieder die normwidrige voreheliche oder außereheliche. Häufig besteht die Pointe der Geschichte darin, daß das Mädchen noch nicht einmal den Namen des Mannes anzugeben weiß, der sie geschwängert hat.

Ein Mädchen erwartet ein Kind von einem amerikanischen Soldaten. Die Jugendbehörde will nun den Vater ermitteln, wegen der Alimente, und fragt das Mädchen nach dem Namen des Soldaten. Das Mädchen wußte den Namen ganz genau: ›Er heißt: Aim Sorry.‹

›Wenn Sie sonst nichts vom Vater Ihres Kindes wissen, wie wollen Sie denn da so genau wissen, daß der Herr Mako heißt?‹
›Aber Herr Richter, das ist doch ganz klar: in seiner Unterhose war doch ein Schildchen Mako.‹

Tabuiert sind natürlich auch alle möglichen Mittel und Wege der Empfängnisverhütung. Nur der sexuelle Witz kann es sich leisten, darüber zu lachen. Witzig wirken können ebenso ungewöhnliche Mittel der Geburtenkontrolle oder die Erfolglosigkeit der antikonzeptionellen Mittel. Dann bewirken sie ein schadenfrohes Lachen über den Dummen, der das ›know how‹ nicht beherrscht.

›Jetzt ist Schluß‹, sagte der Familienvater, ›jedes Jahr ein Kind! Von morgen an schlafe ich auf dem Korridor!‹ – ›Wenn du sicher bist, daß das hilft‹, antwortet seine Frau, ›stelle ich mein Bett auch dort auf.‹

Eine Gruppe für sich bilden die Pillenwitze. Es ist die falsche oder erfolglose Anwendung der Pille, die die witzigen Wirkungen hervorruft.

Die junge Frau beklagt sich bei ihrem Arzt über die Pille, die er ihr verschrieben hat.
›Was ist das Problem?‹ fragt er.
›Es muß die falsche Größe sein, sie fällt immer raus.‹

Eine ältere Patientin bittet den Arzt um die Anti-Baby-Pille. ›Nun, in Ihrem Alter braucht man doch dies nicht mehr!‹ – ›Doch, Herr Doktor, ich nehme sie gegen Kopfschmerzen.‹ – ›Die Nebenwirkung ist mir unbekannt. Ich gebe Ihnen ein Ärztemuster.‹ – ›Nein, Herr Doktor, ich dachte mehr. So 300 bis 400 Stück.‹ – ›Warum so viele?‹ – ›Ja, Herr Doktor, ich mahle sie mit der Kaffeemühle, mische sie dann mit der Marmelade, die ich meinen drei heranwachsenden Töchtern morgens auf das Brot streiche. Dann habe ich keine Kopfschmerzen mehr.‹

Wie nennt man Eheleben ohne ›Pille‹? – Vatikanisches Roulette.

Wie nennt man eine Frau, die ihre Pille vergessen hat? – Mutter.

Ein Mann kommt zum Standesamt und möchte dort seinen kleinen Sohn anmelden. Der Standesbeamte fragt: ›Auf welchen Namen bitte?‹ – ›Tropi!‹ –
›Aber das ist doch unmöglich, man kann doch einen Jungen nicht Tropi nennen! Wie kommen Sie überhaupt auf diesen Namen?‹
›Trotz Pille. . .‹

›Die sicherste Methode, mit der Pille Erfolg zu haben: Zwischen die Knie klemmen und diese fest, ganz fest zusammendrücken.‹

Ein sechsjähriges Mädchen kommt in eine Apotheke und verlangt die Pille. ›Um Himmels willen, wozu brauchst du denn in deinem Alter schon die Antibabypille?‹ erkundigt sich der Apotheker.
›Ach weißt du‹, erklärt ihm die Kleine, ›in sechs Wochen ist mein Geburtstag, und ich hab' jetzt zweimal hintereinander ein Baby gekriegt. Diesmal möchte ich endlich eine Eisenbahn.‹

Witze mit sexuellem Inhalt können natürlich auch Aggressionen auf ganz anderen Gebieten enthalten. Im folgenden Übertrumpfungswitz geht es z. B. gegen die Psychoanalyse, die glaubt, im Menschen Erinnerungen an ganz frühe Kindheitsphasen zu erfragen, die dann als frühkindliche Störungen evtl. für späteres Fehlverhalten verantwortlich gemacht werden könnten.

Drei Leute unterhalten sich über ihre frühesten Kindheitserinnerungen. Sagt der Erste: ›Mit 6 Monaten lag ich an der Brust meiner Mutter, aber sie hat mir die Brust verweigert. Das war für mich ein schwerer Schock.‹
Der Zweite sagt: ›Ich erinnere mich noch genau an meine Geburt. Das war für mich ein scheußlicher Gewaltakt.‹
Der Dritte: ›Etwa 9 Monate vor meiner Geburt ging ich mit meinem Vater auf eine Party, und mit meiner Mutter kam ich zurück.‹

Eine besondere Art von Pointe entwickelt der sexuelle Trugschlußwitz. Erzählungen dieser Art haben einen Anfang, der sexuelle Neugier erregt, wobei aber eben diese Erwartung sich in nichts auflöst. Der Fall erfährt eine harmlose Aufklärung.

Sohn: ›Vati, gib mir fünf Mark.‹ Vater: ›Nein.‹ Sohn: ›Vati, für fünf Mark verrate ich dir, was der Postbote immer zu Mami sagt.‹ Vater: ›Hier hast du das Geld.‹ Sohn: ›Guten Morgen, Frau Müller, hier ist Ihre Post!‹

Gesindestube im Oldenburger Land. Jan, des Schreibens nicht ganz mächtig, schreibt einen Brief an seine Trina. Fragt den Willem. ›Wie schreibst du Sack?‹ Willem buchstabiert es ihm vor. Auf die Frage an Willem, wie man Pimmel schreibt, fragt dieser neugierig nach dem Sinn des Briefes und erhält folgende verblüffende Antwort: ›Willem, du weißt ja, nächste Woche ist Schützenfest, und nun frage ich bei Trina an: Sa'ck Di (= soll ich Dich) mit Fahrrad afholen oder kömmst Du mit die Pimmelbahn?‹

Eine Internatsvorsteherin geht mit vier Schülerinnen durch den dunklen Wald. Sie beschließt, die Jungfrauen zu prüfen. ›Was würdet ihr tun, wenn jetzt ein wilder Mann käme?‹ – ›Wir würden weglaufen‹, rufen drei. Nur die vierte schweigt. ›Und du?‹ fragt die Vorsteherin erregt. ›Ich würde erst einmal stehen bleiben.‹ – ›Und dann?‹ – ›Dann würde ich meinen Rock hochheben.‹ – ›Und dann?‹ kreischt die Vorsteherin vor Entsetzen. ›Dann würde ich dem Mann die Hose herunterziehen.‹ – Und dann?‹ keucht die Vorsteherin atemlos. ›Dann würde ich prüfen, wer von uns beiden schneller laufen kann.‹

Ein Mann fährt von Degerndorf nach Paris. Seine Freunde sind mächtig gespannt auf seine Rückkehr und auf seine Berichte, insbesondere auf seine Erlebnisse mit Frauen ... denn wozu fährt man schließlich von Degerndorf nach Paris ...
Der Mann kommt zurück, und alle wollen gleich wissen: ›Nun, wie war's? Was hast Du erlebt?‹ – ›Ja, ich habe etwas erlebt.‹ – ›Was denn? Erzähle!‹ – ›Nun, ich sitze eines Tages im Café und am Nebentisch sitzt eine sehr schöne Dame, ganz allein...‹ – ›Weiter, was hast Du getan?‹ – ›Nun, ich lächle ihr zu; sie lächelt zurück... ich gebe dem Ober einen Zettel, ob sie sich nicht an meinen Tisch zu mir setzen wolle; und da hat sie sich an meinen Tisch gesetzt...‹ – ›Weiter! Was hast Du mit ihr gemacht?‹ – ›Nun, nach dem Essen fragt sie mich, ob ich mit ihr nach Hause fahren wolle. Und da bin ich mit ihr nach Hause gefahren ... eine wunderschöne Wohnung, alles Samt und Seide ...‹ – ›Weiter, was ist dann geschehen?‹ – ›Dann fragt sie mich, ob ich nicht einen Drink nehmen wolle...‹ – ›Weiter, spanne uns nicht so auf die Folter!‹ – ›Ich sage ja, sie geht weg, und nach einer Weile öffnet sich die Tür zu ihrem Schlafzimmer ... sie steht da, mit dem Drink in der Hand; um die Schulter hat sie einen unerhört wertvollen Pelzmantel gelegt ... und dann läßt sie den Pelzmantel fallen und steht ganz nackt vor mir...‹ – ›Tolle Frauen sind das in Paris... aber erzähl, was habt Ihr zusammen gemacht?...‹ – ›Nun... der Rest war wie in Degerndorf.‹

Hans und sein französischer Freund sind zusammen im Manöver. Und worüber unterhalten sie sich? Natürlich über Sex, und was sie mit ihren Mädchen anstellen, wenn sie erst wieder zu Hause sind. Jean schwärmt von seiner Freundin: ›Wenn ich nach Hause komme,

Der desillusionierende Witz

»Komm, Adam, iß mal ein paar Vitamine – du brauchst sie!«

dann trinke ich mit meinem Mädchen ganz alleine eine Flasche Sekt. Und zwar trinke ich den Sekt von ihrem Körper: erst ein paar Tropfen von den Augen, dann von ihren Grübchen auf der Wange, aus dem Hals, dann ein paar Tropfen aus ihrem wunderschönen Näbelchen, und dann. . .‹ – fragt Hans dazwischen: ›Du, sag mal, kann man das alles auch mit Bier machen?‹

Der Gegenwartsbezug und die immer neue Aktualisierung des sexuellen Witzes schließt es nicht aus, daß Sexwitze sich doch auch historischer Personen bemächtigen. Prototyp eines menschlichen Paares ist das erste Menschenpaar Adam und Eva, das auch vom Witz nicht verschont geblieben ist. Adam und Eva sind Prototypen auch für viele sexuelle Witze, deren innere Thematik oder Aggression oder Verletzung der Normbereiche freilich zu unterschiedlichen Witzgruppen zählt. Dennoch könnte man hier von einer Witzsserie sprechen.

Eva fragt Adam: Liebst du mich noch?
Drauf Adam: Wen denn sonst?

›Was für Zustände hier im Paradies‹, sagt Adam, ›da muß mir der Chef also ein Weib andrehen, das gleich mit dem ersten besten schläft!‹

›Zuerst schuf der liebe Gott den Storch, und dieser hat dann den Adam gebracht‹.

›Vater‹, wollte der Sohn wissen, ›wenn es höflich ist, immer den Damen Vortritt zu lassen, warum hat Gott dann nicht die Eva zuerst gemacht?› – ›Schau, mein Sohn, Gott schuf den Adam zuerst, weil er nicht wollte, daß ihm stets einer dreinredete!«

›Was hat der Engel bei der Vertreibung aus dem Paradies zu Eva gesagt?‹ fragt der Religionslehrer im Unterricht.
Klein-Erna meldet sich und gibt zur Antwort: ›Auf dem Bauche sollst du kriechen und Staub-wischen dein Leben lang.‹

Kinder fragen: ›Papi, warum wurde Adam zuerst erschaffen?‹ –
›Um ihm Gelegenheit zu geben, einige Worte zu sagen!‹

Die Aggression dieser Witze wendet sich gegen die Schwatzhaftigkeit der Frau. Es sind also Witze, die in die Nähe der bösen, streitsüchtigen Frau gehören, vielleicht zu den menschlichen Schwächen, aber vielleicht doch besser zu den stereotypen Angriffsmomenten des Mannes gegen die Frau, d. h. also zu den Konflikten zwischen den Geschlechtern. In dieselbe Rubrik gehört auch der folgende Witz, obwohl er sich äußerlich in die Gestalt einer Anekdote um Albert Einstein kleidet:

Albert Einstein war zu einem Physikerkongreß eingeladen. Während des Festbanketts drehte sich das Tischgespräch naturgemäß um die

Atomwissenschaft. Der berühmte Physiker wurde gefragt, ob er glaube, daß der Mensch jemals die Atomkraft werde vollkommen beherrschen können. Einstein fuhr sich durch seine weiße Mähne, dann meinte er lächelnd: ›Ich habe da gewisse Zweifel. Lange vor den Atomen wurde ja bereits Adam gespalten und Eva daraus gemacht – auch eine Kraft, die kein Mann bis heute zu bändigen verstand.‹

Wie man sieht, lassen sich praktisch alle Arten des Witzes in dieses erste anthropologische Modell einbauen.

Ein zeitloser Prototyp des Komischen ist schließlich auch die alte Jungfer. Unverheiratet zu bleiben ist normwidrig und deshalb Anlaß des Spotts. Im Witz darf die alte Jungfer uralt sein, aber sie hält sich immer noch für sehr jung und benimmt sich oft entsprechend, was dann lächerlich wirkt. Der Witz setzt auch voraus, daß alle alten Jungfern ohne weiteres zu haben seien. Alten Tanten, Haremsdamen und Nonnen ist im Witz eines gemeinsam, nämlich ihre unbefriedigten sexuellen Gelüste und ihre sexuelle Unersättlichkeit. Der Wunsch, noch unter die Haube zu kommen, ist die treibende Kraft bei der heiratswütigen alten Jungfer. Sie mag noch so häßlich oder alt sein, gibt aber die Hoffnung nie auf, und versucht auf jede Art und Weise jeden Mann festzuhalten, der nur in ihre Nähe kommt. Jede Nacht sieht sie unter dem Bett nach, ob sich nicht ein Einbrecher eingeschlichen hat. Und als sie nach vielen Jahren endlich einmal einen findet, sagt sie: »Na, da sind Sie ja endlich!« Oder sie greift zur Pistole und sagt zum Einbrecher: »Treten Sie näher, junger Mann, oder ich schieße!« Alte Jungfern sind auch angeblich dankbar für die sündlose Chance, die eine Vergewaltigung ihnen bietet (Legman, S. 278).

Eine Gouvernante erzählt ihrem kleinen Zögling: ›Denk dir einmal, Franzi, wie ich gestern so spät abends von dir weggehe, steht beim Haus ein verdächtig aussehender Mann. Oh, wie ich gelaufen bin!‹ Franzi: ›Nun – und hast du ihn bekommen?‹

Die psychoanalytische Forschung hat uns gelehrt, daß Angst und Wunsch oft einander ergänzen, daß sie sozusagen zwei Seiten eines Gefühlsphänomens darstellen können. Denn darauf beruht ja die Wirkung dieses Witzes: Das Kind deckt durch seine Antwort auf, daß sich hinter der Angst des Fräuleins ein sexueller Wunsch verbirgt. (Vgl. Th. Reik, S. 7 f.) Dies bestätigen auch die folgenden Beispiele.

Eine alte Jungfer kehrt in einem Waldgasthof ein und wird vom freundlichen Wirt gut bedient. Als die Dame sich wieder zum Aufbruch rüstet, warnt sie der Mann davor, den Weg durch den Wald zu nehmen, denn darin hause ein mitleidloser Räuber, der einsamen

Spaziergängerinnen Kleider, Schmuck und Geld raube und sie sogar vergewaltige.
›Mir wird schon nichts geschehen‹, lacht die alte Jungfer und macht sich auf den Weg.
Sie ist noch nicht weit gegangen, da steht plötzlich vor ihr ein wilder, riesengroßer Kerl, schmutzig, unrasiert und in Lumpen gehüllt. Er stürzt auf sein Opfer, reißt die Handtasche an sich, zieht der vor Entsetzen halb Toten den Ring vom Finger, fetzt ihr die Kleider vom Leib. Ehe sie sich von ihrem Schrecken erholen kann, läßt er sie splitternackt stehen und rennt davon.
Da erst beginnt sie laut zu weinen und schreit ihm nach: ›Huhu, böser Mann! Wo bleibt die Vergewaltigung?‹

Körperliche und geistig-psychische Defekte, Gebrestenkomik

Die komischen Auseinandersetzungen mit menschlichen Schwächen bieten für den Witz ein weites Feld. Auch hier wird das Normabweichende belacht. Schon Aristoteles war der Ansicht, das Wesen des Komischen bestünde in einem Defekt. Gedacht ist dabei zunächst an körperliche Defekte, wie sie in der Komödie aller Zeiten und ebenso im Schwank vorkommen. Man lacht über den Zwerg, über den Hinkenden, den Buckligen, den Stotterer, den Betrunkenen, den Dicken, den Dünnen, den Eunuchen, den Altersschwachen, über das häßliche Weib oder über eine abnorme Nase. Alle diese Fälle könnte man unter dem Schlagwort ›Gebrestenkomik‹ zusammenfassen. Jeder einzelne Fall von Krankheit, Leiden oder Entstellung ist beklagenswert, tragisch für den Leidenden, über den gelacht wird; und wir werden uns zu fragen haben, warum Spott und Schadenfreude überwiegen können in Fällen, in denen Mitleid und stillschweigende tätige Hilfe viel angebrachter wären, weil einem das Lachen sonst im Halse stecken bleiben könnte. Je naiver ein Mensch ist und je weniger er zum Mitleid erzogen ist, desto leichter neigt er zum Spott gegenüber körperlich defekten Menschen. So steht der schadenfrohe Witz auf einer moralisch relativ niedrigen Stufe, das Lachen über den Schaden eines anderen, nach dem sprichwörtlichen Motto: ›Wer den Schaden hat, braucht für den Spott nicht zu sorgen‹ (parodiert: Wer den Schaden hat, spottet jeder Beschreibung). ›Schadenfreude‹ ist ein Wort, das es nur im Deutschen zu geben scheint und das in andere Sprachen als Lehnwort übernommen worden ist. Nietzsche erklärt Schadenfreude damit, »daß ein jeder in mancher Hinsicht sich schlecht befindet, Sorge oder Neid oder Schmerz hat: der Schaden, der den andern betrifft, stellt diesen ihm gleich, er versöhnt seinen Neid«. Dennoch: In einem Kreis, in dem sich ein Schwerhöriger befindet, wird man keine Schwerhörigenwitze erzählen, wo ein Geisteskranker in der Familie ist, keine Idiotenwitze.

Die Schilderung von körperlichen Schäden kann freilich auch so sehr überzogen werden, daß sie – ganz jenseits aller Realitäts- und Mitleidsgrenzen angesiedelt – nur noch makaber oder absurd ist wie im folgenden Fall (vgl. Zijderveld, S. 32 f.):

Ein Mann ist gerade Vater geworden. Der Arzt erzählt ihm, daß nicht alles nach Wunsch verlaufen sei. Der Vater will sofort sein

Kind sehen und wird zu einer Sonderabteilung gebracht. Im ersten Bett liegt ein Baby mit nur einem Bein. ›Ist das mein Sohn?‹ fragt er. ›Wäre es nur so‹, antwortet der Arzt. Im nächsten Bettchen liegt ein Baby ohne Beine und mit nur einem Arm. ›Dann muß dies mein Kind sein!‹ ruft der Vater aus. ›Ich fürchte, daß es nicht Ihr Kind ist‹, lautet die Antwort. Dann sehen sie ein Baby ohne Beine, ohne Arme, und es kann nicht einmal weinen oder sonst einen Laut hervorbringen. ›Jetzt seh' ich es: Das ist mein Sohn!‹ – ›Es tut mir leid, aber es ist schlimmer‹, sagt der Doktor. Das nächste Bett beherbergt nur einen Babykopf. Der Doktor teilt mit, daß auch das nicht sein Kind ist, und führt ihn zum letzten Bettchen. ›Hier ist es‹, sagt er. Der Vater sieht nur ein Auge, das ihn anstarrt. Er gibt sich einen Ruck, beugt sich über das Bettchen, winkt mit den Armen und sagt: ›Tralalalalalalalala.‹ – ›Das ist sinnlos‹, sagt der Arzt, ›Ihr Kind ist blind.‹

Wo liegt die Grenze zwischen betroffener Sympathie und aggressivem Spott? Sicherlich hat sich diese Grenze im Laufe der Jahrhunderte verschoben. Der Schwank des ausgehenden Mittelalters oder noch bei Hans Sachs weist eine gröbere Einstellung gegenüber dem körperlichen Gebrechen auf als der Witz der Neuzeit. Insbesondere dort, wo es um Situationskomik geht, machen Schwank und Lustspiel von Gebrechen reichen Gebrauch. Aber die Gebrestenkomik spielt doch auch im Witz noch eine erhebliche Rolle. Ein Blinder, der einen Autounfall nach dem anderen hatte, ist eine bekannte Figur des amerikanischen Witzes. Der jüdische Schadchen(Heiratsvermittler)-Witz bezieht seine ständige Komik aus der Tatsache, daß der Heiratsvermittler seinem Kunden ein schielendes, hinkendes oder lispelndes Mädchen anzudrehen versucht. Auch im politischen Witz macht man sich über körperliche Defekte führender Persönlichkeiten lustig. Man denke nur an den Klumpfuß von Goebbels, die Fettleibigkeit Görings, die Altersschwäche Hindenburgs, an De Gaulles lange Nase und birnenförmige Figur (vgl. H. Speier, S. 43).

Zum Teil gibt es durchgängige Themen der Gebrestenkomik vom antiken Schwank bis zum Gegenwartswitz. Hierzu gehören z. B. die Erzählungen von Schwerhörigen. Durch die Arbeiten von A. Aarne und O. Weinreich sind die historischen Traditionen und Kontinuitäten in diesem Bereich mustergültig untersucht worden. Im Schwerhörigen-Schwank bzw. -Witz wird nicht der Schwerhörige verspottet, sondern man lacht über die Mißverständnisse, die sich aus diesem körperlichen Defekt ergeben müssen und die zu ausgesprochen komischen Situationen und zu unfreiwilligen Fehlleistungen führen. So traurig einerseits jeder körperliche Defekt ist, so gibt es doch andererseits kaum einen dankbareren Stoff für komische Geschichten, als gerade die Schwerhörigkeit. Das liegt schon in den zugrunde liegenden Realitäten: Schwerhörige Menschen versuchen im allgemeinen ihre Taubheit zu verbergen und sich für besser hörend auszugeben als sie sind. Sie scheinen eine ihnen gestellte Frage vollständig zu verstehen, auch wenn sie sie nur teilweise oder überhaupt nicht verstanden haben. Was unverstanden bleibt, wird durch Erraten vervollständigt. Bisweilen wird ein undeutlich gehörtes Wort mit einem ihm lautlich ähnlichen, aber der Bedeutung nach ganz anderen Wort verwechselt, und die Antwort wird aufgrund dessen abgefaßt. Es ist natürlich, daß in solchen Fällen unter den Gesprächsteilnehmern spaßhafte Mißverständnisse entstehen können. Die Antwort kann eine ganz andere werden, als man mit der Frage erwartet hat. Die Komik der Situation kann noch gesteigert werden, wenn zwei Schwerhörige zusammentreffen, oder gar wenn das Zusammentreffen zweier tauber Personen vor einem tauben Richter geschildert wird. Während im Schwank oft ganze Ketten von gegenseitigen Mißverständnissen aneinander gehängt werden, konzentriert sich der Witz meist auf eine einzige kurze Episode.

›Verzeihen Sie, meine Dame, ich bin etwas schwerhörig. Und dann der Lärm hier. Was sagten Sie? Sie waren gestern im Theater?‹
›Nein, ich sagte, ich war im Bett.‹
›So so. Und? War es gut besucht?‹

Alemannischer Dialog zwischen zwei schwerhörigen Schwarzwaldbauern:
›He, kummsch vum Angle?‹ – ›Nai, i kumm vum Angle!‹ – ›So, so, i ha gmeint, du kummsch vum Angle!‹

Neulich spazierten zwei Damen, von denen eine sehr schwerhörig war, längs den Eisenbahnschienen durch die Natur. Plötzlich sauste ein Expreßzug vorbei, der beim Passieren ein Doppelsignal mit der Dampfpfeife gab, als ob der Himmel einstürzen wollte. Die schwerhörige Dame wandte sich zu ihrer Begleiterin und sagte mit einem strahlenden Lächeln: ›Das ist der erste Kuckuck, den ich in diesem Jahre gehört habe.‹

Eine alte Dame sitzt in der Eisenbahn. Ihr gegenüber hat ein langmähniger Beatle Platz genommen, der unentwegt und mit gelangweiltem Gesicht Kaugummi kaut.
Schließlich sagt die alte Dame: ›Ich hätte gar nicht erwartet, daß Sie so reizend sind. Nun versuchen Sie schon eine halbe Stunde lang, sich mit mir zu unterhalten. Doch leider bin ich völlig taub.‹

Taubstummenwitze gehören meist zu den Gebärdenwitzen. Die Technik des Witzes besteht dann darin, daß die Gebärden zweideutig sind und eine sexuelle Nebenbedeutung haben.

Eine sehr große Gruppe von Witzen bilden die Stotterer-Witze.

Nicht der Buckel als solcher ist komisch, sondern die Duplizität der Ereignisse, sowie der Kontrast zwischen dem ›normalen‹ tierischen Buckel und dem ›abnormalen‹ menschlichen.

Ein Schotte am dritten Advent

Beim Stotterer-Witz wird keineswegs nur einfach über den körperlich-mentalen Defekt des Stotterns gelacht, sondern es muß wiederum eine besondere Situation hinzukommen, um Komik und einen Lacheffekt zu erzielen, wie z. B. die qualvolle Langsamkeit stotternder Sprachhervorbringungen, die in einen komischen Kontrast zu Eiligkeit und Dringlichkeit oder Gewichtigkeit eines Problems treten; oder wenn z. B. zwei Stotterer zufällig aneinander geraten. Auch die Stotterer-schule kommt immer wieder vor, und selbstverständlich bleiben ihre Bemühungen immer vergeblich.

Länderspielstimmung bei Schmitz. Aufgeregt sitzt der Vater vor dem Bildschirm. Da stürzt sein Sohn ins Zimmer und stottert: ›Papa, der B. . .b. . . b. . .‹ – ›Mensch‹, sagt der Vater, ›rede doch endlich.‹ – ›Ja, Papa, der Briefträger liegt bei Mutti im Bett.‹ – ›Gott sei Dank‹, sagt der Vater, ›ich dachte schon, der Beckenbauer würde nicht spielen.‹

Ein Stotterer, der einen Sprachkursus mitgemacht hat, begegnet einem Freund.
›Na, hat dir der Kursus geholfen?‹ fragt der Freund.
›Fischers Fritz fischt frische Fische. Frische Fische fischt Fischers Fritz!‹ antwortet der Stotterer fließend.
›Phantastisch! Du stotterst ja überhaupt nicht mehr.‹
›Jaja, aaaber ver. . .ver. . .verstehst du, es i. . .i. . .ist so schw. . .schwierig, die. . .diesen Satz im. . .immer rich. . .rich. . .richtig an. . .anzuwenden.‹

Ein stotternder Kohlenhändler fährt mit seinem Karren durch die Straßen und ruft immerfort aus: ›Ei. . .Ei. . .Eierkohlen!‹ – Da kommt ein Polizist und sagt zu ihm: ›Du hast doch gar keine Eierkohlen in Deinem Wagen, sondern Briketts!‹ – Da sagt der Mann: ›Wenn ich Br. . .Br. . .Br. . .iketts sage, bleibt mein Pferd stehen!‹

Zu den Wortwitzen gehört es, wenn durch das Stottern ein anderer Sinn der sprachlichen Äußerung entsteht:

Zwei Reisende sitzen sich im Zug gegenüber. Sie fahren durch eine herrliche Landschaft am Rhein entlang. Als sie gerade an einer besonders großartigen Burg vorbeikommen, sagt der eine, der ein Stotterer ist, mit bewunderndem Blick: ›Im-po-po-sant!‹
Darauf sein Gegenüber: ›Ach, das muß aber unangenehm sein!‹

Zum Konflikt Stottern – Normales Sprechen tritt also in der Regel noch ein zweiter Konflikt hinzu.

Trude stottert ganz fürchterlich und wird deswegen oft aufgezogen. Einmal wehrte sie sich: ›Ihr s-solltet e-erst m-m-mal m-m-meine

Sch-Sch-Schwester hören. Ehe die n-n-n-nein g-g-gesagt hat, ist d-d-d-die immer sch-sch-schon im s-s-sechsten M-M-Monat.‹

Selbstverständlich spielen auch andere Sprachhemmungen eine Rolle, wie z. B. lispeln, falsche Zähne usw.

Albert erzählt seinem Freund: ›Das beste Bier, das ich trinke, ist Porsch-Bräu.‹ – Darauf sagt sein Freund: ›Das heißt doch Pschorr-Bräu!‹ – Albert antwortet: ›Stimmt, kann ich aber nicht sagen, sonst fällt mir das Gebiß heraus.‹

Eine ähnliche Komik gibt es auch bei anderen körperlichen Defekten, wie z. B. Schielen, Kurz- oder Weitsichtigkeit: Gelacht wird nicht über den körperlichen Defekt als solchen, sondern über die Folgen und Mißverständnisse, die sich aus ihm ergeben.

Vor einem schielenden Richter stehen drei Angeklagte. Fragt der Richter den ersten: ›Wie heißen Sie?‹ Sagt der zweite: ›Karl Schmitz.‹ – Empört erwidert der Richter diesem: ›Ich habe Sie nicht gefragt!‹ – Darauf erwidert der dritte: ›Ich habe ja auch gar nichts gesagt.‹

Ein kurzsichtiger Herr geht zum Optiker. Der Optiker bittet ihn Platz zu nehmen, und fragt: ›Können Sie die Buchstaben lesen?‹
›Welche Buchstaben?‹
›Die auf der Tafel.‹
›Auf welcher Tafel bitte?‹
›Auf der Tafel an der Wand!‹
›Welcher Wand?‹
›Hören Sie mal, Sie brauchen keine Brille, sondern einen Blindenhund.‹

Ein Matrose muß wieder in See. Beim Abschied erbittet seine Braut ein Bild von ihm. Er besitzt aber nur ein Aktfoto von sich. Schnell entschlossen schneidet er das Bild durch und schenkt seiner Braut die obere Hälfte. Als er sich hernach auch von seiner Mutter verabschiedet, wünscht diese ebenfalls ein Foto. Er denkt, die Mutter sähe sowieso nicht mehr gut und schenkt ihr einfach die untere Hälfte des Bildes. Die Mutter hält das Bild dicht vor ihre Augen und sagt: ›Ganz der Vadder. Ewig unrasiert und der Schlips hängt schief.‹

Bei intellektuell-psychischen Defekten – oder sagen wir liebenswürdigerweise lieber Untugenden – liegen die Dinge etwas anders und komplizierter. Alle Tugenden können in Untugenden umschlagen und zu Lastern gesteigert werden. Erst dann werden sie für die Komik interessant. Jeder Wertbegriff hat zwei Seiten, eine positive und eine negative. Man lacht nicht über Frömmigkeit, sondern über die Frömmelei, nicht über die Intelligenz, sondern über die Dummheit, nicht über den Erfolg, sondern über den Mißerfolg, nicht über die Sparsamkeit, sondern über den Geiz. Wir lachen über die Abweichungen anderer von unseren eigenen Wertmaßstäben. Über einen Dummen lachen kann nur der, der selbst klüger ist. Komisch wirkt nicht nur die menschliche Schwäche. Auch ein Übermaß an Tugend, wie z. B. der Musterknabe, kann Lachen erregen; denn auch er bedeutet eine Abweichung von der Norm, von dem, was nach dem gewöhnlichen Gang der Dinge zu erwarten steht. Alle Untugenden stellen eine belachenswerte Normabweichung dar. Es ist klar, daß auch Normabweichungen relativ sind, d. h. daß sie je nach Gesellschaft und Zeitstil be- oder verurteilt werden.

Ein gutes Beispiel bilden die Sparsamkeits- und Geizhalserzählungen. Sparsamkeit ist eine Tugend, die nicht belacht zu werden braucht. Grund zum Lachen gibt sie erst dann, wenn sie zum Geiz entartet, oder vor allem, wenn sie sich auf bestimmte Gebiete bezieht, wo sie unangebracht und daher eben komisch wirkt. Das Gegenteil – nämlich Verschwendung – hat schon gar nichts mit Komik zu tun. Prototyp für den Sparsamkeits- und Geizhalswitz ist der Schotte geworden; auf ihn sind alle Sparsamkeitswitze der ganzen Welt übertragen worden. Nur in Schottland selbst sind diese Witze nahezu unbekannt; oder vielleicht werden sie auch serienweise in Aberdeen zur Hebung des Fremdenverkehrs hergestellt. Historisch gesehen gehen wohl viele noch heute kursierende Schottenwitze auf die Witzzeichner des »Punch« im späten 19. Jahrhundert zurück. So muß man selbstverständlich den Schottenwitz immer vom eigenen Witz und Humor der Schotten zu trennen wissen. Innerhalb der deutschen Landschaften gelten Schwaben und Sachsen sowie auch Bremer und Schleswig-Holsteiner als verhältnismäßig sparsam. Aber auch jüdische Schnorrer-Geschichten wären in diesem Zusammenhang zu nennen; und noch ein chinesisches Sprichwort meint: »Was nützt es, wenn man, um Licht zu sparen, zu früh zu Bett geht, und nachher sind Zwillinge die Folge davon!« So gibt es den interethnischen Sparsamkeitswitz in mancherlei Variationen, z. B. in der Definition:

> Die Schotten sind Vorarlberger, die im Mittelalter wegen Verschwendungssucht ausgewiesen wurden.

Im Unterschied zum sparsamen Schwaben oder zum jüdischen Schnorrer ist der sparsame Schotte eben ein Weltstereotyp geworden. Wie gesagt: Sparsamkeit oder Geiz allein ist noch nicht belachenswert. Es muß ein zweiter komischer Konflikt hinzukommen, eine Normverletzung. Und so gehören Schottenwitze und ihre Parallelerzählungen fast immer auch noch zu anderen Gruppen. Schottenwitze enthalten mehr als andere Witze Situationskomik; sie sind mehr Handlungs- als

Wortwitze und bestehen oft nur in der Schilderung einer kurzen Situation. Strukturell sind sie darin in etwa den Ostfriesenwitzen zu vergleichen. Natürlich gibt es Schottenwitze, die in der Form einer Rätselfrage oder in der eines Dialogs vorgebracht werden, aber meist läßt sich der Inhalt situationsmäßig beschreiben. Wir können uns ausführliche Beispiele ersparen (!). Nur zu bekannt sind all die Erzählungen vom Schotten, der die Blindenschrift lernt, um abends beim Lesen Strom zu sparen, der keine Leselampe kauft, um nicht auch noch ein Buch anschaffen zu müssen, und der in der Dunkelheit bei der ohnehin gesparten Beleuchtung seine Hose auszieht, um sie nicht unnötig abzunutzen. Der Schotte heiratet am 29. Februar, damit der Hochzeitstag nur alle 4 Jahre gefeiert werden muß. Er schläft mit seiner Schwiegermutter, um seine hübsche Frau nicht zu verschleißen. Seinen Sohn Gaston ruft er nur Ton, um Gas zu sparen. In der Sommerhitze erzählt er, um Eis zu sparen, seinem Sohn eine so gruselige Geschichte, daß es diesem eiskalt über den Rücken läuft. Mit einer einzigen Kerze und einem Spiegel behilft er sich, um den zweiten Advent zu feiern, und er wählt schließlich einen Hausarzt, über den er von anderen Patienten weiß, daß ›alle ärztliche Hilfe umsonst‹ sein wird. Es gibt schlechthin keine Lebenssituation, die sich nicht in einen Schottenwitz ummünzen ließe. Es gibt sogar schon wieder den Witz über den Schottenwitz:

> Ein Schotte, befragt, was er über all die Witze dächte, die über den Geiz der Schotten erzählt werden, antwortete: Man sollte etwas sparsamer damit umgehen.

Oder auch die

> *Frage an Radio Eriwan aus Aberdeen/Schottland:*
> ›Können Sie mir sagen, warum es so viele Schottenwitze gibt?‹
> *Radio Eriwan antwortet:*
> ›Im Prinzip ja. Witze kosten nichts!‹

Ebenso wie die Sparsamkeit ihre regionalen und ethnischen Witzprototypen gesucht und gefunden hat, gilt dies auch für die Wortkargheit. Ethnien, die für Lakonismus bekannt sind, stehen aber auch für soziale Prototypen. So gilt der Bauer dem Großstädter und ebenso der Fischer oder Inselbewohner dem Festlandbewohner oft genug als wortkarg. Schließlich gilt auch der Niederdeutsche dem Oberdeutschen als bedächtig und trocken, eher zur Wortkargheit als zur Redseligkeit geneigt. Den gleichen Vorwurf konkretisieren gelegentlich auch Berner- oder Schwabenwitze. Bekannt und mancherorts lokalisiert ist die Geschichte von dem Bauern, zu dem am Sonntag auf der Fahrt zur Kirche der Sohn sagt: ›De Haber steit got‹, und erst auf der Rückfahrt nimmt der Bauer die Pfeife aus dem Mund und antwortet: ›Ja, de Weeten ook.‹

Im Hamburger Hafen. Dor stoht jo ook mol dree ole Fohrenslüd jeden Vormeddag an de Elv un kiekt sick dat Leben in'n Hoben an – snacken dot se so got as gor nicks, ober se meent, se unnerholt sick grotordig. Nu bringt de een vun jem mol'n annern mit. De snackt ook nich veel, ober he seggt doch gegen Klock teihn: ›Scheun Weder hüt!‹ – De annern dree kiekt em an. De een seggt: ›Kannst ook so sehn.‹ – Klock halv twolf seggt de Nee: ›Kieck, dor kummt 'n groten Engelsmann op!‹ – De dree kiekt em wedder an un wunnert sick. As de Nee noh Hus geiht, seggt de annern beiden to den, de em mitbrocht hett: ›Den wüllt wi hier nich wedder hebben – de snackt to veel!‹ (Holm).

Dem Wortkargen steht im antithetisch aufgebauten Dialogwitz meist ein lästiger Frager gegenüber.

Der friesische Inselbewohner wird von einem Kurgast gefragt: ›Waren Ihre Ahnen auch Seefahrer?‹ – ›Ja, dat weern se.‹ – ›Und alle auf See geblieben?‹ – ›Ja, ja.‹ – ›Ihr Urgroßvater?‹ – ›De keem bi Kap Hoorn üm.‹ – ›Ihr Großvater auch?‹ – ›Tja, de sack in de Nordsee af.‹ – ›Und Ihr Vater?‹ – ›Den hebbt de Kurgäst doodfragt.‹

Wortkargheitswitze stehen manchmal in Verbindung mit einer Wette oder einem Preis. Es gibt Konkurrenzen für Zeitraffer-Kurzgeschichten.

Die Liller Kriegszeitung – 1. Weltkrieg – suchte eine Kurzgeschichte. Bedingung: nicht mehr als 200 Worte. Den ersten Preis erhielt folgende Story:
›Am Ende unseres Laufgrabens befand sich eine Latrine. Der Balken war angesägt. Das sind zwölf Worte. Die übrigen 188 sagte der Feldwebel Huber, als er sich darauf setzte!‹

Calvin Coolidge, früherer amerikanischer Präsident, bekannt für seine Wortkargkeit, kommt in ein Restaurant. Eine Kellnerin kommt auf ihn zu und sagt zu ihm: ich habe mit jemand gewettet, daß Sie doch mehr als zwei Worte mit mir reden werden. Darauf der Wortkarge: You loosed!

Selbst im privaten Leben liebte Coolidge keine längeren Erklärungen. Als er einmal Sonntags aus der Kirche kam, fragte seine Frau, worüber der Pfarrer gesprochen habe. Über die Sünde, sagte Coolidge. Und was hat er gesagt? Er war dagegen.

Das ist an sich eine weltweit verbreitete Anekdote, aber es ist vielleicht bezeichnend, daß sie, wo sie in Deutschland erzählt wird, gerne angelsächsischen Persönlichkeiten in den Mund gelegt wird. Gerade im Englischen sind Lakonismus-Witze oder entsprechende Anekdoten häufiger als bei uns. Das hängt wohl auch mit der Neigung der englischen Sprache zur präzisen Aussage zusammen.

Zwei irische Fischer angeln auf hoher See. Da fangen sie mit ihrem Netz eine Meerjungfrau. Wortlos wirft der eine Fischer sie wieder ins Meer zurück. Der zweite fragt: ›Why?‹ Darauf der erste: ›How?‹

Ins Deutsche übersetzt würde dasselbe Fragepronomen aus einem zweisilbigen Wort bestehen. Nur im Englischen erfüllt dieser Witz im wörtlichen Sinn den Tatbestand der ›Einsilbigkeit‹. Dieselbe Witztechnik findet sich übrigens schon in der englischen Schwankballade von »Paddy Miles and the Mermaid«: Der heiratslustige Paddy zieht eine betörend schöne Seejungfrau aus dem Wasser, wirft sie aber nach eingehender anatomischer Begutachtung als ungeeignet wieder in die See (vgl. Rainer Wehse: Schwanklied und Flugblatt in Großbritannien, Diss. Freiburg 1977, Nr. 514).

Zwei norwegische Bergbauern treffen sich bei einer Flasche Aquavit. Eine halbe Stunde trinken sie nur, dann sagt der eine: ›Skol.‹ Da sagt der andere: ›Sind wir hier zum Trinken zusammengekommen oder um dummes Zeug zu reden?‹

Wortkargheits- und Lakonismus-Geschichten werden im Deutschen deshalb vorzugsweise nach England, Irland oder Schottland verlegt. Wortkargheit ist indes nicht nur verzögerte, langsame Sprechweise und Einsilbigkeit, sondern es ist zuweilen auch die Kunst, mit wenig Worten viel zu sagen. Insofern ist Wortkargheit ebenso oft eine bewunderte wie eine belachte Charaktereigenschaft.

Sparsamkeit und Wortkargheit spiegeln sich in ethnischen Prototypen; andere Verhaltensweisen eher in Sozialtypen. So z. B. Vergeßlichkeit oder Zerstreutheit. Sie konzentrieren sich auf den zerstreuten Professor. Zerstreutheit ist sozusagen seine Berufskrankheit. Die diesbezüglichen Erzählungen sind entweder auf bestimmte Gelehrte bezogene (und oft von einem auf den anderen übertragene) Anekdoten oder anonyme Witze, bei denen der Typ selbst komisch ist. Auch hier lacht man nicht über den Defekt als solchen. Vergeßlichkeit oder Zerstreutheit allein ist noch nicht belachenswert; aber doch dann, wenn sie sich auf entscheidende und gravierende Dinge oder auch auf sexuelle Verhältnisse bezieht. Zerstreutheit ist ja nicht Gedankenlosigkeit, sondern eine Konzentration auf etwas anderes. Und so denkt der zerstreute oder vergeßliche Professor nicht etwa an nichts, sondern er denkt an etwas für ihn Wichtigeres und Bedeutenderes. Er ist – so will es das Standesstereotyp – sozusagen nur mit seiner Wissenschaft verheiratet, darin liegt seine Normverletzung, da es für den ›Normalen‹ wichtiger wäre, andere Prioritäten zu setzen, z. B. die der Familie vor die des Berufs. Der zerstreute Professor lebt aber so sehr an der Realität vorbei, daß er nicht einmal seine eigenen Kinder auf der Straße wiedererkennt, oder es passieren ihm sonst schlimme Verwechslungen.

> Zu dem berühmten Geheimrat kommt eine Dame. Er begrüßt sie formell. – ›Aber Herr Geheimrat, erinnern Sie sich denn nicht mehr an mich?‹ – ›Nein, gnädige Frau, beim besten Willen nicht mehr.‹ – ›Aber ich bin doch vor 20 Jahren Ihre Schülerin gewesen!‹ – Der Gelehrte schüttelt den Kopf: ›Nein, auch daran kann ich mich wirklich nicht mehr erinnern.‹ – ›Ja, und dann haben Sie mich sogar gefragt, ob ich Ihre Frau werden wolle. . .‹ – ›Nun, helfen Sie meinem Gedächtnis nach! Sind Sie es geworden?‹

> Sie hatte den bekannten Medizin-Professor geheiratet, aber schon einen Tag nach der Hochzeit tauchte sie in Tränen aufgelöst wieder bei ihren Eltern auf, die glaubten, ihre Tochter befände sich schon auf der Hochzeitsreise. Stockend berichtete sie: Als ich mich ausgezogen hatte, nahm er sein Hörrohr und untersuchte mich. Dann schrieb er ein Rezept und sagte geschäftsmäßig: ›Ziehen Sie sich wieder an, und kommen Sie in einer Woche wieder!‹

Der schrullige, vergeßliche und schusselige Professor alten Stils stirbt immer mehr aus. Nicht nur weil die Menschen im Zuge der allgemeinen Nivellierung immer ›normaler‹, immer konformer werden, sondern auch weil studentische Proteste mit diesem Professorenbild gründlich aufgeräumt haben (Thielicke, S. 57).

Andere Witzfiguren, wie den Pechvogel und Unglücksraben, den Schüchternen, Groben oder auch den Faulen, den Naschhaften, Gefräßigen oder den Trunkenbold müssen wir hier übergehen, um uns einer größeren Gruppe noch etwas eingehender zuwenden zu können: Dem Dummenwitz.

Wir müssen unterscheiden: den individuellen Dummen und die Dummen als Kollektiv. Die kollektiven Dummen spielen im Schwank und in älteren Erzählungen eine größere Rolle, und sie kulminieren in den Schildbürgererzählungen. Schildbürgerstreiche sind Wandergut; sie wurden und werden noch immer auf die regionalen Hochburgen des Narrentums übertragen. Mit einer Kulturverspätung von ein paar hundert Jahren werden die Schildbürgerschwänke – bei der Wende vom Mittelalter zur Neuzeit Lesestoff der progressiven Städte – als gesunkenes Kulturgut noch immer in der mündlichen Überlieferung vorwiegend agrarisch strukturierter Gebiete mündlich tradiert. Obwohl die Schildbürger-Schwänke überwiegend auf Handlungskomik beruhen, bauen sie in einzelnen Fällen doch auch auf Wortwitz auf.

Dumm ist das wörtliche Ausführen von Befehlen oder Ratschlägen. Dumm ist, wer sich im wörtlichen Sinne ›den eigenen Ast absägt‹ (AaTh. 1240), auf einen anderen ›ein Auge wirft‹ (z. B. mit ausgestochenen Tieraugen, AaTh. 1006). Der Dummenschwank zeigt auch die Verletzung von Normbereichen: Das abnormale Verhalten wird dem normalen gegenübergesetzt. Dummengeschichten erwecken ein Überlegenheitsgefühl im Betrachter und dadurch ein Lachen der Schadenfreude.

> Dummheit, die man bei anderen sieht,
> wirkt meist erhebend aufs Gemüt.

Der neuere Witz bevorzugt den individuellen Dummen, und im Witz besteht die Erhellung der Dummheit auch weniger in der Situationskomik, sondern es ist häufig eine sexuelle Thematik, z. B. Dummheit in Eroticis, Unaufgeklärtheit, wie wir sie schon anläßlich des sexuellen Witzes kennengelernt haben. Schildbürgerschwänke verlaufen zyklisch, der Dummenwitz dagegen ist weniger auf eine Person konzentriert, wenn man davon absieht, daß Bobby-Witze (der freilich den geistreichen Schwachsinn personifiziert) ebenso wie Tünnes und Schäl-, Klein-Erna- und Antek- und Frantek-Witze nicht selten auch Dummengeschichten sind. Auch die Klein-Doofi-Witze gehören hierher. Selbst Analphabetenwitze und Kindermundaussprüche können in die Nähe des Dummenwitzes rücken. Hinzu kommen u. U. bestimmte Sozialtypen im Dummenwitz. Zu nennen wären etwa Vertreterwitze, weil es zum Berufsimage dieses Standes gehört, seine Kunden und Mitmenschen für dumm zu verkaufen. Schließlich gehören hierher manche der sogenannten Examenswitze, in denen der Professor sich über die Unwissenheit der Kandidaten belustigt oder der wissensmäßig unterlegene Student sich durch eine witzige Replik aus der Schlinge zieht. Aber auch das nur scheinbar Törichte wirkt komisch oder die Wahrheit, die im Gewande der Torheit auftritt. Prototyp dieser Erzählungsgattung ist Eulenspiegel, »Denn Torheit weislich angewandt wird Witz« (Shakespeare, »Was Ihr wollt«, III, 1), oder, wie Sebastian Brant formuliert hat:

> Thorheyt zu gelegener Zeyt
> Ist die größte Weyßheit.

Narrenfreiheit schafft die Möglichkeit der Freiheit zur Kritik an dieser Welt. Im neueren Witz gibt es diesen Schwanktyp des weisen Narren praktisch nicht mehr. Der Dumme ist und bleibt dumm. Allenfalls der Wiener Bobby-Witz erhebt sich gelegentlich in den Bereich der philosophischen Narrheit. Auch Dummheit ist hier eine Form von Exklusivität.

»Sie sind Goethe-Forscher?« »Ja, ich untersuche schon seit Jahren, ob man diesen Namen jetzt noch mit h schreiben darf.«

Sie heißen?
Napoleon.
So? Wer hat Jhnen denn das gesagt?
Gott!
Was soll ich gesagt haben?
GEORG SCEIMIES

Auf einer völlig anderen Stufe steht das Lachen über den Ungebildeten. Hier wird tatsächlich über einen Bildungsmangel, über geringe Information und über zu wenig Intelligenz gelacht. Prototypen dieser Klasse sind Frau Neureich oder Frau Raffke. Frau Neureich schwärmt von ihrem wunderschönen Ring mit dem Antisemiten oder von ihrem goldenen Zigaretten-Etui, in dem ihre Genitalien eingraviert sind. Bei ihrem Besuch in Rom hat sie leider versäumt, die Sixtinische Kapelle zu hören.

Haben Sie schon den neuen Murillo gesehen, den die Stadt angekauft hat? – Nein, ich komme nur selten in den zoologischen Garten.

Kennen Sie Ibsen? – Nein, wie macht man das?

Was halten Sie von Dr. Schiwago? – Ich bleibe lieber bei meinem Hausarzt.

Nach ihrem Urlaub wird Frau Neureich gefragt: Haben Sie auch gepicknickt? – Aber wo denken Sie hin: die Kinder waren doch dabei!

Ein harmloses Wort klingt an ein tabuiertes Wort an.

Ein Webstübler kommt in einen Blumenladen:
›Frailain, e Schtruuß Gladiatore bitte!‹
›Si maine Gladiole?‹
›Jä, natirlig, s'ander sin jo Haizkerper.‹

Unbildungswitze sind natürlich bevorzugte Intellektuellenwitze. Sie setzen ein besseres Wissen voraus. Man kann nur darüber lachen, wenn man es selbst besser weiß. Alle diese Witze über Frau Neureich, Frau Raffke und ihre Gesinnungsgenossen enthalten immer auch ein Stück Sozialkritik gegen die Geldaristokratie, die sich zwar alles leisten, aber doch Bildung nicht kaufen kann.

Der Irrenwitz

Das Wort ›irre‹ wird z. Zt. als ein modisches Steigerungswort verwendet: Eine Musik kann ›irre laut‹, ein Mädchen ›irre glücklich‹ sein. Aber es ist die Frage, ob solche Wortmoden zusammenhängen mit Witzmoden und der Neigung der Gegenwart, Idiotenwitze zu erzählen und immer neue zu erfinden. Die beste Sammlung und Analyse der Gattung stammt von dem Mainzer Psychiaterehepaar U. H. Peters und Johanne Peters. Da es von psychiatrischer Seite als unfair empfunden wird, über die eigenen Patienten zu lachen, schlagen die Autoren vor, statt ›Idiotenwitz‹ lieber ›Irrenwitz‹ zu sagen. An der Sache ändert das nicht viel. Törichtes Handeln ist schon immer Gegenstand des Lachens gewesen. Dummenwitze kommen in großer Zahl schon in der ältesten Witzsammlung der Welt, dem griechischen ›Philogelos‹ vor, und sie setzen sich fort in den Erzählungen von den Abderiten, den Lalen, den Schildbürgern, den Webstüblern, den Ostfriesen oder auch in den Bobby-Witzen. Trotzdem ist der Irrenwitz wieder etwas anderes, und vermutlich hat sich die spezifische Gattung erst seit der Mitte des 19. Jahrhunderts entwickelt.

Schon an seinen Einleitungsworten ist der Irrenwitz als solcher leicht zu erkennen, wenn die Erzählung etwa mit den Worten anfängt ›Zwei Irre. . .‹, ›In einer Irrenanstalt. . .‹, ›Der Direktor einer Nervenklinik. . .‹, usw.; das heißt: der Irrenwitz nennt immer gleich die Akteure, und schon von vornherein wird es klar, daß es sich um Geisteskranke handelt. Das muß der Zuhörer nicht erst erschließen. Sachlich und inhaltlich sind die Irrenwitze meist Logikwitze. Gelegentlich gibt es auch Motivverbindungen der Irrenwitze mit den Betrunkenen- oder Säuferwitzen. Dennoch ist die Irrlogik eine spezifische Eigenart des Irrenwitzes, die es bei anderen Witzen nicht im selben Maße gibt (Peters, S. 35). Irrenwitze zeigen den Irren als einen Menschen, der die Realität nicht erkennt und an ihr scheitert.

Der Patient einer Nervenheilanstalt wird in eine Wäscherei geschickt. Dort steht er eine Stunde lang vor einer Waschmaschine und starrt in das Bullauge des Kessels, in dem die Wäsche rotiert. Dann schüttelt er den Kopf: ›Nee, – solange das deutsche Fernsehen nicht besser ist, kaufe ich mir keinen Apparat!‹

Zwei Irre kommen ins Hallenbad. Der eine holt seinen Knirps aus der Tasche, spannt ihn auf und stellt sich unter die Brause.
›Aber Karlchen!‹ ruft der andere. ›Was soll denn das?‹ –
›Ich habe mein Handtuch vergessen!‹

Zwei Irre lustwandeln im Park ihrer Anstalt und beobachten eingehend einen prachtvollen doppelten Regenbogen. Da ruft der eine von ihnen unwillig: ›Für solchen Zauber hat die Regierung Geld! Aber uns endlich studieren lassen, dafür reicht's nicht!‹

Bestimmte Motive, Konstellationen und Strukturen kehren im Irrenwitz immer wieder. Da gibt es Witze über das Problem der Selbstidentifizierung, die dem Irren nicht gelingt – häufig Witze von philosophischer Tiefe. Der Geisteskranke hält sich für eine andere Person, für ein Tier oder für einen Gegenstand. Im Witz hält sich der Irre häufig für Napoleon, und man könnte die Napoleonwitze zu einer eigenen Serie innerhalb der Idiotenwitze zusammenstellen. Manchmal besteht der Witz auch darin, daß ein Gesunder für einen Idioten gehalten wird. Formal ist der Irrenwitz – wie die meisten Witze – ein

Dialog. Der Partner des Geisteskranken ist entweder sein Arzt, besonders in den Testwitzen, in denen der Irre auf seinen Geisteszustand geprüft wird, oder in anderen Fällen ist der Partner ein Leidensgenosse. Dann geht es um Übertrumpfung. Der zweite Irre ist noch idiotischer, noch verwirrter als der erste. Oder: der Irre hält den anderen, seinen Partner, für irre und bemerkt gar nicht sein eigenes Irresein.

Zwei Irre stellen zwei Autos zusammen in eine Garage und hoffen, in neun Monaten ein drittes zu haben.
Da kommt ein anderer Irrer und sagt herablassend: ›Ihr seid ja wohl ein bißchen naiv. Natürlich müßt ihr die Motorhaube öffnen!‹

In vielen Witzen, die alle demselben Aufbaumuster folgen, beklagt sich ein Geisteskranker beim Psychiater über das Irresein seines Partners, während er in Wirklichkeit selbst der Kranke ist.

›Meine Frau denkt, sie ist ein Huhn‹, erklärt der Mann dem Psychiater.
›Das ist ziemlich ernst‹, meint der Arzt. ›Wie lange geht das schon?‹
›Drei Jahre.‹
›Warum sind Sie nicht früher gekommen?‹
›Wir brauchten die Eier.‹

Eine weitere Gruppe könnte man unter die Überschrift stellen ›geheilt entlassen‹. Immer geht es dabei um die abschließende Untersuchung vor der Entlassung, bei der sich nur eine scheinbare Besserung herausstellt. Die Symptome der Heilung werden durch einen viel schlimmeren Rückfall Lügen gestraft, zumal der Idiotenwitz von der Unheilbarkeit des Geisteskranken ausgeht. Ein Witz, in dem ein Irrer als geheilt dargestellt würde, hätte seine Würze verloren (Peters, S. 60).

Erleichtert sagt der Psychiater zur Patientin: ›Ich glaube, wir haben Sie von der Vorstellung befreit, daß Sie Elizabeth Taylor sind.‹ – ›Vielen Dank‹, sagt die Patientin, ›und senden Sie die Rechnung bitte an Richard Burton.‹

Der Psychiater untersucht einen Geisteskranken auf seinen Zustand. ›Wenn wir Sie entlassen – was werden Sie als erstes machen?‹ Der Geisteskranke: ›Ich besorge mir eine Schleuder und mache damit sämtliche Fenster in diesem verfluchten Kaff kaputt!‹ – Der Psychiater: ›Zurück in die Zelle!‹ Drei Monate später untersucht der Psychiater denselben Patienten noch einmal. ›Was machen Sie als erstes, wenn wir Sie entlassen?‹ Der Geisteskranke: ›Ich lache mir ein Mädchen an.‹ Der Psychiater lächelt freundlich: ›Ausgezeichnet! Und dann?‹ Der Geisteskranke: ›Dann nehme ich sie mit in ein Hotel.‹ Der Psychiater: ›Sehr gut. Und dann?‹ Der Geisteskranke: ›Dann werfe ich sie aufs Bett.‹ Der Psychiater strahlt: ›So ist es richtig! Und dann?‹ Der Geisteskranke: ›Dann ziehe ich ihr das Höschen aus.‹ Der Psychiater ist sehr zufrieden und will die Untersuchung aus Höflichkeit beenden. Der Geisteskranke fährt aber noch fort: ›Dann ziehe ich das Gummiband heraus, mache mir eine Schleuder und schieße sämtliche Fenster in diesem verfluchten Kaff kaputt.‹

Ein Irrer, der sich für einen Schäferhund hielt, wird nach einem Jahr als geheilt entlassen. Strahlend besucht er seine Schwester.
›Wie geht es dir denn?‹ fragt sie vorsichtig.
›Blendend!‹ antwortet der Mann. ›Fühl mal meine Nase an, ganz feucht und kalt!‹

Der Idiotenwitz kann in den surrealistischen Witz umschlagen: Die Hirngespinste des Patienten erweisen sich als Realität, die nur der Arzt und Psychiater nicht glauben wollte.

›Jeden Abend, bevor ich einschlafe‹, erklärt ein Patient seinem Psychiater, ›sehe ich unter meinem Bett ein Krokodil. Bitte, helfen Sie mir!‹
›Das ist ganz einfach. Sie brauchen immer nur zu sagen: Da ist kein Krokodil, da ist kein Krokodil! Wenn Sie das ein paar Abende lang gemacht haben, werden Sie geheilt sein.‹
Nach vier Tagen kommt der Patient wieder. ›Herr Doktor, es hat nicht geholfen. Ich sehe nach wie vor ein Krokodil.‹
›Machen Sie noch vier Tage so weiter und kommen Sie dann wieder zu mir.‹
Als die Frist um ist und der Patient nicht wiederkommt, macht sich der Psychiater auf den Weg, um nach dem Rechten zu sehen.
Auf sein Klingeln öffnet ihm ein fremder Mann: ›Sie wollen sicher zu Herrn Mayer. Leider lebt er nicht mehr. Er ist von einem Krokodil gefressen worden, das unter seinem Bett lag.‹

Was sind die psychologischen Hintergründe dieser Witze? Teilweise werden sie sicher von einem Gefühl der Überlegenheit her erzählt. Erzählungen solcher Art schadenfroh zu nennen, ginge zu weit; aber doch steht hinter ihnen das wohlige Gefühl, normal zu sein (›denn Gottseidank, ich bin nicht so!‹). Auf der anderen Seite kennt jeder Mensch das Irresein oder für verrückt gehalten werden als eine Existenzmöglichkeit (vgl. die Redensart ›ich werd' verrückt!‹). Witz hat auch etwas mit Angst zu tun. Jedenfalls ist der Witz eine der Möglichkeiten der Angstbewältigung, und Angstauflösung hat etwas Lusterregendes (vgl. Peters, S. 68). U. H. und Johanne Peters sehen im Irrenwitz eine tieferliegende unbewußte Funktion: »Im Lächerlichmachen des Irren und in der Projektion eines irrealen (Witz-)Irren wehrt sich das Ich vor dem Irresein, indem es dieses verharmlost.« Sie sehen im Erzählen von Irrenwitzen einen Abwehrmechanismus: Das Lächerlichmachen dient der Abwehr einer von innen drohenden Gefahr (Peters, S. 69 f.). Hierin liegt aber nur eine Seite der Irrenwitze. Zu einem nicht geringen Teil möchte man sie auch als sozialkritisch ansehen. In manchen Irrenwitzen gibt es eine witzige Replik des Kranken. Er gibt dem Arzt den Test zurück. Oder: Nicht der Insasse der Nervenklinik, sondern der Arzt, die Gesellschaft ist der Kranke. In Dürrenmatts Tragikomödie »Die Physiker« ist die Irrenärztin die Irre. Im Irrenwitz unterscheidet sich der Psychiater von seinem Patienten oft nur durch die Vorbildung und den weißen Kittel. Mag sein, daß man solche Erzählungen terminologisch dann nicht mehr Idioten-, sondern Psychiater- und Arztwitze nennen müßte.

Der Direktor einer Irrenanstalt führt einen Besucher durch das Haus. Plötzlich entdeckt der Gast einen Patienten, der sich an der Decke aufgehängt hat und entsetzliche Grimassen schneidet. ›Um Himmels willen, was ist mit ihm?‹
›Nicht weiter schlimm‹, versichert der Direktor, ›er hält sich für eine 200-Watt-Glühbirne.‹
›Bitte, lassen Sie ihn doch herunterkommen.‹
›Gern, aber bedenken Sie, daß wir dann nichts mehr sehen.‹

Oft zeigen die Irren gegenüber den ›Normalen‹ eine tiefgründige Klugheit (Peters, S. 67). Der Irre ist nicht nur nicht idiotisch, er hat vielmehr nicht selten die Weisheit des Narren, die er mit Narrenfreiheit auch äußern kann.

In Obersteiermark besichtigt ein wirklicher Geheimer Hofrat die Irrenanstalt in Mariazell. Er geht durch die Häuser und auch durch den großen Park, dessen einer Teil Erdarbeiten vorbehalten ist. Hier schieben die Irren schwerbeladene Karren aus der einen Ecke des Arbeitsplatzes in eine andere, weit gegenüberliegende Ecke, wo die Erde ausgeladen wird. Sie waren alle mit großem Eifer am Werk. Nur ein einziger folgte gemächlich mit leerer, umgestülpter Karre. Der Geheimrat wird ungeduldig. ›Hören Sie mal, mein Lieber, so geht das nicht. Wenn Sie was einladen wollen, müssen Sie doch die Karre umdrehen.‹ – ›Das weiß ich selbst, du Rindviech! Aber so verrückt bin ich denn doch nicht.‹

In jedem Fall sind die Irrenwitze, ebenso wie die Parallelerscheinung der surrealistischen Witze, bezeichnende Modewitze einer aus den Fugen geratenen Welt. Auf die knappste Formel bringt das ein Tünnes und Schäl-Witz:

›Idioten, sen dat Tiere?‹ fragt Schäl.
›Quatsch‹, antwortet Tünnes. ›Mensche wie du ond ech.‹

Soziale, religiöse und politische Konflikte

Der ältere Schwank ist voll von Berufsspott und Standessatire. Er lacht über den dummen und groben Bauern, über den buhlerischen Pfaffen, den bestechlichen Advokaten, über den armen Schuster, den dürren Schneider oder den betrügerischen Müller. So mancher Handwerker- und Ständespott hat sich noch in den Gegenwartswitz hinübergerettet. So z. B. bei den Maurer-Witzen:

Warum geht ein Maurer nicht gern durch den Wald?
Weil er Angst hat, daß sich der Efeu um die Beine rankt.

Aber im allgemeinen beschäftigt sich der Witz mit moderneren Sozialtypen: mit dem Filmstar und dem Starlet, mit der Sekretärin und ihrem Chef, dem Manager oder Generaldirektor, mit Frau Raffke oder Frau Neureich, mit dem Dienstmädchen und ihrer Herrschaft, mit dem bürokratischen Schalterbeamten, mit dem Arzt oder dem Psychiater, dem zerstreuten Professor, mit dem Richter und dem Angeklagten, mit dem Oberkellner oder Wirt und seinem Gast. Schon die Nennung bestimmter Berufsangaben weckt im Witz Rollenerwartungen.

»Das Komische hat sozialen Charakter« (Borev), aber die Sozialtypen verändern sich: Ganz gewiß wird der heutige Student nicht mehr durch Saufen, Schuldenmachen und Schwänzen charakterisiert wie im Witzblatt vor dem Ersten Weltkrieg. Ebenso gibt es eigentlich keine Kadetten- und Leutnantswitze mehr. Die sog. ›höhere Tochter‹ ist für die heutige Gesellschaft nicht mehr interessant genug. Aber auch die Elendsgroteske, halb verhungerte Kinder, betrunkene Männer, ausgemergelte, mißhandelte Weiber, elende zerlumpte Dirnen und Krüppel sind aus dem Witzblatt verschwunden. So hat jede Zeit ihre bevorzugten Sozialtypen der Komik. Andere Stereotypen wie Lieschen Müller und Otto Normalverbraucher sind zwar Sozialtypen, aber keine Witztypen geworden.

Einige soziale Gruppen, wie die des Arztes oder des Pfarrers werden wir etwas ausführlicher behandeln. Für andere Gruppen müssen Andeutungen genügen.

Den Witz von und über Soldaten z. B. kennen wir als Landser-Witz, als Kasernenhof- oder Kasinowitz. Die Tendenz solcher Erzählungen ist höchst unterschiedlich. Zum Teil versuchen sie die Unannehmlichkeiten der Militärzeit und die Schrecken des Krieges mit der Hervorkehrung des heiteren Menschlich-Allzumenschlichen zu kompensieren. Häufiger aber sind sie eine Art Gegengift gegen den humorlosen Geist, die Sturheit im Militärbereich, auch Ventilreaktionen des sich im Grunde überlegen fühlenden militärischen Untergebenen. Weil es beim Militär Unterdrückung und Subordination gibt, gibt es auch Witz meist als Aggression von unten. Soweit Witze Soldaten betreffen, Offiziere, Unteroffiziere oder einfache Soldaten, besteht ihre Struktur meist darin, daß der Untergebene im Grunde der geistig Überlegene ist, obwohl der Vorgesetzte aufgrund seines Dienstranges dies für sich in Anspruch nehmen zu müssen glaubt.

Der Spieß fragt den Rekruten: ›Was sind Sie?‹ – ›Kalkulator, Herr Stabsfeldwebel!‹ Der wird wütend: ›Erstens heeßt det Kalkutta. Und zweetens habe ick Ihnen nich jefragt, woher Sie kommen, sondern watse sind!‹

In wieviel Teile zerfällt das Gewehr, Schütze Maier? –
Det kommt janz druff an, wie es hinfällt, Herr Unteroffizier!

Wieviel Paar Stiefel hat der Soldat?
Zwei Paar, Herr Feldwebel!
Richtig, wovon?
Von Leder, Herr Feldwebel.
Unsinn, wovon eines stets geputzt sein muß, Sie Tüte.

Wer war der erste Mensch? – Kein Feldwebel, denn das sind die letzten Menschen.

Verwandte Witze wenden sich gegen den leicht vertrottelten, weltfremden, aber doch immer standesbewußten Adeligen, den Herrn Zitzewitz oder die Herren Drewitz auf Drewitz. Es sind meist Nonsens- und Mißverständnis-Witze.

Zitzewitz feiert Weihnachten: ›Kameraden, heute feiern wir Weihnachten. Der Stifter des Festes ist Jesus von Nazareth. Ich betone: *von* Nazareth.‹

Der Arzt warnte den alten Herrn von Drewitz: ›Wenn Sie weiter so viel Alkohol trinken, Herr Baron, werden Sie bestimmt nicht alt werden!‹
›Wunderbar!‹ rieb sich Bodo die Hände. ›War schon immer mein Wunsch, lange jung zu bleiben!‹

Erschöpft kam der alte Baron von seinem Ausflug zurück und berichtete seinem Sohn: ›Wenn mich junger Mann nicht im letzten Augenblick gerettet hätte, wäre ich ertrunken!‹

›Du kannst aber doch gut schwimmen, Papa?!‹
›Durfte doch nicht! Auf der Tafel stand: Schwimmen verboten!‹

Einmal besuchte Bodo von Drewitz eine Alm. Er hatte die Sennerin manches gefragt, nun aber schüttelte er verständnislos sein Haupt und meinte: ›Rentieren sich eigentlich die vielen Kühe noch?‹ – ›Warum nicht?‹ – ›Wo doch in jedem Laden Milch in Büchsen angeboten wird!‹

Die Replik des sozial Unterlegenen finden wir oft in den Oberkellner-Witzen. Es sind vielfach Schlagfertigkeitswitze, in denen die Beschwerden des Gastes mit einer witzigen Replik zurückgewiesen werden. (s. S. 15 ff.).

Ein Gast beschwert sich über eine Fliege im Bier.
›Und deshalb regen Sie sich auf?‹ fragt der Kellner verwundert. ›Was kann so ein kleines Tierchen schon trinken.‹

Gast zum Kellner: ›Bringen Sie mir ein Steak. Es soll genau 16 Tage gehangen haben, in der Mitte einen Finger breit blutig sein, außen aber kroß, gut gewürzt, sehr saftig, und ich will kein Krümelchen Fett daran sehen.‹ Der Kellner: ›Und welche Blutgruppe soll der Ochse haben?‹

Der Medizinerwitz

Bei allem Berufs- und Standesspott handelt es sich um Klischees. Das gilt für die Handwerkerschwänke der älteren Zeit, die Pfarrer- und Küsterschwänke genauso wie noch für den Medizinerwitz der Gegenwart, den wir als Beispiel für viele andere hier herausgreifen. Es gibt Witze *über* Ärzte und Witze *von* Ärzten, d. h. solche, die von Ärzten bevorzugt erzählt werden, manchmal sogar nur von Ärzten erzählt und verstanden werden können, wenn darin etwa auf besonderes Fachwissen angespielt wird. Vielleicht sollte man sogar nur die zuletzt genannte Gruppe als eigentlichen ›Medizinerwitz‹ bezeichnen. Beide Aspekte können durcheinandergehen, und warum sollte ein Arzt – wie jeder andere Vertreter einer Berufsgruppe – nicht auch einmal über sich selbst lachen dürfen. Trotzdem sind beide Witzgruppen nach den in ihnen ausgetragenen Aggressionen grundverschieden. In der ersten ist der Arzt die Zielscheibe des Spottes. Er wird hierbei aus der Perspektive des Patienten gesehen, und nicht selten handelt es sich dabei um Witze von nicht unerheblicher Sozialkritik. Der Patient des noch nicht klassenlosen Krankenhauses, die ungleich schlechtere Behandlung der Patienten dritter Klasse, oder das Gefühl des Patienten,

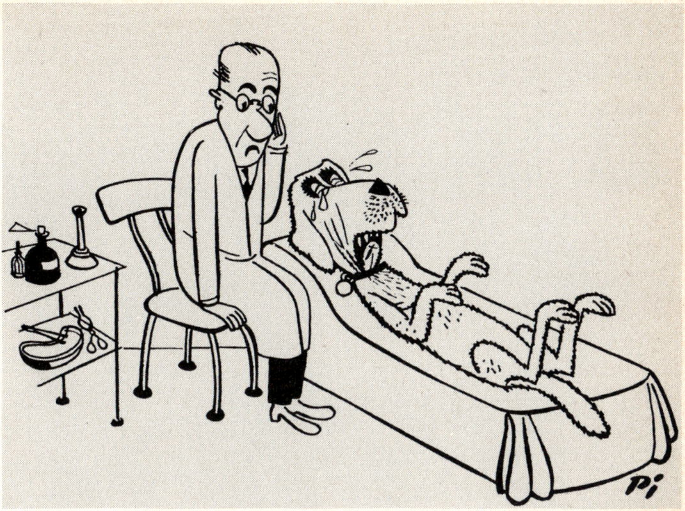

»Man behandelt mich wie einen Hund!«

»I suffer from wet dreams!«

EINE KLEINE SPENDE FÜR UNSERE ARMEN
VOLKER ERNSTING

dem Krankenhaus nur als Versuchskaninchen zu dienen, sind die oft angeschlagenen Themen dieser Witzgruppe.

›Sehen Sie, Herr Kollege‹, sagt ein Arzt zum anderen, ›das ist der grundlegende Unterschied: Den Patienten erster Klasse dient die ärztliche Wissenschaft, und die Patienten dritter Klasse dienen der ärztlichen Wissenschaft.‹

Diese Diskussion könnte formal natürlich genauso als reiner ›Unterschiedswitz‹ (vgl. S. 106 f.) erzählt werden, aber die Aussage ist noch zynischer und sarkastischer, wenn sie einem Arzt selbst in den Mund gelegt wird.

Schon zu allen Zeiten ist das zu hohe, scheinbar unangemessene Honorar des Arztes Angriffsziel des Patientenspotts gewesen. Ein ›sinnvolles Versprechen‹ liefert schon die Stilblüte: »Privatpatienten werden nach der Adgo liquidiert.«

Arzt zum Patienten: ›Als erstes muß ich Ihnen sagen, daß eine Konsultation bei mir hundert Mark kostet.‹ – ›Ich weiß‹, antwortet der Patient resignierend. – ›Zweitens: Für diesen Preis können Sie mir nur zwei Fragen stellen.‹ – ‹Hundert Mark für zwei Fragen, finden Sie das nicht etwas teuer, Herr Doktor?‹ – ›Vielleicht‹, antwortet der Arzt, ›vielleicht – und wie lautet Ihre zweite Frage?‹

›Ich habe einen ausgezeichneten Arzt. Letztes Jahr habe ich mir mein Bein an drei Stellen gebrochen, und er brachte es fertig, daß ich innerhalb eines Monats schon wieder laufen konnte.‹ – ›Wie ist so was möglich?‹ – ›Als ich seine Rechnung bekam, mußte ich mein Auto verkaufen!‹

Andere Aggressionen wenden sich gegen die Kunst des Arztes. Sie gehen aus von der Meinung, der Arzt sei im Grunde überflüssig, weil die Natur schon allein heilt. Der griechische Arzt Galen, Hausarzt römischer Kaiser, soll gesagt haben: »Der beste Arzt ist die Natur, denn sie heilt drei Viertel aller Krankheiten und sagt nie etwas Böses über den Kollegen.«

Jeder Arzt ein neuer Friedhof.

Was haben Arzt und Henker gemeinsam? – Beide dürfen töten, ohne dafür bestraft zu werden.

Diese Witze, die auf den Tod des Patienten abzielen, stehen in der Nähe der makabren Witze.

›Na, lieber Schulze, wie geht's uns denn heute?‹
›Ach danke, Herr Doktor, soweit schon viel besser, nur das Atmen macht mir noch Beschwerden.‹
›Na, wollen sehen, daß wir dem auch noch ein Ende machen!‹

Beim Arzt sitzt ein Skelett im Wartezimmer. Sagt der Arzt: ›Spät kommen Sie!‹

Es ist selten, daß der Patient zum Gegenangriff übergeht.

›Herr Doktor‹, sagt der Bauer aus Teterow, ›dieser Reiß-mich-tüchtig ist nicht mehr auszuhalten!‹ – ›Da ist schwer zu helfen‹, sagt der Arzt. ›Ich habe ihn selbst. Alle Mittel sind nutzlos. Animalische Wärme ist noch das Beste. Wenn ich selbst es nicht mehr aushalten kann, krieche ich zu meiner Frau ins Bett. Die von ihr ausströmende Körperwärme ist das sicherste Heilmittel!‹ – ›Ich verstehe, Herr Doktor, wenn das so ist, wann würde es Ihrer Frau denn wohl am besten passen?‹

Witze, die in ärztlichen Kreisen selbst erzählt werden – der begehrte Temmler-Kalender bringt jedes Jahr eine neue Blütenlese davon – enthalten begreiflicherweise weniger Standeskritik, als vielmehr Kritik am Patienten, besonders am dummen Patienten, der die ärztliche Therapie nicht einhält, das Rezept nicht lesen kann oder das verordnete Medikament falsch anwendet.

In Appenzell: Ein Arzt gab einem Bauern Blutegel und fragt ihn einige Tage später, ob die Blutsauger gewirkt hätten, worauf der Bauer erwidert: ›Joo – Herr Tokt'r, 's ischt e-so-e-n- äägni Sach mit dene Tier: e paar ha-n-i abebroocht (gegessen), aber de Rescht hädm'r d'Frau müese broote.‹

Der Ehemann ruft aufgeregt den Hausarzt an: ›Herr Doktor, kommen Sie schnell, meine Frau hat eine Maus verschluckt.‹
›Ich komme!‹
›Was soll ich in der Zwischenzeit tun?‹
›Ihre Frau soll den Mund öffnen, und Sie halten ein Stück Käse davor.‹ Als der Arzt erscheint, sieht er, wie der Sohn einen Hering vor den Mund der Mutter hält.
›Ich habe doch gesagt, ihr sollt Käse nehmen.‹
›Ja schon, aber wir müssen jetzt die Katze rauslocken.‹

Klein-Erna muß zum Arzt. Als dieser sie auffordert, sich frei zu machen, ruft Klein-Erna entrüstet: ›Aber Herr Doktor! Ich bin krank, und Sie – Sie denken nur ans Vergnügen!‹

Auch zahlreiche Witze aus dem medizinischen Staatsexamen zeigen den Arzt als den Überlegenen und Klügeren. Andere Medizinerwitze sind einfach Sex-Witze. Nicht selten handeln sie von Prostituierten oder Impotenten in der ärztlichen Sprechstunde.

Ein Starlet kommt zu einem Arzt und klagt über verschiedene Be-

schwerden. Der Arzt hört geduldig zu und sagt: ›Ja, mein liebes Fräulein, ehe ich eine Diagnose stellen kann, muß ich mich erst ein wenig näher mit Ihnen befassen. Ziehen Sie sich bitte aus, und legen Sie sich dort auf das Sofa.‹
Erstaunt blickt die junge Dame auf das schmale Ledersofa und sagt: ›Aber Doktorchen, darauf haben wir beide doch unmöglich Platz.‹

Der Arzt schüttelt bedenklich den Kopf: ›Sie müssen auf Alkohol verzichten, das Rauchen aufgeben und vor allem: keine Frauen mehr.‹
›Sind Sie wirklich überzeugt‹, fragt der Patient fassungslos, ›daß ich so hundert Jahre alt werde?‹
›Natürlich nicht‹, sagt der Arzt, ›es wird Ihnen aber so vorkommen!‹

Ein Frauenarzt untersucht eine Dame. ›Madame, Sie haben eine ungewöhnlich ausgeweitete Vagina.‹ Die Dame schweigt. Nach einer halben Minute hört man wieder: ›Madame, Sie haben eine ungewöhnlich ausgeweitete Vagina.‹ Das paßt der Dame nicht, und sie sagt erregt: ›Doktor, Sie brauchen mir das nicht unter die Nase zu reiben!‹ (›You don't have to rub it in!‹) ›Aber bitte‹, sagt der Arzt, ›ich habe ja gar nichts gesagt. Das war das Echo. . .‹

Zwei treffen sich. Sie kennen sich aus alten Studienzeiten. Der eine ist Frauenarzt geworden, der andere Augenarzt. Der Frauenarzt fährt einen dicken Mercedes, hat ein eigenes Haus und so weiter. Der Augenarzt muß sich mit einem VW und einer Mietwohnung begnügen.
›Weißt du‹, sagte der Frauenarzt, ›ich versteh' das nicht. Wir haben beide unser Examen mit ›sehr gut‹ gemacht. Wieso verdienst Du soviel weniger als ich‹?
Der Augenarzt: ›Wann läßt sich schon jemand mal ein Auge auskratzen!‹

Der konfessionelle Witz

Der konfessionelle Witz erscheint als ein Tendenzwitz. Er richtet sich gegen eine komisch erscheinende Eigenart oder Lehre einer Glaubensgemeinschaft oder gegen die Vertreter, die Einrichtungen sowie die Angehörigen einer Konfession. Wir vermeiden bewußt den Ausdruck ›Klerikaler Witz‹, denn dieser müßte eigentlich besser der ›antiklerikale‹ Witz heißen. Objekte des konfessionellen Witzes sind in der Regel Pfarrer, Priester, Nonnen, Mönche und Rabbiner. Freilich, nicht jeder Witz, in dem ein Pfarrer vorkommt, ist notwendigerweise ein konfessioneller; auch nicht jeder Beichtstuhlwitz. Obwohl konfessionelle Witze eine Aggression enthalten, hört man sie durchaus gern und gerade in streng kirchentreuen Kreisen und bezeichnenderweise meist von Angehörigen der Konfession, die der jeweilige Witz zum Ziel hat. Die Gruppe der konfessionellen Witze ist sehr umfangreich, ihre Untergliederung mannigfaltig. In vielen konfessionellen Witzen gibt es eine Art Rivalitätskampf zwischen verschiedenen religiösen Gruppen oder ihren Vertretern. Die Struktur dieser Witze ist oft die des dreigliedrigen Übertrumpfungswitzes. Oft beginnen diese Erzählungen mit den Worten ›Ein Priester, ein Pfarrer und ein Rabbiner. . .‹ oder ähnlich. Und auch dies gehört zum typischen Verlauf der Übertrumpfungswitze, daß die Pointe, das Achtergewicht beim dritten und letzten Diskussionspartner, meist dem jüdischen Teilnehmer an dieser Gesprächsrunde liegt. Wie so oft freilich ist der scheinbare Gewinner, der alle seine Vorredner zu übertreffen vermag, in Wirklichkeit der Verlierer.

Ein Protestant und ein Katholik brüsten sich mit ihrer geistlichen Verwandtschaft. ›Mein Großvater war Superintendent‹, sagt der Protestant, ›und alle sagten ›Hochwürden‹ zu ihm.‹
›Was ist das schon? sagt der Katholik. ›Mein Onkel ist Kardinal, und man muß ›Eure Eminenz‹ zu ihm sagen.‹
›Was heißt schon ›Eminenz?‹ – sagt ein Jude, der sich das angehört hat. ›Wenn meine Großtante zu Besuch kommt, dann rufen alle: Gott der Gerechte!‹

Die katholische Kirche schafft für jeden Geistlichen einen VW an. Die evangelische Kirche will nicht nachstehen und besorgt jedem ihrer Pfarrer einen Mercedes. Die Juden kaufen für jeden Rabbi einen Rolls-Royce. Die katholische Kirche fühlt sich übertrumpft und tut ein übriges, indem sie den VW segnet. Die Protestanten halten dafür bei der Inbetriebnahme ihrer Wagen eine mitreißende Predigt. Die Juden überlegen lange, wie sie gleichziehen könnten. Schließlich entschließt man sich, an jedem neuen Auto den Auspuff zu beschneiden.

Ein protestantischer Geistlicher stirbt und kommt in den Himmel. Zur Belohnung für sein Erdenwallen gibt ihm der Heilige Petrus einen VW. Auf den Himmelsauen begegnet er kurz darauf seinem katholischen Kollegen, der einen Mercedes fährt. Er beschwert sich bei Petrus, doch dieser sagt ihm, daß der Priester auf Erden ja auch mehr Entbehrungen getragen habe, da er sich nicht verheiraten konnte, und so müsse er im Himmel dafür entschädigt werden. Unser Pfarrer ist durch diese Erklärung zunächst befriedigt. Aber wenig später trifft er seinen jüdischen Amtsbruder im Rolls-Royce. Auf die Beschwerde des Geistlichen antwortet Petrus: ›Ja mein Lieber, Verwandter vom Chef!‹ (in engl. Version: ›a relative of the boss!‹).

Die Automobilmarke als Gradmesser des Erfolgs und Wohlstands, und dies gerade bei einem Berufsstand, der sich durch Armut, Demut oder wenigstens einfache Lebensführung auszeichnen sollte, ist durchaus typisch für die Aggressionen gegen die Geistlichkeit. Man könnte geradezu von klerikalen Auto-Witzen sprechen.

Ein Jude kommt nach Rom zur Zeit des Konzils, und dort sieht er die vielen Würdenträger, die Kardinäle, und noch einen Mercedes mit einem Kardinal, und noch einen Rolls Royce mit einem Kardinal, und noch ein Mercedes mit einem Kardinal.
Schließlich sagt er zu seinem Begleiter: ›Das nenne ich einen Geschäftserfolg, mit einem einzigen Esel haben sie angefangen.‹

Während des Konzils sagte man in Rom von den Bischöfen der deutschen Wirtschaftswunder-Bundesrepublik, sie kämen nicht mehr ›per pedes apostolorum‹, sondern ›per Mercedes episcoporum‹.

Auch menschliche Eitelkeit, Dummheit, Geldgier oder auch nur die Vorliebe für gutes Essen und Trinken – d. h. ganz allgemein zu weltliches Gebaren – sind Eigenschaften und Verhaltensweisen, die im Kleriker-Witz aufgrund einzelner Beispiele verallgemeinert werden.

Ein Ehepaar geht zu einem Psychologen und bittet ihn, sie doch bei der Berufswahl ihres Sohnes zu beraten. Der Psychologe unternimmt folgenden Test: Auf einen Tisch legt er einen Geldschein, ein Buch und stellt dazu eine Flasche Wein. Der Sohn soll wählen. Doch der nimmt kurzerhand alles: Geld, Buch und Wein. ›Du lieber Himmel‹, sagen die Eltern, ›er wird katholischer Priester!‹

Ein dicker Domherr könnte niemals Selbstmord begehen. Erstens aus moralischen Gründen. Zweitens aus praktischen Gründen: Hängt er sich auf, dann reißt der Strick; will er sich ertränken, schwimmt er mit all seinem Fett obenauf; schießt er sich eine Kugel durch den Kopf, trifft er ins Leere.

Zwei Schulkameraden, die sich nie leiden mochten, treffen sich nach Jahren auf einem Bahnhof. Der eine ist Kardinal geworden, trägt die entsprechende Kleidung und verfügt über einen stattlichen Bauch. Der andere ist General, hat seine Uniform an mit roten Streifen und vielen Orden und Ehrenzeichen. Der Kardinal will den General verspotten: ›Entschuldigen Sie, Herr Stationsvorsteher, wann fährt der nächste Zug?‹ Antwort: ›In fünf Minuten – aber in Ihrem Zustand würde ich die Reise nicht mehr unternehmen, gnädige Frau!‹

Wo es um Aggressionen gegen die Lehren einzelner Glaubensgemeinschaften geht, verfallen vor allem solche Dogmen der Lächerlichkeit, die von anderen Konfessionen am radikalsten abgelehnt werden, wie z. B. die Unfehlbarkeit des Papstes.

Welcher Unterschied besteht zwischen dem Papst und der Pille? – Die Pille ist unfehlbar.

Beim Heiligen Stuhl wird ein neuer Schweizer Gardist eingestellt. Er hat die Aufgabe, den Heiligen Vater morgens zu wecken. Dies tut er mit den Worten: ›Guten Morgen, Eure Heiligkeit, es ist 6 Uhr und schönes Wetter heute.‹ Zu seiner Überraschung antwortet der Papst: ›Danke mein Sohn, durch Gottes Gnade weiß ich dies bereits.‹ Das nächste Mal kommt der Schweizer und sagt sein Sprüchlein: ›Guten Morgen, Eure Heiligkeit, es ist 6 Uhr und schönes Wetter heute.‹ Der Papst: ›Danke mein Sohn, durch Gottes Gnade weiß ich dies bereits.‹ Darauf der Schweizer: ›Ätsch, reingefallen, es ist 7 Uhr, und es regnet in Strömen.‹

Die Erzähler konfessioneller Witze unterstellen oft tendenziös, daß selbst führende Mitglieder der angegriffenen Glaubensgemeinschaft den dogmatisch festgelegten Glaubenswahrheiten ihrer Kirche nicht mehr vertrauen. Wie ein Blitz beleuchtet der ›Witz‹ von der Entdekkung des Grabes Jesu und seines Skeletts den dunklen Hintergrund, die Nacht des Zweifels und Unglaubens. Als dieser Ausgrabungsfund dem Jesuitengeneral gemeldet wird, ruft er erstaunt aus: ›Was Sie nicht sagen? Dann hat er ja wirklich gelebt!‹ (Heer, S. 18). Auch das Dogma von der Jungfrauengeburt ist immer wieder Gegenstand ungläubiger Aggression.

Ein mit bildkräftiger Sprache begabter Volksmissionar sagt in seiner Predigt: ›Es gibt Nüsse von unterschiedlicher Härte: Erdnüsse, Haselnüsse, Kokosnüsse – aber die härteste Nuß ist die Unbefleckte Empfängnis.‹

Selbst Gott und die Heiligen im Himmel sind im Witz nicht unfehlbar.

Jesus und die Apostel sehen einen Sterbenden am Straßenrand liegen.
›Rette ihn, Herr!‹ bittet Petrus.
Jesus legt dem Sterbenden die Hand auf und sagt ihm:
›Steh auf und geh!‹
Der Sterbende steht auf und geht.
Nach drei Wochen kommen Jesus und seine Jünger in dieselbe Gegend. Sie werden in ein Haus gerufen, in dem der Kranke von damals darniederliegt. Es geht ihm schlechter als je zuvor.
Jesus beugt sich über ihn, schüttelt aber gleich darauf den Kopf und murmelt:
›Dann war es also doch Krebs.‹

Regenwetter im Himmel. Der Heilige Petrus schlägt vor, doch wieder einmal auf die Erde hinunterzusteigen und sich wie in der guten alten Zeit zu amüsieren. ›Nein, Petrus, nie wieder. Vor zweitausend Jahren habe ich eine Jüdin geschwängert, und noch heute wird darüber geredet.‹

Nach dem Letzten Abendmahl erscheint der Kellner und fragt: ›Alles zusammen?‹
›Nein‹, sagt Judas. ›Bitte getrennt.‹

Man müßte hier wohl antireligiöses und antikonfessionelles Erzählgut unterscheiden. Der allein-seligmachende Anspruch einer Konfession schlägt sich im tendenziösen Witz als Ablehnung der anderen Konfession nieder.

Drei Novizinnen haben sich entschlossen, aus dem Kloster ins weltliche Leben zurückzukehren. Die Schwester Oberin läßt sie noch einmal zu sich kommen und fragt die erste: ›Welchen Beruf willst Du denn ergreifen, mein Kind?‹ – ›Verkäuferin, Schwester Oberin.‹ – ›Das ist ein sehr gefährlicher Beruf, denke an Dein Seelenheil!‹ – ›Und was willst Du werden?‹, fragt sie die zweite. – ›Mannequin.‹ – ›Oh, liebes Kind, denke an Dein Seelenheil; Du wirst mit vielen Männern zusammenkommen.‹ – ›Und was willst Du werden?‹, fragt sie die dritte. ›Prostituierte, Schwester Oberin.‹ – Die Oberin fällt in Ohnmacht. Als sie erwacht, erkundigt sie sich noch einmal. Die Antwort ist wieder: ›Prostituierte.‹ – ›Gott sei Dank, sagt die Oberin, ›ich hatte schon verstanden, Du wolltest Protestantin werden!‹

Nonnenwitze haben fast immer sexuellen Inhalt oder Kontext. Im Unterschied zu den Klosterschwänken vergangener Jahrhunderte haben sich die Aggressionstendenzen allerdings völlig verlagert. Es geht im zeitgenössischen Nonnenwitz weniger um die faktische Mißachtung des Gebotes der Keuschheit, als vielmehr um unterschwellige und verdrängte Sexualwünsche der Klosterfrauen. So begegnet man häufig dem Motiv der erwünschten Vergewaltigung. Allenfalls nur vergleichbar den Witzen von Alten Jungfern, wird in keiner anderen Witzgruppe so deutlich, wie sehr Witze verdrängte Wünsche zum Ausdruck bringen.

Eine Nonne ist ertrunken. Was ist die Todesursache? Sie hat geträumt, vergewaltigt worden zu sein; und da ist ihr so viel Wasser im Mund zusammengelaufen, daß sie ertrunken ist.

Die Schwester Oberin fragt im Kloster die Schwester Thusnelda: ›Schwester Thusnelda, welches war der schönste Tag in Ihrem Leben?‹ – ›Das war der Tag meiner ersten Kommunion.‹ – ›Nein, ist das schön!‹ – ›Schwester Pommeranzia, welches war der schönste Tag in Ihrem Leben?‹ – ›Ach, das war der Tag meiner Einsegnung.‹

– ›Nein, ist das schön in unserem Kloster!‹ – ›Schwester Kaloderma, welches war der schönste Tag in Ihrem Leben?‹ – ›Ach, der vorige Mittwoch!‹ – ›Wieso denn?‹ – ›Ach, am vorigen Mittwoch war ich magenkrank und wurde in die Klinik eingeliefert. Dort hat mir die Schwester Emmeranzia einen Tee-Einlauf gemacht.‹ – ›Und wieso war das der schönste Tag in Ihrem Leben?‹ – ›Die Schwester Emmeranzia *schielt.*‹

Eine Klosterschwester rennt durch die Gänge der Klausur und schreit aufgeregt: ›Ein Mann ist im Kloster! Ein Mann ist im Kloster!‹ Alles läuft erschreckt zusammen, und die Schwestern flattern durcheinander wie die Hühner, bis die Oberin dazukommt und fragt: ›Wer hat den Mann gesehen?‹
Keine meldet sich, auch nicht die Schwester, die zuerst Alarm geschlagen hat. ›Wie kommen Sie dazu, so etwas zu behaupten?‹ fragt die Oberin. ›Ach, ehrwürdige Mutter, in der Toilette war die Klosett-Brille hochgeschlagen.‹

Eine Nonne ist verführt worden und berichtet diese Tatsache der Oberin. Diese ordnet an: ›Du mußt sofort den Saft von zehn Zitronen ohne Zucker trinken.‹ – ›Und dadurch bekomme ich meine Unschuld wieder?‹ – ›Nein, aber das wird deinen glücklichen Gesichtsausdruck vertreiben.‹

In anderen Nonnenwitzen werden Metaphern des Klosterlebens so realisiert, zweideutig aufgefaßt oder mißverstanden, als wenn die Ordensfrau tatsächlich sexuellen Verkehr hätte.

Tünnes soll ins Krankenhaus aufgenommen werden. Man fragt ihn, welche Klasse er liegen wolle. Er sagt: ›Dritter Klasse‹, weil er kein Geld hat. Man fragt ihn weiter: ›Haben Sie denn keine Angehörigen, die für Sie bezahlen können?‹ – ›Nä‹, sagt Tünnes, ›ich hab man nur eine Schwester, und die ist Nonne und hat auch nix.‹ – ›Wie können Sie so etwas sagen! Ihre Schwester ist doch reich, denn sie ist mit dem himmlischen Bräutigam vermählt.‹ – ›Dann legen Sie mich man erster Klasse. Mein Schwager bezahlt alles!‹

Tünnes hat im Krankenhaus gelegen. Einige Zeit nach seiner Entlassung möchte er der Schwester, die ihn gepflegt hat, zum Dank ein paar Blumen bringen. An der Pforte sagt man ihm: ›Sie können Schwester Immaculata nicht sprechen; sie ist heute ›Ehrwürdige Mutter‹ geworden.‹ – ›Och‹, sagt Tünnes, ›wenn ich dat jewußt hätt', hätt' ich dem Kleinen och wat mitjebracht!‹

Eine Nonne kommt in den Himmel. Pflichtgemäß wird sie von Petrus gefragt: ›Wer bist Du?‹ – ›Ich bin eine Braut Jesu.‹ Petrus schaut sie ungläubig an, läßt sie aber eintreten. Dann hastet er in das Nebenzimmer und überfällt die dort versammelten Erzengel: ›Habt ihr schon gehört, der Junior will heiraten. . .‹

Wie wörtlich und streng religiöse und kirchliche Gebote eingehalten werden müssen, ist oft Inhalt des konfessionellen Witzes, ausgetragen zwischen Angehörigen verschiedener religiöser Gruppen oder Ordensgemeinschaften. Besonders häufig sind Witze über Jesuiten, wenn sie es verstehen, Leben und Religion in Einklang zu bringen.

In einem Eisenbahnabteil sitzen sich ein Franziskaner und ein Jesuit gegenüber und beten beide ihr Brevier. Dabei zieht der Jesuit in aller Gemütsruhe ein Zigarettenetui aus der Tasche und zündet sich eine Zigarette an. ›Beim Beten darf man nicht rauchen!‹ sagt der Franziskaner.
›Ich schon,‹ sagt der Jesuit. ›Ich habe mir die Erlaubnis geben lassen.‹
›Bekommt man die leicht?‹ fragt der Franziskaner interessiert.
›Aber ja! Sie brauchen nur in Rom anzufragen.‹
Einige Zeit später treffen sich die beiden wieder, und der Franziskaner sagt ärgerlich: ›Sie haben mich ja damals ganz schön angeführt. Natürlich habe ich die Erlaubnis nicht bekommen.‹
›Wie haben Sie denn Ihr Gesuch formuliert?‹ fragt der Jesuit.
›Ganz einfach‹, antwortet der Franziskaner. ›Ich habe angefragt, ob ich beim Beten rauchen darf.‹
›Zu einfach!‹ sagt der Jesuit lächelnd. ›Sie hätten anfragen müssen, ob Sie beim Rauchen beten dürfen.‹

Nicht nur die Fähigkeit zu geistig überlegener Diskussion, sondern auch Arroganz oder mangelnde Demut schreibt der Witz den Angehörigen der Societas Jesu zu.

Zwei Jesuiten besuchen das Christkind im Stall zu Bethlehem.
›Ein vielversprechendes Kind!‹ sagt der eine.
›Man sollte ihm einen Platz in einem Jesuiteninternat reservieren.‹
›Ich bitte Sie!‹ wehrt der andere ab. ›Ein Kind aus so armer Familie!‹

Der konfessionelle Witz handelt also ebensosehr von den Vertretern der Religionsgemeinschaften wie von ihren Institutionen, Dogmen, Riten und religiösen Vorschriften. Das Erhabene und Fromme tritt dabei nicht selten in einen komischen Konflikt zum alltäglich Profanen oder gar zum Skatologischen. Wie auch in den Witzen von Tünnes und der Nonne, ist es häufig der einfache Mann oder die einfache Frau aus dem Volk, die als nüchterne und das Natürliche vertretende Gegenspieler zu den Klerikern auftreten.

In einem Eisenbahnabteil sitzen ein Geistlicher und eine Frau mit einem kleinen Kind. Der Geistliche betet leise das Brevier, und zwar streng nach Vorschrift, indem er bei den einzelnen Worten die Lippen bewegt; immer wieder hört man das scharfe ›s‹ von ›domus‹ oder ›spiritus sanctus‹. Nach einiger Zeit muß die Frau das Kind trocken legen. Der Geistliche schaut kurz auf. Nach zwanzig Minuten beginnt die Frau erneut mit der Prozedur. Der Geistliche runzelt die Brauen, weil ihn das stört. Nach weiteren zwanzig Minuten tut die Frau wiederum ihr mütterliches Werk. Da redet der Geistliche sie an: ›Liebe Frau, das jeht ja nicht mit rechten Dingen zu; das Kind is krank! Sie müssen mal mit ihm zum Doktor jehen!‹ Nun wird die Frau böse und erwidert klar und kurz: ›Leven Här, dat Kind eß nit krank; dat kütt nur dovon, dat Ihr immer ›Pss, pss‹ saht!‹

Bischofskonferenz in Fulda. Im Hof des bischöflichen Palais warten die Fahrer auf ihre hohen geistlichen Herren. ›Vornehm geht's da oben zu‹, meint einer, ›die sagen niemals Scheiße!; die reden immer nur vom Heiligen Stuhl!‹

Unerschöpfliches Thema des klerikalen Witzes ist das Zölibat. Die Darstellung der sexuellen Not einzelner Kleriker und Ordensleute wendet sich zugleich gegen die dem einfachen Menschen unnatürlich erscheinende traditionelle Ordnung der römischen Kirche. ›Um das Zölibat kreisen notwendig, da sie not-wendend, befreiend wirken wollen, viele klerikale Witze. Lüsternheit, Geilheit, geschlechtliches Begehren von Beichtvätern und Beichtkindern stehen da zur Debatte‹ (Heer, S. 17).

Die Frage ›Wer erzählt den Witz?‹, ›Wer lacht über wen?‹ läßt sich für den konfessionellen Witz nicht so leicht beantworten. Natürlich lacht oft der Ungläubige über den Gläubigen. Aber die Aggressionen kommen nicht nur von außerhalb der jeweiligen Religionsgemeinschaft. Die Mehrzahl gerade der deftigsten Witze lassen sich in streng kirchentreuen Kreisen sammeln. Vor allem angehende Geistliche sind oft die Quelle konfessioneller Witze, und Priesterseminare und Klosterschulen waren ein fruchtbares Feldforschungsgebiet für den konfessionellen Witz. Schon im Mittelalter sind die ersten Literatur gewordenen Schwänke hinter Klostermauern erzählt worden. Die abgeschlossene zölibatäre Männergesellschaft muß sich zwangsläufig solche Ventile schaffen. Auch Friedrich Heer, dem wir die Einleitung zur wichtigsten Sammlung dieses Genres verdanken, ist der Meinung, daß man die charakteristischsten und auch schärfsten Witze dieser Art in klerikalen Kreisen selbst zu hören bekommt: Der spezifisch klerikale Witz ist der Witz, fabriziert von Klerikern über Kleriker (Heer, S. 11 u. 24). Der allen älteren klerikalen Schwänken zugrunde liegende Zentralkonflikt ist der zwischen moralischen Prinzipien (denen der Geistliche mehr als jeder andere unterworfen ist) und seinem Handeln als triebgebundenes Wesen, zwischen erwarteter frommer Lebensführung und menschlicher Schwäche: der Widerstreit von Sinnenabtötung und Sinnenlust (R. Wehse, S. 258).

Fragen des Zölibats behandelt der zeitgenössische Witz allerdings nicht mehr wie der historische Schwank, der jahrhundertelang nicht müde wurde, den lüsternen Beichtvater, Priester oder Mönch, der den Frauen und Mädchen seiner Gemeinde nachstellt, in immer neuen inflagranti-Situationen zu überraschen. Der Gegenwartswitz greift vielmehr die Situation des Konzils und der innerhalb der Kirche selbst entfachten Zölibats-Diskussion auf.

> Frage an Radio Vatikan: ›Es heißt, das Zölibat werde in Bälde abgeschafft. Stimmt das?‹
> Antwort: ›Im Prinzip nein. Aber es gibt ein paar Erleichterungen.‹

> Zwei Priester suchen dringend eine Haushälterin, oder doch wenigstens eine Putzfrau. Aber Personal ist heutzutage eben nicht mehr zu bekommen. Auch Stellenanzeigen in der Zeitung sind erfolglos. Plötzlich hat der eine Pfarrer doch eine Haushälterin gefunden, und der andere fragt ihn: ›Wie hast Du das nur fertiggebracht‹? – ›Ja‹, sagt der, ›ganz einfach: Ich habe meinem Inserat den Satz hinzugefügt: Je nach Ausgang des Konzils Einheirat geboten.‹

Die Konzilswitze bilden ein ganze Gruppe für sich.

> Worin unterscheidet sich Papst Johannes XXIII. von Luther? – Luther sagte auf dem Reichstag zu Worms: ›Hier stehe ich, ich kann nicht anders, Gott helfe mir.‹
> Johannes XXIII. sagte bei der Eröffnung des Konzils: ›Hier sitze ich, ich kann noch ganz anders, Gott helfe euch!‹

> Welcher Unterschied besteht zwischen der römischen und der holländischen Kirche?
> In der römischen Kirche wandelt sich nichts – außer Brot und Wein.
> In der holländischen Kirche wandelt sich alles – außer Brot und Wein.

Viele Witze, die in kirchlichen Kreisen spielen, sind dennoch nicht eigentlich klerikale Witze, sondern es sind sexuelle Witze, wenn es z. B. um Beichtstuhlgeheimnisse oder um die Einhaltung des Zölibats geht. Die Dirne im Beichtstuhl ist im Witz ähnlich häufig wie die Prostituierte in der ärztlichen Sprechstunde. In älteren wie in neueren Beichtwitzen dominieren jedenfalls sexuelle Inhalte. Der Beichtvater verstößt gegen das Beichtgeheimnis, er ist schläfrig und bringt die Aussagen der

Beichtenden durcheinander, oder es gibt Mißverständnisse beim Flüsterton der Ohrenbeichte. Beichtstuhlwitze »beziehen ihre Komik aus kuriosen Begebenheiten im Beichtstuhl, aus Mißverständnissen zwischen dem Priester und dem Beichtenden, aus verfänglichen oder zweideutigen Beichtinhalten. Die realiter dominierende Rolle des Beichtvaters wird in Frage gestellt, der Effekt der Beichte ad absurdum geführt« (E. Moser-Rath).

Ein nicht unerfahrenes Mädchen bekennt im Beichtstuhl freimütig seine Fehltritte.
›Weißt du eigentlich, was du mit diesen vielen Sünden verdienen würdest?‹ fragt der Beichtvater entrüstet.
›So ungefähr‹, antwortet das Mädchen sachlich, ›aber mir ist es nicht ums Geld.‹

Ein Mädchen, das mit einem Studenten verlobt ist, holt sich Rat bei ihrem Pfarrer. ›Ich glaube, ich kann den Franz nicht heiraten‹, sagt sie, ›er kennt so viele unanständige Lieder.‹
›Singt er sie dir vor?‹, fragt der Pfarrer.
›Nein, das nicht. Er pfeift sie nur.‹

Wieder wird, wie so oft, der Ankläger zum Angeklagten.

Ein Kaplan bekennt in der Beichte, er habe ein Mädchen umarmt. Der Beichvater gibt ihm zur Buße auf, seine Arme im Weihwasserbecken zu baden. Während dieser Prozedur hört er drüben beim anderen Weihwasserbecken ein sonderbares Geräusch. Er dreht sich um, und siehe: Dort steht sein eigener Pfarrer und gurgelt mit Weihwasser.

Dem katholischen Priesterwitz entsprechen im protestantischen Bereich Witze über die voreheliche sexuelle Ahnungslosigkeit streng puritanisch erzogener Pfarrer. Wie die Haushälterin des katholischen Priesters, so kommt auch die ›Frau Pfarrer‹ im Witz vor, besonders wenn sie sich zur wahren Herrin des Pfarrhauses aufschwingt.

›So weit ist es also mit dir gekommen‹, herrscht der Pfarrer einen kleinen Jungen an, ›du hast Marmelade entwendet! Weißt du denn nicht, daß es ein Wesen gibt, dem nichts verborgen bleibt, das alles sieht und vor dem ich selbst nur ein elendes Staubkorn bin? Kennst du es nicht?‹ – ›Doch‹, heult der Junge, ›es ist die Frau Pfarrer!‹

Witze über evangelische Pfarrer sind freilich sehr viel seltener und auch oft weniger pikant.

Zwei (pietistische) schwäbische Pfarrer unterhalten sich über Fragen der Gottesdienstordnung: ›Lieber Amtsbruder Scheufele, wie haltet Ihr des mit dem stille Gebet, daß es net z'lang ond net z'kurz wird.‹ – ›I zähl' immer bis auf zwanzig. Aber onser Amtsbruder Pfleiderer in Kuschterdinge, der zählt immer bis fünfundvierzig, der Heuchler!‹

Protestantischer Tradition gemäß spielt die Qualität der Predigt eine dominante Rolle.

Ein junger Pfarrer kann und kann seine Schüchternheit beim Predigen nicht überwinden. Da gibt ihm sein Freund einen Rat: ›Halt dir in der Sakristei eine Flasche Kognak, und ehe du auf die Kanzel steigst, nimm allemal einen Schluck – du wirst sehen: das hilft.‹
Es half wirklich; aber als der Superintendent zur Visitation gekommen war, packte den Pfarrer erneut die Angst. Ein Schluck, zwei Schluck, drei Schluck – plötzlich ist die halbe Flasche leer. Der Pfarrer fegt auf die Kanzel und fühlt: ja, es hat wieder geholfen. Noch nie sind ihm die Worte und Bilder so voll und so stürmisch von den Lippen gerollt.
›Herr Amtsbruder‹, sagte der Superintendent, als sie sich nachher zusammensetzten, ›Sie haben zweifellos eine gewisse Predigtgabe und recht viel Schwung. Aber Sie müssen sich mehr an den Text halten. Es steht zwar nicht geschrieben, daß der Paradiesesbaum Äpfel getragen habe – aber darum dürfen Sie noch nicht sagen, Eva habe Adam mit einer Riesentomate verlockt. Es ist ebenso nicht exakt, daß Kain den Abel, wie sie bemerkten, in den Arsch getreten habe – er hat ihn totgeschlagen. Und dann noch eines, was ich Ihnen doch nicht verschweigen möchte: es ist bei uns ganz allgemein üblich, am Schluß der Predigt Amen zu sagen und nicht einfach: Prost!‹

Ein vorsichtiger Bräutigam fragt: ›Wie teuer ist die Trauung, Herr Pfarrer?‹ – ›Je nach der Rede‹, meint der Pastor. ›Ich traue für fünf, für zehn und für zwanzig Mark. Aber zu der Traurede für fünf Mark kann ich selbst nicht raten.‹

Auch mißverständliche Fehlleistungen und versehentliche Zweideutigkeiten in Predigten sind ein dankbares Gebiet des Witzes.

In seiner Predigt bittet ein Pfarrer die Gemeindemitglieder, Flüchtlingskinder für einige Zeit bei sich aufzunehmen und zu versorgen. Nach dem Gottesdienst könne man sich dafür in der Sakristei melden. Vor dem Segen will er noch einmal an dieses Anliegen erinnern: ›Also noch einmal: Die Frauen, die ein Kind haben wollen, kommen anschließend in die Sakristei, aber bitte erst in 5 Minuten, wenn ich mich ausgezogen habe.‹

Predigten können auch mitunter ungewollte Nebenwirkungen erzielen.

Ein Pfarrer hält eine Predigt über die Zehn Gebote.

Als er zu dem Gebot kommt ›Du sollst nicht stehlen‹, sieht er, wie unten im Kirchenschiff ein Mann zusammenzuckt und voller Unruhe seine Nachbarn mustert. Erst als das Gebot ›Du sollst nicht ehebrechen‹ an der Reihe ist, lächelt der Mann plötzlich und lehnt sich beruhigt zurück in die Kirchenbank.

Nach dem Gottesdienst fragt der Geistliche den Mann, was ihn so verstört habe.

»Das kann ich Ihnen leicht erklären, Herr Pfarrer«, sagt der Mann. »Als Sie sagten, ›Du sollt nicht stehlen‹, da merkte ich plötzlich, daß mir mein Regenschirm fehlt. Aber als Sie sagten ›Du sollst nicht ehebrechen‹, fiel mir ein, wo ich ihn stehengelassen habe.«

Auch im protestantischen Bereich wenden sich konfessionelle Witze schließlich gegen besondere Merkmale einer Glaubensgemeinschaft. Die engherzige Moralauffassung bei pietistischen Brudergemeinden bringt u. U. komisch erscheinende Übertreibungen hervor.

Das Presbyterium einer Gemeinde berät über die Frage, ob bei einer Überschwemmung auch sonntags Rettungsarbeiten getan werden dürfen. Einige Presbyter sind dagegen, andere dafür. Der Pfarrer weist darauf hin, daß auch Christus am Sabbat geheilt habe. Antwortet ein alter Presbyter: ›Herr Pfarrer, das wollte ich schon immer einmal fragen: War der Herr Jesus nicht in manchen Punkten etwas zu liberal?‹

Martin Lang erzählt, wie zu einem alten Weingärtner in Tübingen einmal ein ›Helfer‹, ein protestantischer Geistlicher, kam. Er fand ihn über der Bibel und freute sich solcher Frömmigkeit. Im Lauf der Unterhaltung stellte sich heraus, daß den bibelfesten Gôgen ein theologisches Problem quälte, eins, das ihm offenbar arg zu schaffen machte. ›Wisset Se, Herr Helfer‹, sagt er, ›do komm i halt schwer drom nom... D Eltere' von onsrem Herr Jesus hend Josef und Maria ghoiße'... Wemma' bedenkt: Josef und Maria, zwoi so katholische Name'! Ma' könnt grad hentersennig drüber weare.‹ (Seb. Blau, Schwäbisch, S. 119 f.).

Der politische Witz

Nicht immer beziehen sich Witze über Politiker auch wirklich auf Politik. Ein gutes Beispiel hierfür sind die Witze über Konrad Adenauer, den ersten Kanzler der BRD. Die Adenauer-Witze richteten sich nicht so sehr gegen die Adenauersche Politik, obwohl es genug Opposition gegen sie gegeben hat, sondern fast ausschließlich bezogen sie sich auf Adenauers hohes Alter und seine altersstarre Beharrlichkeit, noch mit über 90 Jahren Bundeskanzler bleiben zu wollen:

Adenauer fragt einen seiner vielen Enkel: ›Was willst Du denn einmal werden, wenn Du groß bist!‹ – ›Ich will Bundeskanzler werden wie Du, Opa!‹ – ›Aber wir brauchen doch keine zwei!‹

Was ist der Unterschied zwischen einem Handwerker und Adenauer? – Der Handwerker kommt nicht und Adenauer geht nicht.

Andere Witze bezogen sich auf Adenauers Katholizismus.

Besuch Adenauers im Vatikan. Die Audienz des Bundeskanzlers dauert schon mehr als eine Stunde über die protokollarisch festgelegte Zeit. Die anderen angemeldeten Besucher werden ungeduldig. Der Kardinal-Staatssekretär schaut immer wieder auf seine Uhr. Endlich hält er es nicht mehr aus; er öffnet die Tür einen Spalt, und was sieht er: Der Papst kniet vor Adenauer, ringt die Hände und sagt flehend: ›Aber glauben Sie mir doch, Herr Bundeskanzler, ich bin doch schon katholisch.‹

Adenauer katholischer als der Papst – das ist auch mehr eine persönlich-konfessionelle als eine eigentlich politische Aussage. Ebenso waren die Lübke-Witze meist keine eigentlich politischen Witze, sondern gehörten zu den Unbildungs-Witzen, d. h. wieder zu unserer Gruppe der komischen Konflikte um menschliche Defekte:

Lübke lernt jetzt Esperanto. . . er will dorthin!

Lübke hat gehört, daß Petrus jedem, der in den Himmel kommen will, einige Fragen stellt. Also präpariert sich Lübke und steckt, ehe er vor Petrus tritt, einen Spickzettel mit Namen und Daten in den Hosenbund. Nachdem Petrus gefragt hat, wie die beiden ersten Menschen hießen, schaut Lübke unauffällig in seinen Hosenbund und liest vor: Peek und Cloppenburg.

Lübke kommt in den Himmel, doch der heilige Petrus will ihn nicht hereinlassen. ›Kennen Sie mich nicht? Ich bin Lübke!‹ – ›Das kann jeder sagen, beweisen Sie das erst einmal!‹ – ›Wie soll ich das beweisen? Jeder sieht doch, daß ich Lübke bin!‹ – ›Nun, neulich war Herbert von Karajan hier, der hat sich auch ausgewiesen: In kürzester Zeit hat er mit den Engeln Beethovens Hymne an die Freude einstudiert. . . oder gestern, da war Picasso hier. . .‹ – ›Entschuldigen Sie‹, sagt Lübke, ›wer ist Picasso?‹ Daraufhin Petrus: ›Sie sind Lübke, Sie können hereinkommen!‹

Auch Politiker werden im Volkswitz typisiert und auf eine Schablone gebracht. Den intellektuell etwas unterbelichteten Typus zeigen auch die Eisenhower-Witze, und es sind nicht selten dieselben Witze, die von einem auf den anderen übertragen werden können, so daß es sich nicht empfiehlt, politische Witze nach ihren Hauptpersonen zu ordnen.

Pablo Casals wartet vor der Himmelspforte. Petrus fragt ihn nach seinem Namen. – ›Casals.‹ – ›Beweisen Sie das!‹ – Der Künstler spielt ein Stück auf seinem Cello und wird eingelassen. Nach ihm erscheint Pablo Picasso. Er skizziert eine Himmelsszene und darf ebenfalls passieren. Schließlich tritt Dwight D. Eisenhower vor das Himmelstor. Auch er wird gebeten, seine Identität zu beweisen. ›Jedermann weiß, wer ich bin!‹ poltert der General. – Petrus bleibt hartnäckig: ›Auch Casals und Picasso mußten ihre Identität nachweisen.‹ Darauf fragt der Ex-Präsident: ›Wer, zum Teufel, sind diese Casals und Picasso?‹ – Petrus: ›Sie können reinkommen, Herr Eisenhower!‹

Roosevelt bewies, daß man ein Leben lang Präsident sein kann. Truman bewies, daß jeder Präsident sein kann. Eisenhower bewies, daß man in den USA überhaupt keinen Präsidenten braucht. An Nixon zeigte es sich, wie gefährlich es sein kann, einen Präsidenten zu haben.

Auch politische Witze sind übertragbar.

In der Nazizeit beschließt die Führung, doch auch etwas zur Befriedung der religiösen Gruppen zu tun, und so baut man dem lieben Gott ein gewaltiges Denkmal. Bei der feierlichen Enthüllung werden von den Nazigrößen Kränze niedergelegt. Auf der Kranzschleife von Goebbels steht: ›Der dritte Mann im dritten Reich dem ersten Mann im ersten Reich!‹ Görings Schleife enthält die Aufschrift: ›Von Her*mann* dem Herr*gott*!‹ Hitlers Widmung lautet: ›Dem lieben Gott von seinem Führer!‹

Man sollte denken, so etwas ließe sich nicht übertragen. Doch gibt es einen entsprechenden De Gaulle-Witz:

Madame de Gaulle bittet ihren Mann, zu Weihnachten doch auch der Kirche von Colombier etwas Besonderes zu stiften. Und so spendet der General eine Kerze mit der Aufschrift: ›Le grand Charles au petit Jesus.‹

Witze um Charles de Gaulle waren meist nicht eigentlich politisch, sondern belachten mehr die Vorliebe für grandeur und die Eitelkeit des Generals und Staatschefs.

›Mon général, wo möchten Sie begraben sein?‹ wird General de Gaulle gefragt. ›Unter dem Arc de Triomphe?‹ – ›Aber nein, ich bin doch kein unbekannter Soldat!‹ – ›Vielleicht im Dôme des Invalides? – ›Was … neben diesem schrecklichen kleinen corporal …?‹

– ›Oder vielleicht in Reims, neben Jeanne d'Arc?‹ – Der General denkt einen Augenblick nach und meint dann lächelnd: ›Ja, sie wird sich geschmeichelt fühlen.‹

Oft ist es überhaupt gar nicht so sehr die große Politik, als das Privatleben der Politiker, das in einen komischen Konflikt zur Machtfülle des Amtes tritt.

USA. Während des Wahlkampfes zwischen Senator Kennedy und dem damaligen Vizepräsidenten Nixon. Frau Nixon und Frau Kennedy unterhalten sich. ›Was machten Sie gestern abend, Jacky?‹ – Jacqueline Kennedy: ›Ich war in der Oper, und Sie?‹ – ›Oh, ich schlief mit dem nächsten Präsidenten der Vereinigten Staaten!‹ – ›Oh‹, sagt Mrs. Kennedy, ›das ist Jack! Er unterläßt nichts, um noch die letzte Stimme für sich zu gewinnen.‹

Ein Übertrumpfungswitz und zugleich auch ein Sex-Witz. Aber doch auch insofern ein politischer Witz, als er sich über den ehrgeizigen Politiker und seine noch ehrgeizigere Frau lustig macht. Um den Gegner doch noch zu übertrumpfen, wird Schlimmes in Kauf genommen. Der Sieger im Redewettkampf erkauft seinen Triumph mit der Infragestellung seiner Ehe. Der Überlegene, der das letzte Wort behält, ist zugleich auch der Unterlegene.

Wie erklärt sich das Paradox der Überzeitlichkeit des Witzes trotz der Zeitgebundenheit seiner Einkleidung? Die Antwort ist einfach: Die Komik liegt nicht in der historischen, konkreten Einkleidung, obwohl sie die komische Wirkung erhöht, sondern in den Techniken der Überraschung und der Wort- und Sinnspiele sowie in den Grundinhalten des Witzes. Weder die Techniken noch menschliche Defekte und Unfälle sind an Ort, Zeit oder Kultur gebunden. So ist es auch zu erklären, daß gewisse politische Witze, statt von einer Epoche an eine andere überliefert zu werden, jeweils von neuem erfunden werden, weil der Grundinhalt der allgemeinen Erfahrung zugänglich ist (Speier, S. 57 f.).

Radikale politische Witze geben dem Wunsche Ausdruck, den Gegner zu vernichten. Der Tod des Gegners wird als komisches Ereignis behandelt (vgl. Speier, S. 79). Vielleicht lassen deshalb so viele politische Witze noch lebende Hauptpersonen nach ihrem Tode mit Petrus als Himmelspförtner zusammentreffen. Das Jüngste Gericht, die Endabrechnung über die Taten des Gegners wird schon in die Gegenwart projiziert. Der politische Witz geht also mit der historischen Wirklichkeit sehr frei um. Noch lebende Personen zitiert er vor das Gottesgericht oder an die Himmelspforte vor den Urteilsspruch des Heiligen

Petrus, und dabei spielt sicherlich der verdrängte unterbewußte Wunsch, die Mächtigen wären schon tot oder würden tatsächlich zur Verantwortung gezogen, eine bestimmende Rolle.

Figuren, die sich nie gesehen haben, läßt der Witz in erdachten Gesprächen zusammentreffen, und es gibt dabei keine Thematik, die ausgeschlossen wäre. Der politische Witz mischt Gegenwärtiges mit längst Vergangenem oder sogar mit Zukünftigem. Ohne weiteres kann sich der politische auch mit jedem anderen komischen Konflikt mischen, mit Sozialem wie Sexuellem.

Der politische Witz ist ein Tendenzwitz. Er richtet sich gegen Regierungen, gegen die Mächtigen, und er ist umso schärfer und verletzender, je weniger es andere Ventile gibt, oppositionelle Meinung zur politischen Wirksamkeit zu bringen. Man hat gesagt, die politischen Witze hätten ihre guten und schlechten Zeiten, wobei die schlechten Zeiten gute Zeiten für politische Witze seien und umgekehrt (Drozdzynski, S. 10). Der politische Witz gedeiht jedenfalls am besten in diktatorischen und undemokratischen Verhältnissen. Der Ohnmächtige besiegt mit seinem Gelächter den Mächtigen. Der politische Witz steht in Diktaturen in der Regel unter Strafverfolgung.

Die Verbreitung des politischen Witzes wurde etwa im Dritten Reich durch das ›Heimtückegesetz‹ und während des Krieges durch das ›Gesetz gegen Zersetzung der Wehrkraft‹ strafrechtlich geahndet. ›Meckerer‹, ›Miesmacher‹ und ›Kritikaster‹ konnten leicht im KZ landen, und ›Defaitistische Bemerkungen‹ wurden mit unglaublicher Härte geahndet. Der Münchner Weiß-Ferdl kam ebenso wie Werner Finck zu Gestapohaft, Ausschluß aus der Reichskulturkammer und Auftrittsverbot. Der Kölner Karnevalist Karl Küpper mußte wegen seiner mutigen Späße ebenfalls die Verfolgung durch die Gestapo und lebenslängliches Redeverbot auf sich nehmen. Eine Frau, die im November 1944 die Bemerkung machte, die Fleischknappheit käme von dem Mangel an Schlachttieren, »weil die Schafe arbeiten, die Ochsen an der Front und die Schweine in der Partei sind«, kam mit drei Wochen Gefängnis noch glimpflich davon. Doch der Vers: »Komm, Adolf Hitler, sei unser Gast,/und gib uns all das, was du uns versprochen hast./Aber nicht Pellkartoffeln und dazu keinen Hering,/sondern was du selber ißt und Hermann Göring« war Anlaß nicht nur für *ein* Todesurteil. Der Volksmund hat damals zu berichten gewußt, daß bei den Gerichten vollständige Witzverzeichnisse mit dem jeweils entsprechenden Strafmaß vorliegen würden (Buchele, S. 48 ff.).

Totalitäre Systeme sind auf sturen Ernst zugeschnitten und verstehen keinen Spaß, und eben dies ist selber auch wieder Gegenstand des Witzes, etwa in der Scherzfrage:

›Was gibt es für neue Witze?‹ – Antwort: ›Ein Jahr Gefängnis!‹

oder:

›Haben Sie schon gehört? Es gibt ein Preisausschreiben für den besten Witz. Erster Preis: 20 Jahre Dachau!‹

Weil man für Witze auch ins Gefängnis oder Konzentrationslager wandern kann, ist der politische Witz oft doppeldeutig, d. h., er hat eine harmlose Bedeutung neben einer aggressiven.

Eine alte Frau schrieb Hitler einen Glückwunsch zu seinem Geburtstag. – In dem Brief heißt es: ›Ich wünsche Ihnen alles, was das deutsche Volk Ihnen seit Jahren wünscht.‹
Tags darauf wurde sie wegen Anstiftung zum Mord verhaftet.

Es ist z. T. ein bitteres Lachen, das sich aus den politischen Witzen ergibt. Es resultiert aus Situationen, in denen man im Grunde nichts zu lachen hat, und die Anlässe zum politischen Witz sind tragisch. Doch Erfinder und Erzähler machen sich über ihre eigene Ohnmacht lustig, in witziger Verkleidung werden z. T. sogar scharfe Anklagen formuliert. So bewährt sich der Witz hier als geistiges Ventil und als Regulativ zur Wiederherstellung des seelischen Gleichgewichtes. Psychologisch bedeutet die Verwendung des politischen Witzes eine Art Ausweichen in eine Welt der Illusion und der inneren Emigration. Mehr noch: Er verleiht dem Unterdrückten gegenüber dem Unterdrücker eine Position geistiger Überlegenheit (M. Dor, S. 329). Die Witze sind eine Auseinandersetzung mit dem System. Sie ziehen das Ernste, Schlimme, Lebensbedrohende in einen komischen Konflikt, und sie verraten eine erstaunliche Einsicht in die tieferen Gründe und Hintergründe der Geschehnisse.

Es hat wenig Sinn, danach zu fragen, ob der Witz als innerer Widerstand gegen den totalitären Staat praktisch etwas genützt hat. Sichtbar geschadet haben diese Witze dem Regime sicherlich nicht (Buchele, S. 190 f.). Keineswegs alle politischen Witze entstammen aber wirklicher Opposition. Viele Witze über den Nationalsozialismus kamen aus ›gut informierten Parteikreisen‹. Oft konnten nur angesehene ›Parteigenossen‹ es sich leisten, einen politischen Witz ungestraft zu erzählen, der einen ›politisch Unzuverlässigen‹ sofort ins KZ gebracht hätte. Der Witzerzähler über die Naziherrschaft war nicht eigentlich ein Widerstandskämpfer. Aber er schaffte Vergnügen, Lustgefühl, Entspannung; er löste ein befreiendes Gelächter aus. Der Witz bietet eine Möglichkeit, sich über etwas sonst Verbotenes zu freuen. Er gibt wenigstens die Illusion von Freiheit. »Witze sind besser als Kriege. Selbst der aggressivste Witz ist besser als der unaggressivste Krieg.« (Mikes, S. 192).

Der Witz im totalitären Staat, der anonyme politische Flüsterwitz des Volkes, wie er in Büros, in Straßenbahnen ›unter der Hand‹ oder ›hinter vorgehaltener Hand‹ kursierte, ist quellenmäßig schwer zu erfassen, d. h. seine Quellen sind unzugänglich oder undurchsichtig. Freilich ist auch keine andere Art von Witz so zeitgebunden wie der politische Witz, und man kann über politische Witze nur lachen, wenn man die zeitgeschichtlichen Hintergründe kennt. Es gibt zwar Witze, die von einer Diktatur in eine andere übergehen, aber was uns an politischen Witzen noch lachenswert erscheinen soll, das muß uns zeitgeschichtlich irgendwie verständlich sein. Wir wählen unsere Beispiele im Folgenden aus dem Witz-Repertoire der Nazizeit. Der ›Flüsterwitz‹ im Dritten Reich war ein beliebter Angriff des Mannes von der Straße gegen den allmächtigen Apparat, gegen die Bonzen, denn Gelächter war tödlich für die auf sturen Ernst zugeschnittene Tyrannei. Der politische Witz der Nazizeit ist eine wichtige zeitgeschichtliche Quelle. Er gibt eine Antwort darauf, wie die Menschen jener Zeit auf die Propaganda reagierten, auf die ausposaunten Siege und die verheimlichten Niederlagen, auf den sozialen Betrieb und den Terror, auf Führerkult und Blut- und Boden-Ideologie (vgl. Gamm, Vorwort und S. 15).

Eine Bäuerin sieht zum ersten Mal in ihrem Leben einen Globus. Man bemerkt ihr Interesse und erklärt ihr den Erdball. Sie will nun wissen, wo Amerika liegt. ›Hier, das ist Amerika!‹ – ›Ja, und wo Rußland?‹ – ›Hier ist Rußland!‹ – ›Und jetzt zeigen Sie mir aber auch mal Großdeutschland!‹ – ›Hier, liebe Frau, das ist Großdeutschland.‹ Fassungslos starrt die gute Alte auf den kleinen Fleck und bricht dann in die Worte aus: ›Ja weiß denn das der Führer?‹ (nach einer anderen Variante: ›Hat der Führer denn auch einen Globus?‹).

Die schlichte Belehrbarkeit einer Landfrau steht dem größenwahnsinnigen Ideologen gegenüber. Es ist der Sieg des gesunden Menschenverstandes (vgl. Gamm, S. 21). Der Witz erkennt die Diskrepanz zwischen Propaganda und Wahrheit im totalitären System (Buchele, S. 18). Witzige Kritik wurde an den Machtemblemen und Symbolen geübt:

Der Reichsadler soll als deutsches Wappentier abgeschafft werden, denn er ist schwarz und trägt einen jüdischen Namen (Adler). Dafür soll das Känguruh zum Reichssymbol erhoben werden, denn es ist braun und vermag selbst mit leerem Beutel große Sprünge zu machen. Oder auch: Der Maikäfer soll das neue Wappentier werden: Er ist braun, erdverbunden und hat den Vierjahresplan im Leibe.

Die Methoden nazistischer Machtexpansion und Gewaltdiplomatie geißelt ein Witz schon aus der Mitte der Dreißiger Jahre:

1935 schickt Hitler Papen nach Rom, um den Papst für den Nationalsozialismus zu gewinnen. Doch er hat keinen Erfolg. Auch Goebbels ist nicht sehr erfolgreich. Er bringt nur einen kleinen Beitrag für die NSV mit. Da wird Göring auf den Weg geschickt. Drei Tage später bekommt Hitler ein Telegramm von Göring aus Rom: ›Auftrag ausgeführt. Papst tot. Vatikan brennt. Tiara paßt. Dein Heiliger Vater.‹

Dieser Witz arbeitet mit einer Reihe von Anspielungen: ›Papst tot‹ meint eben die diktatorische Praxis, den politischen Gegner einfach zu liquidieren; ›Vatikan brennt‹ spielt auf den Reichstagsbrand an, von dem man munkelte, Göring habe ihn selbst ausgelöst. ›Tiara paßt‹ spielt schließlich ironisch auf Görings Leidenschaft für Uniformen, Orden und Prachtentfaltung usw. an. ›Dein Heiliger Vater‹ ist schließlich eine Ironie auf Görings Bereitschaft zur Ämterhäufung, jedes unbesetzte Führungsamt zu übernehmen, obwohl er schon ein Dutzend inne hatte. Der Uniformprahler Göring war überhaupt ein Hauptangriffsziel des Witzes, obwohl die um den Reichsmarschall kursierenden Erzählungen eher zu den harmloseren und weniger scharfen Witzen gehörten.

Was ist der Unterschied zwischen Ludwig XIV., Friedrich dem Großen und Hermann Göring? – Ludwig XIV. sagte: ›L'état c'est moi.‹ Friedrich der Große sagte: ›Ich bin der erste Diener meines Staates.‹ Hermann Göring sagt: ›Mit mir könnt ihr Staat machen!‹

Manchmal darf nur der ›naive Kindermund‹ etwas sagen, was der Erwachsene nur zu denken wagt.

Beim Einzug des Führers in eine Stadt stehen kleine Mädchen mit Blumen Spalier. Eines davon streckt Hitler ein Grasbüschel entgegen. ›Was soll ich denn damit tun?‹ fragt Hitler. ›Essen‹, antwortet die Kleine. ›Die Leute sagen jeden Tag: Erst wenn der Führer ins Gras beißt, kommen bessere Zeiten.‹

Im politischen Witz findet man häufig den verborgenen Wunsch, den politischen Gegner tot zu sehen oder sich tot vorzustellen:

Kurz nach Beginn des Hitler-Regimes bemühen sich wohlhabende Juden in Berlin, ihren Besitz in kostbaren Antiquitäten anzulegen. Ein Kunsthändler besucht seinen besten Kunden, einen reichen Bankier, öffnet behutsam einen mitgebrachten Ebenholzkasten und sagt: ›Herr Pfeffer, ich habe Ihnen etwas ganz Schönes mitgebracht: eine Totenmaske von Franz Liszt.‹ Der Bankier betrachtet die Totenmaske lange und fragt dann: ›Haben Sie so etwas nicht in Hitler?‹

Ausstellung im Madrider Prado. Gedränge um eine überlebensgroße Marmorbüste des Caudillo Francisco Franco. Der Schöpfer des Werkes entdeckt in der Menge einen Bekannten. ›Was sagen Sie dazu?‹ fragt er ihn. ›Das Denkmal ist imposant‹, antwortet dieser. ›Nur hat es zwei Fehler!‹ – ›Wieso?‹ fragt entsetzt der Bildhauer. ›Der erste Fehler ist: es müßte darunter stehen, ›Ruhe in Frieden!‹ – ›Wieso?‹ fragt der Bildhauer verblüfft, ›er ist doch gar nicht tot!‹ – ›Das ist der zweite Fehler!‹

Zwei Römer im Café: ›Haben Sie gehört, der Heilige Vater soll zu Gott beten, daß er dem Duce endlich die Augen öffne.‹ – ›Jetzt?!‹ fragt der andere, ›wo alle darum beten, daß er sie ihm endlich schließt.‹

Der Wunsch, den politischen Gegner lieber tot zu sehen, führt im Witz zu der so häufigen Situation des himmlischen Tribunals, wo ein in Wirklichkeit meist noch lebender Politiker sich vor dem Heiligen Petrus für seine Taten zu verantworten hat.

Schließlich hat auch der Komiker und Kabarettist eine gewisse, wenn auch beschränkte Narrenfreiheit.

Weiß-Ferdl hat von Hitler sein Bild mit eigenhändiger Unterschrift bekommen. ›Das ist mein Freund, der Hitler‹, sagt er. ›Jetzt weiß ich nur net, soll ich ihn aufhängen oder an die Wand stellen?‹

Der politische Witz ist per se doppeldeutig, und deshalb sind die meisten politischen Witze des NS-Zeit Wortwitze, keine Sachwitze. Der Erzähler muß bemüht sein, den Sinn doppeldeutig zu halten, so daß er vor dem Zugriff der Polizei durch eben diese Doppeldeutigkeit geschützt und auch in der Lage ist, für sein Bonmot gegebenenfalls eine harmlose Erklärung zu geben (Buchele, S. 3). Politischer Witz ist getarnte Meinungsäußerung; er ist das Surrogat echter, freier Meinungsäußerung im totalitären Staat.

Im politischen Witz der Nazizeit wiederholen sich ungefähr alle Witz-Techniken, die wir bereits kennengelernt haben.

Was ist der Unterschied zwischen Hitler und der Sonne? –
Die Sonne geht im Osten auf, doch Hitler geht im Osten unter.

Welcher Unterschied besteht zwischen dem Dritten Reich und einer Straßenbahn? – Keiner: Bei beiden steht vorn der Führer, hinter ihm steht das Volk, wer nicht hinter ihm steht, der sitzt. Zwischendurch wird kassiert. Abspringen während der Fahrt ist verboten.

Die Fahrt des Reiches in den Abgrund wird hier mit einer Straßenbahnfahrt gleichgesetzt, zugleich wird mit den Mitteln des Wortwitzes, der Doppeldeutigkeit der Worte: ›hinter ihm stehen‹, ›sitzen‹, ›kassieren‹ gearbeitet.

In der Form von Scherzfragen und Rätselwitzen verstecken sich unzählige politische Aggressionen.

Was ist der höchstbezahlte Männergesangverein der Welt?
Der deutsche Reichstag: Er tritt jährlich nur einmal auf, singt lediglich die Nationalhymne, und dafür erhält jedes Mitglied monatlich 600 Mark.

Welches Land hat die größte Flotte?
Deutschland: es besitzt nicht nur 80 Millionen Kohldampfer, sondern auch den größten Zerstörer der Welt.

Wieviele Deutsche sind im Weltkrieg 14–18 gefallen?
Einer zu wenig.

Was ist die beste Warnung? – Die Entwarnung.

Was ist der kürzeste Witz? – Antwort: Wir siegen.

Solche Witze erreichen die Grenze des Galgenhumors.

›Bevor ick mir hängen lasse, glob ick an den Endsieg‹, sagt der Berliner.

Eines ist bemerkenswert: Der Witz hat niemals die deutschen Soldaten des zweiten Weltkrieges und ihre schließliche Niederlage angesichts der feindlichen Übermacht zu Objekten seines Angriffs gemacht; aus keiner einzigen, noch so geringen Anspielung läßt sich auf Sarkasmus oder gar auf Schadenfreude über den deutschen Rückmarsch schließen. Wohl nahm man die immer verhängnisvollere Zuspitzung der militärischen Lage zum Anlaß, auf die Diskrepanz zwischen Propaganda und Wirklichkeit hinzuweisen und den baldigen Niedergang des »Tausendjährigen Reiches« schadenfroh zu prophezeien. Doch die Niederlage der Truppen wird nur mit wenigen Worten gestreift – hier hat die natürliche Pietät des Volkes dem Witz eine bemerkenswerte Grenze gesetzt (Buchele, S. 183).

Der politische Witz ist von hohem kulturgeschichtlichen Interesse, weil er in einer kurzen Erzählung die Probleme einer Zeit anschaulich macht. Die Aussagekraft des Witzes ist so groß, daß man den Versuch unternehmen könnte, mit Hilfe einer Reihe von Witzen eine ganze Epoche darzustellen. Politische Witze sind ein Barometer der wirklichen Volksmeinung, nicht der durch die Presse repräsentierten sog. ›öffentlichen Meinung‹. Es wäre möglich, die Geschichte des 20. Jahrhunderts auf der Basis von Witzen zu schreiben (Mikes, S. 171).

Obwohl wir täglich Politiker des In- und Auslandes in witzigen und originellen Karikaturen sehen, die sich auf die Tagespolitik beziehen, kann man behaupten, daß es in Westdeutschland derzeit so gut wie keine politischen Witze gibt. Soll man das bedauern? Ich glaube nicht.

Seien wir froh, daß unsere Gegenwart andere Formen der Bewältigung politischer Probleme und Mißstände hat als durch den Witz hinter vorgehaltener Hand. Dies bringen auch drei Dichterworte zum Ausdruck, die wir als Motto diesem Kapitel hätten voranstellen können:

»Da dem Deutschen zum Witze nichts fehlet als die Freiheit, so geb' er sich doch diese!« (Jean Paul, Vorschule der Ästhetik, § 54).

»In einem Land leben, wo es keinen Humor gibt, ist unerträglich, aber noch unerträglicher ist es in einem Land, wo man Humor braucht.« (Bertolt Brecht, Flüchtlingsgespräche).

»Jeder Witz ist eine winzige Revolution« (George Orwell).

Der ethnische Witz

Der Begriff ›Ethnischer Witz‹ meint sowohl den Witz innerhalb einzelner ethnischer Gruppen wie den Witz über einzelne ethnische Gruppen. Witz existiert fast immer in lokal- oder regionalspezifischen Ausprägungen. Landschaftliche Witzsammlungen dürfen stets eines hohen Absatzes sicher sein, der sich nach Hunderttausenden bemißt. Vera Möllers fünf Klein-Erna-Heftchen haben eine Millionenauflage erlebt; H. Lützelers ›Philosophie des Kölner Humors‹ gehört zu den Bestsellern des Genres und existiert auch als Langspielplatte. Die Sammlung »Landschaften des Humors«, die der Desch-Verlag in 22 schmalen Bändchen und dann später auch unter dem Titel »Ganz Deutschland lacht« als Zusammenfassung gedruckt hat, war ebenfalls ein großer Bucherfolg. Nicht nur die mündliche Tradierung, auch gedruckte Sammlungen haben zweifellos zur Verbreitung von Witzen beigetragen. Verbreitung und Reichweite des ethnischen Witzes sind dennoch sehr unterschiedlich. Klein-Erna-Geschichten und Tünnes-und-Schäl-Witze haben sich im ganzen deutschen Sprachgebiet durchgesetzt und gehören zum allgemeinen Witzrepertoire. Webstüblerwitze, Gôgenwitze, Witze vom Fischer Maathes oder Appenzeller-Witze sind dagegen über ihre alemannische, schwäbische oder trierische Heimatlandschaft kaum hinausgelangt.

Jeder Stamm glaubt an sein eigenes Witz-Image und will sich darin wiedererkennen. Darum sind leider auch die wissenschaftlichen Bemühungen um den regionalen und ethnischen Witz in Deutschland vom Lokalpatriotismus geprägt und über sehr subjektive, wenn auch geistreiche Plaudereien kaum hinausgelangt. Man hat vom ›lebensmeisternden Kölner Humor‹, vom ›objektiven Berliner Humor‹, auch vom ›passivischen sächsischen Humor‹ und vom ›aktiven altbayerischen Humor‹ gesprochen (Pinder), doch ist mit solchen mehr gefühlsmäßigen Aussagen wenig gewonnen; sie sind unpräzis und beruhen oft auf ethnischen Vorurteilen.

Es bleibt die Frage nach den ›Humorlandschaften‹: Gibt es eine ›Landkarte des Humors‹, eine ›Topographie des Witzes‹? Natürlich beruht der Witz einer Landschaft oder einer Großstadt auf der Eigenart der Bevölkerung. Dennoch ist es problematisch, von den Menschen auf den Witz und von diesen wiederum auf den Menschenschlag verallgemeinernd zu schließen. Es gibt keinen Regionalwitz, der nicht ausgiebig vom internationalen Motivgut Gebrauch machte. So läßt es sich im Witz nur schwer ausmachen, was ›typisch hamburgisch‹, ›typisch schwäbisch‹ oder ›typisch sächsisch‹ ist. Nur selten geben die landschaftlichen Witzsammlungen Auskunft darüber, wer die Erzähler solcher angeblich stammestypischen Witze sind. Der regional-ethnische Witz kann sowohl ein Witz *von* als ein Witz *über* den in Frage kommenden Menschenschlag sein, und dementsprechend unterschiedlich sind die darin enthaltenen Aggressionen oder Wunschvorstellungen. Das meiste, was an Witzen einzelnen Ethnien zugeschrieben wird, stammt ohnehin nicht von den Angehörigen dieser landschaftlichen Gruppen, sondern von ihren Nachbarn.

Der ethnische Witz gruppiert sich vorzugsweise um einzelne benannte Witzfiguren, die als Repräsentanten der Landschaft, des Stammes oder des Ortes gelten: Tünnes und Schäl, Antek und Frantek, Klein-Erna und Heini, Graf Bobby und Mucki, Frau Sarasin und Frau Merian aus Basel, Kare und Lucke (Karl und Ludwig) aus München. Daß diese Witzrepräsentanten häufig paarweise auftreten, hängt mit dem Dialogcharakter des Witzes zusammen. Einzelne regionale Witzfiguren haben wirklich gelebt, wie z. B. der Berner Dällebach Kari, die Trierer Witzfigur ›Fischer Maathes‹ (= Mathias Fischer, 1822–1879), und wahrscheinlich auch Klein-Erna. Das schwäbelnde Stuttgarter Freundespaar Häberle und Pfleiderer dagegen ist eine Erfindung des Humoristen Willy Reichert. Es kommt jedoch nicht darauf an, ob die Witzrepräsentanten der einzelnen Landschaften oder Städte erfundene Personen sind, oder ob man hinter ihnen tatsächliche historische Figuren sehen darf. Sie sind im übrigen nicht nur Regionaltypen; sie sind immer zugleich auch Sozialtypen. Anekdoten von lokalen Originalen und Käuzen werden mit erfundenen Geschichten angereichert.

Ein großer Teil des ethnischen Witzes ist internationales Wandergut. Die Bilanz des wirklich Regionaltypischen ist erschütternd gering, und wer eine Anzahl von Sammlungen durchmustert, stößt fortwährend auf Doubletten und Varianten. Eine Sammlung bayerischer Witze bringt z. B. folgende Erzählung:

> Auf der Dorfstraße versucht ein junger Mann, sein Motorrad zu starten. Der Pfarrer schaut ihm zu. Der junge Mann flucht: ›Himmiherrgottsakrament.‹
>
> ›Junger Mann‹, sagt da der Pfarrer, ›bekanntlich steht geschrieben: Du sollst nicht fluchen. Denken Sie daran! Versuchen Sie es doch einmal mit einer Bitte. Sprechen Sie ganz einfach vor sich hin: Lieber Gott, hilf mir!‹

Skeptisch blickt ihn der junge Mann an, dann grinst er und sagt achselzuckend:
›Also: Lieber Gott, hilf mir!‹
Kaum hat er's ausgesprochen, springt der Motor an. Der junge Mann schwingt sich auf den Sitz und braust davon.
Verblüfft blickt der Pfarrer ihm nach und sagt dann vor sich hin:
›Himmiherrgottsakrament!‹

Nicht nur das sprachliche Gewand, die oft belächelte Deftigkeit des Fluchens, sondern auch Milieu und Personal der Erzählung – Dorfstraße, Pfarrer – lassen den Vorfall glaubhaft in Bayern lokalisiert sein. Dennoch erschien er in seiner rheinischen Variante Heinrich Lützeler als Inbegriff kölnischen Humors:

Ein Motorradfahrer brachte sein Fahrzeug nicht zum Laufen und fluchte, auf den Hebel tretend, im Rhythmus des Tretens gotteslästerlich: ›Du Bies, du verdammtes Aas, Dunnerklitsch noch ens, d'r Deuwel soll dich hole!‹ Ein des Weges kommender Pfarrer sagte milde: ›Mann Jottes, Ihr dürft doch nicht so jotteslästerliche Ausdrücke jebrauchen. Versucht es doch lieber mal mit 'nem kleinen Stoßjebet!‹ Da trat der Fahrer von neuem energisch auf den Anlasser, diesmal aber im Rhythmus der Worte: ›Jelobt – sei Jesus – Christus!‹ Rrrr – der Motor sprang an, und das Fahrzeug brauste davon. Mit offenem Munde blickte der Pastor hinterher; auf einmal sagte er kopfschüttelnd: ›Verdammt noch ens, dat hätt ich nit jedaach!‹

Dieser Witz scheint eher in den Bereich des Konfessionellen und Religiösen als in den des Stammescharakteristischen zu gehören. Aber das Beispiel zeigt auch, wie sehr sich Witz – hier im Bereich des landschaftlichen Fluchens – dem regionalen Milieu mindestens sprachlich anzupassen vermag.

Ein bekannter Klein-Erna-Witz spielt im Hamburg der Nachkriegszeit:

Pumeiers halten sich eine Ziege, aber während der kalten Jahreszeit muß sie in der Schlafstube untergebracht werden. Klein-Erna wird darauf angeredet: ›Was, mit in Schlafstube, bei den Gestank?‹ – ›Och‹, sagt Klein-Erna, ›tun Sie man nich so, da wird sie sich eben an gewöhnen müssen!‹

Die Ziege in der Großstadtwohnung läßt sich in der Tat nur in den schlechten Nachkriegsjahren erklären. Zustände dieser Art würde man sonst mehr in agrarischen Verhältnissen erwarten. So motiviert eine bayerische Erzählung etwas anders:

Der Ziegenstall hinter dem Bahnwärterhäuschen wird erneuert. Fragt die Nachbarin: ›Wo habt's denn enka Goaß so lang unter'bracht?‹
›In unserm Schlafzimmer.‹
›Aber der G'stank!‹
›Dös Viech wird se' scho dro g'wöhna!‹

Wieder eine etwas andere Nuance bringt ein Appenzeller Witz:

Die appenzellische Gesundheitsbehörde reklamierte bei einem Bauern: Ziegenstall und eheliches Schlafzimmer lägen zu nahe beieinander, das sei ungesund.
›Was denn?‹ protestiert der Bauer. ›Bis jetzt ist mir noch keine Geiß krepiert.‹

Schließlich noch eine oberschlesische Fassung:

In der Inflation und zur Zeit der Arbeitslosigkeit ging's nicht so gut. Da mußte der Antek in eine kleine Hütte ziehen, und weil gar so wenig Platz war, hatte er die Kuh des Bergmanns, die Ziege, im Schlafzimmer untergebracht. Kommt der Frantek zu Besuch, sieht's und stößt hervor: ›Mensch, Antek, bist doch ein Schwein! Stinkt doch!‹ Sagt der Antek ganz ruhig: ›Na, was, Ziege merkt's nicht!‹

Selbst wenn ein und derselbe Witz in verschiedenen Regionen vorkommt, unterscheidet er sich doch in Nuancen, entwickelt er an verschiedenen Plätzen unterschiedliches Lokalkolorit. Der Wanderwitz ist aber weder für Hamburger, noch für bayerische, oberschlesische oder Appenzeller Verhältnisse charakteristisch. Er gehört zu den häufigen Vorwürfen hygienischer Mißstände, mit denen sich Witzeerzähler über unterentwickelte Wohnverhältnisse unterer Sozialschichten lustig machen. Sie werden ebenso in der proletarischen Hamburger Familie Pumeier wie in dem bayerischen Bahnwärterhäuschen oder im Appenzeller Bauernhaus vermutet. – Das gleiche gilt für den weltweit verbreiteten Witz vom Mißbrauch der Klosettbürste. In Deutschland findet er sich ebenso bei Klein-Erna wie bei Tünnes und Schäl oder im Allgäuer Witz:

Mama hat Tante zu ihr'n Geburtstag ne Klosettbürste geschenkt. Nach einiger Zeit fragt Erna: Tante, haste dich eigentlich zu die Bürste gefreut? – Ja, ist ja ganz schön, aber weißt du, Erna, Papier bleibt doch Papier!

Schäl hat der Familie Tünnes zum Namenstag eine Klosettbürste geschenkt. Nach Wochen besucht Schäl den Tünnes zu Hause, benutzt das WC, fahndet nach der Bürste und findet sie nicht.
Tünnes erklärt: ›Jo, weißte, Schäl, dat wor jo e janz schön Jeschenk, ävver mer wollte doch leever beim Papier blieve.‹

A Weible vu Akams hot in der Stadt ima G'schäft so g'spässige Bü'schte gseahe mit am Stiel. No hot se gfroget, ob dös nuimodische Molerpemsel seiet, an dearige könnt se brauche. No hots g'heiße, noi, dös seiet Klosettbürschte. Nimm, was de kriegsch, hot's Weible denkt, und hot uine kauft. Noch a Wuche viere isch's Weible meh in dean Lade komme und hot gsait: ›Kommod isch di seal Büschte scho, und Papier sparet ba häufeweis, aber öhrbar rauh isch se, bigott.‹

Haben die Sammlungen bewußt von einander abgeschrieben? Wohl kaum. Vielmehr gehört dieser Witz zum weltweiten Repertoire des sozialaggressiven Witzes über Unwissenheit und sozialhygienische Mißstände von unteren Volksschichten oder ethnischen Minderheiten. Auch amerikanische Polack-jokes, dänische Aarhusianer-Witze schildern derartige Unkenntnisse von ihren Witzpersonen.

Sicher allgemein verbreitet und möglicherweise sogar polygenetisch entstanden ist die schlagfertige Antwort des Gastwirts oder Zimmervermieters auf die Vorhaltungen des Gastes, im gemieteten Zimmer seien Wanzen.

›Das ist ja schrecklich, Frau Wotschke, in dem Zimmer, das Sie mir gestern vermietet haben, sind ja Wanzen!‹ –
›Na meinen Sie, junga Mann, for Ihre achtzehn Mark kann ick Ihnen Kolibris da reinsetzen?‹

Man hat diesen Witz wegen der schlagfertigen Antwort als ›typisch berlinisch‹ erklären wollen. Aber in Frankfurt wird fast das gleiche erzählt:

In einem kleinen hessischen Gasthof ruft ein Gast den Wirt ins Zimmer und sagt:
›Herr Wirt, bitte überzeugen Sie sich, in meinem Zimmer läuft eine Wanze an der Wand entlang!‹
Der Wirt unbeeindruckt:
›Des is ganz unmeechlich, mein Herr, um die Zeit sinn unser Wanze längst im Bett!‹

Und schließlich gibt es auch noch eine Variante im Allgäuer Dialekt:

Do isch au amol a Turischt ima Dorfwirtshaus übernacht bliebe. Am andre Morge sait ar zum Wiert: ›Sie haben ja Wanzen hinter der Tapete!‹ Do hot dr Wiert gsait: ›Was hand denn Sie hinter der Tapete zum sueche?‹

Die Antwort ist nicht in allen Fällen genau die gleiche – die Schlagfertigkeit der Antwort ist auch sicher nicht regional festgelegt. Schlagfertigkeit, die den Unterlegenen und Angegriffenen zum Überlegenen macht, der das letzte Wort behält (und in diesem Fall trotz der Wanzen das Zimmer doch vermietet), wird in allen Regionalwitzen gerne für den eigenen Menschenschlag in Anspruch genommen. Die Belustigung über Wanzen im Zimmer gehört wieder zu den Hygiene-Witzen. Ähnliches gilt für eine Reihe von Fäkalwitzen, die zwar jeweils einen regionalen Aufhänger haben, aber dennoch leicht übertragbar sind:

Zwiegespräch in der Oper:
›Entschuldigens – haben Sie vielleicht in d'Hosen gschissen?‹
›Ja, warum?‹

Ich kenne mehrere Personen, die diese Erzählung für den bayerischsten aller Witze halten. Doch gibt es ihn auch in einer Berliner Abwandlung:

Die Straßenbahn ist überfüllt; die Plattform auch. Und die Luft ist schlecht, wird immer schlechter. Ein Fahrgast tippt dem neben ihm stehenden Halbwüchsigen auf die Schulter und fragt: ›Haben Sie sich vielleicht in die Hose gemacht?‹ Erstaunt dreht sich der um: ›Ja! Jeht Sie det wat an?‹

Auch das folgende Beispiel zeigt eine Duplizität der Ereignisse:

Ein Tübinger Gôgen-Witz:
Drei junge Familienväter unterhalten sich kurz vor Weihnachten darüber, wie sie ihren Jungen mit Christgeschenken Freude machen wollen.
Der Erste: ›I geb' em ein paar Schlittschuh.‹
›Du Protz.‹
Der Zweite: ›Und i dem meinen einen Schlitten.‹ – ›Du Sauprotz!‹
Beide zum Dritten: ›U was geischt no du?‹ –
Antwort: ›I soich em Nachts 'ne Schleifetse uf d'Gaß na, dös kost mi nix, und er hat mit seine Kamerade de größt' Freud' am Morgen.‹

In jüngster Zeit stellt sich dazu eine Ostfriesen-Variante:

Was schenkt ein Ostfriese seinem Sohn zu Weihnachten?
Er pißt ihm im Garten eine Glitsche zum Schleistern.

Die beiden Erzählungen unterscheiden sich nicht nur in der Form: Dem dreigliederigen Untertreibungswitz, der sich dabei trotzdem lakonischer Kürze bedient – die vorangegangenen Redner werden jeweils mit einem einzigen Wort disqualifiziert (Protz, Sauprotz) – steht die für den Ostfriesenwitz typische Form der Rätselfrage gegenüber. Die beiden Erzählungen sind aber auch innerlich ungleich gewichtet: Was beim Schwaben schlitzohrige Überlegenheit und eingewurzelte Sparsamkeit ist, ist beim Ostfriesen bloße Dummheit, Rückständigkeit und Unappetitlichkeit. So ist die gleiche Erzählung in den beiden Landschaften doch nicht die gleiche.

Ein reiner Situationswitz ohne landschaftstypisches Merkmal ist dagegen der folgende:

Tünnes trifft seinen Freund Schäl in Königswinter:
›Wat mähs do dann he?‹
Schäl: ›Ich ben op der Huhzicksreis.‹
Tünnes: ›Wo es dann ding Frau?‹
Schäl: ›Die es zo Kölle. Die muß op et Jeschäff oppasse.‹

Pointierter erzählt ist das sächsische Gegenstück:

Ein Sachse trifft den anderen auf der Zugspitze. ›Nu Garle, wo gomms denn du her?‹ – ›Ich bin uff der Hochzeitsreese.‹ – ›Nu, wo haste denn deine Frau?‹ – ›Das is es ja ähm bei uns Volksschullehrern: For zwee-e langts allemal nich.‹

Daß die Köllsche Geschäftsfrau auf den Laden aufpassen muß und das Gehalt des sächsischen Lehrers nicht zwei Personen das Reisen gestattet, ist nicht regionaltypisch, sondern allenfalls sozialtypisch. Aber der Witz handelt weder von einem Kölner noch von einem Sachsen, sondern er zielt auf egoistisches Verhalten des Mannes in der Ehe, und zwar schon von deren erstem Moment an, in dem Gemeinsamkeit das Selbstverständlichste sein sollte. Insofern als hier von Normen des ehelichen Lebens abgewichen wird, handelt es sich um einen Ehewitz. Ein letztes Beispiel: Aus Bayern kommt die folgende Erzählung vom ›Scheidungsgrund‹.

Eine Bäuerin beim Rechtsanwalt. Sie möchte sich scheiden lassen. Der Anwalt fragt nach den Gründen:
›Sauft er?‹
›Naa.‹
›Gibt er dir koa Geld?‹
›Dös scho!‹
›Schlagt er dich?‹
›Na!‹
›Und wie steht's dann mit der ehelichen Treue?‹
Darauf die Bäuerin: ›Da pack ma'n! Dös zwoate Kind is net von eahm!‹

Etwas raffinierter und ausgestalteter findet sich das gleiche in den Sammlungen von Klein-Erna:

Klein-Erna issas Lebm aufi Dauer mit Heini zu langweilich. Sie geht nach'n Anwalt und sacht: ›Hä Anwalt, will mich scheiden lassen!‹
›So, und was wollen Sie für einen Grund angeben?‹
›Grund? Wieso?‹
›Na, ich meine, was haben Sie auszusetzen?‹
›Ach, wennich so über nachdenk – isser einfach zu doof!‹

›Das ist aber nun wirklich kein Scheidungsgrund. Fällt Ihnen nicht noch etwas anderes ein. . . z. B. trinkt er?‹

›Der? Nee, isser auch zu doof zu, eher kipp ich ma einen!‹

›So. . . oder schlägt er Sie?‹

›Der? Mich schlagen? Nee, isser viel zu feige zu, eher kleb ich ihm ma eine!‹

›Hm, was machen wir denn da, wie ist es denn. . . ist er Ihnen treu? – Hm, ich meine – es soll ja vorkommen, daß ein Mann Seitensprünge macht!‹

›Ha! Hä Anwalt, da ham wir ihn bei di Büx! Das letzte Kind is nich von ihm!‹

Man sieht: Der Witz ist ganz unbekümmert übernommen worden. Welches dabei die primäre, welches die sekundäre Quelle ist, wird sich bei derartigen Wanderwitzen schwerlich ermitteln lassen. Scheidungsgründe beim Rechtsanwalt lassen sich leichter in der protestantischen Großstadt als im katholischen Bayern vermuten. Andererseits sind die Witze von der erwachsenen und verheirateten Erna, von Groß-Erna sozusagen, zweifellos erst sekundäre Sproßerzählungen gegenüber den Kindermundwitzen von Klein-Erna. Doch ist der Witz im Grunde weder für Klein-Erna oder gar für Hamburg typisch, noch für Bayern, sondern er ist einfach ein Dummenwitz, der sich in den beiden Fassungen nur durch die Mundart unterscheidet.

Solche Beispiele ließen sich beliebig vermehren. Sie beweisen zunächst nur, daß Witze eben Folklore sind; sie sind typische Erzählungen und wiederholen sich ständig. Mit einer gewissen übertreibenden Zuspitzung haben Witzkenner immer wieder betont, im Grunde gebe es auf der ganzen Welt nur ca. 30 oder 40 Witze. Auch Sagen, Märchen, Lieder oder jede andere Art von Folklore unterscheiden sich nicht im Prinzip, sondern allenfalls im Lokalkolorit von Landschaft zu Landschaft. Anders verhält es sich auch nicht mit dem Witz. Die Einteilung nach Regionen ergibt demnach keine vernünftige Differenzierung des Witzes. Es zeigt sich bei näherem Zusehen, daß der ethnische Witz auf ganz verschiedenen komischen Konflikten aufbaut und darum auch den verschiedensten Kategorien zuzuordnen ist, die wir bereits erörtert haben. Er ist entweder Dummenwitz (Ostfriesen, Webstübler, Klein-Erna), oder er ist Fäkalwitz (Schwaben, insbesondere Gôgen; Bayern); er beruht auf sozialen Spannungen (Klein-Erna, Tünnes und Schäl) oder er beruht auf anderen Spannungen wie z. B. denen zwischen Einheimischen und Fremden (Berliner Witz, Münchner Preußenwitz). Die schlagfertige Replik des kleinen Mannes, des Taxifahrers, des Kellners, des Dienstmädchens etc. wird besonders häufig dem großstädtischen Witz zugeschrieben (Berlin, Hamburg, München, Köln). Der Witz agrarischer Landschaften zeichnet sich nicht selten durch besondere Grobheit aus, die in mundartlichen Schimpfkanonaden gipfelt (Schwaben, Bayern). Sachsen- und Schwabenwitze sind – wie Schottenwitze – häufig Sparsamkeitswitze. Mangel an Pietät und Neigung zum Makabren wird oft als Charakteristikum regionalen Witzes genannt (Hamburger, Berliner, Schwaben, Sachsen), läßt sich aber nicht regional festlegen. Fast alle ethnischen Regionalwitze haben einen Hauptakzent in der Fäkalkomik (Klein-Erna, Gôgenwitze, Fischer Maathes, Tünnes und Schäl). In vielen ethnischen Witzen äußert sich die Abneigung des Mundartsprechers gegen den Hochdeutsch-Sprechenden, gegen den Fremden und Zugereisten. Bei allem übertragbaren Inhalt ist jedenfalls am landschaftsspezifischsten die Sprache. Zum regional-ethnischen Witz gehört die Mundart, weil nur sie das lokale Milieu vermittelt und weil viele Mundartwitze eben Sprachwitze sind. Das Nichtbemerken des eigenen Dialekts verursacht in nicht seltenen Fällen im ethnischen Witz das Lachen über einen Menschenschlag. Hierher gehört ebenso das Bedauern der Sächsin: ›Eijndlich schade, daß mir Sachsen geen Dialekt ham‹ oder das Erstaunen des Schwaben, wenn er als solcher erkannt wird: ›Ha, an was hent Se des aber au gmerkt?‹ Trotz der Übertragbarkeit seiner Inhalte und trotz der Allgemeinheit der Aggressionen und der komischen Konflikte gibt es dennoch Landschaften des Witzes, ist Witz landschaftlich festlegbar, fängt er die Atmosphäre einer Landschaft, einer Großstadt oder eines Stammes ein. »Das Komische, mehr als das Tragische, hat seine nationale Note«, hat Ingeborg Bachmann einmal gesagt, und es ist schon recht aufschlußreich, wie sich die Stämme selbst sehen, wie sie sich gesehen wissen wollen, worin sie sich selbst erkennen, und wie schließlich ihre Nachbarn sie kritisch beurteilen.

Der Witz der großen Städte

Berlin

Es ist kein Zufall, daß die großen Städte auch Hauptorte des Witzes sind; im deutschsprachigen Raum vor allem Berlin, Wien, Hamburg und Köln. Goethes bekanntes Urteil über den Berliner, das er im Gespräch mit Eckermann am 4. Dezember 1823 gefällt haben soll, steht als der klassische Versuch, den Berliner zu charakterisieren, am Anfang der meisten Aufsätze über Berlin und Berlinertum: »Es lebt dort«, so meint Goethe, »ein so verwegener Menschenschlag beisammen, daß man mit der Delicatesse nicht weit reicht, sondern daß man Haare auf den Zähnen haben und mitunter etwas grob sein muß, um sich über Wasser zu halten.« Dieser unüberhörbaren Kritik schließt sich auch Nietzsche an, der die Kulturunempfindlichkeit der Berliner tadelt und von einer Stadt spricht, in der »der Mensch ausgelaugt und abgebrüht zur Welt komme«. Versöhnlichere Seiten schlägt dagegen Fontane in seinem berühmten Aufsatz »Die Märker und das Berlinertum« an, in dem er mit feiner dichterischer Einfühlung den Witz des Berliners als das Ergebnis einer Mischung aus dem französischen Esprit der hugenottischen Einwanderer und demjenigen des ›Tabakkollegiums‹ Friedrich Wilhelms I. betrachtet.

In Berlin haben sich so viele Bevölkerungsschichten gemischt – nennen wir nur märkische, niederländische, schlesische und hugenottisch-französische Einflüsse – daß es den ›richtigen Berliner‹ ohnehin gar nicht gibt, oder eben nur als ein ethnisches Stereotyp. Die Beurteilung einer Stadt ebenso wie ihrer Bewohner muß zwangsläufig zu den unterschiedlichsten subjektiven Ergebnissen führen, um deren Objektivierung es hier gar nicht gehen kann. Vielmehr interessiert uns ja gerade populäres Vorurteil und ethnisches Stereotyp. Tatsache bleibt, daß Berlin ein heterogenes Bevölkerungsgemisch besitzt, das unzählige Wandlungen, Entwicklungsphasen und Umformungen durchgemacht hat, bis aus ihm das Berlin von heute wurde. Aber die Großstadt Berlin hat zweifellos auch heterogene Elemente einzuschmelzen vermocht, hat sie ›verberlinert‹, nicht zuletzt durch die Wirkung der Berliner ›Luft‹, die nach den Worten eines Paul Lincke-Schlagers alle Zugewanderten naturalisiert.

Selbstverständlich ist die Entwicklung des Berliner Witzes auch nicht losgelöst von der lokalen Literatur, der lokalen Presse, des Theater- und Kabarett-Lebens entstanden. Besonders zu erwähnen ist Adolf Glasbrenner (1810–1876), der neben Kalisch und Louis Angely die Berliner Volkstypen (Eckensteher, Hökerin, Köchin, Fuhrmann und Nachtwächter) in einer Unzahl von Possen und Schwänken auf die Bühne brachte. Sein ›Eckensteher Nante‹ ist bis heute bekanntgeblieben. Der volkstümlichste Berliner Karikaturist war Heinrich Zille, Meister sowohl der Feder als des Wortes; er karikierte die Bewohner seines ›Milljöhs‹: Gören, Penner, ›Rollmöpse‹ (= Rollkutscher), Bauarbeiter, Marktfrauen und die ›Dämchen‹ auf der Straße. Typische Berliner Familiennamen wie Bolle oder Kulicke kommen im Berliner Witz häufig vor und kennzeichnen wohl z. T. auch historische Berliner Originale. Dennoch hat es Berlin nicht zu einer stehenden und typischen Witzfigur gebracht. Aber in Berlin – ebenso wie in Hamburg oder Köln – werden die witzigen Bemerkungen einfachen Leuten in den Mund gelegt. Häufig ist es z. B. die unbekannte Marktfrau, die ihre Ware gegen allzu kritische oder nörgelnde Kunden schlagfertig verteidigt.

›Sin det ooch wirklich holländische Kartoffeln?‹ –
›Wolln Se mit se reden oda wolln Se se essen?‹

Dame zu Berliner Marktfrau: ›Nein, diesen Hasen möchte ich auch nich, aber nein! Der hat mir viel zu viele Schrotkörner!‹
Marktfrau: ›Na, denn nehmse den. Der hat sich die Pulsadern uffjeschnitten.‹

Aber nicht nur einer sozialen Unterschicht wird ›Berliner Witz‹ zugetraut, sondern auch den in dieser Stadt geborenen Gebildeten. Viele typische Berliner Witze werden als Anekdoten von dem Maler Max Liebermann erzählt:

Liebermann malt Sauerbruch. Nach einiger Zeit erklärt der Chirurg: ›Können Sie sich nicht en bißken beeilen? Ick muß in die Charité – und bei Ihrer Arbeit kommt es ja nicht so drauf an.‹
›Saren Se det nich‹, antwortet Liebermann, ›wissen Se – wat Sie vermurksen, deckt der jriene Rasen. Wat ick mache, kommt ins Museum.‹

Beide, literarischer Witz und mündliche Überlieferung sind oft gesammelt und ediert worden und haben zu einem festen Klischee über den Berliner und seinen Witz geführt. Die Vokabeln seiner Charakterisierung wiederholen sich. Man hat gesagt, der Berliner Witz sei wach, kritisch, aktuell, nüchtern, scharf, aggressiv, proletig, keß, frech, schnoddrig, derb, verblüffend, selbstsicher, rechthaberisch und respektlos. Es fiele nach alldem nicht schwer, den Berliner Witz auch mit negativen Kategorien zu erfassen, also alles das aufzuzählen, was er nicht ist: subtil, versponnen, verrätselt, feingliedrig, höflich und charmant. Alle genannten Prädikate sind natürlich auch die Merkmale großstädtischen Witzes in anderen Weltstädten. Vieles hängt einfach mit dem schnelleren Lebensrhythmus der Großstadt zusammen, in der das Tempo, die ständige Hast den Menschen auch in seinem sprachlichen Verhalten kurz angebunden sein läßt. Dem Bewohner der Metropole mag auch ein gewisses Überlegenheitsgefühl anhaften, das in der Formel ›uns kann keener‹ als eine Art Selbstdarstellung des Berliners empfunden wird.

Was man am Witz des Berliners allerdings immer wieder als Besonderheit herausgestellt hat, ist seine Schlagfertigkeit, die Fixigkeit seiner Reaktion. Zum Berliner gehört die Schnoddrigkeit, eben all das, was sich unter ›Berliner Schnauze‹ (oder ›Schnauze mit Herz‹) zusammenfassen läßt. Dazu gehört auch Selbstsicherheit und Respektlosigkeit sowohl gegenüber der Obrigkeit, Alten und Respektspersonen als auch gegenüber kulturellen Werten; schließlich auch nüchternes Zupacken, Meiden jeden Gefühlsüberschwanges, Gelassenheit gegenüber bedrohlichen Situationen und Gefahren (›der Insulaner verliert die Ruhe nicht, der Insulaner liebt keen Jetue nich. . .‹).

Wie jeder andere regionale Witz lebt auch der des Berliners primär von der Sprache, von der Mundart. Witzig wirkt die Abweichung von der hochdeutschen Sprachnorm, beim Berliner vor allem die Verwechslung von ›mir‹ und ›mich‹ (vgl. S. 57). Wer beständig ›icke‹ statt ›ich‹ sagt, hat schon die Lacher auf seiner Seite, und man wird immer den Berliner in ihm wiedererkennen.

> Der in München ansässig gewordene Berliner glaubt, nun auch ganz zum Bayern geworden zu sein. Berliner Kollegen kommen zu Besuch. Auf dem Weg zum Bahnhof sagt er zu seinem Begleiter: ›Nee, wissen Se, nee, wat ick mir freue, die alten Kollejen wiedazutreffen. Ick fürchte nur, die wern mir jar nich vastehn, wo ick doch jetzt so bayrisch quatsche, gell?‹

Witze vom Typ ›Bilde einen Satz mit. . .‹ sind immer Sprachwitze, und dieser Typus ist in den Berliner Sammlungen besonders häufig zu finden.

Kennen Se eenen Satz mit. . .

> ›Haken und Ösen?‹
> Da ha'k'n eene jeklebt, eh's'n rausjeschmissen ham.
>
> ›Danzig und Nachtmütze?‹
> Wenn ick mit meine Emma ausjeh, denn danz ick de janze Nacht mit se.
>
> ›Fabrik?‹
> Wenn ick beim Abwaschen helfe, vabrüh' ick mir de Hände.
>
> ›Frühlingserwachen?‹
> Wenn de früh links erwachen willst, mußte abends rechts einschlafen.

In der Tat sind sog. ›Berliner Witze‹ häufig gar keine abgeschlossenen epischen Gebilde, sondern einfach nur einzelne witzige Formulierungen, bildhafte und treffsichere Redensarten, groteske über- oder untertreibende sprichwörtliche Vergleiche, Abkürzungen, ironische oder parodistische Bemerkungen, die unabhängig von einem Erzählzusammenhang schon Lachen erregen und darum eben witzig sind. Typische Berliner Ausdrücke wie ›knorke‹, ›Fatzke‹, ›au Backe‹, ›Mief‹ sind rasch allgemein bekanntgeworden. Das Wort oder die Phrase selbst ist schon Witzgegenstand (›Ick hab die Nase pläng‹ – von Französisch ›plein‹; ›Mit ner kleenen Träne im Knopploch‹; ›Jut is er, bloß doogen tut er nischt!‹; ›Spaß muß sin bei de Leiche, sonst jeht keener mit‹). Oft wird genau das Entgegengesetzte gesagt von dem, was gemeint ist, und was man am Berliner Witz vor allem immer wieder beobachtet hat, ist die ›hyperbolische Überkugelung‹ (H. Schöffler, S. 74). Als mundartspezifisch und auch besonders lachwirksam gelten allenthalben die Drohungen, besonders wenn sie nicht so ernst gemeint sind, wie sie ausgesprochen werden, z. B.: ›Ick hau dir vor den Rangierbahnhof, det dir sämtliche Jesichtszüge entjleisen‹ oder ›det de durch de Rippen kiekst wie der Affe aus'm Käfig‹, ›Ick hau dir aus'm Anzug! Ein Schlag, und du stehst im Hemd da! Der zweite Schlag ist Leichenschändung!‹ Derbe Drohungen gelten natürlich etwa auch im schwäbischen oder bayerischen Witz als oikotypisch, und nur allzuoft werden Allerweltswitze auf die jeweiligen Regionalverhältnisse zurechtgeschneidert und einem Mundartmilieu angepaßt.

Obwohl, wie schon gesagt, Berlin keinen eigenen Witzrepräsentanten hervorgebracht hat, auf den sich bestimmte Kategorien von Witzen hätten konzentrieren können, gibt es doch bestimmte Sozialpartner sowie auch bestimmte Situationen, die sich im Berliner Witz auffallend häufen. Erstaunlich oft kommen Bahnhof, Fahrkartenschalter, Straßenbahn vor, der Ortsfremde, der nach einer Straße fragt etc. oder sonstiges Einholen von Auskünften. Der Antwortgeber ist immer der Berliner, dessen Schlagfertigkeit dabei ins rechte Licht gerückt wird.

Keuchend läuft ein Reisender zum Bahnsteig. ›Erwisch ich noch den Zug nach Hamburg?‹ ruft er dem Beamten zu.
›Kommt drauf an, wie schnell Se loofen könn'. Abjefahren isser vor drei Minuten.‹

Bahnhof Zoo. Der eilige Reisende zum Gepäckträger:
›Sie, wo läßt man sich am besten rasieren?‹
Der Gepäckträger keineswegs eilig: ›Am besten im Jesicht.‹

Das Freudsche Phänomen der ›Verschiebung‹ findet sich nirgends so häufig als eben im Berliner Witz.

Ein weiterer beliebter Schauplatz des Berliner Witzes ist der ›Zoo‹, weil hier das grotesk-phantastische Sprachbild besonders naheliegt.

›He, Sie, Jroßpapa! Nehmse man schleunigst Ihren Kopp da vons Jitter weg, Sie machen ja den Tieren unnötig det Herz schwer!‹
›Aber warum denn?‹
›Na, wenn die Ihren Bart sehn, kriegense Heimweh nach'm Urwald.‹

Ein Fremder bittet einen Berliner um Auskunft:
›Ich möchte gern in den Zoo.‹
›Als wat?‹

›Verzeihung, wo ist denn hier das Trampeltier?‹
›Nanu? Wieso fragense mir det jrade?! Ick hab Ihnen doch janich jetreten!‹

Es liegt in der Natur einer Haupt- und Großstadt, daß sich Neureichen-Witze vorzugsweise hier ausbilden. Sie werden in Berlin gerne Herrn oder Frau Raffke in den Mund gelegt.

Raffkes kommen aus Rom zurück:
›Waren Sie denn ooch im Kapitol?‹

›Na, hören Se mal, wir sind doch keene Banausen! Wir werd'n doch in Rom nich in't Kino jehn!‹

Raffke geriet durch ein Versehen in eine »Maria Stuart«-Aufführung. Es machte ihm nichts aus. ›Quatsch Trauerspiel‹, sagte er, ›ick amüsiere mir.‹

Raffke wird gefragt:
›Kann Ihre Tochter Esperanto?‹
›Na klar, wie'ne Einjeborene!‹

Raffke will einen Rubens kaufen. Der Besitzer verlangt 10 Millionen Mark. Raffke brummt: ›Lachhaft! Für 'n jebrauchtes Bild. Da krieje ick ja zwanzig neue für.‹

Frau Raffke erzählt stolz: ›Unsere Wohnung ist voller Tizians.‹ Fragt Frau Neureich: ›Könn' Se nich mal 'n Kammerjäger komm'n lassen?‹

›Der Raffke hat zwee Villen, drei dolle Wagen, een Pferdestall und 'n dicket Konto uffe Bank.‹
›Weeß ick. Aba sein schlechta Ruf is det einzichste, wat er ehrlich aworben hat.‹

Raffke angesichts des Colosseums: ›Soll'n Se nich anfang'n zu bau'n, wenn se keen Jeld ham!‹

Unbildungswitze sind im Grunde auch viele Graf Zitzewitz-, Offiziers- und Kasernenhof-Witze. Berliner Milieu und Mundart gehören bei vielen fast stereotyp dazu.

Unteroffizier Puhlke schreit die Rekruten an: ›Bollmann, Sie hocken ja wieder auf Ihrem Gaul wie die Iphigenie auf Tauris.‹ Der Wachtmeister hört es und rügt ihn: ›Is ja jut, Unteroffizier Puhlke, det Sie inne Bibel so Bescheid wissen, aber Jottes Wort jehört nich uff'n Kasern'nhof.‹

Desgleichen spielen Oberkellner-Witze häufig im Milieu eines Berliner Restaurants.

Krause ruft den Kellner:
›Herr Oba, in dem Salat ist eine Schnecke!‹
Der Ober hat viel zu tun.
›Prima‹, sagt er kurz, ›denn bleibt det Wetter heute scheen.‹

Schließlich liebt der Berliner auch Witze, die zwischen Richter und Straftäter spielen.

Am Kriminalgericht in Alt-Moabit steigt ein Richter in die Straßenbahn ein. Im Wagen erhebt sich eine Schlägertype vom Ringverein ›Immertreu‹ und bietet ihm seinen Platz an: ›Ick freue mir, det ick Ihnen ooch mal sitzen lassen kann!‹

Im Berliner Witz geht es, wie wir gesehen haben, besonders häufig um die Auflehnung des sozial Niedrigstehenden gegen den Höhergestellten: des Oberkellners gegen den Gast, des Untergebenen gegen den militärischen Vorgesetzten, des Delinquenten gegen seinen Richter, des schlauen Fritzchens gegen seinen Lehrer und besonders häufig auch der Jungen gegen die Älteren. Der Berliner Witz ist ausgesprochen autoritätsfeindlich. Alles ›Hochgestochene‹ wird durch einen Witz zu Fall gebracht.

Eine Dame im Nerzmantel besteigt die Straßenbahn. ›Seit 2 Jahren bin ich nicht mehr Straßenbahn gefahren‹, erklärt sie dem Schaffner, als sie zahlt. ›Ich fahre sonst nur im eigenen Wagen.‹ – ›Jroßartig!‹ grinst der Schaffner und knipst die Karte, ›wir sind bejlückt, det Se uns wieda mal beehren. Se könn' sich ja nicht vorstellen wie wir Sie vermißt ham!‹

Auch der Fritzchen-Witz ist in Berlin zu Hause, und immer wieder sind es ›Berliner Jören‹, die sich durch einen besonders eklatanten Mangel an formaler Höflichkeit auszeichnen. Das mag, wie man vermutet hat, zusammenhängen mit dem Aufwachsen in der Großstadt, das die Kinder schon frühzeitig vor schwierige Aufgaben stellt und sie in die verschiedensten Lebensverhältnisse Einblicke nehmen läßt (Lederer).

In der Straßenbahn sitzen ein dicker Herr und neben ihm ein Berliner Junge. Zwei Damen steigen ein; da alles besetzt ist, müssen sie stehen. Dem Dicken tut das leid, und er sagt zu dem Jungen: ›Na, willste denn nich endlich uffstehen, damit wenichstens eene Dame sich setzen kann?‹ – ›Nee‹, sagt der kleine Bengel trocken, ›wissense, stehen Sie man lieba uff, denn ham se alle beede Platz!‹

In der Straßenbahn: ›Na, Kleena‹, sagt der Schaffner, ›du mußt voll bezahlen! Für 'ne Kinderkarte biste schon zu jroß.‹
Drauf der Steppke: ›Denn lassen Se jefällichst ooch det Duzen!‹

An einer Haltestelle wartet eine Dame, die sichtlich Mutterfreuden entgegensieht. Ein Vierzehnjähriger streicht vorüber und nickt ihr verschmitzt-freundlich zu: ›Na, Frollein, ooch schon valobt?‹

Eine ältere Dame sieht mit Entsetzen einen kleinen Steppke von etwa 12 Jahren auf der Straße rauchen. ›Du böser Junge!‹, weist sie ihn zurecht, ›wenn das deine Mutter wüßte! Was würde sie wohl sagen?‹ Der Steppke grinst: ›Und Ihr Olla? Wat würde der denn sajen, wenn er wüßte, det Sie fremde Männer uff die Straße anquatschen?‹

Ein Junge spricht einen Herrn an:
›Hallo! Jawoll, Ihnen meen ick, Männeken – saren Se mir mal, wie

ick hier zum Roseneck komme.‹
›Kannst du nicht etwas höflicher fragen?‹
›Also da verloof ick mir lieber.‹

Erster Marlene Dietrich-Film des Jüngsten: ›Mutta, wenn de soone Beene hättst, würde Vata sagen: wir sind glücklich verheirat, wat?‹

›Biste eijentlich schon sehr lange mit Mutta vaheiratet, Vata?‹ – ›Janze 12 Jahre, Kalli!‹ – ›Und wielange mußte noch?‹

Schnoddrige Repliken der ›Berliner Schnauze‹ wirken dort am kräftigsten, wo sie am wenigsten angebracht sind, also z. B. angesichts von Tod und Sterben. Es ist darum kein Zufall, daß zahlreiche Berliner Witze zur Makaber-Komik gehören, wie z. B. der folgende:

Völlig aufgelöst stürzt in Berlin ein Mann auf das Polizeirevier: ›Herr Wachtmeesta! Et is wat Schlimmes passiert: Meine Schwiegamutta hat sich uffjehängt!‹ Ruhig fragt der Wachtmeister: ›Haben Sie sie abgeschnitten?‹ – ›Abgeschnitten?‹ fragt der Mann entsetzt. ›Wo se doch noch jelebt hat?‹

Tante Anna ist hypochondrisch. Fast alle Halbjahr sendet sie an die Verwandten ein Telegramm: ›Liege im Sterben. Kommt sofort.‹ Jedesmal fährt Kulicke hin, findet die Tante mit lächerlichem Bauchweh vor und reist wieder ab. Wieder kommt ein Telegramm: ›Liege im Sterben. Erwarte dich dringend.‹ Diesmal telegrafiert Kulicke zurück: ›Liege auch im Sterben, treffen uns drüben!‹

August Mollenberg, ein Berliner Gastwirt, hat sich Zeit seines Lebens mit seiner Alten herumgezankt. Nun liegt er im Sterben. ›Soll ick den Pfarrer und die Verwandten holen?‹ fragt die zukünftige Witwe. ›Nee‹, sagt August und faßt nach der Hand seiner Alten, ›bleib du man hier, dann fällt mir det Sterben ville leichter.‹

Zu guter Letzt liegt es nahe, daß Berlin auch ein Zentrum des politischen Witzes war und ist. Vieles entsteht aus der aktuellen Situation immer wieder neu. Das gilt nicht erst für die Zeit nach 1933 und nach 1945, sondern läßt sich bis ins letzte Jahrhundert zurückverfolgen. Vermutlich hat der deutschsprachige politische Witz gerade in Berlin seinen Ursprung.

1918. Jemand war im Verdacht, Waffen versteckt zu haben und wurde verhaftet. ›Naja, die Sache hat sich jleich uffjeklärt. Et warn ja nur seine Säbelbeene und die Revolvaschnauze.‹

Inflationszeit:
›Jetz könn wa uns an de Neese fassen, et jiibt keen anderet Fleesch!‹

Im Jahre 1925 wurde den Kriegsveteranen von 1870 ein ›Ehrensold‹ von 3 Mark bewilligt. ›Wat machste denn mit det ville Jeld?‹ wird einer von ihnen gefragt. ›Wenn d' det jenau wissen willst: Ick lass' mir mein Holzbeen schwarz-weiß-rot anstreichen und loof for de Rejierung Reklame! Det hat se vadient!‹

Berliner Telefongespräch im März 1933:
›Ist dort Bleibtreu 1418?‹
›Nee, hier ist Krause.‹
›Oh, dann habe ich falsch gewählt.‹
›Wem sagen Sie det, det ham wa alle!‹

Kennen Sie den Unterschied zwischen Reichswehr und SA?
Bei der Reichswehr heißt et: Lejt an! Jebt Feuer!
Bei der SA: Jebt an! Lejt Feuer!

Hitler geht in ein Warenhaus. Er will für seine Berchtesgadener Villa einen Teppich kaufen und findet auch ein passendes Stück. ›Den nehme ich‹, sagt er zur Verkäuferin.
Die fragt darauf: ›Soll ick'n einpacken oder essen Sie'n jleich hier?‹

Kriegsende 1945: Berlin ist die Stadt der Warenhäuser?! – Hier war'n Haus und da war'n Haus.

1948. Jetzt ham se det Skatspieln vabotn, damit Pieck nich mehr jereizt werden darf.

›Weeßte‹, sagt Egon aus Ostberlin zu Anton aus Westberlin: ›Ihr seid alle von de Kapitalisten jekooft. Die wahre Solidarität kennt ihr ja nich. Kiek mal, wir stehn jetzt mit de Russen so jut, det se uns mit ihre LKW von de Arbeit nach Hause fahrn.‹
›Na und?‹ gibt Anton zurück. ›Daruff biste noch stolz? Det is doch nischt Besonderet. Bei uns, da hält dir een Ami-Offizier an und lädt dir zum Kaffee ein, jibt dir noch'n Schnaps aus und fährt dann mit seinem Luxusstraßenkreuzer zu sich inne Villa. Und da kriechste denn Sekt und kannst saufen und roochen, so ville du willst. Und nachher kannste sojar noch 'n Bad nehm'n.‹ – ›Du jibst aba janz schön an‹, meint Egon da, ›willste etwa behaupten, det dir det schon passiert is?‹
›Nee‹, antwortet Anton da, ›mir nich, aba meiner Schwester!‹

Hamburg

Dem Berlinischen Wahlspruch ›mir kann keener‹ stellt der Hamburger sein ›mi könnt se all‹ gegenüber. Mit solchen Formulierungen ist freilich noch wenig oder nichts gesagt. Vom Hamburger Humor hat man gesagt, er sei derb, deftig und geradeheraus, aber nirgends hinterhältig und wirke darum auch nicht verletzend (Carl Budich). Der Hamburger ist nicht für das Übertriebene. Es gibt – wie auch sonst im niederdeutschen Witz – eine ausgemachte Neigung zum Understatement. Hamburger ›Döntjes‹ sind geprägt durch das Milieu der Hafenstadt. Ihr Personal besteht aus Seeleuten, Hafenarbeitern und Überseekaufleuten. Die Namen Hein, Tedje, Fietje und Kuddl oder auch Hummel, das Hamburgische Original (daher der Hamburger Schlachtruf ›Hummel-Hummel‹), stehen als Repräsentanten der unteren Volksschichten und sind mehr oder weniger auswechselbar.

Um Hamburgs Klein-Erna hat man sich erst relativ spät gekümmert. Allerdings ist die Witzfigur selbst auch noch nicht besonders alt. Die Klein-Erna-Geschichten gehen nicht weiter als bis in die ersten Jahre unseres Jahrhunderts zurück. Man darf sie in die Zeit zwischen 1908 und 1912 ansetzen. Um 1905/06 gab es auf der Außenalster, in den Gewässern um das Uhlenhorster Fährhaus eine Segeljacht, die ihr Besitzer, ein zu Wohlstand gelangter Elektro-Kaufmann, zu Ehren seiner jüngsten Tochter, der am 24. Februar 1902 geborenen Erna Nissen, auf den Namen ›Klein-Erna‹ getauft hatte. Mittelpunkt der jugendlichen Wasserratten war der ›Alster-Piraten-Club‹, eine Vereinigung, in der damals Werner Nissen (Ernas ältester Bruder) sich durch die bewußt naiven, allen Gesetzen der Syntax widersprechenden Formulierungen hervortat, mit denen er die Vorzüge seiner ›Klein-Erna‹ umschrieb. Verkehrssprache unter den Segelkameraden war das sog. ›Missingsch‹, ein Idiom, das im vornehmen elterlichen Hause verpönt war, deshalb aber im Kreise der Gleichaltrigen bei fröhlichem Anlaß umso ausgiebiger gesprochen wurde (Thomsen, S. 53). Von den Anfängen bis heute ist das Missingsch (abgeleitet von Messing, das bekanntlich eine Legierung aus zwei Metallen ist), d. h. Hochdeutsch mit plattdeutscher Syntax und Artikulation, die Grundlage aller Klein-Erna-Witze (›Hamburgsch Klönen‹). Man muß sich dabei auch vor Augen halten, daß der Schauplatz der Alsterpiraten in der Nähe von Hamburgs dichtest besiedelter Arbeitergegend lag. Andere Autoren vertreten die Auffassung, daß Klein-Erna als Begriff, als Figur und Type unabhängig von den geschilderten Ereignissen schon einige Jahre früher entstanden sei. Auch die Schüler des Johanneum-Gymnasiums gelten als Miturheber dieser Figur und der ersten Klein-Erna-Witze. In jedem Fall zeigt sich hier die Entwicklung von privaten Unterhaltungen zu allgemeiner Popularität. Nach dem ersten Weltkrieg setzte ein reges Öffentlichkeitsinteresse ein, das anfangs der Zwanziger Jahre zu einer ersten Blüte der Klein-Erna-Geschichten führte. Nun bemächtigte sich auch die Hamburger Tagespresse dieser Gestalt. Einsendungen brachten eine weitere Vergrößerung des Repertoires, und es gab die ersten gedruckten Sammlungen. Die Edition von Vera Mohr-Möller hatte schon bis zum zweiten Weltkrieg eine Auflage von 100 000, bis heute bereits eine Millionenauflage erreicht. Von vielen Klein-Erna-Witzen läßt es sich dabei nachweisen, daß sie vorher in ganz anderen Zusammenhängen angesiedelt waren und erst sekundär auf Klein-Erna und ihre Familie übertragen wurden. Das läßt sich auch bei den nach und nach erschienenen Heften aufzeigen, die man mit angeblichen Klein-Erna-Geschichten aufgefüllt hat. Insbesondere ab Band 3 handelt es sich um Allerweltsware. Vera Möller, die Herausgeberin, erfand z. B. den Familiennamen Puvogel, bzw. später Pumeier, hinzu, und noch andere Figuren bereicherten die Pumeier-Familie: Tante Frieda oder auch Frau Kripgans und Frau Pingel von nebenan. Dem Psychologen muß es auffallen, daß von Klein-Ernas Vater nie die Rede ist; der Haushalt Pumeier ist ein reiner Frauenhaushalt. So vermischen sich in den Klein-Erna-Geschichten personelle Anknüpfungen und kollektive Weiterbildung in einem einmal geschaffenen Typ.

Bei allen Unsicherheiten über genaue Entstehung und Herkunft scheint doch eines festzustehen: Die ersten Erzähler von Klein-Erna-Geschichten und auch ihr Publikum stammen nicht aus dem kleinbürgerlichen Milieu ihrer Heldin. Der Ursprung der Klein-Erna-Geschichten liegt jedenfalls nicht in der Unterschicht, sondern in Intellektuellenkreisen. Klein-Erna-Geschichten sind dementsprechend vor allem Witze über ein bestimmtes Milieu, das sich auszeichnet durch beengte und unhygienische Wohnverhältnisse sowie mangelnde Bildung. Ein nicht geringer Teil der Klein-Erna-Erzählungen fällt in den Bereich der Fäkalkomik.

> Klein-Erna verbringt die Ferien bei ihrer Tante Frieda und beklagt sich: ›Tante Frieda, ischa alles ganz schön bei dir, aber auf Tolette, da sind immer so viele Brummers, und die setzen sich immer überall hin, wo ich gaanich mag!‹ – Sagt Tante Frieda: ›Bischa'n büschen dumm, muscha auch nich jetzt hingehn, mußt mittags zwischen zwölf und zwei, dann sind die Brummers alle in Küche!‹

> Erna und Mama gehn im Alsterhaus zusammen nach ›Damen‹. Mama zuerst. Als sie wieder rauskömmt, fragt die Toilettenfrau: ›Soll ich nochmal rumwischen, oder sind die Damens Familie?‹

Klein-Erna-Geschichten lassen sich thematisch in verschiedene Gruppen gliedern. Wie der Name schon sagt, hat man sich unter Klein-Erna zunächst einmal ein kleines Mädchen vorzustellen. Der Hamburger denkt sich seine Klein-Erna als eine schnippische, schlagfertige und frühreif-überlegene Kindergestalt, ein listiges kleines Gör mit frechem Mundwerk, das auf scheinbar naive Fragen mit altklugen Antworten aufwartet, ein weibliches Gegenstück zu Fritzchen (das sonst meist in Berliner Mundart spricht). Ihr Umgangston ist ordinär und verrät eine unfeine Kinderstube. Immer behält sie das letzte Wort. Soweit Klein-Erna-Geschichten Kindermundwitze sind (›Kinnergeschnack‹), betreffen sie häufig Sexuelles. Von den Schokoladenpuppen bevorzugt Klein-Erna die männliche Ausführung: ›da is mehr an!‹

Klein-Erna war mit anderen Kindern beim Baden. ›Auch mit Schungs?‹ – ›Weiß nich!‹ – ›Kann man doch sehn!‹ – ›Nee, wa'n alle nackich!‹

Die Lehrerin fragt Klein-Erna: ›Na, Erna, was möchtest du denn später mal werden?‹
Da sagt Klein-Erna: ›Wenn ich'n schönen, richtigen Busen krieg, so wie Sofia Loren, dann geh' ich zum Film! Aber wenn ich vorne so platt bleiben tu, dennso werd' ich Lehrerin!

Klein-Erna ihre Lehrerin hat ins Verkehrsheft geschrieben: ›Werte Frau Pumeier! Klein Erna riecht immer so strenge, und bitte ich Sie, Klein-Erna regelmäßig zu waschen!‹
Antwort: ›Wertes Frollein! Klein-Erna ist keine Rose, Sie solln ihr nich riechen, Sie solln ihr lernen!‹

Einige der bekanntesten Klein-Erna-Witze gehören in das Kapitel des Schwarzen Humors und des makabren Witzes. Pietätloses wirkt umso krasser, wenn es aus dem Mund eines Kindes kommt; oder anders formuliert: nur ein Kind darf die Tabus, die über Tod und Sterben liegen, so unbekümmert durchbrechen.

Klein-Erna läßt ihren Bruder, Klein-Bubi – wie es die Mutter befahl – nicht von der Hand, auch nicht, als die Flutwelle kommt und über ihn hinweggeht.

Als die ganze Familie an Cholera stirbt und das Geld nicht für jeden Verstorbenen zu einem Sarg reicht, kommt die Tante Frieda, die einzige Überlebende der Pumeier-Familie auf die glorreiche Idee: Klein-Bubi kommt zu Mama mit rein und Klein-Erna in Tüte oben auf!

Andere Erzählungen zeigen Klein-Erna als Teenager oder als Frau und junge Mutter, so daß praktisch alle Arten von Witzen auf sie übertragen werden können. Schon der Wechsel der Altersangaben deutet auf die Ausweitung und Anreicherung dieser Witzfigur. Die Witze von ›Groß-Erna‹ sind vorzugsweise sexueller Natur.

Klein-Erna und Heini sitzen im Dunkeln auf der Bank: ›Heini? Wis ma sehn, wo ich an Blinddaam opariert bin?!‹ – ›O ja, Klein-Erna, zeig mal her, wo!‹ – ›Kuck mal, Heini, da unten, wo all die vielen Lichter brennen, da is das Hafenkrankenhaus, da bin ich an Blinddaam opariert!‹

Des öfteren wird Klein-Erna als Hausmädchen engagiert, und so können viele wohlbekannte Dienstmädchenwitze unbedenklich auf sie übertragen werden. In anderen Geschichten wird Klein-Erna Mutter eines unehelichen Kindes.

Klein-Erna hatte mal'n englischen Freund. War ja direkt'n feinen Verkehr! Und wie sie ne zeitlang zusammen gegangen sind, bleiben die Folgen ja auch nich aus! – Aber drei Tage hat das Kind man bloß gelebt. – Mama versuchte ihr denn'n büschen zu trösten und sagte:
›Ach, Klein-Erna, laß man, verstanden hätten wir ihn ja doch nicht!‹

Der Spott über Unbildung und Unwissenheit nimmt unter den Klein-Erna-Geschichten den breitesten Raum ein. Sie sind vorzugsweise Unbildungswitze wie andernorts z. B. die Witze von Frau Raffke, Frau Neureich oder Frau Pollack. Klein-Erna und ihre Familie stehen auf niedrigem Bildungsstand. Ihr Unverständnis für Kunst gebiert Ausdrücke, die teilweise nur für den Gebildeten witzig sind.

Geht Erna noch nach Schule? – Ja, is ja nun in Oberbau. Was sie da alles lernt! Englisch und Französisch und Mathematik und... da kömmt Erna ja! Erna, sag Tante mal guten Tag auf Algebra!

Bei'n Kaffeeklatsch sagt Mama zu Frau Pumeier: ›Was mein Mann is, der sagt immer, wenn die Kinder mal was haben, soll ich man immer gleich zu'n Spezialisten gehn. Klein-Erna mit ihrn ewigen Ohrenreißen ischa regelmäßig beim Ohrtopeden. Und was Fiete is, der hat ja leicht mal'n Furunkel in Genick, der geht dann immer gleich nach'n Genickologen. Und gestern is Klein-Bubi bei'n Rodeln gefallen, der muscha heute nach'n Arschäologen!‹

Klein-Erna is mal zu'n großen Ball in'n ganz feinen Lokal. Bei'n Tanzen mit'n schicken Kavalier sagt der: ›Elegante Toiletten hier, nicht wahr, mein Fräulein?‹
›So‹, sagt Klein-Erna, ›ich bin noch gar nicht draußen gewesen!‹

Klein-Erna's Mama – Frau Pumeier – is ma in'n ganz feinen Lokal und kuckt sich die Speisekaate an. Dann ruft sie den Ober und sagt:
›Härr Ober – sagn Sie ma, was is das denn – Ka-vi-a?‹
›Oh, gnädige Frau, das ist etwas sehr Köstliches!‹
›Nee, ich mein' was das is?!‹
›Ah – so! Das sind die Eier vom Stör!‹
›Ach was, und das soll gut sein?‹
›Oh ja, gnädige Frau – eine Delikatesse!‹
›Na, wenn Sie meinen, dann bring'n Sie mir man zwei – aber bitte haart gekocht!‹

›Morgen is Fideli-os Hochzeit.‹ – ›Is ja sicher schön, mal was Lustiges! So'n Schauspiel is mir aber lieber als ne Oper, ich kann ja nie so recht verstehen, was die Sänger sagen. Neulich in Lohengrin, ich weiß noch immer nich, was der Leutnant zu die Gans gesagt hat. – Aber lebenswahr is dat Stück ja man einmal: die Herren wollen ja auch nie sagen, wie sie heißen!‹

Köln

Von Köln hat man gesagt, es sei die zum Lachen bereiteste deutsche Großstadt. Der Kölner Witz – die lokalen Genre-Bezeichnungen hierfür heißen ›Krätzche‹ oder ›Vertällche‹ – ist nüchtern und realistisch. Das Ernste wird oft unernst, das Unernste aber ernst genommen (H. Lützeler). Der Kölner Witz ist – wie der Berliner, Hamburger oder Münchner – zunächst einmal großstädtisch. Zum großstädtischen Witzmilieu gehört u. a. allenthalben und überall immer wieder die Straßenbahn. Sie ist, wie ein Journalist es ausdrückte, der Wetzstein des Witzes und der Schmelztiegel der Meinungen. Vor allem natürlich dann, wenn die Straßenbahn überfüllt ist. Folgendes passiert dabei in Köln:

In eine überfüllte Straßenbahn kommt ein Musiker mit einem Kontrabaß. Mit großer Vorsicht und verlegen schiebt er seine Baßgeige in den Menschenknäuel, schließlich macht er sich ganz dünn und klettert hinterher. Man rückt noch dichter zusammen, niemand murrt, aber man betrachtet doch das dickbäuchige Instrument mit Verwunderung. Schließlich tippt einer dem Musikanten auf die Schulter und fragt ihn: Sag, Käälche, kannst de och flöte? (H. Lützeler).

Aus solchen Äußerungen hat man u. a. die Folgerung gezogen, der Kölner Witz sei tolerant, und sicher könnte man sich andernorts sehr viel heftigere, in Schimpfkanonaden und Fluchen endende Reaktionen aggressiver Art in der überfüllten Straßenbahn vorstellen. Lützeler hebt gerade die stoische Ruhe, Gelassenheit und Lebensweisheit des Kölners hervor. Man regt sich nicht unnötig auf, selbst wo es sehr aufregend zugeht. In der folgenden Erzählung erkennt er eine geradezu an Hiob gemahnende Lebensmeisterung.

Ein Kölner sitzt mit seinen Sprößlingen im Nichtraucherabteil und qualmt mächtig aus der Pfeife. Eine mitfahrende Dame sagt höflich zu ihm: Entschuldigen Sie, mein Herr, aber hier ist Nichtraucher! Der Kölner antwortet nichts, sondern pafft einfach weiter. Die Dame geht zum Schaffner, und der sagt etwas deutlicher: Haben Sie nicht gehört, hier ist Nichtraucher! Der Kölner pafft ruhig weiter.

Der Schaffner geht zum Zugführer. Der kommt hereingebraust und sagt: Zum Donnerwetter nochmal, hier ist Nichtraucher! Wenn Sie nicht augenblicklich das Rauchen einstellen, passiert Ihnen was!
Das Wort ›passiert Ihnen was‹ löst dem Kölner die Zunge. Der Schweigsame öffnet den Mund und spricht: ›Wat soll mer schon passeere? Ming Frau wor op dem Kölner Hauptbahnhoff op däm Höffje und hätt dä Zog verpaß. Dä Köbes hätt am Finster erusjelurt, und sing Mötz eß fottjefloge. Et Trina hätt et Himbeerwasser övver et wieße Kleidche jeschött. Dat Pitterche hätt jet en de Botz jemaht. Et Rosa hätt sämpliche Billjette verlore. Mer setze all em falsche Zog. Un ich han keene Penning Jeld en de Täsch. Wat soll mer schon passeere?‹

Zu den geschichtlichen Hintergründen des Kölner Witzes gehört die lange kirchliche Tradition. Priester und Nonnen sind nicht selten Personen des Kölner Witzes. Hinzu kommt eine kräftige niederrheinische Vitalität und oft eine Derbheit, für die ›naturalia non sunt turpia‹.

Die beiden Repräsentanten des Kölner Witzes, Tünnes und Schäl – so sagt ihr Lobredner Heinrich Lützeler – sind gewiß nicht vorbildlich. Sie passen nicht in das Lesebuch der Ideale, wohl aber in das Lesebuch des Lebens. Es sind zwar schwache, aber doch im Grunde prächtige Menschen. Der Kölner fühlt sich irgendwie identisch mit ihnen, mit ihren Schwächen und mit ihrem guten Herzen. Wesentlich kritischer beurteilt H. Schöffler den Kölner Humor. Zu den Witzen von Tünnes und Schäl sagt er, in ihrem Mittelpunkt stünden zwei arbeitsscheue, ewig nach Schnaps riechende Hafenarbeiter, die ihren Lebenszweck darin fänden, sich gehen zu lassen und das letzte bißchen Geld – mit Gemüt – kleinzukriegen. Das Personal der Witze ist begrenzt und besteht in der Hauptsache aus zwei Familien: Tünnes, mit seinem bürgerlichen Namen Anton Schmitz, ist mit Billa verheiratet, auch Plünn genannt, ihrer beider Sohn ist dat Pittermännchen. Zu Schäl, Vorname Peter, gehören dat Zilla und sein Sohn Jüppchen. Nach den in den lokalen Sammlungen gedruckten oder in der mündlichen Überlieferung umlaufenden Tünnes-und-Schäl-Erzählungen handelt es sich bei den beiden Hauptpersonen des Kölner Witzes um geistig-soziale Zwillinge; doch haben Kölner Lokalforscher stärker differenziert: »Der Tünnes ist das unbeschwerte und beschwingte Kind der reichen rheinischen Erde, voll gläubigen, naiven Vertrauens, daß er wohl einmal sinken, aber nicht versinken könne. Aufgrund dieses unerschütterlichen Optimismus ist er etwas bequem und phlegmatisch, aber im gegebenen Augenblick auch wieder schlau und pfiffig. Er ist gutmütig, nicht nachtragend und hat jederzeit eine offene Hand für Menschen in Not. Der Schäl dagegen ist der bewegliche, sich schnell jeder neuen Lage anpassende und doch im Inneren in sich beharrende

Kölner. Wie sein Name es sagt, schaut er mit dem Silberblick seines einen Auges immer über die kölnische Grenze hinaus, ob er nicht draußen etwas erspähen kann, was ihm und Köln erreichbar und nützlich sein könnte. Er ist der Mann der Richerzeche, der Hanse, der Börse, der Konjunktur und des Verkehrs. Die Aufspaltung des Kölners in Tünnes und Schäl war ein geschickter Kunstgriff des Volkes zum Selbstverständnis. Aber erst Tünnes und Schäl zusammen ergeben den ganzen und wirklichen, von Natur und Geschichte geformten kölnischen Volkscharakter« (Klersch, Bd. 2, S. 9 f.). Gerade für den Kölner Witz und Humor gibt es nicht wenige solche von Heimatliebe und Lokalpatriotismus getragene Bemerkungen, die aber doch blaß und aussagedürftig für eine Systematik des Witzes sind.

Tünnes und Schäl (Anton und der Schielende) sind frühestens im letzten Drittel des 19. Jahrhunderts und vermutlich als Typen aus dem niederrheinischen Puppenspiel übernommen worden. Sie haben offenbar Jan und Griet (Hans und Grete), ein älteres komisches Paar, verdrängt. Wie fast alle aktuellen regionalen Witzrepräsentanten sind auch diese also ziemlich jungen Datums. Aber alle Witze um Köln haben sich in den letzten Jahrzehnten um diese beiden Personen verdichtet. Sie sind Musterbeispiele von Kontaminationsfiguren des Witzes. Wie der Hamburger in Klein-Erna, so glaubt der Kölner in Tünnes und Schäl seine Eigenarten repräsentiert. Tünnes und Schäl haben mit Klein-Erna gemeinsam, daß man sie sich ebenfalls aus den unteren Sozialschichten stammend vorzustellen hat. Auch Tünnes und Schäl verkörpern ein kleinstbürgerliches oder Arbeitermilieu. Oft wird ihre Armut oder Bedürfnislosigkeit belächelt. Im Unterschied zu Klein-Erna, die uns der Witz in ganz verschiedenen Altersstufen vorführte, bleiben sich Tünnes und Schäl immer gleich; sie treten nie als Kinder oder als Greise auf. Im Gegensatz zu Klein-Erna ist die Perspektive dieser Witze eine ausgesprochen männliche. Sexuelles spielt im Tünnes-und-Schäl-Witz dabei eine auffallend geringe Rolle. Allenfalls werden Tünnes und Schäl als Pantoffelhelden verspottet. Ihre Probleme liegen vornehmlich in der privaten Sphäre, d. h. spezifisch kölnische Probleme spielen im Kölner Witz kaum eine Rolle; der Witz ist nicht stadtgeschichtlich aktuell. Auch von wichtigen lokalen Ereignissen, wie z. B. dem Kölner Karneval, ist kaum die Rede. Tünnes und Schäl beschäftigen sich nur mit sich selber. Bei näherem Zusehen erweist es sich, daß die Witze um Tünnes und Schäl allen nur möglichen komischen Konflikten zugeordnet sind. Einige wenige Themenkreise ragen besonders hervor: einmal das skatologische Element; sodann konfessionelle Konflikte oder Auseinandersetzungen mit Behörden und schließlich politische Witze. Immer wieder neue aktuelle politische Anlässe lassen sich mühelos in diese Witzkategorie einbringen.

Tünnes hat sich totgelacht, als er hörte, daß Scheel es zum Bundespräsidenten gebracht hat.

Last not least gehören die Tünnes-und-Schäl-Witze häufig zu den Dummengeschichten und Blödeleien.

›Weiß du et Neueste, Schäl?‹
›Enä, wat dann?‹
›Et Nettche hät widder e Jüngelche jekräje (bekommen)!‹
›Dat jeiht doch nit, dä Paul es doch schon zwei Johr beim Bau in Indien!‹

Pitter im Schützengraben: ›Tünnes, bist de doot?‹ – ›Nee, warum?‹ – ›Du stinkst so.‹

Tünnes schlägt sich andauernd, in genau bemessenen Pausen, mit einem Hammer auf den eigenen Finger. Da sagt Schäl: ›Tünnes, woröm häus do dich immer expree op dinge eijene Finger?‹ Sagt der Tünnes: ›Weißte, Schäl, et eß esu e schön Jeföhl, wann't dann ophööt.‹

Tünnes und Schäl sitzen sinnend auf einer Bank im Grüngürtel.
Plötzlich lacht Schäl schallend auf.
›Wat es dann met dir los?‹ fragt Tünnes.
›Ich han mir grad ne neue Witz verzallt!‹
Dann wurde es wieder eine Weile still. Schäl schüttelt den Kopf.
›Wat es denn jetz los?‹ will Tünnes wissen.
›Dä ich mir jetz verzallt han, dä kannt ich schon!‹

›Prima Gelegenheitsarbeit, Schäl! Der Zirkus hat mich für zehn Tag angenomme!‹
›Als wat denn?‹
›Als Liliput!‹
›Jeck, bei deiner Figur!‹
›Dat is ja die Sensation: Der größte Liliputaner Europas!‹

Auch Tünnes und Schäl sind ungebildet und mißverstehen hochsprachliche, kirchliche und behördlich-obrigkeitliche Terminologie. Der Technik nach sind es meist Wortwitze.

Tünnes zu Schäl: ›Wir sind in Indien. Dort steht: Die Toiletten befinden sich am Ende des Ganges.‹

Tünnes: Wohin fährs do op Pingste, Schäl?
Schäl: Ich fahre noh Sicht.
Tünnes: Wo lit dat?
Schäl: Kein Ahnung! Ävver en d'r Zeitung steht: Schönes Pfingstwetter in Sicht.

Schäl muß ins Krankenhaus. Die Aufnahmeschwester erkundigt sich nach mitgebrachter Wäsche.
›Haben Sie Pyjamas?‹
›Pyjamas? Enä, ich gläuve nit. Der Doktor meint, et wär Blinddarmentzündung.‹

‹Sie haben also bona fide geangelt?‹ fragt der Amtsgerichtsrat. – ›Nä, met Würm‹, sagt Tünnes. ›Ich meine‹, erläutert der Kölner Jurist, ›Sie haben im guten Glauben gehandelt?‹ – ›Selbstverständlich‹, strahlt der Tünnes, ›im römisch-katholischen.‹

›Salve‹ ist eine Abkürzung von: Säufer aller Länder vereinigt euch.

Tünnes-und-Schäl-Witze sind oft Denkfehlerwitze, oft sogar ein bißchen dümmliche Witze, die Konflikte mit der Logik freilegen. Es sind unerotische Witze oder sogar Erotik-Killer.

Schäl ist verliebt bis über die Ohren und spaziert den ganzen Nachmittag mit seinem Liebchen durch den Kölner Stadtwald. Schließlich meint sie:
›Schälemännchen, wat tun mir jetz?‹
›Jetz tun mir die Füß weh, Liebche!‹

Um so mehr geht es in diesen Kölner ›Krätzche‹ dafür um Geld, um Bier und Schnaps und deren Folgen.

›Junge, Junge, Schäl, wat warste jester besoffe!‹
›Ich, besoffe? Wiesu dat dann?‹
›Erst wollste en Bahnsteigkart löse, dann wurfste ne Jrosche en die Personewaag, äugs ob dä Zeiger un reefs: Hurra, schönes Wetter! Und dann häste Krach jemaht, dat kein jebrannte Mandele eruskohme!‹

›Aber Schäl! Warum trinkste denn eso viel?‹
›Ich muß vergesse!‹
›Wat mußte vergesse?‹
›Dat *hab* ich längs vergesse.‹

Tünnes und Schäl schwanken zur Nacht nach Hause. Schäl schaut zum klaren Firmament. ›Guck emal, der Mars!‹ – ›Jecken Ditz‹, lallt Tünnes, ›de Venus is dat!‹ – Schäl zweifelt: ›Wie willste von hier aus et Geschlecht erkenne?‹

Makabre Witze und Pietätskonflikte fehlen scheinbar im Tünnes-und-Schäl-Witz. Es fällt allerdings auf, – und hier liegt das Gegenteil eines ›toleranten‹ Witzes – daß dieses intime Freundespaar im Witz doch häufig gegeneinander arbeitet. Der eine sucht den anderen zu übervorteilen, und Elemente der Schadenfreude sind die Regel.

Tünnes und Schäl entdecken auf der Rheinbrücke ein Schild. Darauf steht: ›Wer einen Ertrinkenden rettet, bekommt 5 Mark.‹ Da sagt Tünnes zu Schäl: ›Weißte was, jetzt springst du rin, und ich rette dich, und dann gehen wir uns die 5 Mark holen und teilen sie.‹ Schäl springt ins Wasser und schreit fürchterlich um Hilfe. Tünnes lehnt am Brückengeländer und schaut genüßlich auf seinen ertrinkenden Freund. Der schreit von unten: ›Saukerl, warum rettest du mich nicht?!‹ – Darauf Tünnes: ›Da steht noch darunter: Wer eine Leiche birgt, bekommt 10 Mark.‹

Vor allem aber ist das skatologische Moment im Kölner Witz unübersehbar.

Tünnes und Schäl haben bei kalter Witterung ein Körnchen nach dem anderen getrunken. Leichter Nebel senkt sich über ihr Bewußtsein. Am Ende des Abends treffen sie sich in der Abteilung für Herren. Da geschieht etwas Beängstigendes: der Satz ›Gleiche Ursachen – gleiche Wirkungen‹ scheint nicht mehr zu gelten. Verstört fragt Schäl: ›Tünnes, wie kütt dat? Ich p-issen janz laut, und d-u p-isses janz leis. Kannste mir dat erkläre?‹ Da antwortet Tünnes, sich aus der Tiefe seines umflorten Verstandes besinnend: ›Schäl, dat eß janz einfach. Du p-isses jäjen dat Blech, un ich p-issen jäjen dinge P-aletot.‹

Dieselbe Geschichte wird allerdings auch von Antek und Frantek berichtet. Aus den Niederungen der Fäkalsphäre schwingt sich der Kölner Witz gelegentlich aber auch in metaphysische Höhe empor.

Dem Tünnes hat geträumt, er sei in den Himmel gekommen. Gewandt stellt er sich mit einer leichten Verbeugung dem Lieben Gott vor: ›Jestatten Se: Tünnes.‹ Der erwidert voll Höflichkeit: ›Leeve Jott.‹ Tünnes berichtet weiter: ›Dä leeven Jott ließ sich sojlich in en Jespräch mit mer en. Da sagte ich zum leeven Jott: wieviel sinn für Dich eijentlich dausend Johr? – E Minütche. – Wieviel sinn für Dich denn e'ne Millijon Mark? – Och, ne Jrosche. – Lieh mer ens ne Jrosche! – Waht ens e Minütche!‹

Im Grunde handelt es sich hier um die schwankhafte Abwandlung des Sagenmotivs von der ›Eile der Zeit‹. Die Vermenschlichung des Himmlischen und Göttlichen ist zwar eine allgemeine Erscheinung in der Folklore, aber in dieser Kölner Fassung ist sie besonders liebenswert. Lassen wir sie durch Heinrich Lützeler (S. 69) kommentieren: »Diese Erzählung hat noch einen unausgesprochenen Untergrund. Tünnes leiht sich naturgemäß nur dann Geld, wenn er völlig abgebrannt ist. Und er empfindet die Gelddürre nur dann als unerträglich, wenn er wieder einmal großen Durst hat. Er pumpt also den Lieben Gott an, weil er auch noch im Himmel Schabau trinken möchte, und gibt sich der angenehmen Hoffnung hin, daß im Himmel alles mit ›unendlich‹ potenziert sei, darum wohl auch die Befriedigung des Durstes unendlich sein könne. Der Liebe Gott tadelt ihn nicht, weil er noch so viele peinliche Erdenreste in den Himmel mitschleppt. Scheinbar auf seine Fragen eingehend, entlarvt er den alten Räuber mit seinen eigenen Mitteln. Er lächelt über den törichten Tünnes – liebevoll.«

Wien

Der Wiener Witz konzentriert sich in der Gegenwart auf Graf Bobby und seine Standesgenossen. Bobbys Freunde und Gesprächspartner haben wechselnde Namen, gehören aber ebenfalls der Hocharistokratie an. Es sind die Barone Rudi, Mucki, Poldi oder wie sie sonst noch heißen mögen. Im Unterschied zu Tünnes und Schäl, Klein-Erna oder Antek und Frantek, die eine soziale Unterschicht vertreten, repräsentieren sie alten Wiener Adel. Auch Bobby ist Reichsgraf, also kaiserlicher Adel aus einer Zeit, als man noch nichts von den Habsburgern wußte. Mit dieser Tatsache hängt einer der reizendsten Bobbywitze zusammen, die man sich in Wien erzählt. Nach dem Ersten Weltkrieg sollen im ›Neuen Wiener Journal‹ einige Anekdoten unter der Überschrift ›Reichsgraf Bobby‹ erschienen sein. Daraufhin habe ein Tiroler Herr gegen die Zeitung geklagt, und zwar mit der Begründung, er sei der einzige lebende Reichsgraf in Österreich und infolgedessen könnten die Geschichten nur gegen ihn gerichtet gewesen sein. Sicher ist das alles nicht wahr – es ist eben nur ein Bobbywitz, der sich gegen niemanden persönlich richtet und doch einen Teil der in Österreich herrschenden Schicht treffen will (Otto Herr).

Wie wird Bobby im Witz charakterisiert? Er ist zunächst und vor allem leicht degeneriert, weltfern, vertrottelt und geistig etwas beschränkt; darüber hinaus ist er natürlich stockkonservativ und verkörpert das ›Annodazumalige‹. Stets ist Bobby aber ein charmanter Kavalier und Weltmann, liebenswürdig, elegant und gesellschaftlich gewandt. Er scheint seine eigene Komik nicht zu bemerken, denn er ist zu wohlerzogen oder vielleicht auch zu weise, um seinen Mitmenschen ihr Vergnügen zu verderben. Obwohl man über ihn lachen muß, bleibt er heiter und steht über den Dingen, jenseits von gut und böse. So verkörpert Bobby eine Art von Dummheit, die oft fast in Weisheit umschlägt. Auch ein gewisser elegischer Zug charakterisiert viele Bobby-Witze. Ihr Schauplatz liegt im Wiener Alltagsleben, häufig im Kaffeehaus oder Restaurant, aber auch beim Friseur oder in der Oper. In jedem Fall verkörpert der Bobby-Witz ein Stück Wiener Kultur.

Von der Skala unserer komischen Konflikte her gesehen, fallen die

Graf Bobby-Witze meist unter die Kategorie ›Auseinandersetzungen mit menschlichen Schwächen‹. Es sind Dummheits-, Bildungs- und Unbildungs- oder Zerstreutheitswitze. Ihre Komik besteht häufig auch in ›Konflikten mit der Logik‹. Manchmal stehen sie schon in der Nähe der Irrenwitze, und in manchen Zügen auch in der Nähe des surrealistischen Witzes. Nur selten oder gelegentlich gleitet der Bobby-Witz ins Sexuelle oder gar Obszöne ab.

Baron Mucki besucht seinen Freund, den Grafen Bobby. In dessen Junggesellenwohnung herrscht fürchterliche Unordnung. Mucki betrachtet das Durcheinander mit hochgezogenen Brauen: ›Müßt's halt heiraten, Bobby.‹ – ›Ja, freilich‹, meint Bobby betreten, ›heiraten müßt man schon – aber wen?‹ – ›Ach, geh! Irgendwen wirst du doch besonders gern haben!‹ – Über Bobbys Gesicht gleitet ein seliges Lächeln: ›Ja, ja, gern haben schon – den Kurt, der ist ja seit der Schule mein Spezi‹, dann traurig: ›Aber den kann ich nicht heiraten – der ist evangelisch.‹

In dieser kleinen Erzählung, sagt H. Lützeler (S. 18) ist ganz Wien enthalten – die liebenswürdige Verworrenheit des Sprößlings einer uralten Familie (was wären die Wiener ohne ihre décadence!) und die katholische Atmosphäre mit dem Problem der ›gemischten‹ Ehen. Alle Scherze, die dem Grafen Bobby in den Mund gelegt werden, gehen von der Vorstellung seiner leicht geminderten geistigen Kräfte aus. Sie entsprechen damit einer Meinung vom Österreichisch-Konservativen, die jedoch keineswegs nur negativ ist – im Gegenteil, es geht ein gelindes Behagen davon aus (E. v. Wickenburg).

›Die Post heutzutage!‹ klagt Graf Bobby, ›denken Sie nur: kommt mir da neulich ein Briefträger nachgelaufen, er habe ein Telegramm für mich: Großmutter gestorben. O weh! Und so überraschend? Zum Glück werfe ich einen Blick auf die Adresse: er hat mich doch tatsächlich mit meinem Bruder verwechselt!‹

Bobby, der Ankläger der Post, stellt sich auf einmal selbst als Objekt der Kritik dar, da er in seiner Schafsdummheit ganz und gar nicht zu bemerken scheint, daß die Großmutter seines Bruders auch die seine ist. Sein Schrecken, seine Trauer müßten die gleichen bleiben, aber er bemerkt lediglich den Irrtum der Post, der doch gegenüber dem traurigen Faktum so gänzlich irrelevant ist. Darin liegt nun ein eminent spielerisches Element, und dieses, meist als ›barock‹ bezeichnet, charakterisiert den Österreicher. Das Nebensächliche scheint ihm wichtiger zu sein als der Kern. Oder es ist ihm mindestens identisch (Wikkenburg).

Noch ein Post-Witz:

›Jetzt möcht' ich wissen‹, fragt Baron Mucki, ›woher hat die Post eigentlich das viele Geld? Da bauen sie ein neues Postamt nach dem anderen, tragen a fesche Uniform, fahren in so Wagerln umeinand – und dabei können sie an den Briefmarken doch gar nix verdienen! A 10-Heller-Marken kostet halt genau 10 Heller! Alles zum Selbstkostenpreis!‹ – ›Geh, Mucki‹, sagt Graf Bobby, ›das ist doch ganz einfach. Ein Brief mit einer 10-Heller-Marken zum Beispiel darf 25 Gramm wiegen! Wiegt aber net immer 25 Gramm. Wiegt meistens viel weniger! No, und an dem Unterschied – daran verdient die Post.‹

H. Schöffler (S. 58) meint hierzu: Allem allzu Berechnenden, allzu Rationalen steht eine aus Tieferem schöpfende Weisheit des Wienerischen, des Österreichischen entgegen.

Beim Anblick des gestirnten Himmels sagt Bobby: ›Schau dir das an, welche Pracht, welche Fülle! Und wenn man bedenkt: nur der Bezirk Wien!‹

Graf Bobby und Baron Mucki sitzen in der Oper. In der Pause stößt Bobby den Freund an, deutet auf eine Loge und flüstert diskret:
›Schau, dort – die Gräfin Esterhazy!‹
›Ah geh‹, sagt Mucki, ›die Gräfin Esterhazy ist ja längst gestorben.‹
›So –? Aber schau – sie *bewegt* sich doch!‹

Technischen Dingen steht Graf Bobby zwar interessiert, aber doch völlig fassungslos und begriffsstutzig gegenüber.

›Das Licht legt in der Sekunde etwa 300000 km zurück!‹ ›Fabelhaft‹, nickte da Graf Bobby, ›sind doch die Erfolge der modernen Technik!‹

›Wenn das Gesetz der Schwerkraft nicht wäre‹, versuchte bei einem Vortrag ein Professor alles leichtverständlich zu erklären, ›würden wir alle in den freien Raum hinausfliegen!‹
›Schrecklich‹, entsetzt sich da Graf Bobby, ›und wie war das früher, als dieses Gesetz noch nicht erlassen war?‹

Graf Bobby hat einen Vortrag über die Atomspaltung angehört, und der Redner stand nach seinen populärwissenschaftlichen Ausführungen Rede und Antwort. ›Sagen Sie einmal, Herr Professor‹, wollte da Graf Bobby wissen, ›warum spaltet man eigentlich Atome? Sie sind doch sowieso schon so klein?‹

Baron Mucki kommt zu seinem Freund Graf Bobby. ›Schrecklich, diese Technik‹, stöhnt Mucki. ›Gestern war ich in einem Vortrag über Telegrafie und Funk. Ich habe kein Wort davon verstanden.

›Aber geh‹, meint Bobby, ›das ist doch ganz einfach. Stell dir einen riesengroßen Hund vor, der mit ausgestrecktem Schwanz von Wien bis Linz reicht. Trittst du ihm nun in Wien auf den Schwanz, dann bellt der Hund in Linz. Siehst du, das ist die Telegrafie.‹
›Wundervoll einfach‹, strahlt Mucki.
›Ja, und mit dem Radio ist es nicht viel schwieriger‹, fährt Bobby fort. ›Da mußt du dir die ganze Sache eben ohne Hund vorstellen.‹

Soweit Bobby-Geschichten Sprachwitze sind, handelt es sich meist um Kalauer. Die Pointe lebt von der falschen Zerlegung eines Wortes in seine Bestandteile oder vom Wörtlichnehmen der Metaphern.

›Weißt du‹, will Graf Bobby wissen, ›wo Sparau liegt?‹ – ›Kenne ich nicht. Was soll das sein, eine Stadt?‹ – ›Ja‹, erwidert Graf Bobby nachdenklich, ›dort müssen viele Gärtner wohnen, denn ich lese immer wieder von ›Sparautomaten‹!

Graf Bobby langweilt sich in einer Abendgesellschaft, bei der unter anderem die üblichen Gespräche über Kunst, Theater usw. geführt werden. Wendet sich seine Tischnachbarin an ihn und fragt: ›Lieben Sie Shakespeare, Herr Graf?‹ Bobby zaudert und sagt dann: ›No ja, Gnädigste, eigentlich ist mir Pilsener lieber!‹

Der Bergführer will den Grafen Bobby ans Seil binden.
›Nicht nötig‹, meint dieser, ›ich zahle im voraus.‹

Graf Bobby sitzt in seiner Küche und schneidet Semmeln. Riesige Mengen. Alle verfügbaren Schüsseln sind schon voll. Und auf dem Fußboden liegen die geschnittenen Semmeln auch schon kniehoch.
›Ja Bobby, bist d' denn schon ganz deppert?‹ fragt der Rudi.
›Was machst d' denn da?‹
›Ich koch mir Semmelknödel.‹
›Um Himmels willen, für wieviel Leut denn?‹
›Für mich allein.‹
›Und da schneidest d' gar so viele Semmeln?‹
›Schau, ich geh streng nach dem Kochbuch vor.‹
Der Rudi schaut im Kochbuch nach. Dort steht:
›Man schneide drei Tage alte Semmeln. . .‹

Das genaue Gegenstück zum Grafen Bobby ist Frau Pollack. Sie ist die anmaßende Neureiche, die so gerne ›fein‹ sein will: bar jeden Charmes, ist sie nur dumm. Die Kandelaber vor der Oper nennt sie »Kadaver«. Ihre Hühneraugen läßt sie sich beim »Physiologen« behandeln. So wie Graf Bobby seinen Baron Rudi, so hat auch Frau Pollack ihre Freundin, Frau Navratil. Dort ist sie einmal zum Essen eingeladen; zu Hause berichtet sie: ›Plötzlich wollte ich meinen Augen nicht trauen, als ich sah, wie sich Frau Navratil mit der Gabel auf dem Kopf kratzte. Mir blieb vor Schreck fast das Messer im Mund stecken.‹ Eigentlich ist es schade, daß es keinen Wiener Witz gibt, der von einer Begegnung Bobbys mit Frau Pollack berichtet. Die beiden müßten einander schöne Dinge zu sagen haben (O. Herr).

Das Dienstmädchen zu Frau Pollack: ›Da ist ein Herr, ich glaube, der reflektiert auf Ihren Teppich.‹
Frau Pollack: ›Na schaun's, wischens eben auf.‹

Mit den stehenden Figuren Graf Bobby und Frau Pollack erschöpft sich jedoch der Wiener Witz nicht. Es gibt z. B. noch eine andere Kategorie von Wiener Geschichten. Es sind die sog. No-na-Witze, in denen die witzige Replik mit einer stereotypen sprachlichen Formel, eben einem wienerisch-raunzigen ›No-na!‹ eingeleitet wird. Meist leitet ›No-na!‹ die Antwort auf eine unlogische oder unnötige oder sonstwie provozierende Frage ein. Der Dialogcharakter gehört ebenfalls zu den No-na-Witzen, die in Wien eine alte Tradition haben.

Ein schwer an seinem Koffer tragender Mann kommt schwitzend und keuchend am Bahnhof an. Doch die Mühe war vergebens. Der Zug fährt gerade davon.
›Ham S' ihn versäumt?‹ fragt mitleidig ein Passant.
›No na – verscheucht hab ich ihn. . .!‹

Nach endlosem Aufenthalt setzt sich der Zug endlich wieder in Bewegung.
›Fahr'n wir wieder?‹ fragt einer nach einem Blick aus dem Fenster.
›No na – die Telegraphenmasten ziehen s' draußen vorbei. . .!‹

Ein Mann fällt in eine Kalkgrube. Schreit wie am Spieß.
›Sein S' reing'fallen?‹ erkundigt sich ein Vorbeikommender.
›No na – wohnen werd' ich hier. . .!‹

Schwaben

Der Stammesspott ist wesentlich älter als der großstädtische Witz, und zu seinen ältesten Opfern gehören die Schwaben. Seit dem späten Mittelalter gab es nicht wenige, auf sie abzielende Sprichwörter, wie z. B.: ›Schwaben haben nur vier Sinne‹; oder ›Ein Schwabe hat kein Herz, aber zwei Mägen.‹ Zu den ältesten Schwabenneckereien gehören der »Modus liebinc« und der »Modus florum«, um 1100 entstandene lateinische Schwankgedichte. Mit dem alten Schwank ›Vom Schwaben, der das Leberlein gefressen‹ wurde dem Schwaben schon früh Habsucht und sture Dickköpfigkeit bezeugt. Im lateinischen Schwank vom ›Schneekind‹ wird dem ›Suevulus‹, dem ›Schwäblein‹, Pfiffigkeit und Derbheit zugeschrieben. In der Schwankliteratur des 16. Jahrhunderts werden Schwabenspott und ›Schwabenstreiche‹ schließlich typisiert. Danach gilt der Schwabe als grob, dumm, faul, feig, gefräßig, geschwätzig, lügnerisch, plump, liederlich, tappig, händelsüchtig, eigensinnig und roh. Darüber hinaus wird er der Hinterhältigkeit, Unerfahrenheit, Feigheit und Großmäuligkeit bezichtigt. Auch die Frauen der Schwaben kommen schlecht weg: Schwaben sei die Heimat der Huren – sagen die Schwänke. Ein Zeugnis für dieses typisierte Vorurteil ist das Volkslied vom schwangeren ›Schwabentöchterlein‹ (DVldr. Nr. 73; Erk-Böhme Nr. 119), und die Redensart ›Schwaben gibt der ganzen Welt genug Huren‹ wird von einer Sprichwörtersammlung in die andere übernommen. Solche Vorurteile und Klischee-Vorstellungen haben Jahrhunderte lang angehalten. Erst die letzten anderthalb Jahrhunderte bringen eine Wende ins Gegenteil. Das 19. Jahrhundert, in dem Schwaben zugleich Mittelpunkt der Literatur- und Geistesgeschichte wurde, brachte eine enorme Aufwertung des Schwaben, die auch im populären Selbstlob der Schwaben ihren Niederschlag gefunden hat:

Der Schelling und der Hegel,
Der Schiller und der Hauff,
Das ist bei uns die Regel,
Das fällt uns gar nicht auf.
(Eduard Paulus, Arabesken, 1897, S. 70)

Fast jeder Schwabe kennt diesen Vers, den man – unter Verkennung seiner Selbstironie – auch den ›arrogantesten Vers der deutschen Literatur‹ genannt hat. Und die Gegenreaktion, eine erneute Verspottung des Schwaben, blieb der Witz der neidischen Nachbarn auch nicht schuldig. So erzählt man sich bei den bayerischen Allgäuer Schwaben, jenseits der Landesgrenze:

Do hot amol a Ma' seiner Frau weismache wölle, daß alle gscheite Leut' Württeberger g'wea seiet. Er isch natürlich au oiner gwea. ›D'r Schiller ond d'r Uhland waret Württeberger‹, hot 'r g'sait, ›ha freile, ond der Erfender vom Automobil war sogar a Stugerter, ha no, ond der Graf Zeppelin, net wohr?‹ Und so hot'r in oiner siedige Tour futt g'machet. Z'mol sait d'Frau: ›Warum bisch nau eigentlich du nix wore?‹

So halten sich Eigenlob und Fremdkritik im Witz immer wieder die Waage. Der schwäbische Witz muß vom Schwabenwitz gesondert werden, was freilich nicht immer gelingen kann. Durch den beharrlichen Fleiß seiner Bewohner wurde das ursprünglich arme Gebiet zum ›Musterländle‹, heute zu einem der wohlhabendsten Bundesländer. Neben Lob und Verspottung des Erfolgs gibt es aber das Weiterwirken der alten Schwänke, nur werden sie jetzt mehr ins Biedermeierliche gewandt. In ganz Deutschland kennt und singt man das Lied von der ›Schwäbische Eisebahne‹ und den Erlebnissen, die ein ›Bäuerle‹ auf ihr hat. In diesen Klischees erscheinen die schwäbischen Verhältnisse als ein Krähwinkel von liebenswürdiger Zurückgebliebenheit. Rückständigkeit und Weltoffenheit sind in der Tat Pole schwäbischen Verhaltens. So ist das Bild des Schwaben in den Witzsammlungen von heute durchaus zwiespältig geblieben, wenn auch weit differenzierter und lebensnäher als in den alten Stammesstereotypen des 15. und 16. Jahrhunderts. Aber natürlich sind die Beurteilungen des Schwaben noch immer voll von Klischees und populären Typisierungen. Stammesspott und lokalpatriotische Selbstliebe durchdringen sich auch weiterhin in diesen Vorurteilen. Noch immer gibt es den Vorwurf der Grobheit und eines rauhen, formlosen, jedoch nicht böse gemeinten Verkehrstones. Das berühmte Götz-Zitat wird der ›Schwäbische Gruß‹ genannt. Gleichzeitig wird den Schwaben aber auch immer wieder Gutmütigkeit attestiert. Auch der dumme Schwabe ist als Stereotyp geblieben: Er wird ›erst mit Vierzig gescheit‹ (›die andere net in Ewigkeit‹!). Aber daneben gibt es den schlauen, sogar überschlauen (›knitzen‹), geschäftstüchtigen Schwaben. Andere ihm zugeschriebene (Un-) Tugenden sind seine Kauzigkeit, sein Drang zum Sinnieren, Spintisieren und Tüfteln sowie zur Eigenbrötelei. Nicht weit davon stehen die Eigenschaften zänkisch, pedantisch und ›b'häb‹. Heute gilt der Schwabe nicht selten als gemütlich, was vor allem von der Neigung des Schwäbischen herkommt, die Worte mit dem Verkleinerungssuffix ›le‹ zu versehen. Die häufige Verwendung des Diminutivs wirkt zärtlich und entpathetisierend.

Schwäbische Witze haben ihren Reiz im Schwäbeln. Den Schwaben kennt man an der Sprache, und nur er selbst meint, sein Hochdeutsch sei ohne Dialekt-Färbung.

Ein schwäbischer Geschäftsmann, der in einer norddeutschen Großstadt zu tun hatte, wurde darauf angesprochen, ob er ein Schwabe sei. Nicht wenig überrascht entgegnete er: ›Ha freile, do hend Se's troffe! Aber saget Se mr bloß des oine: an was hend Se jetz des kennt?‹

Den Schwaben kennzeichnet oft ein geringes Mitteilungsbedürfnis, eine gewisse Maulfaulheit, was man auch ›schwäbischen Lakonismus‹ genannt hat. Oft zitiertes Musterbeispiel ist der folgende Tübinger Weingärtnerwitz:

Ein Gôg steigt mit seinem Sohn den steilen Weinberg hinauf. Der Sohn macht ihn darauf aufmerksam, daß der Nachbar eine Hacke, die man selbst gut brauchen könne, hat stehenlassen. Der Vater: ›Em ra!‹ (gemeint ist: ›Die nehmen wir erst beim Heruntergehen mit.‹)

Diese Geschichte gilt vielen überhaupt als der typischste Schwabenwitz, weil er nicht nur für die Wortkargheit des Schwaben steht, sondern zugleich auch dessen listig-verschlagene und in diesem Fall sogar unrechtmäßige Besitzfreude und sein Erwerbsstreben charakterisiert. Die geringe Bedeutung mündlicher Mitteilung, die Abneigung gegen alle Geschwätzigkeit unterstreicht auch die folgende Erzählung:

›Tät dir jetzt d' Marie it gfalle?‹ hot d' Muettr de Bue gfroget. ›Se isch fleißig und reacht und stellt ebbes vor. Und es isch wohl au ebbes do.‹ – ›Aber stottre tuet se‹, hot dr Bue gsait. ›Jetzt des tät di doch nie it schiniere‹, moint d' Muettr, ›des merkt ma doch bloß, wenn se schwätzt.‹

Immer wieder hervorgehobene Tugenden – oder Untugenden – sind Fleiß und Sparsamkeit des Schwaben, sein Verhältnis zu Geld und zum Besitz, besonders zum Hausbesitz (Schwaben ist die Heimat der Bausparkasse). ›Schaffe, putze, spare‹ heißt die schwäbische Losung, die böswillige Nachbarn um die Nachsätze ›Hond verkaufe, selber belle‹ bereichert haben. Bekannt ist die Definition des Schwaben als Schotte, der wegen Verschwendungssucht aus Schottland ausgewiesen wurde. Sparsamkeit ist an sich eine Tugend. Zum Laster und zum Gegenstand witziger Aggressionen wird sie erst, wenn sie an Geiz grenzt. Das gleiche gilt für die Freude an der Arbeit, wenn sie in Arbeitswut und Unfähigkeit zum Entspannen und Genießen ausartet. Natürlich übertreibt der Sparsamkeitswitz, sonst wäre er eben nicht witzig.

Ein Schwabe wollte sich das Leben nehmen, wurde aber gerettet. Seine Frau mißbilligte das: ›Des dät dir so passe! En de Sarg neiliege und nix do!‹

Den schwäbischen Familienvater und Haushaltungsvorstand läßt der Witz sagen: ›Dees isch ebbes Args, was i Wurscht fressa muaß, bis meine fenf Kender von dr Haut satt werdet!‹

Sparsamkeit und Geiz werden in möglichst unpassenden Situationen vorgeführt.

Beim Holzfällen im Schwarzwald war ein Waldarbeiter von einer Tanne erschlagen worden. Ein paar Wochen nach der Beerdigung fragt eine andere Holzmachersfrau teilnahmsvoll die Witwe: ›Wie gohts no emmer?‹ – ›Ganz guat‹, sagte die Witwe. ›Ganz guat?‹ zweifelte die Frau verblüfft. ›Ha jo, i han von der Versicherung zwanzichdausend Mark fir mein Albert kriagt.‹ – ›Waaas – zwanzichdausend Mark! On mei Sempel sprengt uf d'Seit!‹

Derbheit und Grobheit – im Witz Hauptuntugenden des Schwaben – wirken am kräftigsten in Grenzsituationen, z. B. wo wie in Trauerfällen oder gegenüber Sterbenden Mitgefühl, Pietät oder religiöse Vorstellungen durch Taktlosigkeit schockierend verletzt werden. Der schwäbische Witz, so hat man gesagt, ist der einzige, der auch Tod und Sterben mit einbezieht. Dies ist aber kein Zeichen besonderer philosophischer Tiefe oder Lebensweisheit, sondern hängt mit der Effizienz des makabren Witzes überhaupt zusammen. Der komische Konflikt zwischen den Dingen, die Tod und Sterben betreffen, und der Gefühlskälte, die in Gegensatz zur Norm und zur Erwartungshaltung tritt, ist besonders provozierend.

Der Helm ist auf den Tod krank. Eine mitfühlende Nachbarin erkundigt sich nach seinem Befinden. Da antwortet das Weib des Sterbenden: ›Vor vierzeah Täg hot dr Dokter gsait, maih als zwe Täg gäb-er 'm nemme, meim Helm, ond jetzt leabt-er ällweil noh!‹ – Darauf die Nachbarin: ›I hao's jo schao emmer gsait, uf dia Dokter ist doch au gar koi Verlaß.‹

Der Gottlieb liegt im Sterben und bittet sein Weib, ihm doch noch ein Krügle von dem extraguten Wein aus dem Fäßle ganz hinten links im Eck zu bringen. ›Aber Gottlieb‹, erwidert das Weib, ›des Fäßle he-mr doch noh gar et agstoche! Des wär jo schad jetzt. Do host e Glas Wasser, ond jetz bhilfst de eabe vollends so nom.‹

Die alte Lechlerin ist am Sterben. Aber man ist mitten in der Heuarbeit und hat keine rechte Zeit für sie. Ehe der Bauer in der Früh aufs Feld ist, hat er ihr aber vorsorglich eine Kerze aufs Nachttischle gestellt und eine Schachtel Zündholz dazu und sagt: ›Gell, und wenn de merksch, daß es dahingoht, no zündsch d'Sterbkerz a'.‹

Auch sonst gibt es im schwäbischen Witz eine bemerkenswerte Gemütsroheit und Gefühlskälte.

An Ostern kommt der Vinzenz aus der Schule. Die Mutter fragt den Lehrer: ›Was solle mr unsern Vinzenz doch weare lau?‹ – ›Für was hat er den eine besondere Vorliebe, der Vinzenz?‹ erkundigt sich der Lehrer. ›D'Viecher mag er so arg gern‹, sagt die Mutter, ›mir hend denkt, amend Metzger, ha?‹

Zwei alte Frauen fahren auf der schwäbischen Eisenbahn, beide ein Kapotthütchen auf dem Kopf, das auf Sturm steht, wegen des Fensters. Die eine erklärt, wenn das Fenster nicht augenblicklich geöffnet werde, bekomme sie einen Schlag; die andere meint, wenn das Fenster geöffnet werde, hole sie sich eine Lungenentzündung. Der Streit geht weiter, bis der Schaffner kommt und folgendermaßen entscheidet: ›So, jetzt machet mr des Fenster z'erst uf, bis de oi' hi' ist, noh machet mrs wieder zua, bis de ander hi' ist, noh send boide zfriede.‹

Viele halten eine gewisse pharisäische Selbstgerechtigkeit für typisch schwäbisch, wenn man seine eigenen körperlichen oder charakterlichen Fehler als Tugend und Vorzug anpreist. Es ist nun eine medizinisch erwiesene Tatsache, daß es im schwäbischen wie im bayerischen Alpenvorland besonders viele Kropfleidende gibt. Kropf als ›Berglerkrankheit‹ ist eine wohlbekannte Erscheinung der Alpentäler – primär wohl vor allem durch Jodmangel des Wassers hervorgerufen, der erst in den letzten Jahrzehnten durch die Einführung eines genügend jodierten Kochsalzes behoben wurde. In den betroffenen Gegenden gilt die Erscheinung schon fast als ›normal‹, keinen Kropf zu haben, dagegen als ›Normabweichung‹.

In Isny haben die Leute alle einen Kropf. Als eines Tages ein Fremder durchs Städtle ging, der keinen hatte, liefen die Kinder auf der Gasse zusammen und riefen ihm Spottworte nach, bis schließlich eine Mutter ihnen wehrte und sagte: Was kann der arme Mann dafür, daß er so geboren ist? Dankt eurem Schöpfer, daß ihr alle eure gesunden Gliedmaßen habt.

Es handelt sich hier um einen an verschiedenen Orten lokalisierten Wanderwitz. Eine entsprechende Walliser Variante hat Paul Zinsli kürzlich mitgeteilt.

Eine Walliser Bauernfamilie hat beim Abendbrot einen fremden Gast zu Tisch, und die ganze Kinderschar starrt ihn dauernd an wie eine Wundererscheinung. Als er sich verabschiedet hat, begehrt der Vater auf: ›Das ischt do kei Macheta, das Litji aso azgaffe, wie wenner no nie as Fremms gseh hättit. Äs cha do wäärli nix derfir, daß äs as Glid zwenig het‹ (das ist doch unanständig, den armen Mann so auffällig anzugaffen, weil er ein Glied zu wenig hat).

Der Bereich des Sex bleibt im schwäbischen Witz so gut wie ausgespart. Thaddäus Troll hat formuliert: »Schwäbischer Sex: das ist eine contradictio in adiecto, ein Widerspruch in sich« (S. 91). Soweit schwäbische Witze das Geschlechtsleben betreffen, ist das Sexuelle nur das Gebiet, auf dem sich schwäbische Tugenden oder Untugenden wie Sparsamkeit, Wortkargheit, Langsamkeit oder Grobheit etc. auswirken.

Eine Frau warnt ihren verreisenden Mann vor dem Bordell: ›. . . daß de mer ja koi Geld ausgibsch fir ebbes, was de dahoim umsonscht han kansch!‹

Ein biederer Schwabe kommt nach Stuttgart, um dort das sündige Leben kennenzulernen. Er geht in das bekannte ›Dreifarbenhaus‹, lernt ein Mädchen kennen und amüsiert *sich*. Dabei schläft die Kleine ein.

Ein Schwabe heiratete eine Reigschmeckte. In der Hochzeitsnacht zog er sein langes Nachthemd an, gab seiner Frau ein Küßle auf die Stirn, sagte: ›Gut Nacht, Schätzle!‹ und drehte sich auf die Seite. In der nächsten Nacht wiederholte sich diese Zärtlichkeit. In der dritten Nacht strich die Frau mit der Hand über sein Gesicht, und er biß sie dabei in den Finger. Als sie sich über diesen Temperamentsausbruch erstaunt zeigte, erklärte er ihr: ›Woisch, em Bett, do send mir Schwoba die reinschte Deifel!‹

Was heißt ›Orgasmus‹ auf Schwäbisch? – Jetzetle.

Als man einem jungen Ehemann zur Hochzeit gratulierte und seinen guten Geschmack lobte, der ihm eine so blitzsaubere, nette Frau zugeführt habe, meinte er sachlich: ›Ha, worom hätt i solle e' wüaste nemme'? E' schöne frißt au et maeh.‹

Die geringe Rolle des Geschlechtlichen im schwäbischen Witz hängt mit den Wirkungen des Pietismus zusammen. Andererseits hat das Lachen über die ›Stundenleute‹ einige gute konfessionelle Witze (s. S. 204 f.) hervorgebracht.

Im Unterschied zu den Großstädten haben es nur wenige kleinere Orte zur Ausbildung einer typischen Figurengruppe gebracht. Zu diesen Ausnahmen gehört die Universitätsstadt Tübingen. Die Hintergründe des Tübinger Gôgen-Witzes sind sozialgeschichtlicher Art und beruhen darauf, daß hier ökonomisch, sprachlich und bildungsmäßig sehr unterschiedliche Schichten auf relativ engem Raum zusammen leben. Soziologisch gesehen leben die Gôgen-Witze vom Gegensatz der autochthonen Tübinger Weingärtnerbevölkerung, eben den ›Gôgen‹ (oder ›Raupen‹) und den meist von auswärts, insbesondere aus Norddeutschland kommenden Professoren und deren Gattinnen sowie den Studenten. Diese Bildungsschicht macht einen nicht unerheblichen Teil der Gesamtbevölkerung der Kleinstadt aus. Der Gôgenwitz ist an diesen einen Ort gebunden. Er ist aufs engste mit dem Lokalkolorit der

Universitätsstadt Tübingen und ihren Altstadtbewohnern verknüpft. Er beruht auf dem sozialen und kulturellen Gegensatz zwischen der ›unteren‹ und der ›oberen Stadt‹, wo die ›Herren‹ wohnen.

Der Gôgenwitz ist ein Witz der Oberschicht. Das kommt schon im Namen zum Ausdruck. ›Gôg‹ ist die Bezeichnung der Tübinger Weingärtner nur in gebildetem, besonders studentischem Munde. Der volkstümliche Name des Tübinger Weingärtners ist ›Raup‹. Die Etymologie von ›Gôg‹ ist umstritten, am ehesten ableitbar aber aus theologisch gebildetem Wissen von Gôg und Magog. (Ezech. 28, 2.39, 1; Apok. 20, 8; vgl. Philister). Gôg meint einen dummgroben, unhöflichen Menschen (vgl. Schwäb. Wörterbuch, Hermann Fischer, Bd. 3, Tübingen 1911, S. 16).

Ein Gôg spaltet ausgerechnet am Karfreitag Holz. Der Pfarrer geht vorbei und sagt zu ihm: ›Wie können Sie denn ausgerechnet heute Holz spalten? Wissen Sie nicht, daß heute der Heiland gestorben ist?‹
Darauf der Gôg:
›Ha sell wär?! Mir da onte erfahret doch au gar et, was in der obere Stadt passiert.‹

Der Gôgenwitz lebt aus der sozialen Spannung zwischen einheimischen Ackerbürgern und auswärtigen Intellektuellen. Dialogpartner sind in der Regel ein Gôg und ein Vertreter der gebildeten Schicht Tübingens, der ihm gegenübergestellt wird. Der Gôg spricht in der Mundart, der Professor oder Student Hochdeutsch. Schon daraus ergibt sich ein komischer Kontrast. Hinzu kommt das unterschiedliche Bildungsniveau und Milieu der Witzpartner. Eine große Gruppe von Gôgenwitzen beruht auf Mißverständnissen zwischen Professoren und Gôgen, wobei der Gôg (oder Raup) meist triumphiert. Vor allem dem Studenten gegenüber erscheint der Gôg immer überlegen.

Ein Professor läßt sich beim Spaziergang mit einem benachbarten Weingärtner, der eben mit dem Butten auf dem Rücken den Berg herankeucht, in ein Gespräch ein, wobei sich dieser über seine harte Arbeit beschwert. Der Professor sucht ihn zu trösten, indem er darauf hinweist, wie gesund der Aufenhalt in der freien Natur sei im Vergleich zu dem im Studierzimmer und den Kollegsälen usw. Gôg: ›Ha no, Herr Professor, wenn Sie moinet, daß ii's besser häb' weder denn Sia, no traget Sia halt mein' Scheiß den Österberg nuf, dann trag i Ihr'n Scheiß em Kolleg vor.‹

›Kann ich von Ihnen Feuer haben, ja?‹ sprach ein noch nicht ganz ortskundiger Student einen rauchenden Gôgen an. Der protestierte: ›Aerst wenn i jo sag!‹

Bei einem Brand in der Altstadt sieht ein Professor untätig zu. Da fährt ihn ein Feuerwehrmann an: »Du Herrle, schaff' au ebbes, was stohst denn do na ond hältst Maulaffa feil?« – Der Professor: »Wie kommen Sie dazu, mich ›Du‹ zu nennen?« – Der Gôg: »Jetzt moint des Rendviech, ma sag no ›Sia‹, wenn's brennt!«

Mit ihrer Anknüpfung an stadtbekannte Originale und Käuze und auch an namhafte Gelehrte der Alma mater haben die Gôgenwitze häufig etwas Anekdotenhaftes. Nur wenige Gôgenwitze sind Wandergut, das meiste ist authentisch, oft wirklich geschehen.

In der Wilhelmstraße wohnten früher in einem Haus der berühmte Chirurg Prof. Dr. Bruns, der katholische Theologe Prof. Dr. Enz und der nachmalige Bischof Hefele. Wenn nun die Besucher an den Glockensträngen läuten wollten, lasen sie auf den Schildern: Bruns-Enz-Hefele.

Eine kleinere Gruppe von Tübinger Witzen berichtet von ›Gôgen unter sich‹. Beliebt sind Dialoge von Vater und Sohn oder auch zwischen Eheleuten, und sie kreisen um das Leben der Weingärtner; meist handeln sie vom sauren Wein.

Ein Tübinger und ein Reutlinger Weingärtner streiten sich um die Qualität ihrer Erzeugnisse: ›Sei nor still‹, sagt der Reutlinger, ›dei Wei' reißt oim a Loch in da Mage.‹ Hierauf der Tübinger: ›Und d'r dei ziaht's wieder zemma.‹

Die inhaltliche Thematik der Gôgenwitze ist beschränkt und entspricht überwiegend der allgemeinen Thematik des Schwabenwitzes, was Derbheit, Grobheit, Rauhbauzigkeit und Unanständigkeit betrifft. Theodor Haering nennt den Gôgenwitz eine ›Mischung von Grobheit und Treffsicherheit‹.

Ein Tübinger Professor geht einen gewöhnlich offenen Fußweg zur Zeit der Weinlese, in der der Weg für Unbefugte verboten ist.
Ein Gôg ruft ihm zu: ›Machscht, daß d' aus mei'm Wengert rauskommscht, du Siach, du verfluachter, oder i schlag dr d'Läuf a', daß d' uf de Stompe hoimkrattle muascht, du waehtageter Waehtag, du Herrgottsakrament, dir henk es Kreuz aus, noh ka'st dein Arsch in dr Schleng hoimtrage! Di schlag i aogspitzt en Grond ond Bode nei, daß de onser Herrgott mit dr Beißzang wieder rausziage muaß!‹ Der Professor völlig verdattert: ›Entschuldigen Sie, aber ich habe wirklich nicht gewußt. . .‹ Darauf der Gôg: Drom sait ma's uich au z'airscht em Guete.‹

Der zentrale Inhalt der Gôgenwitze liegt im Bereich der Fäkalkomik. Das Leeren der Abortgrube ist dabei ein unerschöpfliches Thema, und wohl nirgendwo sonst wird Deftiges und Anrüchiges mit solcher Lust und in solcher Breite behandelt (H. E. Schramm).

›Puh, wie das stinkt!« sagte eine Professorengattin, als es in Tübingen noch keine Kanalisation gab und die Weingärtner als gesunde Gabe für ihre Weinberge die Gruben leerten. ›Han i dees gschissa oder Sia?‹ war die grobe, aber sprachlich feine, in eine rhetorische Frage gekleidete Antwort (T. Troll, S. 30).

Auch Konflikte mit der Pietät sind häufig im Gôgenwitz.

Der Gottlieb ist gestorben, und seine Freunde, der Karle und der Frieder, übernehmen es, die Urne abzuholen und der Witwe, der Karlene, zu überbringen. Auch sie pfeifen auf alle Pietät und überwinden das Glatteis in der Neckargasse mit Hilfe von Gottliebs Asche. So erreichen sie glücklich den Holzmarkt. Damit die Karlene jedoch nichts merken soll, füllen sie die Urne am nächsten Kuttereimer mit Herdasche wieder auf. – Karlene nimmt die Urne in Empfang. Da sie ihre Neugier nicht bezähmen kann, öffnet sie die Urne und ruft aus: ›O du liabe Güate! Wer hätt au des denkt, daß vo meim guate Gottliab nix übrig bleibe tät wia-n-e Häufle Äsche ond e paar Oierschale!‹

In den Jahren nach 1945 ereignete es sich, daß ein französischer Besatzungssoldat von der Eberhardsbrücke kopfüber in den Neckar fiel. Sein Hilferuf ›au secours, au secours!‹ klang schaurig zur Brükke herauf. Ein Rettungsschwimmer stürzt sich mutig in die Fluten; ein vorübergehender Gôg aber beugt sich über das Brückengeländer und ruft dem verzweifelt um sein Leben ringenden Soldaten zu: ›O Mändle, du hättest au gscheiter Schwemme glernt statt Französisch!‹

Zu einem Professor kommt ein halbwüchsiger kräftiger Sohn eines Weingärtners, um ihn anzubetteln. Auf die Frage nach den Familienverhältnissen erzählt der junge Mann, daß sämtliche Familienglieder betteln und der Vater vertrinke meist das Zusammengebettelte. Er zählt die Schwestern auf. Zur Frage: ›Hast du keine Brüder?‹ Antwort: ›Jo freile, i hau au en Bruder ghet, der ist aber uf der Universität.‹ – ›Was? Schämst du dich nicht zu betteln, während dein Bruder das Bettelgeld auf der Universität verjubelt?‹ – ›Noi, Herrle, der macht koi solche Sprüng; der ischt em Spiritus, der hat zwoi Köpf.‹

Die Halbbildung des Gôgen ist ein weiterer Anlaß zur Komik. Doch unterscheidet sich diese Gruppe von Gôgenwitzen deutlich von anderen Unbildungswitzen und den diesbezüglichen unfreiwilligen Hervorbringungen von Frau Pollack, Frau Neureich, Graf Bobby oder Klein-

Erna. Auch der Gôg als Bewohner der unteren Stadt hat sein eigenes Verhältnis zur Universität. Er vermietet sein Zimmer an die Studenten; er leert die Abortgrube des Professors; er liest die Zeitung oder er sitzt im Gemeinderat. Da bleibt es nicht aus, daß auch manche Geschehnisse aus Universitäts- und Vorlesungsbetrieb ihn erreichen. Er erklärt sich auf seine Weise nichtverstandenes Wissensgut und legt es sich zurecht. Oft genug belehrt er den Professor und behält wiederum die Oberhand.

Ein Arzt hält einen Vortrag über das Thema ›Wie erreicht man ein hohes Lebensalter‹ und fordert in diesem Zusammenhang strikte Abstinenz in bezug auf Alkohol, Nikotin und sexuelle Betätigung. Bei der anschließenden Diskussion meldet sich als erster der Wilhelm, ein hagebüchener Wengerter, zu Wort: ›Herr Professor‹, läßt er sich vernehmen, ›was Sia do grad verzapft hent, ist – mit Verlaub gsait – e reachter Lohkäs.

Do gucket Se emol mi a: I sauf heut noh äll Tag meine zwoi bis drei Liter Biramoost; mei Rotzklobe goht mr de ganze Tag et aus ond we-mr uf dr Stroß so e saubers jongs Mensch verkommt, no dreh-e me heut noh danoch om. Dabei werd-e em nächste Monet achtedachtzge! – Mei Bruader aber, der hot sei Lebtag nia koin Tropfe Alkohol d'Gurgel napflätschere lao, hot nia koin Schwarze Reiter gschmaucht ond vo de Mädle hot-er au nia nix wisse wölle, ond der isch scho mit faifviertel Johr g'storbe.‹

Bei einer Rede fallen mehrmals die Worte ›Pädagogen‹ und ›Demagogen‹. Da meldet sich der Hannes plötzlich zu Wort und verwahrt sich nachdrücklich gegen den Mißbrauch des Wortes ›Gogen‹. Alle Beschwichtigungsversuche von seiten des Redners sind vergebens: er verläßt unter Protest das Lokal mit den Worten: ›Ob Pädagog oder Demagog, was goht des mi a'. Gôg bleibt Gôg!‹

Ein Weingärtner geht mit seinem Sohn durch die Stadt. Am Museum ist ein Theaterzettel angeschlagen mit ›Kabale und Liebe‹. – Der Bub fragt, was das bedeute? Vater: »Dös ist halt au so e Firma wie ›Maier und Tritschler‹!« Beim Weitergehen finden sie eine Vititenkarte auf dem Trottoir, lautend:

Paul Müller
stud. nat. et phil.

›Was soll dös heißen?‹ Antwort: ›Dralle dommer! dös hoist: studiert natürlich et viel.‹

Der Karle sitzt mit seinen Freunden, dem Frieder und dem Hannes beim Most und führt das große Wort. (Ist er doch des Herrn Professors theol. L. Garten-Arbeiter!) Es enspinnt sich folgende Unterhaltung: Karle: ›Endem die Wissenschaft spricht, es geit eine Seelenwanderung‹ – Frieder (unterbrechend): ›Wa ischt denn dös?‹ – Karle: ›Dös ist, daß die Menschen-Seel' nach dem Tod in en andere Gegenstand fährt, in a Tierle oder sonst ebbas, so wirst z. B. du Frieder, wenn du stirbst, höchstwahrscheinlich a Laubfrosch – weil du di so gut uf's Wetter verstohscht‹ – ›Aha!‹ sait do der Frieder, ›no wurd herentgegen also der Hannes später a mol a Rindvieh?‹ ›Halt!› antwortet der Karle, ›dös ischt falsch; endem die Wissenschaft spricht, daß einer das, was er im Leba schon g'wea ist, nach dem Tod net no mol wurd.‹

Bayern

Der bayerische Witz scheint von ethnischen Vorurteilen und Verallgemeinerungen ganz besonders überlagert. Sicher hat sich kaum bei einem anderen Stamm so viel Alteingewurzeltes und Traditionelles erhalten. Dies macht den Bayern in den Augen der Nichtbayern, der ›Zuagroasten‹ oft fremdenfeindlich. Angebliche Pauschalurteile, Aggressionen und Aversionen der Bayern gegenüber allem Nichteinheimischen konzentrieren sich in Witzen über die ›Saupreißn‹. Speziell der Münchner Witz lebt von der Konfrontation mit dem Fremden. Soll man den blau-weißen Witzen Glauben schenken, so gibt es für einen Bayern nichts Schlimmeres als einen Preußen.

Der Huber erzählt am Stammtisch: ›I hab gestern an Buam adoptiert.‹ Verwundert fragt der Bürgermeister: ›Was is's nachert für oaner? A blonder wia Du oder a brauner wie Dei Alte?‹ – Net blond un net braun – schwarz!‹ Der Bürgermeister: ›Schaut er guat aus mit die schwarzen Hoar?‹ – ›Nix Hoar – Haut!‹ Der Bürgermeister entsetzt und fassungslos: ›Ja, Sakrament, – an Neger hast adoptiert? Warum nachher dees?‹ Der Huber mit listigem Lächeln: ›Da woaß I wenigstens, daß der Vater koa Preiß is!‹

Der Maxl Salvermoser will von seinem Vater, dem Toni, aufgeklärt werden: ›Du Babba, was is'n der Unterschied zwischen aner Katastrophn und am Unglück?‹ Toni denkt kurz nach: ›Wann auf'n Starnberger See a Dampfer untergeht und es san vierzig Preißn drauf, nacha is dös a Unglück.‹ Drauf der Maxl: ›Und was is'n nacha a Katastrophn?‹ Drauf der Toni verschmitzt: ›Wann dö Preißn schwimme kenna.‹

Der Huttlmaier Xaver schreibt seiner Tante von der Bundeswehr: ›Wir liegen mit 15 Mann auf einer Stube, zehn Bayern und fünf Preußen.‹ Die Antwort der Tante: ›Lieber Xaver, am meisten freut mich, daß ihr schon fünf Gefangene gemacht habt.‹

Zum Teil fallen die Preußen-Witze in das Gebiet der ethnischen Übertrumpfungswitze (s. S. 285 ff.).

Ein Berliner machte im Hofbräuhaus große Sprüche von den unmöglichsten Operationen, die Berliner Ärzte ausführen. Brummte ein Münchner: ›Das ist doch gar nichts; bei uns hat man neulich einem Berliner die Ohren 10 cm weiter zurückgesetzt, daß er das Maul noch weiter aufreißen kann.‹

Berliner: ›Warum stellt denn euer bayerischer Löwe den Schwanz so in die Höhe?‹ Münchner: ›Weil euer preußischer Adler schon die Zunge rausstreckt.‹

Bei den meisten Preußenwitzen aus Bayern hat man allerdings den Eindruck, daß sie eher Bayernwitze aus Preußen sind und in Berlin hergestellt werden. In allen diesen wirklichen oder erfundenen Dialogen zwischen Bayern und Preußen, zwischen Münchnern und Berlinern zeichnet sich der Bayer vor allem durch seine Grobheit und die Neigung zum Fluchen aus. Doch unterscheidet sich die Klischee-Vorstellung hier nicht wesentlich von dem Stereotyp, dem auch die Schwaben unterliegen. Grobheit angesichts makabrer Situationen stellt den Witz über Bayern in die Nähe des Schwaben- und Gôgenwitzes.

Der Pfarrer erkundigt sich nach den letzten Stunden der Frau des Großbauern. – ›Mei Hochwürdn, z'erst hats ma no gestandn, daß mei Ältester net von mir is – na ich hab's ihr verziehn. Nach a ra Zeit hats ma gesagt, daß mei Deandl a net von mir is, sondern vom Großknecht! Weil i gesehn hab', daß bald aus is, hab' ich ihr halt des a verziehn. – Nach a ra Weil hat sie wieder das Maul aufg'macht, na hab ich so lang mit da heiligen Schrift auf'n Kopf naufgehaut, bis sie im Herrn selig entschlafen ist!‹

Und das gleiche gilt für die Witze, in denen man – das ist eben meist wieder der Nicht-Bayer – sich über mangelnde Hygiene beklagt.

Ein Tourist besucht einen Münchner Bierkeller.
Er bestellt: ›Ein Bier und zwei Brötchen!‹
Als die Kellnerin kommt, ist sie beladen mit Bierkrügen. Die Semmeln trägt sie unterm Arm.
›Also hören Sie, Fräulein‹, sagt der Tourist, ›die Brötchen sind ja ganz feucht.‹
›Des glaab i scho‹, antwortet die Kellnerin, ›was moana S', wia i schwitz. Langen S' nur amoi her.‹

Gehen wir zu den positiven Charakterzügen über: Dem Bayern wird nachgesagt, daß er sich nicht so leicht aus seiner ›königlich bayrischen

Ruhe‹ bringen läßt (›Mei Ruah!‹). Pinder (S. 4) hält die folgende Münchner Situation für besonders typisch bayrisch:

Der Trambahnführer klingelt wild, weil vor ihm ein Mann mit einem Gemüsekarren dahintrottet, genau auf den Schienen. Schließlich beugt er sich aus der Tram und brüllt:
›Kannst net aus die Gleisn mit dei'm Scheißkarrn!‹
›I scho‹, antwortet der Mann, ›aber du net!‹

Hier spielt sich aber in Wirklichkeit doch nichts spezifisch Bayrisches ab, vielmehr etwas, was in jeder Großstadt sich täglich ereignen kann. Und nicht einmal die Reaktion des Karrenmannes gegenüber der Straßenbahn verrät typisch bayerische Gemütsruhe. So ist es kein Zufall, daß dieselbe Geschichte auch aus Berlin berichtet wird.

Der Straßenbahnführer tritt fast die Klingel entzwei. Endlich bequemt sich der Hanomag und fährt zur Seite. Wütend schreit der Straßenbahnführer im Vorbeifahren: ›Kannste nich aus'n Jeleisen fahren, du Rindvieh?‹ – ›Ick schon!‹ lacht der Mann im Hanomag. ›Aba du nich!‹

Das Regionalspezifische liegt wieder einmal nur im Sprachlichen, in der Mundart. Wie in allen Regional-Witzen ergeben sich auch im Bayerischen Sprachwitze aus dem Mißverständnis der Mundart.

U-Bahn-Bau in München. Überall sind die Straßen aufgerissen. Interessiert schaut ein norddeutsches Ehepaar den Erdarbeitern zu. Schließlich fragt der Mann:
›Was machen Sie da eigentlich?‹
Der Arbeiter antwortet: ›Ramma damma.‹
Das verstehen die beiden nicht. Sie reden einen anderen Arbeiter an. Der nickt ihnen zu und erklärt: ›Ramma duri.‹ Sie verstehen kein Wort und wenden sich hilfesuchend an einen Passanten. Der gibt Auskunft: ›Ramma dans.‹
›Komm‹, sagt da der Mann zu seiner Frau. ›Da ist nichts zu machen. Sind eben Gastarbeiter. Alles Inder.‹

Junges Ehepaar. Der Platz im Schlafzimmer ist zu klein für zwei Betten nebeneinander. Der junge Mann stellt deshalb die Betten übereinander. Als das die junge Frau sieht, sagt sie: ›Dummer Hund.‹ Der Ehemann ist erbost und reicht sofort die Scheidung ein. Der Scheidungsrichter fragt die Ehefrau, wie sie dazu käme, den Ehemann einen dummen Hund zu nennen. Die Frau antwortet: ›Mein Mann hat mich ja nicht aussprechen lassen. Ich wollte sagen: Tun ma hunt oder tun ma oben?‹

Vor der kleinen Kirche eines großen Dorfes fragt ein Fremder: ›Reicht denn so eine Kirche für sämtliche Dorfbewohner?‹

Ein Mann gibt Auskunft:
›Wenn alle neigenge, gengas net alle nei; weils aber net alle neigenga, gengas alle nei!‹

I han amol oin kennt g'het, der hot oina kennt g'het, dui hot a Kend g'het, des Kend hot sa net von dem g'het, weil der nemme hot kennt g'het, aber der hot oin kennt g'het, ond der hot no kennt g'het, ond von dem hot se des Kend g'het.

Schweiz

Wenn Ausländer über die Schweiz einen Witz nennen sollen, erzählen sie häufig von dem ersten Schweizer, der dem Herrgott alle seine Wünsche vortragen durfte und sie auch erfüllt bekam: Gott schuf ihm grüne Wiesen und prächtige Kühe. Der Liebe Gott darf dann auch die köstliche Milch selber probieren und fragt schließlich den Schweizer, was er nun noch haben möchte. Die Antwort des Ur-Eidgenossen lautet: ›Zwei Fränkli für das Glas Milch, oh Herr.‹
Sicher ein Witz *über* Schweizer, nicht *von* Schweizern. Aber er entspricht einem ausgeprägten ethnischen Stereotyp. Doch wer war überhaupt der erste Schweizer? Die Witze über Adam und Eva sind in ihren Schweizer Fassungen nicht frei von Fremdenhaß.

In der Religionsstunde fragt der Pfarrer: ›Wer isch der erschte Mensch g'si?‹ Der Junge antwortet: ›D'r Wilhelm Tell.‹ Der Pfarrer entgegnet: ›Aber nei, das isch doch d'r Adam g'si.‹ Der Schüler darauf: ›Ja, wann Ihr natürlich die Usländer auch dazuo rechnet.‹

Wie der Schwabe, ist auch der Schweizer früh zu einem Typus geworden. E. Moser-Rath hat ausgeführt, wie der Schweizer seinen Nachbarn schon im älteren Schwank als bieder, rechtschaffen, tolerant, verträglich, aber auch streitbar, berechnend und pfiffig galt. Die Vorherrschaft der Viehzucht und des Almwesens lassen schon früh Spottnamen wie ›Kühmelker‹, ›Kühemäuler‹ (Chueghier) oder ›Milchbengel‹ aufkommen. Im älteren Schwank mag es *den* Schweizer noch geben; der Schweizer Witz dagegen weist eine ganze Anzahl von regionalen und lokalen Sonderentwicklungen auf: Thurgauer Witze handeln von Langfingern. Die meisten sog. Berner Witze befassen sich mit der sprichwörtlichen Langsamkeit, zuweilen auch mit der Wortkargheit des Berners.

Das Zifferblatt an einem Berner Kirchtum muß neu gestrichen werden. ›Ihr kommt einfach zu wenig rasch vorwärts‹, beschweren sich die Auftraggeber beim Maler.
›Wie kann man rascher arbeiten‹, wehrt sich der Maler, ›wenn ei-

nem der Stundenzeiger immer wieder den Pinsel aus der Hand schlägt?‹

Dialog zweier Berner (zwischen jedem Satz liegt eine Stunde Gesprächs- und Denkpause): ›Weihnachten ist schön.‹ – ›Geschlechtsverkehr ist auch schön.‹ – ›Aber Weihnachten ist öfter!‹

Zwei Berner gehen zusammen spazieren. Einer von ihnen ist auf eine Schnecke getreten. Da sagt der andere zu ihm: ›Hättest du nicht auf das arme Tierli aufpassen können?‹ Darauf der andere: ›Aber es kam von hinten!‹

Hausi schickt sich an, auf einen Baum zu klettern.
›Was soll denn das?‹ fragt Gödel, der just des Weges kommt.
›Äpfel möcht' ich herunterholen.‹
›Jetzt, im Mai? Da gibt's doch noch keine Äpfel.‹
›Gödel, bis ich oben bin, sind sie reif.‹

Ein Zürcher trifft im Gasthaus einen Berner und fängt gleich an, über die Langsamkeit der Berner zu spotten. Mit dem Zeigefinger fährt er ganz langsam im Zickzack aus Kopfhöhe gegen den Boden und fragt:
›Du, Berner, weißt du, was das ist?‹
›Keine Ahnung!‹
›Das ist ein Berner Blitz.‹
Der Berner mustert den Mann einen Augenblick, zieht ganz langsam seine Jacke aus, rollt die Hemdärmel zurück, dreht sich gemütlich um, knallt dem Zürcher eine hinter die Ohren und sagt trokken: ›So, und jetzt hat der Berner Blitz eingeschlagen.‹

Der Appenzeller Witz ist aggressiv, oft giftig und spitz. Es gibt da regelrechte Witzduelle, besonders in Anwesenheit von Mädchen. Der Appenzeller Witz hat auch einen stark satirischen Zug. Er macht vor Behörden und vor der Geistlichkeit nicht halt, und in dieser Hinsicht hat er eine lange Geschichte. Schon im 15. Jahrhundert griffen die Appenzeller den Abt von St. Gallen, den ›bschiss'nen Uli‹, wie sie sagten, mit ihrem schonungslosen Witz an. Noch heutzutage gilt der Appenzeller als Witzbold. Aber immermehr ist der Appenzeller auch selbst zum Gegenstand des Witzes und Opfer der Aggression seiner Nachbarn geworden. Im Witz wird den Appenzellern vor allem Kleinwüchsigkeit nachgesagt.

Woher stammen die vielen kleinen und die paar großen Appenzeller? –
Die kleinen von der Inzucht, die großen vom Fremdenverkehr.

Die Appenzeller haben keine Flöhe. Hingegen ist es möglich, daß die Flöhe Appenzeller haben.

Man stellt sich auf die Zehenspitzen, streckt die Arme in die Höhe, bewegt die Finger über dem Kopf in der Luft und fragt: ›Was ist das?‹

Antwort: ›Ein Appenzeller, der Klavier spielt.‹

Basler Witze handeln von den patrizischen Familien Sarasin, Burckhardt, Merian, ihrem Standesbewußtsein und ihrer Sparsamkeit. Wenn ein Basler sich entschließt, den Weihnachtsbaum wegzuwerfen – so sagt man in Zürich – dann weiß man, daß der Sommer da ist.

Eine andere Figurengruppe des Basler Witzes sind die Webstübler. Die Webstüblerwitze sind eine regionale Sonderform des Idiotenwitzes, und ihre Pointe beruht meist auf einem Konflikt mit der Logik.

Mitten in der Nacht läutet bei einem Webstübler das Telefon.

›Hallo, isch do zwai-zwai-zwai-zwai-zwai-zwai?‹

›Nai, do isch zwaiezwanzig-zwaiezwanzig-zwaiezwanzig.‹

›Oje, denn bin i lätz verbunde. S'isch mr laid, daß i Si gweggt ha.‹

›Das macht nyt, i han ainewäg mießen uffstoo, s Telifon het nämlig glitte.‹

Der Megge und der Schorsch stehen auf dem Marktplatz und warten aufs Tram.

Megge: ›I mues uff en Ainser.‹

Schorsch: ›Ich uff dr Säxer.‹

Da kommt der Sechzehner.

Schorsch: ›Ouu lueg, do kunnt ain fir baidi.‹

Die beiden stehen vor einem Schirmgeschäft.

›Auu, sin das aber scheeni Barebly.‹

›Jo, die uff der linke Syte sind die männlige, die uff der rächte die wyblige.‹

›Bisch e Lappi, das gits dängg gar nit.‹

›Nadyrlig gits das, vo wo sotte sunscht d Knirpse härkoo?‹

Ein Webstübler kauft sich ein Kinobillett. Nach kurzer Zeit kommt er zurück und kauft ein neues Billett. Das ganze wiederholt sich noch ein drittes Mal. Endlich fragt ihn die Kassiererin, wieso er immer ein neues Billett kaufe.

Webstübler: ›Aber dä do vorne verryßt mrs immer wider.‹

Zwei Webstübler stehen vor dem Grab des Unbekannten Soldaten in Paris.

›Du, do unde liggt my Schwooger.‹

›Verzell doch kai Minggis.‹

›He doch, my Schweschter het e Kind vome unbekannte Soldat.‹

Zwei Webstübler werden von Papst Johannes XXIII. in Audienz empfangen. Der eine geht auf ihn zu, schüttelt ihm die Hand und sagt:

›Euri Hailigkeit, i gratulier Ene zem Namesdag.‹
Der Papst sieht ihn ziemlich verdutzt an, als schon der nächste kommt, ihm auch die Hand schüttelt und sagt:
›Herr Papscht, i gratulier Ene zem Namesdag.‹
Sagt der Papst: ›Mir hänn doch hytte gar nit Namesdag!‹
›He doch, hitte isch doch dr dreiezwänzigscht.‹

Joggi begegnet einer Bekannten und rühmt: ›Einen flotten Pullover trägst du, Elsi. Selbst gestrickt?‹
›Erraten, Joggi!‹
›Kamelhaarwolle, gelt?‹
›Wie kommst du darauf?‹
›Hm... weißt du: die beiden kleinen Höcker...‹

Sachsen

Der Sachse wirkt oft komisch schon durch seinen Dialekt, der dem Nichtsachsen, zuweilen aber auch den Sachsen selbst, lächerlich vorkommt. Die Aussprache des Sächsischen an sich schafft schon tausend Mißverständnismöglichkeiten und damit Witze (H. Schöffler, S. 44). Mißverständnis-Witze sind im Sächsischen jedenfalls besonders häufig; sie bilden dort mitunter ganze Ketten.

›Was ham se denn im Deater gegäbn?‹ – ›Eene Mark.‹ – ›Nee, ich meene, was forn Stück? – ›Zwee Fufzich-Fennich-Stücke.‹ – ›Nee, ich meene, was die Schauspieler gegäbn habn.‹ – ›Die wärns wohl umsonst gehabd ham.‹

Ausgangspunkt des Witzes in Sachsen sind zunächst Homonyme, die durch den mundartlichen Zusammenfall schriftsprachlich getrennter Formen entstehen. Das immerwährende Spiel zwischen mundartlicher Form und schriftsprachlicher Bedeutung schafft die Spannung, deren Lösung eben im Witz erfolgt (Karg, S. 4). So läßt sich der Sachsenwitz im Grunde nach grammatikalischen Kategorien einteilen. Charakteristisch für das Sächsische sind die Entrundungserscheinungen, d. h. der Wechsel von ü zu i, ö zu e, äu zu ei sowie der Übergang von ü und i zu ä vor r (hd. Kirche zu sächsisch Kärche). Nur ein Sachse kann sagen: ›Dieser Tag wird uns immer denk- und gegenwärtig sein.‹ Unter diese grammatikalischen Kategorien fallen zahlreiche Sachsenwitze.

Ein Mann kommt an einem kalten Wintertag in ein Leipziger Warenhaus und verlangt Ohrwärmer. Darauf der Chef: ›Abteilung Vogelfutter!‹

Ein Lehrer übt in der Sprachlehre die Wörter mit der Nachsilbe ›wärts‹. Nun nennen die Kinder: aufwärts, rückwärts, hinwärts, seitwärts. Nur einem Jungen platzt noch eins heraus: ›Nischt wärd's, so sagt immer mein Vater.‹

Im Sächsischen werden die Konsonanten t zu d, p zu b und k zu g erweicht (›Gobb‹ statt ›Kopf‹; ›Mich gann geener for dumm vergoofen‹). Die meisten Witzbeispiele bringen die mundartlichen Eigentümlichkeiten von Vokalismus und Konsonantismus zugleich.

Ißt du Pflaumen gerne? – Nee, die spuck ich aus.

Sächsisches Standesamt. Der Beamte: ›Un wie soll'n der Gleene heeßen?‹
›Nu vielleicht Dankward!‹
›Also heren Se, seinen Namen will ich wissen, nich, was er mal wärn soll.‹

›Nu, wie heest'n eechentlich Ihr Gleener?‹ – ›Gindr‹ (Günther). –
›Nee, awr wie gonnt'n Se denn nur so e Nam' gäm! Wenn Se nu emal Gindr rufn, da gomm doch alle Gindr (Kinder) gerannt.‹

»Tannhäuser« in der Oper. Die Rom-Wallfahrer treten auf, in der härenen Kutte.
›Billcher-Gohr‹, flüstert Herr Frisch seiner Frau zu.
›Na, das sieht man ja gleich an der Gleidung‹, flüstert sie zurück, ›daß das ä billcher Gohr is!‹

Was sagt ein Sachse in London, wenn er dort einen Christbaum kaufen will? – ›Ä Tännchen, please!‹

Was gewöhnlich als ›sächsischer‹ Witz umläuft, gehört in eine einzige Landschaft, nämlich nach Obersachsen. Als Obersachsen im engeren Sinne gelten gemeinhin nur die Bewohner des ehemaligen Königreichs und späteren Freistaates Sachsen, dessen Territorium etwa den heutigen DDR-Verwaltungsbezirken Dresden, Leipzig und Chemnitz entspricht. Dieser Witz, der aus der Mischung oder Konfrontation zwischen hochsprachlichen und mundartlichen Bestandteilen kommt, entstammt keineswegs bäuerlichen Kreisen, sondern wird vorzugsweise in Städten geprägt, in bürgerlichen Kreisen, die diese Halbmundart sprechen. Hochsprachliche und mundartliche Formen sind dem Sprecher gleich nah und bewußt. Dieses doppelte Sprachmaterial wird reflektiert, so daß Form und Bedeutung von Worten ständig wechseln und vielfältig schillern. Blitzartig müssen die Assoziationen kommen, müssen sich die verschiedenen Formen und Begriffe einstellen (Karg, S. 11). So ist der Kalauer die dem Sachsen gemäßeste Art des Witzes. In keinem anderen regionalen Witzmaterial finden sich so häufig die Witzformen ›Was ist der Unterschied?‹ und ›Bilde einen Satz mit. . .‹.

Nenn mir einen Satz mit ›Schützengraben‹:
Wenn meine Muddr s Essen verbrannt hat, schittsn Gram weg.

Was ist der Unterschied zwischen Griechen und Römern?
Die Griechen können aus Römern trinken, aber die Römer nicht aus

Griechen. Worauf der Sachse fragt: Nu, warum kenn denn de Remer nich aus Griechn dringgen?

Was ist der Unterschied zwischen einem Dresdner und einem Leipziger? Der Leipziger kann sich tresten, aber der Dresdner kann sich nicht leipzigern.

Was ist der Unterschied zwischen einem Pastor und einem Bäcker? – Der Pastor *duhd* breedjen, und der Bäcker *macht* Breedjen.

Neben solchen Sprachwitzen, die von Sachsen für Sachsen produziert werden, stehen die Witze *über* Sachsen. Sie unterstützten ein ethnisches Vorurteil über die wirklichen oder vermeintlichen Stammeseigentümlichkeiten des Sachsen, wie es ausgeprägter für kaum einen anderen Menschenschlag innerhalb des deutschsprachigen Raumes aufgebaut worden ist. Sachsen gelten als intelligent, fleißig, wendig und sparsam, gutmütig, freundlich und zuvorkommend, reiselustig, aber auch neugierig und indiskret. Eine Mundartdefinition nennt sie ›helle, heflich und heemdicksch‹. Der sächsische Witz ist oft aufklärerisch-rationalistisch, und das hat seine ökonomischen und kulturgeschichtlichen Hintergründe: Sachsen war ein Hauptort der Aufklärung; es ist stark industrialisiert. So hat der Sachse eine Neigung, verstandesmäßig an die Erscheinungen des Lebens heranzukommen. Er fragt immer nach den Gründen für die Erscheinungen. Über alles sucht er sich ein Urteil zu bilden. Dabei gibt es für ihn nichts Absolutes; alles hat nur einen relativen Wert (Karg, S. 3). Man hat gesagt, der Sachse habe keinen Sinn für Distanz, er profaniere das Erhabene, ziehe dem Pathos den Frack aus. Viele sächsische Witze zeigen eine ausgesprochen kleinstädtische Atmosphäre. Aber das Kleinbürgerliche ist immer und überall Gegenstand des Witzes. Das sexuelle Element fehlt dagegen im sächsischen Witz vollständig.

Was man dem Sachsen noch zuschreibt, ist seine Verträglichkeit, Gutmütigkeit, und im Witz auch: die sich überstürzende Zuvorkommenheit, eine Bescheidenheit, die bis zur Selbstverleugnung geht. Ein böser Spruch lautet: ›Ein Sachse kann keinen Widerspruch ertragen; er ist sofort deiner Meinung.‹ Weltbekannt ist der Ausspruch des Sachsen, dem es nicht gelang, die langen Beine eines Engländers im Eisenbahnwagen von seinen Knien zu entfernen, und der gefragt wird: ›Warum ham Se denn nischt gesaacht?‹ – ›Nu, ich gonnte doch gee Englisch.‹ Und ebenso bekannt ist die sächsische Drohung:

›Sie, wenn Sie mir nochema uff de Beene treten un nochema aus mein Glas trinken, da setzch mich weck!‹ (Schöffler, S. 41).

Man hat aus solchen Äußerungen auf eine ›Passivität‹ des sächsischen Witzes geschlossen, ihm auch einen Mangel an Schlagfertigkeit, eine

Tendenz zur Selbstironie zugeschrieben und gesagt, er zeuge von hypochondrischer Versponnenheit und ergebe sich aus der Resignation in eine Minderwertigkeit (K. G. Simon, S. 47). Solche Urteile erinnern an die Diagnosen des jüdischen Witzes; und viele sächsische Witze sind ursprünglich tatsächlich jüdische Witze. Man muß hier noch deutlicher Sachsenwitze und sächsische Witze differenzieren, und sicher hat man im Sachsenwitz zu sehr ›Beichte und ironische Selbstschau‹ gesehen (Pinder, S. 5). Im Sachsenwitz lacht weniger der Sachse über sich selbst, als vielmehr die Welt – meist mit Schadenfreude – über den Sachsen. Er gilt im Witz nur zu oft als Prototyp des Sparsamen oder Geizigen, des Kleinkarierten, des nur halb Gebildeten, des Indiskreten oder Geschwätzigen. Die Diskreditierung des Sachsen als Witzfigur ist ziemlich jung. Die historischen Gründe und psychologischen Akzente solcher Entwicklungen sind mannigfach. 1815 wurde Sachsen um drei Fünftel seines Gebietes verkleinert, zu einem Kleinstaat herabgedrückt. Die Fähigkeiten einer industrialisierten Bevölkerung, die Mischung von Fleiß, Intelligenz und Sparsamkeit sind an sich wertvolle Eigenschaften, die aber bei den Nachbarn nicht immer beliebt machen. In dieser Hinsicht erinnert die Situation des Sachsen an die des Schwaben. In der DDR bilden die Sachsen den größten Teil der Bevölkerung. Die führenden Persönlichkeiten in Partei und Staat sind überwiegend Sachsen. So ist der Sachsenwitz der Gegenwart oft zum politischen Witz geworden.

Ganz unpolitisch waren dagegen die Witze und Anekdoten um König Friedrich August, der vielen als ein typischer Repräsentant des Sachsentums erschien. Die Wirkung der Augustwitze besteht nicht selten darin, daß die erhabene Majestät sich von einer menschlichen oder gar allzumenschlichen Seite zeigt. Berühmt geworden sind die Worte des Königs Friedrich August bei der Revolution: ›Da solln se ihren Dregg alleene machn!‹ August-Witze sind erst nach der Revolution gesammelt worden, aber sie bilden noch heute gelegentlich neue Varianten, die zugleich auch sächsische Sprachwitze sind.

> Warum heißt die Elbebrücke in Dresden Dimitroff-Brücke? – Als noch August herrschte und das ius primae noctis galt, fuhr der König auch gelegentlich über die Brücke, wo die schönen Sächsinnen standen, und dann sagte er: ›Die mit roff – die mit roff!‹

Oberschlesien

Wie der sächsische ist auch der oberschlesische Witz vor allem ein Sprachwitz. Die Komik liegt allerdings auf einer ganz anderen Ebene und besteht in der Sprachmischung. Antek und Frantek, die Prototypen des oberschlesischen Witzes beherrschen die deutsche Sprache nur mangelhaft. Zugleich sind sie aber auch soziale Typen und Repräsentanten einer zuweilen an die Grenze des Asozialen und Kriminellen abgleitenden Unterschicht, über deren Unbildung sich der Erzähler lustig macht. Das gebrochene Deutsch ist dann nur das Vehikel des Witzes.

Franczek: Da schau her, der Antuczek! Wo bist solange gewesen?
Antuczek: Gefängnis.
Franczek: Gefängnis? Ja, wegen was denn?
Antuczek: Beamtenbestechung.
Franczek: Wieso denn das? Du hast doch gar kein Geld!
Antuczek: Geld? Bestechung mit Messer!

Antek und Frantek wollen von Beuthen nach Breslau fahren. Antek zu Frantek: ›Hol Fahrkarten!‹ Frantek kommt zum Schaffner. Schaffner: ›Was gibts?‹ Frantek: ›Nu will ich zwei Fahrkarten!‹ Schaffner: ›Na wozu?‹ Frantek: ›Zum Fahren!‹ Schaffner: ›Wohin wollen Sie denn fahren?‹ Frantek: ›Nun will ich fahren auf Breslau zu Braut geliebtes, meiniges, nu sicher doch!‹ Schaffner: ›Auf Breslau kann ich Ihnen keine Fahrkarte geben, nur nach Breslau!‹ Kommt Antek dazu: ›Frantek, wo bleibst du so lange, steht sich Zug schon da!‹ Frantek: ›Will ich Fahrkarten auf Breslau und Schaffner hat nur nach Breslau!‹ Antek: ›Nu, da nimm eben schon nach Breslau, laufen wir eben das Stück wieder zurück.‹

Antek und Frantek stehen vor einem Kriegerdenkmal, einem nackten Bronze-Jüngling mit eichenlaubgeschmücktem Haupte.
›Wär is das, Frantek?‹
›No, wär schon? Denkmal von Krieg!‹
›Versteh nich, warum ein nackter Mann?‹
›Du Demlak bleeder, is sich doch Simbolik.‹
›Ah, där Zymbolik – das war immer schon a Ferkel.‹

Antek und Frantek treffen sich in Frankfurt.
›Frantek, was machst Du hier?‹
›Ich bilde mich. Ich gehe hier jeden Abend zur Volkshochschule, Fachrichtung Geschichte.‹
›Will ich dich in Geschichte priefen. Was ist sich Napoleon?‹
›Is sich guter französischer Cognac.‹ ›Was is sich Bismarck?‹ ›Is sich saurer Hering!‹ ›Was is sich Mattuschek?‹ ›Weiß nich!‹ ›Is sich dein Kumpel, wo immer mit deine Frau zusammenliegt, wenn du auf Volkshochschule bist, perrone!‹

Auch ohne die Bindung an die Personen Antek und Frantek ist der oberschlesische Witz vor allem Sprachwitz. Von ihm leben zahlreiche Parodien und Scherzgedichte, die der Sprache nach Deutsch, in ihrer Syntax jedoch Polnisch sind.

Ist sich schrecklich, wie es kracht
Kommt sich schneller als gedacht
Gutt ist, wenn im Grase liegt,
Schlimm, wenn dir in Fresse fliegt.

Obergeschrieben: Dem Sprengstück oder dem Blindgänger.

Auf dem Berge Krimamatzig
Großes Baum gewachsen hat sich
Rott und blau sein Angesicht,
Nennet sich Vergißmeinnicht.
Oberschrift: Demm Veilchen.

Wie sich Kolben in Maschine
einmal draußen einmal drinne
so mit einem Kerzenlichte
in der Kammer meine Nichte.
Obergeschriftet: der Kammerlichtspiele.

Ostfriesen

Was den Ostfriesen im Witz vorgeworfen wird, ist zivilisatorische Rückständigkeit, Dummheit und Unsauberkeit. Insofern ist der Ostfriesenwitz eine Untergattung des Dummenwitzes. Der Witz will uns glauben machen, daß Ostfriesen alles aufessen, was grün ist; sie ernähren sich von Torf und kennen nicht die einfachsten Regeln der Landwirtschaft und Viehzucht, oder sie streuen statt Zucker Mist auf die Erdbeeren. Sie hängen das Toilettenpapier zum Trocknen auf die Wäscheleine, oder sie streuen Pfeffer auf den Fernseher, damit das Bild schärfer wird. Die Häuser in Ostfriesland sind so niedrig, daß man darin Flundern essen und plattdeutsch sprechen muß. Ostfriesen fahren mit dem Panzerwagen zum Melken, weil sie noch nicht gemerkt haben, daß der Krieg zu Ende ist. Sie haben zahllose Kinder, weil ihnen die ›Machart‹ so gut gefällt und es auf den Inseln sonst keinerlei Amusement gibt. Die Ostfriesen werden als häßlich und schlampig bezeichnet, und selbst die Kühe der Landschaft erscheinen attraktiver. Die männliche Bevölkerung verrät schon im Äußeren ihren Schwachsinn. Ostfriesen sind debil und auch anatomisch aus der Art geschlagen: Sie haben einen ungefügen Körperbau, vorsintflutliche Sitten und Gebräuche. Ihre Dummheit reicht bis zur Gehirnlosigkeit. So haben Ostfriesen mit Stroh gefüllte Köpfe, abstehende Ohren und Schwimmflossen zwischen den Zehen.

Wozu haben die Ostfriesen einen Kopf? –

Sie brauchen ihn, um das Stroh nicht in der Hand tragen zu müssen!

Warum werden die Ostfriesen ohne Kopf beerdigt? –
Weil man aus den Köpfen Holzschuhe macht!

Warum tragen alle Ostfriesen Rollkragenpullover? –
Damit man die Gewinde ihrer Holzköpfe nicht sieht!

Warum kann ein Ostfriese keine Gehirnerschütterung kriegen?
Wo nichts ist, kann nichts erschüttern!

Viele Witze zielen auf die Ungeschicklichkeit oder Dummheit der Bevölkerung:

Wieviel Mann brauchen die Ostfriesen, um eine Glühbirne einzuschrauben? –
Fünf. Einer steht auf dem Stuhl und hält die Birne fest und die anderen vier drehen den Stuhl im Kreis herum.

Wieviele Ostfriesen braucht man, um eine Kuh zu melken? –
Vierundzwanzig. Vier halten die Zitzen, zwanzig heben die Kuh rauf und runter.

Woran erkennt man, daß ein Friese nicht bis drei zählen kann? –
Er sagt immer: ›Da kommt eener und bringt noch twee mit!‹

Die Struktur dieser Erzählungen weist grundsätzlich die Frageform auf. Ostfriesenwitze bestehen aus Frage und Antwort, obwohl man den Witz rein formal auch gleich als Aussage formulieren könnte. Am Anfang steht immer eine Frage, die auf eine angebliche Absonderlichkeit oder Eigentümlichkeit der Ostfriesen abhebt: Warum ist bei vielen Ostfriesen das rechte Auge blau? – Warum haben die Ostfriesen so schwarze Fingernägel? – Warum haben die Ostfriesen abstehende Ohren und eine flache Stirn? – Warum haben Ostfriesen rote Haare? – Warum haben die Ostfriesen ein kurzes und ein langes Bein? – Die Antwort kann logischerweise nicht erschlossen werden; sie ist unratbar.

Obwohl der Ostfriesenwitz die Form einer Frage und Antwort hat, ist er doch kein Rätsel. Die Frage ist, wenn der Witz noch für neu erzählt werden kann, unlösbar, und darum muß sie der Witzerzähler selbst sagen. Die Antwort – meist besteht sie nur in einem Satz – ergibt die Pointe des Witzes. Schon die Fragestellung ist meist provozierend und erregt die Aufmerksamkeit des Hörers, weil sie auf Absurdes abzielt, z. B.:

Warum nehmen die Ostfriesen eine Schachtel Streichhölzer und einen Stein mit ins Bett? –
Mit dem Stein werfen sie das Licht aus, und mit den Streichhölzern gucken sie nach, ob das Licht auch wirklich aus ist.

Warum laufen in Ostfriesland so viele Schweine mit einem Holzbein herum? –

Wegen eines lumpigen Eisbeins schlachten die Ostfriesen nicht gleich die ganze Sau!

Warum haben die Ostfriesen einen Knoten im Penis? –
Damit sie das Pissen nicht vergessen.

Ein Ostfriesenwitz ist umso besser, je kürzer und prägnanter die Antwort formuliert werden kann.

Warum fahren die Ostfriesen abends mit dem Fahrrad um den Tisch? –
Um Licht zu haben!

Warum sind die Ostfriesen so schlank?
Torf hat wenig Kalorien.

Wortkargheit wird den Ostfriesen ebenfalls zugeschrieben:

Treffen sich zwei Ostfriesen. Sagt der eine: ›Na!‹
Darauf der andere: ›Na, und!‹

Auch andere Stämme sind im Ablauf der Geschichte Gegenstand der Verspottung gewesen: Schwaben, Sachsen, Bayern. Alle diese ethnischen Witze haben ihre besonderen spezifischen Merkmale. Der Ostfriesenwitz ist die jüngste Entwicklung dieser Gattung. Er unterscheidet sich vom älteren Schildbürgerschwank, der ja auch eine Dummenerzählung ist, in Form und Struktur. Nicht nur ist der Ostfriesenwitz viel kürzer als der Schildbürgerschwank. Im Unterschied zu den auf Situationskomik aufgebauten Schildbürgererzählungen basieren die Ostfriesenwitze häufig auf Wortspielen:

Was macht ein Ostfriese, der mit dem Messer in der Hand auf dem Deich steht? –
Er will in See stechen.

Warum sind die Ostfriesen vor den Amerikanern und den Russen die fortschrittlichsten Menschen? –
Sie waren bereits vor 100 Jahren hinter dem Mond.

Warum stehen die Ostfriesen immer am Strand und starren auf das Meer hinaus? –
Sie warten auf die Sex-Welle.

Warum gehen Ostfriesen im Dezember immer nur durchs Fenster in ihre Häuser und auch durchs Fenster wieder hinaus? –
Weil Weihnachten vor der Tür steht.

Was sind die realen Hintergründe solcher Unterhaltungsspiele? Es wird das Image eines unterentwickelten Landes gezeichnet. Die Statistik behauptet: Nirgendwo gibt es weniger Gymnasien als in Ostfriesland. Wir finden in Ostfriesland eine relativ dünn besiedelte Agrarlandschaft mit einem starken Bildungsgefälle zwischen Stadt und Land, eine Küstenbevölkerung, die vom Tourismus aus den Ballungszentren lebt und von den Touristen für provinziell gehalten wird. In den Ostfriesenwitzen äußert sich die Spottlust des Städters über nicht urbane Landschaften.

In seinem Essay »Norderney« (»Reisebilder«) nahm Heinrich Heine schon einige Wesenszüge des Ostfriesenwitzes vorweg: »Die guten Bürger Ostfrieslands, ein Volk, das flach und nüchtern ist wie der Boden, den es bewohnt, das weder singen noch pfeifen kann.« Weiter: »Die Tugend der Insulanerinnen wird durch ihre Häßlichkeit, und gar besonders durch ihren Fischgeruch, der mir wenigstens unerträglich war, vorderhand geschützt.« Heine berichtet ferner, daß die Ostfriesen in »kleinen Hütten« und am »flackernden Herde«, »wohlverwahrt in wollenen Jacken, herumkauern und einen Tee trinken, der sich vom gekochten Seewasser nur durch den Namen unterscheidet, und eine Sprache schwatzen, wovon kaum begreiflich erscheint, wie es ihnen selber möglich ist, sie zu verstehen.« Alter Nachbarschaftsspott zwischen Oldenburgern und Ostfriesen, wie es ihn allenthalben in Ortsneckereien gibt, lebt hier weiter. Stammesrivalitäten, die nicht mehr mit Waffen, sondern mit Witzen ausgetragen werden (K. H. Janßen).

Wer erzählt Ostfriesenwitze? Die Mode der Ostfriesenwitze hat sich ganz wesentlich durch die Massenmedien, durch Rundfunk und Fernsehen, vor allem aber auch durch Zeitungen ausgebreitet (Spiegel, Stern, Zeit). Der Ostfriesenwitz ist in hohem Maße aggressiv, doch sind die böswilligen Vorurteile gegen die rückständige Küstenbevölkerung so übertrieben, daß sie die Ostfriesen nicht wirklich treffen können. Die meisten Ostfriesenwitze – so behauptet ihr Sammler und Herausgeber, der unter dem Pseudonym Onno Freese schreibt – stammen von Ostfriesen selbst, wären also ein Zeichen von Selbstironie.

Wir wissen nicht, warum Witzmoden kreiert werden und wieder absterben. Mit einer gewissen Kulturverspätung ahmt heute Europa die amerikanischen Witzmoden nach. Die Mode begann in den frühen 60er Jahren. Doch waren die amerikanischen Polack Jokes schon in der mündlichen Überlieferung, bevor sie gedruckt wurden und bevor das Fernsehen sie aufnahm. Der Polackenwitz ist ein antipolnischer Witz, weil die Polen in einigen Gebieten der USA zur lower middle class gehören.

Auch die typische Form von Frage und Antwort haben die Ostfriesenwitze offenbar aus dem älteren amerikanischen Polack Joke übernommen, der inhaltlich und strukturell das Vorbild dieser Art des ethnischen Witzes abgegeben hat.

> How many Polacks does it take to change a lightbulb? – Three, one to hold the bulb and two to turn the ladder.

Es ist vielleicht typisch für die amerikanische Neigung zur Kürze, daß die aus Amerika zu uns kommenden Rätselmoden die Form der Rätselfrage bevorzugen. Sie gehen parallel zu der amerikanischen Neigung zu ›quickies‹, ›One-line-gags‹ und anderem ›rapid fire humor‹.

Die Grundvorurteile der amerikanischen ›Polack Jokes‹: Polen sind arm, schmutzig, unsauber.

Wo verstecken Polen ihr Geld? – Unter der Seife.

Polacken sind stupid, dumm, unfähig zu allem und jedem.

Warum verliert ein Pole seinen Job als Lift-Boy? – Weil er die Strecke nicht lernen kann.

Polacken sind vulgär, bäurisch, geschmacklos, benehmen sich daneben (der Pole bohrt sich dauernd in der Nase usw.). – Der Pole ist häufig betrunken.

Was ist der Unterschied zwischen einer Polenhochzeit und einem Polenbegräbnis? – Einer weniger ist betrunken.

Daß amerikanische Witzmoden auf Europa überspringen, ist eine nicht seltene Erscheinung. Sick Jokes, Shaggy Dog-, Elefanten- und Papageienwitze waren bereits Beispiele hierfür. Daß in diesem Fall des ethnischen Witzes das Ethnion ausgetauscht wurde, ist sicher nicht zufällig. Mag man vor einigen Jahrzehnten noch über Polacken, über polnische Wirtschaft spöttisch die Nase gerümpft haben, so ist seit dem 2. Weltkrieg das Verhältnis Polen–Deutsche so tragisch vorbelastet, daß man sich heute schwerlich einen Polen oder die Polen schlechthin als Gegenstand eines aggressiven Witzes vorstellen kann. Statt gegen den Nachbarn im Osten wendet sich der Witz nun gegen die Grenzbevölkerung im Westen.

Ebenso wie die Ostfriesen-Witze nach Struktur und Inhalt von den amerikanischen Polack-Jokes übernommen worden sind, so ist die deutsche Mode der Ostfriesen-Witze wiederum von Deutschland nach Dänemark übergesprungen, wo sie ihre Ausbreitung seit dem Winter 1972/73 bestimmten Sendungen des dänischen Radios verdanken. Ähnlich wie die Ostfriesen-Witze haben auch die Aarhusianer-Witze die Fähigkeit, neue und neueste Zeitereignisse in sich aufzunehmen. So spiegelt sich z. B. auch die Ölkrise im Witz:

Warum kneifen die Aarhusianer immer ein Auge zu? – Um Licht zu sparen.

Warum kann nicht mehr von Aarhus nach Alborg gefahren werden? – Die Entfernung beträgt 111 km, und es gibt jetzt eine Geschwindigkeits-Begrenzung auf 80.

Der Aarhusianerwitz basiert auf alten Rivalitäten zwischen der Hauptstadt Kopenhagen und der Hauptstadt Jütlands und hat sich damit sozusagen wieder auf die Größenordnung der Ortsneckerei zurückentwickelt.

Der jüdische Witz

Zu kaum einem anderen Bereich des ethnischen Witzes liegen so viele Sammlungen vor wie zum jüdischen. Die Juden sind, so hat man behauptet, ›*das* witzige Volk par excellence‹. Der jüdische Witz nimmt in der Tat eine Sonderstellung ein. Er ist das Ergebnis von speziellen religiösen, historischen und sozialen Voraussetzungen und damit auch ein Schlüssel zur jüdischen Geschichte. Die Erforschung des jüdischen Humors beginnt mit Sigmund Freud. Er war der erste, der im jüdischen Witz das Moment der ›Selbstkritik‹ entdeckte. Freud meinte, der Erzähler sei zugleich die Zielscheibe des Spottes; der jüdische Witz sei von Juden erfunden und gegen Juden gerichtet. Diese Feststellung ist auch später von anderen Autoren immer wieder aufgegriffen worden. Die stärkste Bestätigung der jüdischen Masochismus-Theorie war wohl die Tatsache, daß sie von den jüdischen Intellektuellen selbst allgemein akzeptiert wurde (D. Ben-Amos). Man hat auch kulturhistorische Hintergründe für den angeblich selbstzerstörerischen Trieb des jüdischen Witzes zu finden geglaubt: Der Jude schwebt – so meint Theodor Reik – zwischen Selbsterniedrigung und Selbstüberheblichkeit. Ebenso vermutete der amerikanisch-jüdische Psychoanalytiker Edmund Berger, daß das arme Leben in den europäischen Ghettos, der Mangel an wirklicher Lebensqualität einen psychologischen Masochismus als jüdischen Charakterzug habe entstehen lassen. Ein selbstzerstörerischer Witz fehlt umgekehrt überall dort, wo sich Juden in einer emanzipierten Gesellschaft frei entfalten können, wie im heutigen Israel. Aber macht sich eine ethnische Gruppe tatsächlich vorzugsweise über sich selbst lustig? Im Grunde können nur authentische Aufzeichnungen von jüdischen Witzen aus der lebendigen mündlichen Überlieferung und aktive Feldforschung Freuds These von der selbstzerstörerischen Tendenz des jüdischen Witzes erhärten oder falsifizieren. So sollte weniger der Witz aus den Anthologien jüdischen Humors herangezogen werden, als vielmehr die Witze, die in einer jüdischen Gesellschaft selbst erzählt werden. R. M. Dorson und D. Ben-Amos haben gezeigt, daß auch die jüdische Gesellschaft keineswegs homogen, sondern sozial komplex differenziert ist. Die verschiedensten Individuen und Gruppen reagieren im Witz ihre Aggressionen ab. Und es erweist sich bei näherem Zusehen, daß beim jüdischen Witzeerzählen ebenso wenig wie sonst auf der Welt der Erzähler selbst die Zielscheibe seines Spottes ist. Wie bei allen Witzen, in denen einzelne soziale oder ethnische Gruppen als Gegenstand des Lachens auftreten, muß auch hier gefragt werden: Wer lacht über wen? Die Juden über sich selbst? Oder machen sich andere über die Juden lustig?

Heda Jason definiert einen ›Jewish joke‹ als einen Witz, der wesentlich etwas mit den Juden zu tun hat und der ohne Pointe wäre, wenn das Jüdische der Witzperson daraus entfernt wäre. Diese Witze weisen im großen und ganzen nur wenige Hauptthemen auf: Jude und Nichtjude, Jude und Rabbi, Rabbi und katholischer Priester, der reiche und der arme Jude, die jüdische Mama, der getaufte Jude und der Schadchen, der Heiratsvermittler, dessen Reden häßliche Frauen in begehrenswerte Schönheiten umwandeln (Mikes, S. 153). Man wird freilich noch stärker geographisch und historisch differenzieren müssen: Es gibt z. B. einen recht erheblichen Unterschied zwischen den ostjüdischen Witzen und den Judenwitzen aus Westeuropa. Witze über Juden verlaufen in Amerika anders als in Europa: In Europa basieren sie letztlich auf religiös bedingtem Antagonismus; in Amerika wird eher der wirtschaftliche Erfolg der Juden belacht. Der Jude repräsentiert die kapitalistische Weltsicht des neuen Erdteils. Oder es werden die Versuche des Juden geschildert, in die ›high society‹ einzudringen. Andere Witze beschäftigen sich mit dem engen Familienleben des Juden. Die Tatsache, daß amerikanische und europäische jüdische Witze recht verschieden sind, und wieder anders die in Israel erzählten, beweist, daß Judenwitze und jüdischer Witz etwas mit der sozialen und historischen Rolle der Juden nach Zeit und Ort zu tun haben.

Im Prinzip ist der ›Judenwitz‹, d. h. der Witz von Nichtjuden über Juden etwas grundsätzlich anderes als der ›jüdische Witz‹. Trotzdem läßt sich diese theoretische Unterscheidung in der Praxis nicht immer klar durchführen. Witze, die Juden einander über sich selbst erzählen, bekommen eine ganz andere Bedeutung, wenn sie von Nicht-Juden mit antisemitischer Absicht erzählt werden (Rosenberg-Shapiro, 1958, S. 70; Zijderveld, S. 188). Der Judenwitz ist antisemitisch; verschmutzte Gettos und ihre Bewohner sind seine Inhalte. Hier wird der Jude überwiegend negativ gesehen in physischer wie psychologischer Beziehung. Verspottet wird sein äußerer Habitus, eine lange Nase, ein schmieriges Äußeres, oder Geldgier, Geiz, das alleinige Ausgerichtetsein auf Geschäft und Handel, auf Profit und Gewinn. Im Judenwitz sind Juden betrügerisch und verlogen, verschlagen, schmutzig und wasserscheu. Aber auch der sog. ›echte‹ jüdische Witz, von Juden erdacht und belacht, verrät ein hohes Maß von Selbstbeobachtung, und zuweilen sind es dieselben Gebiete, auf die sich beide Witzsorten erstrecken. Allerdings ist diese Art von Witz primär nicht für eine jüdische Öffentlichkeit bestimmt gewesen. Den Beweis hierfür mag man darin sehen, daß der jüdische Witz an die jüdische Sprechweise gebunden ist; er kann also von Nichtjuden kaum erdacht und schon gar nicht erzählt werden. Zum jüdischen Witz gehört das Jiddische, die altertümliche Mundart der Ostjuden. Jede Übersetzung raubt dem Witz einen Teil seines Reizes. Und es macht einen erheblichen Unterschied, ob man ›auf Jiddisch‹ oder ›jüdelnd‹ erzählt.

Eine ganze Reihe von sog. jüdischen Witzen, die in jeder einschlägigen Sammlung mit Regelmäßigkeit auftauchen, sind allerdings gar nicht so sehr spezifisch jüdisch, sondern sie gehören auch der Folklore anderer Ethnien oder sozialer Gruppen an. Witze über das Benehmen neureicher jüdischer Familien z. B. gehören allgemein zum Neureichen-Witz. Den Bildungs- oder Unbildungswitz gibt es in jeder Zivilisation. Schnorrergeschichten gehören zum Repertoire der internationalen Bettlerwitze. Unsauberkeitswitze – Statussymbol ist das Bad, das ›fließende Wasser‹ oder die Wasserspülung – gibt es in ähnlicher Weise bei den Hamburger Klein-Erna-Witzen, bei den Tübinger Gôgen- oder bei den Ostfriesenwitzen, d. h. überall dort, wo eine städtisch-anspruchsvolle Gesellschaft sich über ärmere und hygienisch-sanitär schlechter ausgestattete Sozialschichten lustig macht. Geht es um Glaubensfragen, um das Verhältnis von Juden und ›Gojim‹, so fällt der Witz in den größeren Bereich des konfessionellen Witzes. Der getaufte Jude ist besonders häufig Gegenstand des sog. Täuflingswitzes, der sowohl von orthodoxen Juden wie auch von Nichtjuden erzählt werden kann. Es gibt recht verwandte jüdische und christliche Bibelwitze. Das Kommen des Messias (Messiaswitze) oder überhaupt die Existenz des Jenseits wird in Frage gestellt im jüdischen Witz wie auch in bestimmten Jesuitenwitzen oder anderen konfessionellen Witzen, wie sie in Priesterseminaren und hinter Klostermauern erzählt werden. Chelm ist das Schilda der Juden; und so könnten viele sog. jüdische Geschichten in jedem Land der Erde spielen. Das spezifisch Jüdische liegt oft nur an einer scheinbar geringfügigen, aber manchmal doch ausschlaggebenden Akzentverlagerung. Man könnte dazu so manchen internationalen Wanderwitz herausgreifen. Wir exemplifizieren es hier mit den Sparsamkeits- und Geizhalswitzen. Juden *und* Schotten gelten im Volkswitz als sparsam oder geizig. Trotzdem sind Judenwitze und Schottenwitze nicht ohne weiteres austauschbar, weil beim Juden noch andere Züge hinzutreten.

> Goldkugel läßt sich von einem Arzt in der nächsten Großstadt untersuchen. Der Arzt verlangt eine Urinprobe, und Goldkugel bringt eine ganze Weinflasche voll. ›Noch mehr konnten Sie nicht anschleppen?‹ fragt der Arzt ärgerlich. Goldkugel steckt den Vorwurf schweigend ein. Am nächsten Tag nimmt er das Resultat der Urinanalyse entgegen und telegraphiert freudig an seine Familie: ›Wir sind alle zusammen gesund!‹

Der Witz mit der Urinanalyse wird in Amerika als Schottenwitz erzählt. Aber ›typisch‹ jüdisch ist nicht so sehr die auch den Schotten, Schwaben, Sachsen etc. zugeschriebene Sparsamkeit und List, sondern der spezifische Familiensinn des Juden. Ganz ähnlich der folgende, ebenfalls über Schotten wie Juden erzählte Witz:

Ein Amerikaner macht eine Reise nach Schottland, um dort ein wenig Ahnenforschung zu betreiben. Eines Tages wandert er über den Friedhof und entdeckt einen Grabstein, auf dem steht: ›Hier ruht Stanford McGregor, ein mildtätiger Mensch und ein guter Vater.‹ – ›Typisch Schotten!‹ murmelt er: drei Mann in einem Grab!‹

In der jüdischen Version dieses Witzes tritt eine charakteristische Akzentverschiebung ein. Nicht der Geiz ist das Ausschlaggebende; er wird stillschweigend vorausgesetzt und ist nur der Auslöser, sondern der Verstoß gegen die Sitte.

Der Besucher des Friedhofs liest die Inschrift auf dem Grabstein:
Hier ruht Samuel Kohn,
ein guter Mensch,
ein ehrlicher Kaufmann.
Dann murmelt er: ›Armer Sami, mit zwei wildfremde Leut' haben sie dich ins Grab gelegt.‹

Eine Interessendominanz des jüdischen Witzes liegt in der Tat bei Geldgeschäft und Handel, wobei es nicht selten um zweifelhafte Geschäftsmethoden, um listige Übervorteilung des Partners oder auch um die Vermischung von Religion und Geschäft geht.

Der alte Rothschild hatte immer den Wunsch, 100 Jahre alt zu werden, ist dann aber doch mit 84 gestorben. Als er nun zu Petrus (!) kommt, sagt dieser verwundert:
›So, so, Rothschild, bist schon da, nun hat es wohl doch nicht gereicht auf 100?‹ Darauf Rothschild:
›Nu, was wird mir der Herrgott geben 100, wenn er mich kann haben für 84!‹

Lewi und Moses entdecken an einem Missionszelt in New York ein Plakat: ›Aufforderung zur Taufe. Jeder, der sich hier taufen läßt, erhält ein Patengeschenk von 20 Dollar.‹
›Du‹, sagt Lewi, ›geh rein, laß dich taufen – hernach hat jeder von uns 10 Dollar.‹
Moses geht hinein und kommt nach einer halben Stunde wieder heraus.
›Na, biste getauft?‹
›Bin ich.‹
›Und hast bekommen 20 Dollar.‹
›Natürlich.‹

›Und wo sind meine 10 Dollar? – Gib her!‹
›Siehste Lewi, das ist genau das, was uns Christen an euch Juden so mißfällt.‹

Es wäre verkehrt, diesen und andere Witze bloß aus antisemitischer Tendenz zu erklären. In einer bäuerlichen oder handwerklich geordneten Welt war das Geldgeschäft vielfach der einzige den Juden erlaubte Beruf. Der Zutritt zu den Zünften war ihnen untersagt. Die besondere Rolle der jüdischen Bankiers, Geschäftsleute und Händler hängt mit der bereits im Mittelalter ausgebildeten wirtschaftlichen Sonderstellung der Juden zusammen; und wir sehen aus solchen Beispielen deutlich, wie sehr Witz aus bestimmten sozio-ökonomischen Faktoren entsteht und bedingt ist. Man könnte dies in gleicher Weise auch bei anderen Witzgruppen aufzeigen, z. B. bei den antimilitärischen Witzen oder bei den sog. Badewitzen. Häufig spielt der Jude im Witz die Rolle des militärisch Ungeschickten und Wehrunwilligen. Oft ist der jüdische Witz antimilitaristisch und pazifistisch:

Inspizierender Hauptmann, brüllend: ›Da fehlt ein Knopf!‹
Rekrut Warschauer: ›Ihre Sorgen möchte ich haben, Herr Hauptmann!‹

Während eines Sturmangriffs sieht der General seinen Soldaten Salomon in Richtung Heimat gehen. Der General stellt ihn zur Rede: ›Warum gehst du zurück?‹ Antwortet Salomon: ›Man wird doch noch einen Anlauf nehmen dürfen, Herr General.‹

Eine bekannte Geschichte berichtet von einem jüdischen Soldaten im Ersten Weltkrieg, der dem Feind im gegenüberliegenden Schützengraben zubrüllt: ›Seid ihr denn meschugge, hierher zu schießen? Hier sind doch Leute!‹ (Mikes, S. 154).

Die Witze dieser Gruppe laufen alle darauf hinaus, daß der Jude für militärische Dressur und Heldentaten kein Verständnis zeigt. Es ist eine ganz ähnliche Komik, wie sie Hašeks ›Braver Soldat Schweijk‹ zeigt, und sie hat auch denselben Realhintergrund, den Vielvölkerstaat der Donaumonarchie oder das Zarenreich. Man schlägt sich nicht für Staaten, in denen man fast rechtlos oder doch mit reduzierten Rechten leben muß (Landmann).

Von den sog. Badewitzen hat man behauptet, sie seien nicht jüdischen, sondern antisemitischen Ursprungs. Aber dies ist wieder ein Punkt, an dem sich ›Judenwitz‹ und ›jüdischer Witz‹ überschneiden. Gerade die Badewitze haben auch ihre talmudische Grundlage: Der jüdische Gesetzeskommentar enthält Tausende von Bestimmungen über Reinlichkeit und Hygiene, die aber problematisch waren angesichts der kläglichen, beengten Wohnverhältnisse der Ostjuden. Diese Erzählungen können also durchaus auch zu den selbstkritischen Witzen gerechnet werden (Meyerowitz). Es kommt einfach darauf an, wer diese Witze erzählt und in welcher Absicht sie vorgetragen werden. Im übrigen gehört Unsauberkeit zu den häufigsten Vorwürfen, mit denen ethnische Gruppen sich voneinander distanzieren. Im Vorurteil der Völker bezichtigen Franzosen die Polen, Deutsche die Franzosen, Dänen die Deutschen, Amerikaner allgemein die Europäer usw. der geringeren hygienischen Bedürfnisse.

Zwei Juden sprechen über das Baden. ›Ich nehme jedes Jahr ein Bad‹, sagt der eine, ›ob ich es nötig habe oder nicht.‹

An der Kasse der Badeanstalt: ›Wenn Sie zwölf Karten auf einmal nehmen, haben Sie Ermäßigung.‹ Kloppstein, melancholisch: ›Weiß ich denn, ob ich werde leben noch zwölf Jahr?‹

Die jüdischen Witze lassen sich leicht in bestimmte Gruppen aufteilen. Daß sie nicht so ohne weiteres ihre Varianten in den Witzen anderer Volksgruppen finden, beweist letztlich doch die Eigenständigkeit und spezifische Selbständigkeit des jüdischen Witzes. Die Schnurren von Schnorrern z. B. sind mit spezifisch jüdischen Sitten aufs engste verbunden. Das mosaische Gesetz fordert nicht nur tätige Nächstenliebe, sondern Wohltätigkeit in einem Ausmaß, wie es andere Glaubensgruppen kaum realisiert haben. Hinzu kommen tatsächliche soziale Gegensätze zwischen den meist armen Ostjuden und den zu sprichwörtlichem Reichtum gelangten jüdischen Familien des Westens. Kein Wunder, daß sich die Schnorrer immer wieder an den steinreichen Baron Rothschild wenden. Auch tritt die geizige Sparsamkeit des Millionärs häufig in Kontrast zur zwangsläufigen Sparsamkeit oder zur scheinbaren Verschwendung des armen Schnorrers. Der ›klassische‹ Witz aus diesem speziellen Repertoire:

Zwei Brüder erhalten regelmäßig von Rothschild eine Unterstützung von 100 Mark. Einer der Brüder stirbt, der andere kommt und will jetzt 200 Mark kassieren. ›Nein‹, sagt der Baron, ›Ihr Herr Bruder ist verstorben, Sie erhalten 100 Mark.‹ – ›Wer ist der Erbe? Ich oder Sie, Herr Baron?!‹

Um Geld und Gut geht es auch bei den beliebten und häufig erzählten Schadchen-Witzen, den Erzählungen vom jüdischen Heiratsvermittler. Die meisten dieser Witze sind ähnlich strukturiert: Der Heiratsvermittler lügt auf Gedeih und Verderb; er dichtet dem vorgeschlagenen Partner alle nur erdenklichen Vorzüge an – und dann plötzlich verplappert er sich und offenbart selbst die verheimlichte Wahrheit (Landmann).

Der Heiratsvermittler schildert dem Heiratskandidaten das junge Mädchen in den leuchtendsten Farben. ›Sie ist schön – gebildet –

aus einer guten Familie – hat Geld auf der Bank usw. usw.‹ Der Heiratskandidat ist mißtrauisch. ›Wenn sie eine so gute Partie ist, warum braucht sie dann mich? Wo sitzt der Haken?‹ – ›Also, um ehrlich zu sein‹, sagt der Heiratsvermittler, ›sie ist ein klein bißchen schwanger.‹

›Sie haben mir da eine schöne Auskunft gegeben! Sie sagten mir, der Vater des Mädchens, das ich heiraten soll, wäre nicht mehr am Leben, und nun erfahre ich, daß der Mann seit drei Jahren im Zuchthaus sitzt!‹ Schadchen: ›Nu sagen Sie: ist das e Leben?‹

Der Bräutigam ist bei der Vorstellung der Braut sehr unangenehm überrascht und zieht den Vermittler beiseite, um ihm flüsternd seine Einwände mitzuteilen. ›Wozu haben Sie mich hierher gebracht?‹ fragt er ihn vorwurfsvoll. ›Sie ist häßlich und alt, schielt und hat schlechte Zähne und triefende Augen. . .‹ – ›Sie können laut sprechen‹, wirft der Vermittler ein, ›taub ist sie auch.‹

Belacht werden hier nicht bloß menschliche Schwächen und physische Defekte wie Buckel, Kurzsichtigkeit etc. – Fehler hat schließlich jeder Mensch. Aber Liebe, die den Fehler des Partners erträglich erscheinen läßt, läßt sich nicht vermitteln. Der Schadchen-Witz übt also Kritik an der patriarchalischen Institution der Verheiratung der Söhne und Töchter durch die Eltern vom Standpunkt einer freien individuellen Gattenwahl (Landmann). Verspottet wird die materiell vermittelte, lieblose Ehe. Eine ähnlich aufgeklärt-progressive Kritik offenbart sich auch in vielen Witzen, die religiöse Institutionen und Lehren des Judentums angreifen.

Mitnaged (Gegner des Chassidismus): ›Die meisten Wundertaten von Rabbis weiß man nur vom Hörensagen. Ich aber will euch etwas erzählen, was ich selber erlebt habe. Eine Mutter brachte weinend ihr totes Kind zum Rabbi und sagte:
»Rabbi, Ihr vermögt doch alles! Macht mir mein Kind wieder lebendig!«
Der Rabbi sprach: »Weine nicht, ich will dir helfen.« Und er ging auf das Kind zu und sprach: ›Das Kind soll aufstehen und leben!«‹ –
Die Chassidim, welche zuhören, sind sehr neugierig auf den Ausgang der Geschichte.
›Ist das Kind aufgestanden?‹ fragen sie.
›Ach wo‹, entgegnet der Mitnaged, ›es ist tot liegengeblieben.‹
Ein Chassid: ›Aber das ist doch kein Wunder!‹
Mitnaged: ›Ein Wunder ist es nicht, aber dafür habe ich es gesehen mit eigenen Augen!‹ (Landmann, S. 184)

›Unser Rabbi kann aber wirklich Wunder vollbringen!‹
›Glaub' ich nicht!‹

›Doch! Ich kenne selber einen Jungen, der als Wasserkopf zum Rabbi kam – und als er wegging, war er ganz normal.‹
›An dieses Wunder glaube ich auch: daß der Junge zum Rabbi ging, war ein Zeichen, daß er in der Tat ein Idiot war, und als er vom Rabbi wieder wegging, bewies er dadurch, daß er wieder ganz normal war.‹ (Landmann, S. 188)

Ein Mitnaged erzählt: ›Ich war einmal Zeuge einer Wundertat. Ein Mann kam auf zwei Krücken zum Rabbi und bat um Gesundung. Der Rabbi versenkte sich ins Gebet, dann rief er ekstatisch:
»Der Mann soll die rechte Krücke hinwerfen. . . Und jetzt soll er die linke Krücke auch hinwerfen!«. . .
Na – und was soll ich euch sagen! *Hingefallen* ist der Mann!‹
(Landmann, S. 183)

Natürlich steht hinter den zahllosen Geschichten vom Wunder-Rebbe die mystische Frömmigkeitsbewegung des Chassidismus (von Hebräisch chassid = fromm). Die traditionelle Gläubigkeit hat die oft märchenhaften Wundertaten der legendären Rabbiner erst emporsprießen lassen. Aber wo sie im Witz auftauchen, handelt es sich um Spott und rationale Kritik aufgeklärter Kreise. ›Rabbinische Weisheit‹ oder ›Talmudscharfsinn‹ könnte als Überschrift über weiteren typischen Erzählungen stehen, in denen kluge Entscheidungen Rabbinern in den Mund gelegt werden.

Ein armes jüdisches Ehepaar kommt zum Rabbiner und klagt, sie wüßten nicht mehr aus noch ein, sie bekämen alle 10½ Monate ein Kind. ›Weißt du nicht, Rebbe‹, fragt der Mann, ›wie man es macht, nicht jedesmal ein Kind zu kriegen?‹ Der Rabbiner sagt, das sei sehr einfach: ›Du nimmst ein Glas Wasser, tust Salz und Pfeffer hinein und stellst es auf den Nachttisch.‹ ›Und nehm ich es *vorher* oder *nachher*?‹ ›Was heißt: vorher oder nachher? *Anstatt!*‹

Ein Hauptthema des jüdischen Witzes betrifft die Schwierigkeit, das Gesetz mit den Lebensnotwendigkeiten in Einklang zu bringen, wobei unter ›Gesetz‹ nicht nur die Zehn Gebote zu verstehen sind, sondern unzählige Regeln und Vorschriften, durch die das alltägliche Leben auf Schritt und Tritt geregelt wird. Das zeigt sich u. a. in vielen Witzen, in denen es um ›koschere‹ Speisen geht.

Herrlicher Schinken in der Auslage des Delikatessengeschäftes. Kohn, schwach werdend, geht hinein und fragt: ›Was kostet der Schinken?‹ In diesem Augenblick ein furchtbarer Donnerschlag. Blickt Kohn zum Himmel empor und sagt: ›Na, was is? Fragen wird ma doch dürfen!‹

Ins Zentrum der Religionswelt treffen auch die Witze um die Heiligung des Sabbats, an dem nach biblischer Vorschrift keinerlei Arbeit verrichtet werden darf. Je schärfer die Verbote und Tabus, desto häufiger sind die listigen Übertretungen.

Am Sabbat geht ein Jude an einem jüdischen Geschäft vorbei, der Besitzer tritt heraus und flüstert: ›Heute Ausverkauf – alles zu halben Preisen!‹ Der Passant entrüstet sich: ›Heute am Sabbat machen Sie Geschäfte?‹, worauf der Ladenbesitzer sagt: ›Verkaufen zu halben Preisen – das nennen Sie e Geschäft?!‹

Andere Witze bringen regelrechte Bibel- oder Religionskritik.

Die Leute nennen Salomon einen weisen Mann, weil es ihm gelungen ist, die Mutter eines Kindes ausfindig zu machen. Auch ein Kunststück! Den Vater des Kindes hätte er ausfindig machen sollen: das wäre die wahre Weisheit gewesen!

Ein Jude klagt dem Rabbi sein Leid: ›Rabbi‹, sagt er, ›was soll ich machen? Hab ich gehabt einen Sohn, einen schönen Sohn, einen guten Sohn, einen frommen Sohn, hab ich gemacht für ihn ein schönes Testament – und nu hat mein Sohn sich lassen taufen.‹ – ›Wai‹, sagt der Rabbi, ›das hab ich auch erlebt. Hab auch ich gehabt einen Sohn, einen schönen Sohn, einen guten Sohn, einen frommen Sohn, war auch für ihn schon gemacht ein schönes Testament – und hat sich lassen taufen.‹ – ›Nu, und was haste gemacht?‹ – ›Hab mich gewandt an Gott den Herrn um Rat.‹ – ›Und Gott – was hat er gesagt?‹ – ›Rabbi, hat er gesagt, das hab ich selbst schon erlebt. Hab ich auch gehabt einen Sohn, einen schönen Sohn, einen guten Sohn, einen frommen Sohn, hatte ich auch schon gemacht ein schönes Testament – und hat sich auch mein Sohn lassen taufen. Und, Gott Du Gerechter, frag ich, was haste dann getan? Nu, sagte Gott, was sollte ich tun? Hab ich gemacht ein Neues Testament.‹

Herzls Sohn ist zum christlichen Glauben bekehrt worden, und Gott selbst steigt auf die Erde herab, um Herzl zu trösten: ›Ist denn nicht dieselbe Geschichte vor zweitausend Jahren mit meinem Sohn passiert?‹ – ›Ja‹, antwortet Herzl, ›aber vergiß nicht, mein Sohn ist ehelich geboren.‹

Der jüdische Witz ist die wunderliche Frucht einer ausschließlich legalistischen Denkweise, sagt Meyerowitz, und auch hier erweist sich wieder eine aufgeklärte Geisteshaltung des jüdischen Witzes. Alle diese Witze setzen ein rationales Denken einem traditionellen Denken gegenüber. Meyerowitz vergleicht den jüdischen Humor mit dem deutschen und meint, sie entstammen beide dem theoretischen Denken, und darin erwiese sich ihre tiefe Verwandtschaft. Tatsächlich sind jüdische Witze in Deutschland besonders beliebt, und dies aus Gründen, die wohl sehr vielschichtig sind. Zunächst und vordergründig ist da sicher die Sprache zu erwähnen: Das Jiddische ist – mindestens in modifizierten Formen – verständlich, und die sprachliche Form macht ja erst den Reiz des jüdischen Witzes aus. Freilich ist nach der Vernichtung der Juden in Ost- und Mitteleuropa der jüdische Witz heute fast nur noch eine historische Erscheinung. Das Problem des jüdischen Witzes liegt aber vor allem darin, daß er zu einem Kampfmittel des Antisemitismus wurde, daß der jüdische Witz zum Judenwitz umgeprägt wurde. Nach der Ausrottung der Juden verboten Takt und Geschmack das Amüsement über den Juden. Nichtsdestoweniger erschien im Jahre 1960 Salcia Landmanns Sammlung jüdischer Witze, die noch im Jahre ihres Erscheinens mehrere Auflagen erreichte und lange zu den Bestsellern des westdeutschen Buchmarktes gehörte. Allerdings hat sich auch an keinem anderen Buch über den jüdischen Witz so sehr die Kritik entzündet. Obwohl das Buch von einer Jüdin verfaßt und als eine Art Ehrenrettung des jüdischen Humors gedacht war, hat es böse Kritik erfahren. Zunächst leidet das Landmannsche Buch wie jede Witzsammlung daran, daß Witze erzählt und nicht geschrieben und gedruckt gehören. Mehr: Bei S. Landmann sind die Pointen oft verbogen oder gekillt. Friedrich Torberg tadelt die trostlose Blässe der Fassungen, ihre Humor- und Pointenlosigkeit, dilettantischen Erzählstil, Gefühllosigkeit und Instinktlosigkeit. Hinzu kommen Wiederholungen, irreführende Definitionen, Unkenntnis der historischen und theologischen Voraussetzungen, Systemlosigkeit und Oberflächlichkeit des Kommentars, falsche Zitate und Literaturangaben. Aufgrund all der genannten Fehler wirft Torberg dem Buch unjüdischen und damit zwangsläufig antijüdischen Charakter vor. Und er steht hierin nicht allein. Robert Neumann und Jan Meyerowitz schlossen sich ihm an. Der letztere meint, die Verfasserin sei der Aufgabe so ziemlich alles schuldig geblieben, und die weite Verbreitung des Buches bleibe ein großes, vielleicht unreparierbares Mißgeschick: »Auf viele Juden hat die Sammlung jedenfalls fast so abstoßend und schmerzlich gewirkt wie so manches in der Nazizeit Geschriebene.«

Ob die Differenzierung von ›Judenwitz‹ und ›jüdischem Witz‹ wohl je gelingen wird? Selbst ein Sigmund Freud hat die beiden Begriffe synonym gebraucht, und ihm hat noch kein jüdischer Kritiker Antisemitismus vorgeworfen. Im übrigen gibt es auch positive Witze über das Judentum.

Der Lehrer fragt seine Schüler:
›Wer von euch kann mir bedeutende historische Männer nennen, die der Menschheit große Dienste erwiesen haben?‹
›Marx‹, ruft einer.

›Einstein‹, sagt ein zweiter.
›Freud‹, meint ein dritter.
›Moses‹, antwortet ein anderer,
›Jesus‹, fällt noch einem ein.
Da steht ein Schüler auf und fragt:
›Herr Lehrer, darf man auch einen Nicht-Juden nennen?‹

Der interethnische Vergleich

Der ethnische Witz behandelt nicht nur den einzelnen Repräsentanten eines Stammes oder Landes, sondern oft genug läßt er Angehörige verschiedener Völker mit- und gegeneinander konkurrieren. Ähnlich wie auf der lokalen und regionalen Ebene in den sog. Ortsneckereien, so geht es auch im ethnischen Übertrumpfungswitz um Aggressionen. Das Lachen gilt den angeblichen Nachteilen und Schwächen des anderen. Beispiele solcher Witze haben wir schon in den Auseinandersetzungen zwischen Bayern und Preußen, Kannibalen und Europäern, Schotten und Engländern, Juden und Nicht-Juden kennengelernt. Bei Zweizahlgeschichten und Dialogen im internationalen Vergleich stehen sich häufig ein Amerikaner und ein Europäer mit ihren verschiedenen ethnospezifischen Verhaltensmustern gegenüber. Das Achtergewicht liegt nicht selten bei einem Amerikaner, der im Witz oft die Rolle eines übertrumpfungssüchtigen Angebers spielt, der alles noch schöner, noch größer und noch praktischer besitzt als sein Gegenüber aus der alten Welt.

Ein Amerikaner und ein Europäer streiten sich über technische Finessen. ›Wir‹, lächelt der US-Bürger, ›haben jetzt das Allerneueste. Keiner braucht mehr einen Rasierapparat. Die Automaten hängen an jeder Straßenecke. Man wirft eine Münze ein, steckt das Kinn in eine dafür vorgesehene Kerbe, und eins-zwei-drei ist der Bart ab.‹
Der Europäer: ›Na, hören Sie, die Leute haben doch ganz verschiedene Gesichtsformen.‹ – ›Kaum der Rede wert‹, winkt der Amerikaner ab, ›nur beim ersten Mal.‹

Ein Ami und ein Berliner sitzen zusammen mit einem Mädchen an einem Tisch. Der Amerikaner will dem Mädchen imponieren: ›Meine Farm ist very very groß; so groß, wenn ich starte morgens mit dem Auto, ich kann fahren Tag und die ganze Nacht und in the morning ich bin noch nicht am Ende von meine Besitz.‹
›Kenn' ick‹, sagt der Berliner trocken. ›So'n Auto hab ick vorm Krieje ooch jehabt.‹

Ein Europäer fragt einen Chinesen: ›Warum legt ihr euren Toten Speisen aufs Grab; glaubt ihr wirklich, daß sie davon essen können?‹ Der Chinese antwortet mit einer Gegenfrage: ›Warum legt ihr euren Toten Blumen aufs Grab; glaubt ihr wirklich, daß sie daran riechen können?‹

Solche witzigen Antithesen illustrieren den Satz ›andere Völker – andere Sitten‹. Häufiger sind Dreizahlgeschichten, und sie spielen meist ebenfalls auf einem internationalen Parkett. Man läßt in einem erdachten Gespräch die Vertreter dreier Länder zusammenkommen, die nach ihrem Verhalten den stereotypen Nationalcharakter offenbaren. Der dritte und letzte Nationalrepräsentant ist nach dem Prinzip des Achtergewichts der Überlegene oder Unterlegene – häufig beides zugleich. Witzig sind diese Geschichten nur dann, wenn sie den Nachbarschaftsspott nicht zu sehr übertreiben, sondern ein Körnchen von Wahrheit oder Wahrscheinlichkeit beinhalten. Man erkennt solche ethnischen Übertrumpfungswitze häufig schon von der Einleitungsformel her, wenn die Erzählung mit den Worten einsetzt: ›ein Amerikaner, ein Russe und ein Deutscher sitzen zusammen‹, oder ›ein Rumäne, ein Pole und ein Jude . . .‹, ›ein Engländer, ein Ire und ein Schotte . . .‹ usw. Ethnische Übertrumpfungswitze finden sich besonders häufig im Bereich des politischen Witzes. Bekannte Politiker stehen dann repräsentativ für ihre Länder (vgl. S. 13 f.).

Roosevelt, Churchill und Stalin treffen sich im Jenseits und unterhalten sich über den Zweiten Weltkrieg. Churchill nimmt eine Zigarre aus einem Lederetui, das er auf dem Tisch offen liegen läßt. Die beiden anderen Herren bemerken, daß es innen eine Aufschrift trägt: ›Dem Retter des britischen Empire – die dankbaren Völker.‹ Nach einer Weile zündet Roosevelt eine Zigarette an, die er einem silbernen Etui entnimmt. Auch er legt es geöffnet auf den Tisch. Churchill und Stalin bemerken verstohlen die eingravierte Widmung: ›Die Völker des Erdballs in Dankbarkeit dem Retter der Welt.‹ Stalin verzieht keine Miene, nimmt aber langsam ein goldenes Etui aus der Brusttasche. Noch während er das Streichholz an die Zigarette hält, lesen die anderen die feinziselierte Inschrift: ›Der Wiener Golfclub dem Fürsten Esterhàzy.‹

Drei Ärzte, ein Amerikaner, ein Franzose und ein Tscheche fachsimpeln. Der Amerikaner weist auf seine besonderen Schwierigkeiten bei Herztransplantationen hin. ›Aber es ist mir gelungen, eine Operation in der Rekordzeit von einer Stunde vorzunehmen.‹ Der Franzose ist ein Spezialist für Nierenoperationen: ›Ich habe immerhin zwei komplizierte Operationen innerhalb einer Stunde geschafft.‹ Zuletzt sagt der Tscheche, ein Zahnarzt: ›Ich habe einem Patienten einen Backenzahn gezogen, in nur zwölf Stunden. Da hier keiner den Mund aufmachen darf, mußte ich von hinten ziehen.‹

Fast noch interessanter für die ethnischen Vorwürfe sind aber die Fälle, in denen ›Nationalcharaktere‹ durch den Witz typisiert werden.

> Ein Engländer, ein Franzose und ein Bayer unterhalten sich über die Unterschiede zwischen Schreibweise und Aussprache.
> »Sehr schwierig bei uns«, erklärt der Brite. »Wir schreiben zum Beispiel ›Bir-ming-ham‹, sprechen aber ›Bör-ming-häm‹.«
> »Kein Vergleich«, trumpft der Franzose auf.
> »Wir schreiben ›Bor-de-aux‹ und sagen ›Bor-do‹.«
> »Ois nix!« erklärt der Bayer. »Mir schreim, ›Wie meinen Sie bitte?‹ und sprechen ›Ha?‹«

Es gibt für diese Witze sogar eine Art internationaler Typik, und dieselben Witze erzählt man sich oft diesseits und jenseits des Ozeans. Weltweit verbreitet ist z. B. der internationale Dialog nach einer Liebesnacht: Was sagt der Amerikaner, der Franzose, der Deutsche, der Russe etc. zu seinem Partner?

> Die ersten Worte der deutschen Braut am nächsten Morgen: ›Gustav, schläft du noch?‹
> Die französische Braut sagt: ›C'est tout, chérie?‹
> Die Amerikanerin sagt: ›Do you feel better now?‹
> Die Russin äußert sich: ›Iwan, lebst du noch?‹
> Die Finnin: ›Ich hätte nie gedacht, daß man sich derart amüsieren kann, ohne ein einziges Mal zu lachen.‹

Witze dieser Struktur sind international verbreitet, doch sind die stereotypen Vorurteile, die sie zum Ausdruck bringen, von Kultur zu Kultur verschieden. Das Gespräch nach der ersten Liebesnacht lautet z. B. in einer amerikanischen Variante:

> American wife: Gee, honey, that was great!
> French wife: Mon chérie, what a beautiful lover you are!
> Jewish wife: I should have held out for a fur coat.
> German wife: Ach, mein Herr, what authority. How masterful!
> English wife: There dear, do you feel better now?

In diesem Beispiel finden wir ethnische Vorurteile. Bestimmte Wertungen, was in jedem Volk angeblich für wichtig gehalten wird: In Frankreich der Lobpreis der Liebestechnik, beim Juden ein materieller Lohn, in Deutschland der Preis der männlichen Autorität, in England eine gewisse Gefühlskälte in den zwischenmenschlichen Beziehungen verbunden mit der Bemerkung, daß es die Pflicht der Frau ist, dem Mann Vergnügen zu bereiten. Englische Frauen gelten auch in anderen amerikanischen Witzen als frigide:

There was the Englishman who was making love to his wife. And he said: ›Oh! Pardon me, darling. Did I hurt you?‹ and she said, ›No, why?‹ And he said, ›Oh, you moved.‹

François war stockbetrunken. Auf dem Weg nach Hause ging er in das verkehrte Haus und kam in ein englisches Trauerzimmer. Kurz danach wurde er von der Polizei wegen Nekrophilie verhaftet. Er wurde vor Gericht gestellt. Der Richter forderte ihn auf, sein Verhalten näher zu erläutern. ›Das ist sehr einfach, Herr Richter. Ich kam in das Haus, das ich für mein Haus hielt. Ich sah die prächtige Dame in, wie ich glaubte, meinem Bett. Ich nahm gerne an, was ich für eine deutliche Einladung hielt.‹ – ›Aber merkten Sie denn nicht, daß es eine Leiche war? – ›Ganz und gar nicht, hohes Gericht. Ich dachte sie sei eine Engländerin.‹

Es ist jedenfalls auffallend, wie häufig wirkliches oder angebliches Sexualverhalten Inhalt des Witzstereotyps oder des interethnischen Vergleichs ist.

Ein Franzose und ein Amerikaner streiten.
›Ich behaupte, es gibt dreiunddreißig Stellungen‹, sagt der Mann aus den USA.
›Phantast!‹ widerspricht der Franzose. ›Es gibt zweiunddreißig, nicht eine mehr und nicht eine weniger.‹
›Schön, dann zählen wir sie eben alle auf. Erstens: die Normalstellung. . . Sie wissen doch, was ich meine?‹
›Normalstellung?‹ sagt der Franzose. ›Nie davon gehört.‹

Weshalb heiratet ein Amerikaner eine ältere Frau?
Weil sie reich ist.
Und ein Franzose?
Weil sie liebeserfahren ist.
Und ein Deutscher?
Weil sie eine perfekte Hausfrau ist.
Und ein Russe?
Weil sie Lenin persönlich gekannt hat.

Natürlich gibt es daneben noch andere Vorurteile und National-Stereotypen.

Ein Engländer, ein Ire und ein Schotte beschließen, eine Art Picknick zu veranstalten: jeder von ihnen sollte etwas zum Essen mitbringen.
›Ich bringe zwei Pfund Beefsteak mit‹, sagte der Engländer.
›Ich bringe einen Korb feinster Kuchen mit‹, sagte der Ire.
›Und ich bringe meinen Bruder mit‹, sagte der Schotte.

(In der entsprechenden deutschen Version bringt der Schwabe alle seine Verwandten mit.)

Wenn man in England um mehr Zucker bittet, so angelt die Hausfrau ein besonders kleines Stück aus der Dose heraus. In Irland reicht sie Ihnen die ganze Zuckerdose und bittet, sich zu bedienen. Äußert man in Schottland, daß der Tee nicht süß genug sei, so sagt die Hausfrau ganz leise und bestimmt: ›Vielleicht haben Sie nicht umgerührt. . .?‹

Ein reicher Goj war gestorben. In seinem Testament hatte er sein ganzes Geld seinen drei besten Freunden zu gleichen Teilen vermacht, und zwar einem Deutschen, einem Russen und einem Juden, mit der Bedingung, daß jeder von ihnen ihm hundert Rubel ins Grab lege. Der Goj hatte ein prächtiges Begräbnis. Eine Unzahl Menschen, Juden und Gojim folgten dem Sarg. Der Zug kommt auf den Friedhof. Der Sarg wird ins Grab gesenkt. Die drei Freunde treten vor, um die Testamentsbedingungen zu erfüllen. Der Deutsche legt hundert Rubel ins Grab, lauter Goldstücke; nach ihm kommt der Russe: er legt einen Hundertrubelschein dazu; zum Schluß kommt der Jude: der steckt die zweihundert Rubel ein und legt einen Wechsel auf dreihundert ins Grab.

Geht es in solchen Fällen nur darum, den Charakter des dritten Partners zu treffen, wie hier die Sparsamkeit des Schotten und den Geschäftssinn des Juden, so gibt es daneben auch raffiniertere Ausgestaltungen des ethnischen Übertrumpfungswitzes. Er gibt den Menschen eine Gelegenheit, seine Gruppe mit anderen Gruppen zu vergleichen und ist eine wichtige Quelle für die Völkerpsychologie, mit deren Hilfe die Meinungs- und Verhaltensforscher experimentell erfragen können, was einzelne Völker von einander halten. Weitere internationale Typen sind die Beiträge der einzelnen Nationen zu einem Buch über den Elefanten, und ebenso verbreitet sind die ethnisch differenzierenden Beobachtungen, wie einzelne Nationen über einen Witz lachen. Schließlich das verschiedene Verhalten der Vertreter der verschiedenen Nationen angesichts einer Fliege im Bier.

Fällt ihm eine Fliege in den Becher, so schüttet ihn der Engländer aus und trinkt nicht, der Deutsche nimmt die Fliege heraus und trinkt, der Russe trinkt die Fliege mit.

Anläßlich einer Sondernummer über den Elefanten hatte eine Zeitschrift Angehörige verschiedener Nationen um Beiträge gebeten. Es sandten ein:
Der Franzose: ›Das Liebesleben des Elefanten.‹
Der Engländer: ›Der Elefant und die englische Weltwirtschaft.‹
Der Amerikaner: ›Wie ich den größten Elefanten der Welt erlegte!‹

(Variante: How to build a bigger and better elephant.)
Der Russe: ›Der Elefant und der Fünfjahresplan.‹
Der Italiener: Der Elefant und die Renaissance.‹
Der Deutsche: ›Der Elefant in philosophischer, ethischer und kultureller Hinsicht, mit besonderer Berücksichtigung der Idee der Elephantiasis« (Vorabdruck eines auf 77 Bände berechneten Werkes).
Nach englischen Versionen schreibt der Deutsche: The Elephant and the Renazification of Germany‹ oder in anderen Versionen: ›The Military Use of the Elephant.‹
Der DDR-Bürger: ›Unser Vorbild: der russische Elefant.‹
Der Däne: Ein Kochbuch: ›Elefant auf hundert Arten.‹
Der Österreicher: ›Erinnerungen eines Elefanten an das alte Burgtheater.‹

Andere ethnische Witze haben z. B. die Leistungen der einzelnen Völker zum Thema.

Was haben z. B. die Deutschen dazu beigetragen?
Antwort: Sie haben aus einem Land zwei gemacht.

Definition des nations:
Un Français: esprit. Deux Français: l'amour. Trois Français: revolution.

Variante:
Un Français: Chauviniste
Deux Français: Grande Nation
Trois Français: Marriage.

Un Italien: patriot. Deux Italiens: demonstration. Trois Italiens: défaitisme.

Un Américan – un cocktail
Deux Américains – deux cocktails
Trois Américains – trois cocktails.

Un Allemand: poète. Deux Allemands: organisation. Trois Allemands: la guerre.

Ein Wiener – Raunzer
Zwei Wiener – Heurigenpartie
Drei Wiener – gibt es nicht, weil jeder dritte ein Böhme ist.

Ethnische Stereotypen bieten häufig nur eine Karikatur der wirklichen Verhältnisse. Fast immer geht es um die Bestätigung von Vorurteilen: Deutsche sind militaristisch, Engländer sind Realisten, Amerikaner beurteilen alles nur nach dem Geldwert, Franzosen sind gute Liebhaber, Zigeuner stehlen, Österreicher sind leicht vertrottelt. Dabei hat die Beurteilung anderer Volksgruppen meist einen pejorativen Beigeschmack, vor allem, wenn es um die Beschreibung von Minderheiten oder sozialen Subkulturen geht. Für die Betroffenen sind diese Witze meist nicht sehr lustig. »Die meisten dieser Witze. . . sind durchaus keine schlechten Witze, aber als Spiegel des Nationalcharakters sind sie nicht gerade subtil. . . Etwas Typisches kann niemals subtil sein. Eine typische Geschichte bedarf stets der Vergröberung« (Mikes, S. 125). Aber auch diese Witze haben natürlich ihre Bedeutung.

Witze sind nicht immer nur zum Lachen da, sondern auch zum Nachdenken. Die über das eigene Volk halten einem einen Spiegel vor, aus dem nicht nur Schmeichelhaftes reflektiert wird. Witze über einen selbst bringen einem erst zum Bewußtsein, wie man auf andere wirkt. Aber sie setzen zugleich einen Prozeß der Bewußtwerdung und der Selbsterkenntnis in Gang.

Der Bildwitz

Wenn zum Abschluß unserer Ausführungen noch ein gesondertes Kapitel über den Bildwitz angefügt wird, so geht es dabei weder um stilistische oder kunstgeschichtliche Kriterien, noch um eine Geschichte der Karikatur. Es geht vielmehr einzig um die Frage, ob sich denn auch im Zeichenwitz ähnliche Gruppierungen, Serien, Typen, komische Konflikte etc. abheben, wie sie sich für die mündliche Witzerzählung ergeben haben. Sind es die gleichen Inhalte, Normverletzungen und Aggressionen? Lassen sich trotz der Unterschiede von verbaler und visueller Kommunikation gar gleichartige Formen, Strukturen und Techniken aufzeigen? Wie vollziehen sich überhaupt die Kommunikationsprozesse beim Bildwitz: Wer lacht über wen und bei welcher Gelegenheit? Was ist überhaupt ein Bildwitz?

Schon eine Definition ist schwierig genug. Streng genommen ist ein Bildwitz ein Witz, der auf jeden Text verzichten kann und auch verzichtet. Es gibt diesen reinen Bildwitz, der allein durch visuelle Mittel zündet, der praktisch auch nicht nacherzählbar ist, weil er nur mit spezifisch bildnerischen Techniken arbeitet. Die verbale Beschreibung des Bildes wäre kein Witz. Die faszinierendsten humoristischen Zeichnungen sind sogar gerade die, deren genialer Einfall überhaupt kein erklärendes Wort braucht. Es sind jene Witze, die in den Illustrierten Zeitungen gewöhnlich unter der Rubrik ›ohne Worte‹ auftauchen. Formal gibt es den Ein-Bild-Witz wie auch szenische Darstellungen und Bilderfolgen. Da der reine Bildwitz nicht an die Sprache gebunden ist, ist er überall verständlich und hat ein internationales Publikum. Der reine Bildwitz kann allerdings eine verbale Realisation ansteuern. Dann ist er nicht allgemein menschlich und international verständlich. Das geschieht vor allem in den zahlreichen Fällen, in denen die graphische Darstellung ein Sprachbild realisiert. Das Bild wirkt dann zwar auch ohne Text, aber doch auf dem gedanklichen Umweg über die Sprache. Die Abbildung nach Seite 292 wird erst zum Witz mit Hilfe der Sprichwortreminiszenz ›Die Ratten verlassen das sinkende Schiff‹. Das Bild denkt die Sprachmetapher weiter: der Kapitän muß Schlimmes befürchten, wenn die Ratten das Schiff verlassen, und darum weist er sie zurück.

HANS HAËM

papan

FURRER

Lügner
Diebe
Sitten=
strolche
Jals

SOS

Technische Sexualsymbole im Witz

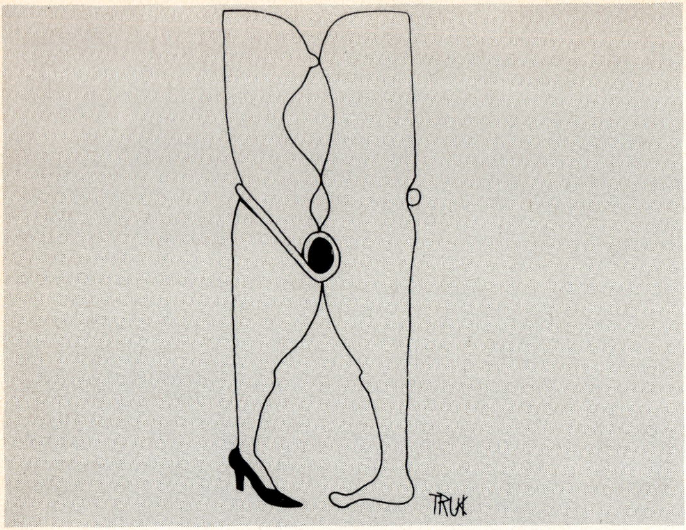

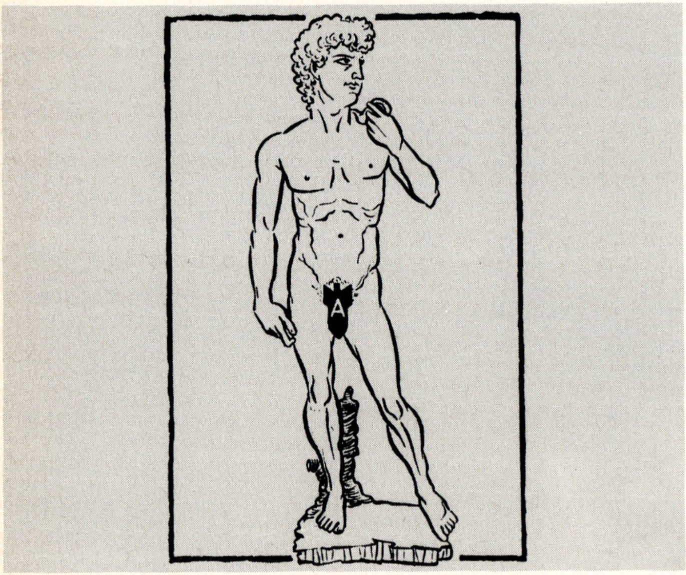

Israelische Atombomben-Karikatur: Uran für 1000 Jahre

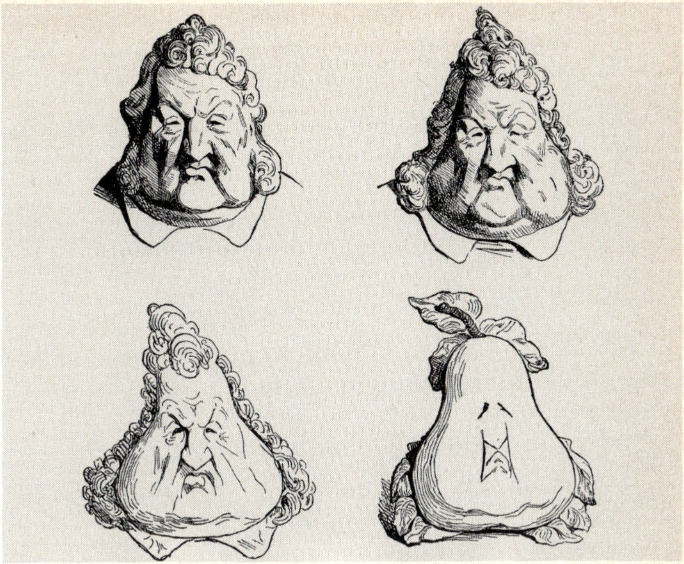

Bürgerkönig Louis-Philippe verwandelt sich zur Birne

Große deutsche Eichhörner

Oft bietet das Bild eine Metapher, die erst versprachlicht werden muß. Aus demselben Grund kann ein Bildwitz auch akustische Phänomene zum Ausdruck bringen. So gibt es ganze Serien von ›musikalischen Bildwitzen‹. Es gibt ferner die Illustration einer Witzerzählung. Hier hat das Bild oft nur eine die Bildkomik unterstützende Funktion. Die Erzählung könnte auch ohne das begleitende Bild existieren. Und es gibt schließlich die gleichberechtigte Symbiose von Wort und Bild. Die Unterschrift enthält die Pointe des Bildes. Zeichnung und Text bilden eine untrennbare Einheit, denn ohne die Unterschrift wäre das bloße Bild unverständlich. Zu welcher dieser drei Möglichkeiten ein Zeichner greift, ist individuell von Künstler zu Künstler sehr verschieden, was wohl damit zusammenhängt, daß zeichnerische Witzbegabung und sprachlich-witzige Formulierung zweierlei Dinge sind.

Während die Pointe der Witzerzählung – vorbereitet durch einen zielgerichteten Aufbau – unmittelbar Lachen auszulösen hat, verlangt der Bildwitz nicht selten eine längere gedankliche Arbeit, bis der Betrachter erkannt hat, was der Zeichner beabsichtigte. Nicht immer ist die komische Absicht des Künstlers sofort und auf den ersten Blick zu erkennen. Und auch dann ist lautes Lachen nicht immer die unmittelbare Folge. Dies hängt nicht nur von der Qualität des Bildwitzes ab, sondern auch von der Art des Kommunikationsprozesses: Die Betrachtung eines Zeichenwitzes, etwa in einer Zeitung oder in einem Bilderbuch, ist nämlich ein Einzel- oder sogar ein Einsamkeitserlebnis. Der Zeichenwitz spricht in der Regel keinen geselligen Kreis an, sondern schon aus den Gründen seiner Reproduktion nur einen einzelnen. Im Unterschied zur Witzerzählung ist der Bildwitz auch nicht anonym, sondern die individuelle Schöpfung eines Künstlers. Die humoristische Zeichnung ist darum auch kurzlebiger als der Wortwitz, der weiter erzählt werden kann, während die Zeichnung meist nur einmal angesehen wird; sie ist eine künstlerische Eintagsfliege. Dieser Unterschied ist aber oft nur ein scheinbarer. Auch Witzzeichner folgen – bewußt oder unbewußt – kollektiven Traditionen, die es uns erlauben, ihre Hervorbringungen zu Serien zusammenzustellen.

Der Bildwitz hat andere Techniken als der Wortwitz. Er kann hintergründiger und abgründiger sein; vor allem dann, wenn er bestimmte Andeutungen macht, ohne die Sache selbst zeigen zu müssen. Doch ist die Technik der bloßen Andeutung auch der Witzerzählung bekannt, besonders im Bereich des sexuellen Witzes. Das Bild kann andeuten, ohne zeigen zu müssen. Es kann verhüllen ganz im wörtlichen Sinne: es braucht nicht zu zeigen, was unter der Bettdecke vor sich geht.

Bei mancherlei Unterschieden gibt es aber doch auch erstaunlich viele gemeinsame Witzthemen im bildnerischen wie im mündlich-narrativen Bereich. Sie brauchen hier nicht im einzelnen erörtert zu werden, weil wir entsprechende Abbildungen schon zu den jeweiligen Prosabeispielen gestellt haben. So gibt es auch im Bildwitz etwa das Lachen über körperliche, psychische oder charakterliche Defekte. Es gibt den gezeichneten Schottenwitz. Hundertfältig haben Zeichner auch die Situation des in flagranti ertappten ehebrecherischen Paares festgehalten oder die unangenehme Situation des im Kleiderschrank versteckten Liebhabers. Es gibt die Witzzeichnungen, die in der ärztlichen Sprechstunde spielen und den Patienten auf der Couch des Psychotherapeuten oder im Sessel des Zahnarztes schildern. Kasernenhof, Gericht und Gefängnis sind die äußeren Schauplätze verbaler wie auch bildnerischer Witzgestaltungen. Mit anderen Worten: nahezu alle Kategorien des Prosawitzes sind im Bereich des Bildwitzes wiederzufinden. Nur auf ein paar Besonderheiten sei hier nochmals hingewiesen: Schwarzer, makabrer und grausamer Humor ist auch im bildnerischen Bereich reichlich belegt. Dabei kommt es auf den Kontrast des Tragischen und Erheiternden und auf die spezifische Situation an. Das tanzende Skelett des Totentanzes ist eben nicht komisch.

Ein reiches Repertoire zeigt auch der Tierwitz. Dabei ist die Darstellung des Tieres immer ein Vorwand, etwas über den Menschen auszusagen. Tierdarstellung ist meist ein Ersatz für die Darstellung des Menschen. Der surrealistische Bildwitz zeigt nicht nur das Menschliche im Tier, sondern auch das Tierische im Menschen, wenn etwa das menschliche Gesicht die Züge eines Tieres annimmt, oder das Tier zum Menschen wird. Der grundsätzliche Anthropomorphismus weist den Tierwitz dem Bereich des surrealen und absurden Witzes zu, denn jedes Tier mit menschlichen Zügen ist absurd (Melot, S. 187). Nicht zufällig bevorzugt der Tierwitz besonders auffallende, extrem große oder kleine und von der ›Norm‹ abweichende Tiere: den Elefanten, die Giraffe, das Zebra, das Känguruh, die Schildkröte oder den Tausendfüßler. Auch im zeichnerischen Bereich erweist sich der Tierwitz fast immer als ein sexueller Witz. Darstellungen sich paarender Tiere, insbesondere die Kopulation verschieden großer Tiere oder verschiedener Tierarten zeigen deutlich die Verschiebung der Probleme menschlichen Zusammenlebens auf die Ebene des Tieres. Relativ häufig finden wir auch sodomitische Neigungen, besonders in den sich zu einer Serie häufenden Fällen, in denen etwa das Melken einer Kuh als sexuelle Annäherung aufgefaßt wird. Sodomitische Neigungen geben freilich oft nur den Hintergrund für eine rein menschliche Ehebruchsthematik. Der ›Bär‹ als möglicher Liebhaber ist eben nur ein Bild für den jugendlich-bärenstarken Liebhaber, der dem Ehemann physisch überlegen ist (vgl. Abb. nach S. 134). Die Känguruh-Witze spielen in der Regel auf zu große körperliche Unterschiede von Sexualpartnern an. Für ›schmutzige‹ Gedanken steht nicht selten das Schwein, und man könnte ganze Serien von ›Schweinereien‹ zusammenstellen.

Im sexuellen Bereich zeigen sich überhaupt die besonderen Möglichkeiten des Bildwitzes, mit der bloßen Anspielung zu arbeiten. Im Wortwitz sind Worte doppel- oder mehrdeutig. Im Bildwitz sind gemalte Gegenstände symbolisch bzw. mehrdeutig. Das gilt insbesondere für Turm, Kanonenrohr, Schlange, Flasche, Flöte, Fotoapparat, Fahnenstange, Schlüssel, Zigarre, Gießkanne, Tankstelle und viele andere Gegenstände, die der Bildwitz mit einer phallischen Symbolfunktion verwendet. Das gleiche gilt auch für Eisenbahn- und Autowitze. Mehr als der Wortwitz hat sich der Bildwitz des technischen Arsenals für seine Symbolik bedient. Auch hier gibt es die Tendenz zur Serienbildung und Typik. Es ließen sich jedenfalls leicht ganze Serien von Turmwitzen zusammenstellen, die sich zumeist auf den Eiffelturm oder auch auf den schiefen Turm zu Pisa beziehen. Man könnte in der Gegenwart geradezu von einer Technisierung des Sexualaktes sprechen. Die sexuelle Phantasie sieht jedenfalls den Geschlechtspartner auch in jedem Ding. Über einen Gegenstand läßt sich allerdings nur lachen, wenn er zugleich Träger menschlicher Eigenschaften ist (Melot, S. 91).

Unter den gezeichneten Sex-Witzen spielt das Adam und Eva-Thema – ebenso wie in der mündlichen Überlieferung – eine nicht geringe Rolle. Zum Teil greifen die Bildwitze den Apfel der Verführung als Sexualsymbol auf, zum Teil ist das Feigenblatt der ›Aufhänger‹. In diesen Fällen geht es um Probleme von Nacktheit, Voyeurismus oder Potenz. Es ist immerhin auffällig, wie oft der Witz auf das biblisch vorgegebene anthropologische Modell des ersten Menschenpaares zurückgreift. Sowohl Jean Effel als auch Tomi Ungerer haben diesem Thema ein ganzes Buch von Zeichenwitzen gewidmet.

Dem Bereich des politischen Witzes entspricht in der darstellenden Kunst die politische Karikatur. Von der Technik her gesehen, sind Karikaturen Übertreibungswitze: auffallende oder gar normabweichende körperliche Merkmale des politischen Gegners werden übertrieben dargestellt (das italienische ›caricare‹ meint Beladen oder Überladen). Korpulenz wird zur Fettsucht, Schlankheit zur Dürre, Kleinwuchs zur Zwergenhaftigkeit, körperliche Größe zum Riesenwuchs übertrieben. Eine große Nase wird noch größer, abstehende Ohren macht die Karikatur zu wahren Elefantenohren. Doch muß trotz aller häßlichen Entstellung das Original, der in Wirklichkeit Gemeinte noch deutlich zu erkennen sein. Geht die Karikatur zu weit, wird sie zur Grimasse;

dann bewirkt sie weniger Lachen als Erschrecken, wobei es überhaupt die Frage ist, wieweit über das Häßliche noch gelacht werden kann. Die sog. wohlwollende Karikatur kommt relativ selten vor. Vielmehr offenbart der Karikaturist meist den unbewußten Wunsch, seinen Gegner entstellt und häßlich zu sehen. Oder anders ausgedrückt: die Karikatur ist ein Versuch, mit der Angst vor dem als mächtig und gefährlich empfundenen Gegner fertig zu werden. Karikatur dient der Herabsetzung des Gegners, ist also auch ein Zeichen von abreagierter Aggression. An hochgestellten und prominenten Persönlichkeiten wird das Menschliche und Allzumenschliche hervorgehoben. So wurde z. B. Bismarck nicht als ›eiserner Kanzler‹, sondern als Schuljunge, als Schäfer, als Kellner, als Gärtner, als Koch etc. dargestellt. Gekrönte und ungekrönte Staatsoberhäupter wie z. B. der Bundespräsident oder die englische Königin bleiben allerdings von der Karikatur weitgehend verschont.

Trotz aller Überzogenheit und Groteske, trotz aller Schematisierung und Vereinfachung oder Verfremdung muß der Gemeinte – wie gesagt – noch erkennbar bleiben. Karikatur sieht die Ähnlichkeit in der Unähnlichkeit. Karikatur gibt es logischerweise darum erst, seitdem es auch wirklichkeitsgetreue Darstellungen gibt. Spottzeichnungen aus der Zeit des Humanismus, der Reformation sind die frühesten Belege. Zeugnisse aus dem letzten Jahrhundert und der jüngsten Zeit liefern vor allem die großen illustrierten satirischen Zeitschriften ›Punch‹ (seit 1841), ›Fliegende Blätter‹ (seit 1845), ›Kladderadatsch‹ (seit 1848), ›Simplicissimus‹ (seit 1898), ›Krokodil‹ (seit 1922), ›Pardon‹ (nach dem zweiten Weltkrieg).

Durchmustert man systematisch die illustrierten und satirischen Zeitungen, so zeichnen sich durchaus Serien von Bildwitzen ab, zu denen es keine Äquivalente in der Prosaerzählung gibt, sondern die scheinbar nur als Bildwitz existieren. Dazu gehören: Fernseh-Witze, Der fliegende Teppich, Inselwitze, Schlangenbeschwörung und Seiltrick, Der Fakir auf dem Nagelbrett, Nixen und Kentauren-Witze, Weihnachtsmann- und Osterhasenwitze. Versucht man diese scheinbar sehr verschiedenen Themen auf einen Nenner zu bringen, so bieten sich gewisse Kategorien und Tendenzen an: Ganz offensichtlich bevorzugt der Bildwitz exotische, surrealistische und absurde Themen, Schauplätze und Figuren. Die Komik der Fernsehwitze entsteht z. B. fast immer aus der surrealen Situation, daß die Personen oder Gegenstände aus dem Bildschirm heraustreten und dreidimensional in das Leben des Zuschauers eingreifen. Das Bild, das aus dem Rahmen steigt, gibt es allerdings auch schon in der älteren Karikatur, nur wurde es neuerdings auf die Serie der Fernsehwitze übertragen. Mit besonderer Vorliebe haben sich die Zeichner sodann des indischen Schlan-

Der Schlangenbeschwörer

Der Fakir und sein Nagelbrett

bewachter
Parkplatz

Soulas

Maurice Henry

Wo würdest du hinbeißen?«

genbeschwörers angenommen, der in immer neuen Variationen und Abwandlungen vorgeführt wird. Hinter der Maskerade des Fremdartigen und Exotischen verbirgt sich zumeist handfeste erotische Komik, denn sowohl die Schlange wie die Flöte sind im Bildwitz stets eindeutige Symbole. Auch im Fall des Fakirs wird das Fremdländische zum Anlaß der Komik, denn für einen mitteleuropäischen Verstand wirkt es eben verrückt und lächerlich, wenn sich jemand auf Nägel setzt oder legt. Der fliegende Teppich ist ein Märchenrequisit aus Tausendundeine Nacht. Die Witzserien zu diesem Thema gehören im Grunde zu den Märchenparodien, denn meist wird das magische Element dieses Motivs in einen Kontrast zu rationalen Überlegungen gesetzt: Der fliegende Teppich benötigt zusätzlich einen Hilfsmotor; wird er nicht benützt, so muß er auf einem Parkplatz abgestellt werden etc.

Bei den Inselwitzen handelt es sich immer um Abwandlungen des Themas des Schiffbrüchigen, den – aus einer Schiffskatastrophe gerettet – das Schicksal auf eine einsame Insel oder auf ein im Ozean schwimmendes Floß verschlagen hat: Auch dies eine Elementarsituation, nicht unähnlich der von Adam und Eva im Paradies. Es ist die Asylsituation des auf sich selbst gestellten Menschen. Er hat die Möglichkeit, unter Zurücklassung aller Traditionen und Konventionen wieder von vorn anzufangen. Die literarischen Vorlagen der Inselwitze wären etwa in Defoes »Robinson« oder in Schnabels »Insel Felsenburg« zu suchen. An sich könnte das sogar eine Wunschvorstellung sein: allein auf einer einsamen Insel zu leben. Doch die Idylle wird zum Makaberscherz und zeigt den Menschen in einer ausweglosen Isolation. Immer neue Varianten haben die Zeichner hierfür erfunden. Das Los von Schiffbrüchigen ist als solches schon alles andere als komisch; im Gegenteil: es ist ein Zustand absoluter Hilflosigkeit. Jede nur denkbare Wendung der Dinge müßte eigentlich eine positive sein. Der Witz sucht sich aber stets eine ganz andere als die erwartete Lösung heraus. Die Insel-Witze sind samt und sonders Trugschlußwitze. Ihre Komik besteht fast immer darin, daß die scheinbare Rettung letztlich doch kein Heil bringt. Der Schiffbrüchige wird frustriert, die Hoffnung auf Rettung entpuppt sich als Irrtum. Der Schiffbrüchige hat z. B. nur ein einziges Requisit gerettet, das ihm in seiner Lage aber überhaupt nichts nützt: Die angeschwemmte Kiste enthält eine Badewanne – nackter Hohn! Schiffbrüchige auf einer Insel müssen zu Dingen kommen, mit denen sie überhaupt nichts anfangen können. Oder man zeigt sie bei Tätigkeiten, die gar nicht auf die Insel passen. Durch das Auftauchen eines zweiten oder dritten Schiffbrüchigen tauchen neue Komplikationen auf. Wenn zwei Personen gerettet werden, geht es darum, wie sie sich in dieser Situation des Aufeinanderangewiesenseins vertragen. Fast immer paßt das zufällig gemeinsam gerettete Paar aber nicht zusammen. Und so erzeugen die Inselwitze zumeist ein schadenfrohes Lachen.

Zu einer weiteren Serie lassen sich auch die Nixen-Witze zusammenstellen. In der traditionellen Folklore sind weibliche Wasserwesen Inbegriff der Schönheit und Verführungskunst; und den gleichen Gebrauch macht auch die Literatur von der Figur der Nixe. Die Motivik reicht von den Sirenen der Odyssee bis zu den mannigfaltigsten Gestaltungen des Undine-Motivs oder zur Lorelei, die Männer anlockt und untergehen läßt. Das Bild der Nixe ist aber nicht nur Sinnbild für die Verlockungen des Wassers, das den stets männlich gedachten Seemann und Matrosen in weiblicher Gestalt auflauert. Die fischschwänzige Nixe entzieht sich zugleich durch ihre physische Beschaffenheit der sexuellen Verbindung und dauernden Partnerschaft. Schon der Seite 182 angeführte Prosawitz war hierfür symptomatisch, und die Bildwitze verstärken noch diesen Eindruck. Bei den Nixenwitzen geht es um Verführung und nicht Können. Hierin trifft sich die Funktion des Nixenmotivs im Bildwitz mit der des Kentaurs. Bei all diesen tiermenschlichen Mischwesen aus älterer Mythologie entdeckt der Zeichenwitz die Unmöglichkeit der sexuellen Vereinigung. Nixen und Kentauren sind Bilder der Impotenz im weitesten Sinne. Und bei den Nixen kommen noch andere unterbewußte Gedankenverbindungen hinzu: der Fisch als etwas Kaltes; der Fisch als phallisches Symbol im Sinne der Psychoanalyse, oder auch das Essen von Fischen und die unbewußte Gleichsetzung von Essen und Geschlechtsverkehr.

Ganz allgemein hat der Bildwitz eine Vorliebe für paradoxe und absurde Situationen. Er sucht sie ebenso in zwar real möglichen, aber doch erfundenen Situationen. Ein Beispiel ist der an beiden Händen gefesselte entflohene Sträfling, der in eine Bedürfnisanstalt flüchtet, wie überhaupt Gefängnis- und Kerkersituationen im Bildwitz ungewöhnlich häufig vorkommen. Man könnte geradezu von ›Knast-Witzen‹ sprechen (vgl. Abb. nach S. 22). Gern greift der Bildwitz aber auch auf die Bereiche der Mythologie, des Märchens oder der Sage zurück, weil er nur hier die surrealen Situationen findet, die er ad absurdum führen kann. Ob ein Illustrator die römische Wölfin die Zwillinge Romulus und Remus auffressen läßt, oder ob Tomi Ungerer eine Frau das Einhorn melken läßt – immer ist es mythologisches Wissen, das der Bildwitz als bekannt voraussetzt, wenn er mythisches Geschehen parodiert.

Die Bildwitze über ›Leda mit dem Schwan‹ stellen ebenfalls eine ganze Serie dar, die die Kenntnis der Sage voraussetzt. Der Leda-Witz enthüllt einerseits sodomitisch-zoophile Tendenzen. Belacht wird die Normabweichung im Sexualverhalten, außerdem aber auch die parodistische Abweichung von der Norm der traditionell erzählten Sage. Die liebestolle Alte sieht in jedem Schwan einen möglichen Partner. So ist das alte mythologische Thema immer wieder neu aktualisierbar. Allerdings setzen alle diese Witze mythologisches Bildungswissen voraus.

Sicher viel populärer sind die Nikolaus-Weihnachtsmann- sowie die Osterhasen-Witze, wie sie alljährlich zur Vorweihnachts- und Osterzeit die Witzseiten der Illustrierten Zeitungen füllen. Fast immer geht es dabei um die Sexualisierung dieser Figuren aus der Kindermythologie und um Verfremdungen von ursprünglich religiösen Ideen. Osterhasenwitze beziehen ihre Komik aus Ehebruchs- und Impotenzsituationen, die in die Tierwelt verlegt werden: Der Hahn verdächtigt die Henne wegen der bunten Eier, die doch wohl nicht von ihm abstammen können, oder der Osterhase muß sich rechtfertigen, Eier zu legen, die rationalerweise ja doch nicht von ihm kommen können. Oder es gibt Anspielungen auf die ›Eier‹, die synonym für die Hoden stehen, oder mit Golfbällen (vgl. Englisch ›balls‹) verwechselt werden.

Die Entwicklung der Nikolausfigur zeigt im Bildwitz die totale Verfremdung und Sexualisierung der einstigen Heiligenfigur. Der Begriff ›Weihnachtsmann‹ wurde zur sexuellen Metapher. ›Glaubst Du noch an den Weihnachtsmann?!‹ meint so viel wie: Du bist doch wohl aufgeklärt und kein Kind mehr! Und schließlich meint ›Weihnachtsmann‹ auch einen sexuellen Versager. Diese Komik des Weihnachtsmanns kommt nicht von ungefähr: es handelt sich um einen Mann, der mit Hilfe einer Maskerade etwas darstellt, das er in Wirklichkeit nicht ist. Dabei sind die Attribute seiner Vermummung ausgesprochen maskulin-phallischer Natur: Bart, Rute, der mit Äpfeln, Nüssen, goldenen Kugeln etc. gefüllte Sack. ›Entkleidet‹ man den Nikolaus von diesem autoritäts- und furchtgebietenden Vater-Imago, so bleibt eben kein wirklicher Mann. Die ›Entkleidung‹ des Nikolaus oder Weihnachtsmannes enthüllt einen Versager, dessen Männlichkeitsanspruch nur Maskerade war. So sind die Nikolaus-Witze meist Impotenz- oder auch Potenzprahlerei-Witze. In anderen Serien wird der Nikolaus als weihnachtlicher Wunscherfüller von der Kinderwelt in die Erwachsenenwelt transferiert. Auch nach der zugrunde liegenden Legende sorgt der hl. Nikolaus für die Verheiratung von drei Mädchen. Und so wird er auch im Bildwitz häufig zum Erfüller sexueller Wünsche. Andere Witze zeigen den angeblich direkt vom Himmel kommenden Nikolaus in menschlichen oder allzumenschlichen Situationen und gehören insofern zu den religionskritischen Witzen.

Wahrscheinlich gibt es noch mehr typische Serien unter den Bildwitzen. So ist z. B. auch die Mode ein häufiger Inhalt des Bildwitzes; oder der Bildwitz verhöhnt neue Kunstrichtungen (z. B. die abstrakte Kunst). Solche Serien zu entdecken, muß künftiger Forschung vorbehalten bleiben. Hier ging es zunächst nur einmal um die wichtige Feststellung, daß auch die von einem individuellen Künstler geschaffene Witzzeichnung in erstaunlich vielen Fällen einer allgemeinen Typik folgt und insofern auch Gegenstand volkskundlicher Forschung ist.

»Ich muß gestehen, ich habe Ihnen etwas verschwiegen.« – »Ich auch.«

BGY

Leda: »Damit du mich nicht vergißt!«

»Das trifft sich ja gut, ich heiße Leda!«

*»Und für die süße große Schwester
habe ich jetzt etwas ganz Besonderes!«*

Bibliographischer Anhang

Deutschsprachige Witz-Sammlungen (eine Auswahl)

Moritz Busch: Deutscher Volkshumor, Leipzig 1877; *P. Daninos:* Worüber die Welt lacht, 1956; Deutschland deine Witze (Heyne Buch 5131), 2. Aufl. München 1975; *S. Fischer-Fabian:* Deutschland kann lachen (Ullstein-Buch 2736), Frankfurt u. Berlin o. J.; *Wilhelm Fraenger:* Deutscher Humor aus fünf Jahrhunderten, München 1925; *Ernst Heimeran:* Alter Witz, neu herausgegeben, München 1952; *Rudolf Heinrich* u. *Erwin Lothar:* Erzähle einen guten Witz! 500 Witze (Pechans Perlen-Reihe, Band 315), 4. Aufl. Wien o. J.; *W. Hermann:* Das große Buch der Witze, Berlin 1904; *Ignaz Hub* (Hrsg.): Die komische und humoristische Literatur der deutschen Prosaisten des 16. Jh.s, Nürnberg 1856, Neudruck Leipzig 1975; *Ignaz Hub* (Hrsg.): Die deutsche komische und humoristische Dichtung seit Beginn des 16. Jahrhunderts bis auf unsere Zeit, 3 Bde., Nürnberg 1855 und München 1866, Neudruck Leipzig 1975; *Hugo Kippe:* Kennst Du den? Witze am laufenden Band, Lindau o. J.; *Erhard Kortmann:* Die besten Witze der ZEIT, Hamburg 1970; *Robert Lembke:* Robert Lembkes Witzauslese (Goldmann Taschenbuch 3355) München 1974; *Kurt Magnus:* Kenn' Se den schon? Die köstlichsten Witze und Anekdötchen (Falken-Bücher 94), Wiesbaden o. J.; *Kurt Magnus:* Ham' wir gelacht! Neue Witze, Kalauer und Anekdötchen (Falken-Buch 116), Wiesbaden o. J.; *Hubertus von Mantel:* 1000 Witze von A–Z, Lindau o. J.; *Ernst R. Miller-Klinkmüller:* Wer lacht – lebt länger. Witze aus allen Zonen und Zeiten, Offenbach 1965; *Willy Millowitsch:* Da bleibt kein Auge trocken. Die besten Witze (Heyne-Taschenbuch 750/51), München 1970; *Alexander Moszkowski:* Die unsterbliche Kiste. Die 333 besten Witze der Weltliteratur, Berlin 1908; *Horst Nottebohm* u. *Hugo Kippe:* Die Witzkiste, Lindau o. J.; *W. Petry:* Humor der Nationen, Berlin 1925; *Peter Poddel:* Humor der deutschen Stämme, Hamburg 1938; *Sigismund von Radecki:* Humor seit Homer, Reinbek 1964; *Sigismund von Radecki:* Das ABC des Lachens, Reinbek 1970; *Roda Roda* und *Th. Etzel:* Welt-Humor in 6 Bänden. 2. Aufl. 1925; *Balthasar Schnaps:* Selten so gelacht, Lindau o. J.; *G. Schoeppl:* Ein halbes Tausend Witze zum Lachen, Lächeln, Schmunzeln, Darmstadt 1968; *Wilhelm von Scholz:* Das Buch des Lachens. Schnurren, Schwänke und Anekdoten (Goldmanns Gelbe Taschenbücher 358), München 1966; *Eugen Skasa-Weiß:* Auch Deutsche lachen. Ein vergnügliches Inventarium des deutschsprachigen Humors, Tübingen u. Basel 1969; *John Stave:* Kennen Sie den?, Berlin 1963.

Allgemeine Literatur zum Witz, zu Komik und Humor

Immanuel Kant: Kritik der Urteilskraft (1790), in: Kant-Werke (Insel-Verlag) Bd. 5, Wiesbaden 1957; *Jean Paul:* Vorschule der Ästhetik (1804, 2. Aufl. 1813), in: Ges. Werke (Ausgabe des Hanser-Verlags), 2. Aufl. München 1974; *Friedrich Theodor Vischer:* Über das Erhabene und Komische. Ein Beitrag zu der Philosophie des Schönen (1836), Neudruck Frankfurt a. M. 1967; *Kuno Fischer:* Über den Witz (1871), in: Kleine Schriften, Heidelberg 1896; *Karl Friedrich Flögel:* Geschichte des Grotesk-Komischen, 4. Aufl. Leipzig 1887 (erweitert und bis auf die neueste Zeit fortgesetzt von F. W. Ebeling); *Friedrich W. Ebeling:* Geschichte der komischen Literatur in Deutschland, 3 Bde., Leipzig 1869; *W. E. Backhaus:* Das Wesen des Humors, Leipzig 1894; *Carl Ueberhorst:* Das Komische, 2 Bde. (I. Das Wirklich-Komische, II. Das Fälschlich-Komische), Leipzig 1896–1900; *Benedetto Croce:* L'umorismo, in: Journal of Comparative Literature, (New York) 1903; *Franz Jahn:* Das Problem des Komischen in seiner geschichtl. Entwicklung, Potsdam o. J. (1904); *Sigmund Freud:* Der Witz und seine Beziehung zum Unbewußten (1905), Frankfurt am Main 1966 (Fischer-Taschenbücher 193); *Luigi Pirandello:* L'umorismo, Lanciane 1908; *Karl Zimmermann:* Jean Pauls Ästhetik des Lächerlichen, Diss. Leipzig 1912; *Robert Roetschi:* Der ästhetische Genuß des Komischen, Diss. Bern 1914; *H. Sommerfeld:* Versuch einer Theorie des Komischen, Leipzig 1917; *Paul Hofmann:* Das Komische und seine Stellung unter den ästhetischen Gegenständen, in: Zeitschrift für Ästhetik und allgemeine Kunstwissenschaft 11, 1918, S. 457 ff.; *Sophus Hochfeld:* Der Witz, Potsdam und Leipzig 1920; *Max Bruns:* Über den Humor, seine Wege und sein Ziel, München 1921; *Friedrich Theodor Vischer:* Ästhetik, 2. Aufl. München 1922; *H. Goebel:* Vom Weltgefühl des Humors, Hannover 1923; *Theodor Lipps:* Komik und Humor. Eine psychologisch-ästhetische Untersuchung, 2. Aufl. Leipzig 1924; *Harald Hoeffding:* Humor als Lebensgefühl, 2. Aufl. Leipzig 1930; *Otto Rommel:* Die wissenschaftlichen Bemühungen um die Analyse des Komischen, in: Deutsche Vierteljahrsschrift 21, 1943, S. 161–195; *Elie Aubouin:* Les genres du risible. Ridicule, comique, esprit, humour, Marseille 1948; *Friedrich Georg Jünger:* Über das Komische, 3. Aufl. Frankfurt 1948; *Albert Wellek:* Zur Theorie und Phänomenologie des Witzes, in: Studium Generale 2, 1949 (z. T. erweitert in: Ganzheitspsychologie und Strukturtheorie, Bern 1955 und in: Witz, Lyrik, Sprache, Bern und München 1970); *Philipp Lersch:* Das Weltgefühl des Humors, in: Pädagogische Welt 6, 1952, S. 54 ff.; *F. Janson:* Le comique et l'humour, Brüssel 1956; *Wolfgang Kayser:* Das Groteske. Seine Gestaltung in Malerei und Dichtung, Oldenburg-Hamburg 1957; *Karl Otto Schütz:* Geschichte des Wortes Humor und Entstehung des Humorbegriffs (England - Deutschland), Diss. Bonn 1957; *Karl Otto Schütz:* Zur Geschichte des Wortes ›Humor‹, in: Muttersprache 70, (1960), S. 193–202; *Wolfgang Hegele:* Das sprachliche Feld von Witz, in: Deutschunterricht 11, 1959, Heft 3, S. 82 ff.; *J. J. Encke:* The Comic in Theory and Practice, New York 1960; *Georgina Baum:* Humor und Satire in der bürgerlichen Ästhetik, Berlin 1959; *Jurij Borev:* Über das Komische, Berlin 1960; *Wolfgang Schmidt-Hidding:* Humor und Witz (= Europäische Schlüsselwörter 1), München 1963; *Ivar Holm:* Humor og folkevett (Humor und Mutterwitz), in: Syn og segn 1964, S. 218–226; *Werner R. Schweizer:* Der Witz, Bern München 1964; *Hermann Bausinger:* Formen der Volkspoesie (= Grundlagen der Germanistik 6), Berlin 1968; *Rudolf Krämer-Badoni:* Komische Ästhetik des Komischen, in: Almanach der Wiener Festwochen 1968,

Wien 1968, S. 11 ff.; *Elfriede Moser-Rath:* Schwank, Witz, Anekdote. Entwurf einer Katalogisierung nach Typen und Motiven, Göttingen 1969; *Wolfgang Preisendanz:* Über den Witz (= Konstanzer Universitätsreden 13), Konstanz 1970; *George Mikes:* Nimm das Leben nicht zu ernst (engl. ›Humour in memoriam‹), Düsseldorf 1971; *André Jolles:* Einfache Formen, 5. Aufl. Tübingen 1974; *Martin Grotjahn:* Vom Sinn des Lachens. Psychoanalytische Betrachtungen über den Witz, den Humor und das Komische (Titel der engl. Originalausgabe: Beyond Laughter, New York 1957), München 1974; *Anton C. Zijderveld:* Humor und Gesellschaft. Eine Soziologie des Humors und des Lachens (Titel der niederländischen Originalausgabe: ›Sociologie van de zotheid‹), Graz, Wien und Köln 1976; *Wolfgang Preisendanz* und *Rainer Warning* (Hrsg.): Das Komische (= Poetik und Hermeneutik VII), München 1976.

Witz und Anekdote

W. Ahrens: Gelehrten-Anekdoten, Berlin 1911; *W. L. Hertslet:* Der Treppenwitz der Weltgeschichte, Berlin 1912; *Max Dalitzsch:* Studien zur Geschichte der deutschen Anekdote, Diss. Freiburg 1922; *H. Lorenzen:* Typen deutscher Anekdotenerzählung, Diss. Hamburg 1935; *Edmund Fuller* (Hrsg.): Thesaurus of Anecdotes, New York 1942; *K. Lerbs:* Die deutsche Anekdote, 1943; *Arnold Bormann:* Der kleine Anekdotenschatz, Potsdam 1950; *Franz Carl Weiskopf:* Elend und Größe unserer Tage, Anekdoten 1933–1947, Berlin 1950; *Walter Anderson:* Anekdote wird Wirklichkeit. In: Zeitschrift für Volkskunde 50, 1953; *H. Hoffmeister:* Der Anekdotenschatz von der Antike bis auf unsere Tage, Berlin 1957; *Daniel George:* A book of anecdotes, illustrating varieties of experience in the lifes of the illustrious and the obscure, London 1957; *Hermann Pongs:* Die Anekdote als Kunstform zwischen Kalendergeschichte und Kurzgeschichte, in: Der Deutschunterricht 9, 1957, Heft 1, S. 5–20; *E. Bender:* Schwank und Anekdote. In: Deutschunterricht 9, 1957, Heft 1, S. 55–67; Alverdens anekdoter (große internationale Anekdoten-Sammlung), 2 Bde., Kopenhagen 1958 und 1964; *Louis Brownlow:* Anatomy of the Anecdote. In: Midway, no. 3, Chicago 1960; *Hermann Eicke* u. *Paul Börger:* Weltgeschichte in Anekdoten, 2. Aufl., Heidelberg 1961; *K. Klinger:* Ein Papst lacht. Die gesammelten Anekdoten um Johannes XXIII., München 1963; *Fr. Ackermann:* Das Komische in der Anekdote, in: Der Deutschunterricht 18, 1966, Heft 3, S. 10–25; *Walter Henkels:* Doktor Adenauers gesammelte Schwänke, Düsseldorf 1966; *Hans Joachim Kulenkampff* (Hrsg.): Hans Joachim Kulenkampffs höchstvergnügliche Anekdotensammlung, München 1968; *Hermann Bausinger:* Formen der Volkspoesie, Berlin 1968, S. 206–211; *Rudolf Walter Lang:* Geh mir aus der Sonne König. Anekdoten, München 1968; *Elfriede Moser-Rath:* Anekdotenwanderung in der deutschen Schwankliteratur. In: Volksüberlieferung. Festschrift für Kurt Ranke, Göttingen 1968, S. 233–247; *Elfriede Moser-Rath:* Schwank, Witz, Anekdote. Entwurf zu einer Katalogisierung nach Typen und Motiven, Göttingen 1969; *Heli Ihlefeld:* Gustav Heinemann anekdotisch, München u. Esslingen 1969; *Jörg Drews* (Hrsg.): Freud – anekdotisch, München 1970; *Wolfgang W. Parth:* Sauerbruch – anekdotisch, München 1970; *Archer Taylor:* The Anecdote. A neglected Genre, in: Medieval Literature and Folklore Studies. Essays in honour of F. L. Utley, New Brunswick 1970, S. 223–228; *Willi Treichler:* Mittelalterliche Erzählungen und Anekdoten um Rudolf von

Habsburg, Bern und Frankfurt 1971; *Heinz Grothe:* Anekdote (Sammlung Metzler 101), Stuttgart 1971; *Walter Ernst Schäfer:* Die Anekdote im Literaturunterricht der BRD und der DDR, in: Wirkendes Wort, Heft 4, 1973, S. 252–266; *Liisa Pirkko-Rausmaa* (Hrsg.): A Catalogue of Anecdotes (= NIF Publications 3), Turku 1973; *Elfriede Moser-Rath:* Art. ›Anekdote‹ in: Enzyklopädie des Märchens, Bd. 1, Berlin 1975, Sp. 528–542.

Witz und Schwank

Moritz Busch: Deutscher Volkshumor, 2. Aufl. Leipzig 1877; *Gottfried Henssen:* Der deutsche Volksschwank (= Volkskundliche Texte 3), Leipzig o. J. [1934]; *Gerhard Kuttner:* Wesen und Form der deutschen Schwankliteratur des 16. Jahrhunderts (= Germanische Studien 152), Berlin 1934; *Archer Taylor:* The Schmulowitz Collection of Jestbooks, in: Western Folklore (Berkeley and Los Angeles) 15, 1956, 282–284; *Hermann Bausinger:* Schwank und Witz, in: Studium Generale 11, 1958, S. 699–710; *Elfriede Moser-Rath:* Schwank, Witz, Anekdote. Entwurf einer Katalogisierung nach Typen und Motiven, Göttingen 1969; *Leopold Schmidt:* Die Volkserzählung. Märchen, Sage, Legende, Schwank, Berlin 1963; *Siegfried Neumann:* Schwank und Witz, in: Letopis. Festschrift f. Friedrich Sieber, Berlin 1964, S. 328–335; *Siegfried Neumann:* Der mecklenburgische Volksschwank. Sein sozialer Gehalt und seine soziale Funktion, Berlin 1964; *Hermann Bausinger:* Bemerkungen zum Schwank und seinen Bautypen, in: Fabula 9, 1967, S. 118–136, S. 41–59; *Erich Strassner:* Schwank (= Sammlung Metzler), Stuttgart 1968; *Lutz Röhrich:* Märchen und Wirklichkeit, 3. Aufl. Wiesbaden 1974 (Kapitel ›Der Schwank‹, S. 56–62); *Joachim Suchomski:* Delectatio et utilitas. Ein Beitrag zum Verständnis mittelalterlicher komischer Literatur. (= Bibliotheca Germanica 18), Bern u. München 1975; *Rainer Wehse:* Schwanklied und Flugblatt in Großbritannien, Diss. Freiburg i. Br. 1977.
Weitere Literatur zum Schwank s. Seite 305–306.

Bauformen, Strukturen, Aggressionen

D. Hayworth: The Social Origin and Function of Laughter, in: Psychological Review, 1928, S. 367–384; *J. Dollard:* Frustration and Aggression, New York 1939; *Paul Böckmann:* Das Formprinzip des Witzes in der Frühzeit der Aufklärung, in: Formgeschichte d. dt. Dichtung, Bd. 1, 1949, S. 471–552; *R. M. Stephenson:* Conflict and Control Function of Humor, in: American Journal of Sociology 56, 1951, S. 569–574; *Gregory Bateson:* The Position of Humor in Human Communication, in: Cybernetics, Transactions of the Ninth Conference, March, 1952, New York 1953; *J. Laffai, J. Levine, F. C. Redlich:* An Anxiety-Reduction Theory of Humor, in: American Psychologist 8, 1953, S. 383 ff.; *J. Doris, E. Fiermann:* Humor and Anxiety, in: Abnorm. Soc. Psychol. 53, 1956, S. 59–62; *Siegfried Neumann:* Soziale Konflikte im mecklenburgischen Volksschwank, Diss. Berlin 1961; *W. B. Cameron:* The Sociology of Humor, in: W. Cameron, Informal Sociology, New York 1963; *Robert Neumann:* Über das Erzählen von Witzen, in: Die Zeit (Hamburg), 20. 12. 1963 und 3. 1. 1964; *Hermann Bausinger:* Bemerkungen zum Schwank und seinen Formtypen, in: Fabula 9, 1967, S. 118–136; *Siegfried Neumann:* Volksprosa mit komischem Inhalt. Zur Problematik ihres Gehalts und ihrer Differenzierung, in: Fabula 9, 1967, S. 137–148; *Martin A. Ragaway:* The good news – bad news book, 2. Aufl.,

Los Angeles 1972; *Elfriede Moser-Rath:* Gedanken zur historischen Erzählforschung, in: Zeitschrift für Volkskunde 69, 1973, S. 61–81; *Klaus F. Geiger:* Art. ›Aggression‹ in: Enzyklopädie des Märchens I, 169–172 (mit weiterführenden Lit.angaben); *Heinrich Lützeler:* Fröhliche Wissenschaft (= Herderbücherei 569), Freiburg 1976.

Traditionsreihen und das Problem der Kontinuität

Johannes Pauli: Schimpf und Ernst, hrsg. v. Joh. Bolte, 2 Bde., Berlin 1924; *Ernst Robert Curtius:* Scherz und Ernst in mittelalterl. Dichtung, in: Romanische Forschungen 53 (1939), S. 1–26; *Conrad Krause:* Humor der Antike, Bonn 1948; *Erhard Agricola:* Die Komik der Strickerschen Schwänke, ihr Anlaß, ihre Form, ihre Aufgabe, Diss. Leipzig 1954; *Kurt Ranke:* Schwank und Witz als Schwundstufe, in: Festschrift für Will-Erich Peuckert, Berlin 1955, S. 41–59; *Gerhard Ritter:* Studien zur Sprache des Philogelos, Diss. Basel 1955; *Per Nykrog:* Les Fabliaux. Étude d'histoire littéraire et de stylistique médiévale, Kopenhagen 1957; *Karl Richard Kremer:* Das Lachen in der deutschen Sprache und Literatur des Mittelalters, Diss. Bonn 1961; *Heinz Rupp:* Schwank und Schwankdichtung in der deutschen Literatur des Mittelalters, in: Der Deutschunterricht 14, 1962, H. 2, S. 29–48; *Hans Fromm:* Komik und Humor in der Dichtung des deutschen Mittelalters, in: DVjs 36, 1962, S. 321–339; *Lutz Röhrich:* Erzählungen des späten Mittelalters und ihr Weiterleben in Literatur und Volksdichtung bis zur Gegenwart, 2 Bde., Bern und München 1962–1967; *Leopold Schmidt:* Die Volkserzählung. Märchen, Sage, Legende, Schwank, Berlin 1963; *Elfriede Moser-Rath:* Predigtmärlein der Barockzeit. Exempel, Sage, Schwank und Fabel in geistlichen Quellen des oberdt. Raumes, Berlin 1964; *Klaus Hufeland:* Die deutsche Schwankdichtung des Spätmittelalters (= Basler Studien 32), Bern 1966; *Hanns Fischer:* Die deutsche Märendichtung des 15. Jahrhunderts (= Münchener Texte und Untersuchungen zur dt. Lit. des Mittelalters 12), München 1966; *Hanns Fischer:* Schwankerzählungen des deutschen Mittelalters, München 1967; *Hanns Fischer:* Studien zur deutschen Märendichtung, Tübingen 1968; Humor seit Homer, Hamburg 1968; Philogelos. Der Lachfreund, griech.-deutsch, mit Einleitungen und Kommentar hrsg. von Adreas Thierfelder, München 1968; *Wilhelm Süss:* Lachen, Komik und Witz in der Antike, Zürich und Stuttgart 1969; *Karl-Heinz Schirmer:* Stil- und Motivuntersuchungen zur mittelhochdeutschen Versnovelle (= Hermaea NF 26), Tübingen 1969; *Lutz Röhrich:* Das Kontinuitätsproblem bei der Erforschung der Volksprosa, in: Kontinuität? Geschichtlichkeit und Dauer als volkskundliches Problem, hrsg. von H. Bausinger und W. Brückner, Berlin 1969, S. 117–133 (wieder abgedruckt in: L. R.: Sage und Märchen. Erzählforschung heute, Freiburg 1976, S. 292–301); *Frauke Frosch:* Schwankmären und Fabliaux. Ein Stoff- und Motivvergleich (= Göppinger Arbeiten zur Germanistik 49), Göppingen 1971; *Johannes Künzig* und *Waltraut Werner:* Schwänke aus mündlicher Überlieferung. Authentische Tonaufnahmen 1952–1970, Kommentare Hannjost Lixfeld, Freiburg 1973 (zur Drohung des hl. Josef: Nr. 35, S. 108 f.); *Elfriede Moser-Rath:* Gedanken zur historischen Erzählforschung, in: Zeitschrift für Volkskunde 69, 1973, S. 61–81; *Joachim Suchomski:* ›Delectatio‹ und ›Utilitas‹. Ein Beitrag zum Verständnis mittelalterlicher komischer Literatur (= Bibliotheca Germanica 18), Bern und München 1975.

Der Witz als Gegenstand volkskundlicher Forschung

Eugen Fehrle: Das Lachen im Glauben der Völker, in: Volkskundliche Studien (Schmidt-Ott zum 70. Geb.), Leipzig 1930; *Wilhelm Pessler:* Volkshumor und Volkswitz, in: Handbuch der Deutschen Volkskunde, Bd. 2, Potsdam o. J., S. 418–429; *Wilhelm Pessler:* Witz und Humor als Ausdruck echter Humanität in Leben und Dichtung der Kulturvölker, in: Homenaje a Fritz Krüger T. II Mendoza 1954, S. 335–345; *Hermann Bausinger:* Schwank und Witz, in: Studium Generale 11, 1958, S. 699–710; *Gerda Grober-Glück:* Über Humor und Witz in der Volkskunde, in: Zeitschrift für Volkskunde 55, 1959, S. 52–66; *Ronald Grambo:* Latteren i folketradisjonen [Das Lachen in der Volksüberlieferung], in: MoM 1962, S. 67–75; *Siegfried Neumann:* Schwank und Witz, in: Letopis 6/7, 1964, S. 328–335;
Siegfried Neumann: Volksprosa mit komischem Inhalt, in: Fabula 9, 1967, S. 137–148; *Hermann Bausinger:* Formen der Volkspoesie (= Grundlagen der Germanistik 6), Berlin 1968, Abschnitte ›Witz‹ und ›Schwank‹, S. 131–153; *Jan Harold Brunvand:* The Study of Contemporary Folklore: Jokes, in: Fabula 13, 1972, S. 1–19; *Thomas A. Burns:* A Joke and its Tellers. A Study of the functional Variation of a Folklore Item at the psychological level, 6 Bde., Diss. Bloomington/Indiana 1972; *Alan Dundes:* Mother wit from the laughing barrel, Englewood Cliffs/N. J. 1973; *André Jolles:* Einfache Formen, 5. Aufl. Tübingen 1974; *Charleen Riedel:* Der Tierwitz als Beispiel für Systematisierung und Strukturanalyse des Witzes, Mag. Arbeit, Freiburg i. Br. 1976.

Psychologische Fragestellungen

Ewald Hecker: Physiologie und Psychologie des Lachens und des Komischen, Berlin 1873; *Emil Kraepelin:* Zur Psychologie des Komischen, in: Philosophische Studien, 2, 1883, S. 128–260 u. 328–361; *Henri Bergson:* Le Rire. Essai sur la signification du comique (1900), Bd. 2 der Gesamtausgabe, Genf 1945; 2. Aufl. der dt. Übers. Meisenheim am Glan 1948; *Herbert Spencer:* The physiology of laughter, in: Essays, vol. II, London 1901; *L. Dugas:* La Psychologie du rire, Paris 1902; *Sigmund Freud:* Der Witz und seine Beziehung zum Unbewußten (1905), Frankfurt/M. 1966 (= Fischer Taschenbücher 193); *Theodor Reik:* Psychoanalytische Bemerkungen über den zynischen Witz, in: Imago, 2, 1913, S. 573–588; *Kurt Bra:* Beiträge zur Psychologie des Humors, Diss. Jena 1913; *S. Bliss:* The Origin of Laughter, in: American Journal of Psychology 26, 1915, S. 236–246; *Charles Baudelaire:* Vom Wesen des Lachens, übertr. von W. Fraenger, München und Leipzig 1922; *R. Carpenter;* Laughter, a Glory in Sanity, in: American Journal of Psychology 3, 1922, S. 419–422; *M. Austin:* Sense of Humor in Women, in: New Republic 41 (November 1924), S. 10–13; *P. Kambouropoulou:* Individual Differences in the Sense of Humor, in: American Journal of Psychology 37, 1926, S. 288–297; *C. M. Diserens:* Recent Theories of Laughter, in: Psychological Bulletin 23, 1926; *E. Dupréel:* Le Problème Sociologique de Rire, in: Revue Philosophique 106, 1928, S. 213–260; *J. J. Walsh:* Laughter and Health, New York 1928; *Theodor Reik:* Lust und Leid im Witz, Wien 1929; *F. H. J. Buytendijk:* Reaktionszeit und Schlagfertigkeit, Kassel 1930; *P. Kambouropoulou:* Individual differences in the sense of humour and their relation to temperamental differences, New York 1930; *V. Krishna-Menon:* A theory of laughter, with special relation to comedy and tragedy, London 1931; *Henry A. Murray:* The Psychology of humor, in: Journal for Abnormal and Social Psychology 29, 1934, S. 66–81; *Max Eastman:* The Enjoyment of Laughter, New York 1936; *Sandor Ferenczi:* Lachen, ein Fragment, in: Bausteine zur Psychoanalyse, Bd. 6, Bern 1939; *Joachim Ritter:* Über das Lachen, in: Blätter für deutsche Philosophie. Zeitschrift der dtsch. Philosoph. Gesellschaft 14, 1940; *Ernst Kris:* Laughter as an expressive process, in: International Journal of Psycho-Analysis 21, 1940, S. 314 ff.; *Sandor Feldmann:* A Supplement to Freud's Theory of Wit, in: Psychoanalytic Review 28, 1941, S. 201–217; *Ludwig Eidelberg:* A contribution to the study of wit, in: Psychoanalytic Review 32, 1945, S. 33–61; *Ludwig Rademacher:* Weinen und Lachen. Studien über antikes Lebensgefühl, Wien 1947; *Elie Aubouin:* Technique et psychologie du comique, Marseille 1948; *Richard Müller-Freienfels:* Das Lachen und das Lächeln. Komik und Humor als wissenschaftliche Probleme, Bonn 1948; *Sandor Ferenczi:* The Psychoanalysis of Wit and the Comical, in: Further Contributions to Psychoanalysis, London 1950; *Morris W. Brody:* The Meaning of Laughter, in: Psychoanalytic Quarterly 19, 1950, S. 192–201; *Gregory Bateson:* The Position of Humor in Human Communication, in: Cybernetics. Transactions of the Ninth Conference, March, 1952, Ed. Heinz von Foerster, New York 1953; *A. Potter:* Sense of Humor, New York 1954; *Israel Zwerling:* The Favorite Joke in Diagnostic and Therapeutic Interviewing, in: Psychoanalytic Quarterly 24, 1955, S. 104–114; *Edmund Bergler:* Laughter and the Sense of Humor, New York 1956; *M. Latour:* Le problème du rire et du réel, nouv. éd., Paris 1956; *H. Strotzka:* Versuch über den Humor, in: Psyche 10, 1957, S. 597–609; *N. Petrilowitsch:* Beitrag zur Psychologie des Lachens, in: Jahrb. f. Psychol. Psychother. 5, 1957, S. 149–154; *R. L. Coser:* Some Functions of Laughter. A Study of Humor in a Hospital Setting, in: Human Relations 2, 1959, S. 171–182; *R. L. Coser:* Laughter Among Colleagues, in: Psychiatry 23, 1960, S. 81–95; *Helmuth Plessner:* Lachen und Weinen, 3. Aufl. Bern 1961; *Ralph Piddington:* The Psychologie of laughter. A Study in Social Adaption, New York 1963; *Arthur Koestler:* The Act of Creation, (1964), 2. Aufl. New York 1967 (Titel der dt. Übersetzung: Der göttliche Funke, Bern, München u. Wien 1966); *Anton C. Zijderveld:* Humor und Gesellschaft. Eine Soziologie des Humors und des Lachens, Graz 1971; *Heinz-Günther Schmitz:* Physiologie des Scherzes, Hildesheim u. New York 1972; *Martin Grotjahn:* Vom Sinn des Lachens (Titel der amerikanischen Originalausgabe: Beyond Laughter, New York 1957), München 1974; *Thomas A. Burns* with *Inger H. Burns:* Doing the wash. An expressive culture and personality study of a joke and its tellers, Darby/Pa. 1975; *Klaus Thiele-Dohrmann:* Unter dem Siegel der Verschwiegenheit. Die Psychologie des Klatsches, Düsseldorf 1975; *Richard Huber:* Lachen als Ausdruck des Glücks, in: Was ist Glück? Ein Symposion (dtv), München 1976, S. 131–136; *Dieter Wellersdorf:* Infantilismus als Revolte oder das ausschlaggebende Erbe – Zur Theorie des Blödelns, in: W. Preisendanz u. R. Warning: Das Komische, München 1976, S. 335–357; *Harald Weinrich:* Was heißt: ›Lachen ist gesund‹? in: W. Preisendanz und R. Warning (Hrsg.): Das Komische, München 1976, S. 402–408.

Der Wortwitz

Kuno Fischer: Über den Witz (1871), in: Kleine Schriften, Heidelberg 1896; *Hermann Schrader:* Scherz und Ernst in der Sprache, Weimar 1897; *Richard Moritz Meyer:* Der Namenwitz, in: Neues Jahrb. f. d. klass. Altertum 4, 1903, S. 122–145; *Sigmund Freud:* Der Witz und seine Beziehung zum Unbewußten (1905), Frankfurt am Main 1966 (Fischer-Taschenbücher 193); *Robert Roetschi:* Der ästhetische Genuß des Komischen, Diss. Bern 1914; *Otto Behaghel:* Humor und Spieltrieb in der deutschen Sprache, in: Neophilologus 8, 1922, S. 180–193; *Richard Strohal:* Wortwitz und Worträtsel psychologisch betrachtet, in: Innsbrucker Beiträge zur Kulturwiss. 3, Innsbruck 1955, S. 1–9; *Hermann Mostar* und *Kurt Halbritter:* Spiel mit Rehen, Frankfurt 1960; *Hans Reimann;* Vergnügliches Handbuch der dt. Sprache, Düsseldorf u. Wien 1964; *Lutz Röhrich:* Gebärde, Metapher, Parodie. Studien zur Sprache und Volksdichtung, Düsseldorf 1967; *Heinz Küpper:* Wörterbuch der deutschen Umgangssprache, 6 Bde., Hamburg 1955–1970; *Albert Wellek:* Zur Theorie und Phänomenologie des Witzes, in: Studium Generale 2, 1949 (z. T. erweitert in: Ganzheitspsychologie und Strukturtheorie, Bern 1955 und in: Witz, Lyrik, Sprache. Bern und München 1970); *Wolfgang Preisendanz:* Über den Witz (= Konstanzer Universitätsreden 13), Konstanz 1970; *Ernst Jünger:* Ad hoc, Stuttgart 1970, S. 55 ff.; *Hermann Helmers:* Lyrischer Humor, Stuttgart 1971; *Hermann Helmers:* Sprache und Humor des Kindes, 2. Aufl. Stuttgart 1971; *Elfriede Moser:* ›Calembourg‹. Zur Mobilität populärer Lesestoffe, in: Volkskunde. Fakten und Analysen. Festgabe für Leopold Schmidt, Wien 1972, S. 470–481; *Peter Farb:* Word play, New York 1974; *Barbara Kirschenblatt-Gimblett:* Speech Play. Research and Resources for the Study of Linguistic Creativity, Philadelphia 1976; *Lutz Röhrich;* Lexikon der sprichwörtlichen Redensarten, 2 Bde., 4. Aufl. Freiburg 1976; *Lutz Röhrich:* Art. ›Bonmot‹ in: Enzyklopädie des Märchens, (im Erscheinen).

Der lyrische Humor

Carolyn Wells: The book of humorous verse, New York 1936; *Benno Papentrigk (= Anton Kippenberg):* Schüttelreime, Insel Verlag 1946; *Annemarie Schöne:* Untersuchungen zur englischen Nonsense Literatur, unter besonderer Berücksichtigung des Limericks und seines Schöpfers Edward Lear, Diss. Bonn 1951; *Robert Benayoun:* Anthologie du nonsense, Paris 1957; *Wolfgang Schmidt-Hidding:* Sieben Meister des literarischen Humors in England und Amerika, Heidelberg 1959; *Alfred Liede:* Dichtung als Spiel. Studien zur Unsinnspoesie an den Grenzen der Sprache, 2 Bde., Berlin 1963; Eward Lear's Nonsense-Verse, Frankfurt/Main o. J. [1964]; *Horst Kunze:* Dunkel war's, der Mond schien helle. . ., 7. Aufl. München 1964; *L. T. Woodward:* The limerick, 2 Bde., San Diego/Cal. o. J.; *Lutz Röhrich* und *Rolf W. Brednich:* Deutsche Volkslieder. Texte und Melodien, Bd. II, Düsseldorf 1967, S. 552–569; *Hermann Helmers:* Lyrischer Humor. Strukturanalyse und Didaktik der komischen Versliteratur, Stuttgart 1971; *Erhard Kortmann:* Die besten Limericks der Zeit, Hamburg 1973; *Klaus Beitl:* Schnaderhüpfel, in: Handbuch des Volksliedes, Bd. I, München 1973, S. 617–677;

Die Parodie

Ida v. Düringsfeld: Das Sprichwort als Humorist, Leipzig 1863; *Paul Lehmann:* Die Parodie im Mittelalter, München 1922, 2. Aufl. Stuttgart 1963; *E. Knox:* The mechanism of satire, Cambridge 1951; *Kurt Ranke:* Schwank und Witz als Schwundstufe, in: Festschrift für Will-Erich Peuckert, Berlin 1955, S. 41–59; *Winfried Hofmann:* Das rheinische Sagwort, Siegburg 1959; *Georgina Baum:* Humor und Satire in der bürgerlichen Ästhetik, Berlin 1959; *R. C. Elliott:* The Power of Satire, Princeton 1960; *Alfred Liede:* Dichtung als Spiel. Studie zur Unsinnspoesie an den Grenzen der Sprache, 2 Bde., Berlin 1963; *Klaus Lazarowicz:* Verkehrte Welt. Vorstudien zu einer Geschichte der deutschen Satire (= Hermaea NF 15), Tübingen 1963; *E. Rotermund:* Die Parodie in der modernen deutschen Lyrik, München 1963; *Werner R. Schweizer:* Der Witz, Bern 1964; *Siegfried Neumann:* Aspekte der Wellerismus-Forschung, in: Proverbium. 6, 1966, S. 131–137; *Lutz Röhrich:* Gebärde – Metapher – Parodie, Düsseldorf 1967; *Siegfried Neumann:* Sagwörter im Schwank – Schwankstoffe im Sagwort, in: Volksüberlieferung. Festschrift Kurt Ranke. Göttingen 1968, S. 249–266; *Siegfried Neumann:* Sagwort und Schwank, in: Letopis C II/12 (1968/69), Festschrift für Paul Nedo, S. 147–158; *A. K. Adams:* The home book of humerous quotations, New York 1969; *Hermann Helmers:* Lyrischer Humor, Stuttgart 1971; *Carl Lafite* (Hrsg.): Humor im Lied, Berlin o. J.; *Iring Fetscher:* Wer hat Dornröschen wachgeküßt? Das Märchenverwirrbuch, Hamburg und Düsseldorf 1972 (seither mehrere Auflagen); *Janosch* erzählt Grimms Märchen, Weinheim und Basel 1972; *Theodor Verweyen:* Eine Theorie der Parodie am Beispiel Peter Rühmkorfs, München 1973; *Lutz Röhrich:* Märchen und Wirklichkeit, 3. Auflage, Wiesbaden 1974; *Lutz Röhrich:* Lexikon der sprichwörtlichen Redensarten, 2 Bde., 4. Aufl. Freiburg 1976; *Lutz Röhrich* und *Wolfgang Mieder:* Sprichwort (= Sammlung Metzler 154), Stuttgart 1977.

Der unfreiwillige Humor

Kuno Fischer: Über den Witz (1871), in: Kleine Schriften, Heidelberg 1896; *Ludwig Hörmann:* Grabschriften und Marterln, 3 Bde., Leipzig 1887 ff. (Auswahl besorgt von Walter Schmidkunz, Erfurt 1940); *Ernst Heimeran:* Unfreiwilliger Humor, München 1954; *Herbert Schwedt:* Heitere Grabsprüche und Hausinschriften, in: Der Deutschunterricht 15, 1963, Heft 2, S. 61–72; *Lutz Röhrich:* Gebärde, Metapher, Parodie. Studien zur Sprache und Volksdichtung, Düsseldorf 1967; *Wolfgang Krämer* (Hrsg.): Lukasburger Stilblüten, 5 Hefte, 7. Aufl. München 1969; *Emil Waas:* Der große Stilblüten-Spaß. Unfreiwillig Komisches aus dem Blätter- und Schilderwald, Oldenburg 1976.

Kindermund

Paul von Schönthan: Kindermund. Aussprüche und Szenen aus dem Kinderleben, Leipzig 1886; *Clara* und *William Stern:* Die Kindersprache, Leipzig 1907; *Oswald Paßkönig:* Kinderseele aus Kindermund, in: Psychographische Beiträge zur Psychologie und Ethik des Kindes, Leipzig 1913; *Hans Deußing:* Der sprachliche Ausdruck des Schulkindes, in: Jenaer Beiträge zur Jugend-

und Erziehungspsychologie 3, 1927, S. 1–60; *Annelies Argelander:* Über den sprachlichen Ausdruck des Schulkindes in der freien Erzählung, in: Jenaer Beiträge zur Jugend- und Erziehungspsychologie 3, 1927, S. 61–79; *A. Gregg:* Laughter Situations as an Indication of Responsiveness in Young Children, in: Some New Techniques for Studying Social Behavior, New York 1929, S. 86–98; *Elli Herzfeld* und *Franziska Prager:* Verständnis für Scherz und Komik beim Kinde, in: Zs. f. angewandte Psychologie 34, 1930, S. 353–417; *Melanie Klein:* The Psychoanalysis of Children, Wien 1932; *G. Lange* und *W. Neuhaus:* Der Strukturwandel der Kindersprache während der Zeit vom 6. bis zum 9. Lebensjahr, in: Archiv für die gesamte Psychologie 91, 1934, S. 200–228; *Richard Beitl:* Der Kinderbaum. Brauchtum und Glauben um Mutter und Kind, Berlin 1942; *Ludwig Eidelberg:* A Contribution to the Study of Wit, in: Psychoanalytic Review 32, 1945, S. 33–61; *Edith Jacobson:* The Child's Laughter. Theoretical and Clinical Notes on the Function of the Comic, in: The Psychoanalytic Study of the Child, vol. II, New York, 1946; *Sandor Ferenczi:* The Psychoanalysis of Wit and the Comical, in: Further Contributions to Psychoanalysis, London 1950; *Ernst Heimeran:* Unfreiwilliger Humor, München 1952; *Martha Wolfenstein:* Children's Understanding of Jokes, in: The Psychoanalytic Study of the Child, vol. VIII, New York, 1953; *Martha Wolfenstein:* Children's Humor, Glencoe/Ill. 1954; *Jean Piaget:* Das moralische Urteil beim Kind, Zürich 1954; *Hermann Helmers:* Worüber lacht das Kind, in: Westermanns Pädagogische Beiträge 1955, S. 391–396; *Wilhelm Neuhaus:* Der Aufbau der geistigen Welt des Kindes, München und Basel 1955; *Martha Wolfenstein:* A Phase in the Development of Children's Sense of Humor, in: The Psychoanalytic Study of the Child, vol. 6, New York 1958, S. 336–350; *Iona* und *Peter Opie:* The Lore and Language of Schoolchildren, London und New York 1959, Reprint 1967; *Julius Burchardt:* Das fröhliche Diktat, Wuppertal 1960; *Klaus Doderer:* Zur sprachlichen Situation der Schulanfänger, in: Westermanns Pädagogische Beiträge 12, 1960, S. 411–418; *Klaus Doderer:* Zur sprachlichen Situation der Grundschulkinder, in: Westermanns Pädagogische Beiträge 13, 1961, S. 99–108; *Robert Ulshöfer:* Lustige Geschichten im Deutschunterricht der Unterstufe, in: Der Deutschunterricht 14, Heft 5, 1962, S. 24–39; *Arnold Gesell:* Das Kind von 5–10, 4. Aufl., Bad Nauheim 1962; *Marguerite Kohl* u. *Frederica Young:* Jokes for Children, New York 1963; *Luigi Santucci:* Das Kind, sein Mythos und sein Märchen, Hannover 1964; *Lutz Röhrich:* Der Klapperstorch als Kinderbringer, in: Selecta 7, 1965, S. 302–308; *Martin Knolle:* Mit seinen Kindern bleibt man jung, Offenbach/Main o. J.; Von den Kleinen für die Großen. Was Kinder sagen und fragen, gesammelt von einer Großmama, 2 Hefte, München 1966; *Peter Rühmkorf:* Über das Volksvermögen, Hamburg 1967; *Mary Ellen Goodman:* The Culture of Childhood, New York 1967; *Egon Jameson::* Ich will mein Schulgeld zurückhaben!, Offenbach/Main 1969; *Hermann Helmers:* Die Entwicklung von Sprache und Humor, in: Helmers (Hrsg.): Zur Sprache des Kindes. Wege der Forschung, Bd. XLII, Darmstadt 1969; *Wolfgang Krämer:* Lukasburger Stilblüten. Aus den Aufsätzen der Kleinen für den Stammtisch der Großen. Heiteres aus der Praxis von. 5 Hefte, 7. Aufl. München 1969; *Wolfram Huncke:* Twen-Witze, 1. Band, Frankfurt 1969; *Gershon Legman:* Der unanständige Witz (Titel der engl. Original-Ausgabe: Rationale of the Dirty Joke, New York 1968), Hamburg 1970; *Karl Zentner:* Kinderwitze, 2. Aufl. Stuttgart 1970; *Hannelore* und *Gottlieb W. Betzner:* Unsere Familie ist ein Freudenhaus. Ergötzliche Aussprüche aus Kindermund, München 1970; *Walter Häver-*

nick: ›Schläge‹ als Strafe. Ein Bestandteil der heutigen Familiensitte in volkskundlicher Sicht (= Volkskundliche Studien 2), 4. Aufl. Hamburg 1970; *Hermann Helmers:* Sprache und Humor des Kindes, 2. Aufl. Stuttgart 1971; *Otto Weller:* Humor in der Schulstube, München o. J.; *Jean Piaget:* Sprache und Denken des Kindes, Düsseldorf 1972; *Ursula Haase:* Witzchen von Klein-Fritzchen, Wiesbaden o. J.; *Josef Einhell:* Kinder, Kinder! München o. J.; *Rosemarie Klotz-Burr:* Aus dem Klassenzimmer, München o. J.; *Ernest Bornemann:* Unsere Kinder im Spiegel ihrer Lieder, Reime, Verse und Rätsel; *Ernest Bornemann:* Die Umwelt des Kindes im Spiegel seiner ›verbotenen‹ Lieder, Reime, Verse und Rätsel (= Studien zur Befreiung des Kindes 1 u. 2), 2 Bde., Olten u. Freiburg 1973 u. 1974; *Peter Rühmkorf:* Über das Volksvermögen. Exkurse in den literarischen Untergrund, 6. Aufl., Hamburg 1974; *Christian Freitag:* Erwartung und Sanktion im Kinderreim, Diss. Marburg 1974; *Ingeborg Weber-Kellermann:* Die deutsche Familie. Versuch einer Sozialgeschichte, Frankfurt a. M. 1974; *Claude Gaignebet:* Le folklore obscène des enfants (= Collection l'érotisme populaire 3), Paris 1974; *Horst-Eberhardt Richter:* Eltern, Kind und Neurose. Die Rolle des Kindes in der Familie, 10. Aufl., Hamburg 1975; *Hannelore* und *Gottlieb W. Betzner:* Unsere lieben Kleinen. Ergötzliche Aussprüche aus Kindermund, München 1976; *Rainer Wehse:* Witz, Reim, Rätsel und Sage auf der Orientierungsstufe, in: Der Deutschunterricht 28; Heft 3, 1976, S. 6–21; *Angelika Nordhues:* Witze von Kindern und über Kinder. Versuch einer Motivanalyse, Staatsexamensarbeit, Freiburg i. Br. 1976; *Rosemary Zumwalt:* Plain and Fancy. A Content Analysis of Children's Jokes Dealing With Adult Sexuality, in: Western Folklore 35, 1976, S. 258–267.

Komische Konflikte mit der Logik

Robert Heiss: Logik des Widerspruchs, Berlin u. Leipzig 1932; *Anny Angel:* Einige Bemerkungen über den Optimismus, in: Internationale Zeitschrift für Psychoanalyse, 20, 1934, S. 191–199; *Edmund Bergler:* »The Pessimo-optimist«, Samiksa, 3 (4), 1949, S. 207 ff.; *Hermann Bausinger:* Rätselfragen, in: Rhein. Jahrb. für Volkskunde 17/18, 1968, S. 48–70; *Max Lüthi:* Das Paradox in der Volksdichtung, in: Volksliteratur und Hochliteratur, Bern und München 1970, S. 181–197; *Lothar Schmidt:* Das große Handbuch geflügelter Definitionen, München 1971; *Elli Köngäs Maranda* (Hrsg.): Riddles and Riddling, Journal of American Folklore, 89, 1976; *Anton C. Zijderveld:* Humor und Gesellschaft, Graz 1976.

Komische Konflikte mit der Realität

Der Übertrumpfungs- und Lügenwitz

Carl Müller-Fraureuth: Die deutschen Lügendichtungen bis auf Münchhausen, Halle 1881, Neudruck Hildesheim 1965; *Karl Euling:* Lügendichtung, in: Zeitschrift für dt. Philologie 22, 1890, S. 317 ff.; *Alexander Rüstow:* Der Lügner, Diss. Erlangen, Leipzig 1910; *Eugen Weiss:* Die Entdeckung des Volks der Zimmerleute, Jena o. J., S. 180–184; *Heinz Diewerge* (Hrsg.): Lügengeschichten, München 1939; *Artur Landgraf:* Die Einschätzung der Scherzlüge in der Frühscholastik, in: Theol.-prakt. Quartalsschrift 93, 1940, S.

128–136; *Otto Weinreich:* Antiphanes und Münchhausen. Das antike Lügenmärlein von den gefrorenen Worten und sein Fortleben im Abendland, Wien 1942 (Sitzungsber. Akad. d. Wiss.); *Elfriede Marie Ackermann:* Das Schlaraffenland in German literature and folksong. Social aspects of an earthly paradiese. . ., Diss. Chicago/Ill. 1944; *Grace P. Smith:* Egyptian ›lies‹, in: Midwest Folklore 1, 1951, S. 93–97; *Wilhelm Hochgreve:* Über Kimme und Korn. Schnurren und Schwänke aus dem Jägerleben, Hamburg und Berlin 1952; Rolf Erka: Wenn Diana lacht. . . Jägerwitze und Anglerlatein, Wiesbaden o. J. (= Falken-Bücherei. 196); *C. Narciss* (Hrsg.): Lügenmärchen aus alter und neuer Zeit, Stuttgart 1962; *Klaus Lazarowicz:* Verkehrte Welt. Vorstudien zu einer Geschichte der deutschen Satire (Hermaea N. F. 15) Tübingen 1963; *Walter Widmer:* Lug und Trug. Die schönsten Lügengeschichten der Weltliteratur, Köln u. Berlin 1963; *Jürgen Dahl:* Reisen nach Nirgendwo. Ein geographisches Lügengarn. . ., Düsseldorf 1965; *Gustav Henningsen:* The art of perpendicular lying, in: Journal of the Folklore Institute 2, 1966, S. 180–219; *Harald Weinrich:* Linguistik der Lüge, Heidelberg 1966; *Werner R. Schweizer:* Münchhausen und Münchhausiaden, Bern und München 1969; *Hedwig Kenner:* Das Phänomen der verkehrten Welt in der griechisch-römischen Antike, Klagenfurt 1970 (vgl. die Rez. von Leopold Kretzenbacher in: Österr. Zs. f. Vkde. 74, 1971, S. 96 ff. mit weiterführender Lit.); *Heda Jason:* The narrative strukture of Swindler Tales, in: ARV 27 (1971), S. 141 ff.

Der surrealistische Witz

H. P. Bahrdt: Wie weh das tut. Gedanken zur Genealogie des surrealistischen Witzes, in: Dtsch. Univ.-Zeitung 20, 1952, S. 12–15; *Eric Partridge:* The ›Shaggy Dog‹ Story, its origin, development and nature, London 1953; *John Waller:* Shaggy Dog and other Surrealist Fables, London 1953; *K. G. Simon:* Das Absurde lacht sich tot. Kleine Vorschule des modernen Humors, München 1958; *Jan Harold Brunvand:* A Classification for Shaggy Dog Stories, in: Journal of American Folklore 76, 1963, S. 42–68; *Helmuth Haas:* Der surrealistische Witz. In: Welt und Wort, 11, 1965; *Helmuth Haas:* Der surrealistische Witz. In: Welt und Wort, 11, 1965; *Milo Dor* und *Reinhard Federmann:* Der groteske Witz, München 1968; *Max Lüthi:* Das Paradox in der Volksdichtung, in: Volksliteratur und Hochliteratur, Bern und München 1970, S. 181–197; *Max Lüthi:* Art. ›Absurdität‹, in: Enzyklopädie des Märchens Bd. I, 1975, S. 36–40.

Der Tierwitz

Hans Marcie and *Lynne Babcock:* There's an elephant in my sandwich, New York 1963; *Lennie Weinrib* (and others): The elephant book, New York 1963; *Neil V. Rosenberg:* An Annotated Collection of Parrot Jokes (Masters thesis), Bloomington, 1964 (unpublished); *Mac E. Barrick:* The shaggy Elephant Riddle, in: Southern Folklore Quarterly 28, 1964, S. 266–290; *Fritz Harkort:* Tiervolkserzählungen, in: Fabula 9, 1967, S. 87–99; *Roger Abrahans* and *Alan Dundes:* On Elephantasy and elephanticide, in: The psychoanalytic Review 56, 1969, repr. in: *Alan Dundes:* Analytic Essays in Folklore (= Studies in Folklore 2), Den Haag u. Paris 1975, S. 192–205; *Klaus Doderer:* Fabeln, Formen, Figuren, Lehren. Zürich und Freiburg i. Br. 1970; *Reinhard Dithmar:* Die Fabel (UTB), Paderborn 1971; *Hans Brix* (Hrsg.): Da lachen selbst die Elefanten. Tierwitze, München 1971; The Elefant Book, Los Angeles 1972; *Erwin Leibfried:* Fabel (Sammlung Metzler 66), 3. Aufl. Stuttgart 1976; *Charleen Riedel:* Der Tierwitz als Beispiel für die Systematisierung und Strukturanalyse des Witzes, Magisterarbeit Freiburg i. Br. 1976.

Traum- und Identitätswitze

Karl Günter Simon: Das Absurde lacht sich tot, München 1958; *U. H.* und *Johanne Peters:* Irre und Psychiater. Struktur und Soziologie des Irrenwitzes, München 1974; *Dietrich Schwanitz:* Wahn und Witz, unveröffentl. Manuskript, Freiburg 1976.

Komische Konflikte mit Moral, Sitte und Anstand

Der grausame und makabre Witz – Schwarzer Humor – Galgenhumor

Walther Suchier: Der Schwank von der viermal getöteten Leiche, Halle 1922; *Theodor Reik:* Lust und Leid im Witz, Wien 1929; *Theodor Reik:* Masochism in Modern Man, New York 1941; *A. J. Obrdlik:* Gallow's Humor. A Sociological Phenomenon, in: American Journal of Sociology 47, 1942, S. 709–716; *Theodor Reik:* The Unknown Murderer, Englewood Cliffs, N. J., 1945; *Brian Sutton-Smith:* ›Shut up and keep diggin.‹ The cruel joke series, in: Midwest Folklore 10, 1960, S. 11–22; *Roger D. Abrahams:* Ghastly Commands. The cruel joke revisited, in: Midwest Folklore 11, 1961/62, S. 235–246; *F. William Fry:* Sweet Madness. A study of Humor, Paolo Alto/Cal. 1963; *Werner R. Schweizer:* Der Witz, Bern u. München 1964; *André Breton:* Anthologie de l'humour noir, Paris 1966; *J.-P. Lacroix* et *M. Chrestien:* Le livre blanc de l'humour noir, Paris 1966; *Volker Schupp:* Die Mönche von Kolmar. Ein Beitrag zur Phänomenologie und zum Begriff des schwarzen Humors, in Festgabe für Friedrich Maurer, Düsseldorf 1967, S. 199–222; *Gerd Henniger* (Hrsg.): Brevier des schwarzen Humors (= dtv 341), 3. Aufl. München 1967; *Nero Bläck:* Schwarzer Humor, 2. Aufl., Stuttgart 1968; *Siegfried Neumann:* Sagwörter im Schwank – Schwankstoffe im Sagwort, in: Volksüberlieferung. Festschrift für Kurt Ranke, Göttingen 1968, S. 249–266; *Reinhard Federmann:* ... und treiben mit Entsetzen Scherz. Die Welt des Schwarzen Humors, Tübingen u. Basel 1969; *F. Busch:* Über Black Humour. Unveröffentlichtes Vortragsmanuskript, 1971; *Elfriede Moser-Rath:* Galgenhumor wörtlich genommen, in: Festschrift für Robert Wildhaber, Basel 1973, S. 423–432; *Martin Grotjahn:* Vom Sinn des Lachens (Titel der engl. Originalausgabe: Beyond Laughter, New York 1957), München 1974; *Lutz Röhrich:* Lexikon der sprichwörtlichen Redensarten, 2 Bde., 4. Aufl. Freiburg 1976, bes. Bd. 2, S. 1175–1179; *Michael von Jung:* Melpomene oder Grablieder, Ottobeuren 1839, Neudruck: Fröhliche Grablieder zur Laute, mit einem Essay von Helmut Thielicke (Herder-Taschenbuch), Freiburg 1976; *Anton C. Zijderveld:* Humor und Gesellschaft, Graz 1976.

Der skatologische Witz

John. G. Bourke: Scatologic Rites of all nations, Washington D. C. 1891, Repr. New York and London 1968; *Friedrich Wilhelm Berliner:* Skatologische Erzählungen des märkischen Bauernvolkes, in: Anthropophyteia 7, 1910, S. 395–399; *Sigmund Freud* und *D. E. Oppenheim:* Kotsymbolik und entsprechende Traumhandlungen, in: Dreams in Folklore, New York 1958, S. 80–111; *Peter Rühmkorf:* Über das Volksvermögen, Hamburg 1967; *Gershon Legmann:* Der unanständige Witz (Rationale of the dirty Joke, 1968), Hamburg 1970; *Michael Krotus* (Pseud.): Klappentexte. Materialien zur Psychologie der Dichtung, Freiburg 1970; *Johannes Matthias Merkel:* Form und Funktion der Komik im Nürnberger Fastnachtsspiel, Diss. Freiburg i. Br. 1971; *Ernest Borneman:* Unsere Kinder im Spiegel ihrer Lieder, Reime, Verse und Rätsel, Olten u. Freiburg 1973; *Ernest Borneman:* Die Umwelt des Kindes im Spiegel seiner ›verbotenen‹ Lieder, Reime, Verse und Rätsel, Olten und Freiburg 1974 (Studien zur Befreiung des Kindes 1 und 2); *Gershon Legman:* No laughing matter. Rationale of the Dirty Joke, 2nd series, New York 1975; *Kurt Ranke:* ›Manneken-Pis‹ und Verwandtes, in: Miscellanea. Prof. Dr. K. C. Peeters, Antwerpen 1975, S. 576–581; *Alan Dundes:* Here I sit. A Study of American Latrinalia, in: Analytic Essays in Folklore (= Studies in Folklore 2), Den Haag u. Paris 1975, S. 177–191.

Der sexuelle Witz

Friedrich Salomon Krauss: Südslavische Volksüberlieferungen, die sich auf den Geschlechtsverkehr beziehen, in: Anthropophyteia 2, 1905, S. 265–439; 6, 1909, S. 440–468; 7, 1910, S. 416–457; 8, 1911, S. 430–466; 9, 1912, S. 512–528; *B. Barth:* Liebe und Ehe im altfranzösischen Fablel und in der mhd. Novelle (= Palaestra 97), Berlin 1910; *Edgar Spinkler:* Großrussische erotische Volksdichtung, in: Anthropophyteia 10, 1913, S. 330–351; *Louis Cazamian:* Humour et amour, in: Revue Anglo-Americaine, Paris IX, 1931/32, S. 218 ff.; *Fritz Sarasin:* Die Anschauungen der Völker über Ehe und Junggesellentum, in: Schweiz. Archiv für Volkskunde 33, 1934, S. 99–151; *Theodor Reik:* Psychology of Sex Relations, New York 1945; *Albert Ellis:* The Folklore of Sex, New York 1960; *Elfriede Moser-Rath:* Das Streitsüchtige Eheweib, in Rhein. Jahrbuch für Volkskunde 10, 1960, S. 40–50; *Gershon Legman:* The Horn Book. Studies in Erotic Folklore and Bibliography, New York 1964; *Gerhart Grüninger:* Der Damenwitz, München 1964; *Milo Dor* und *Reinhard Federmann:* Der galante Witz, München 1966; *Helmut Schelsky:* Soziologie der Sexualität, Hamburg 1967; *Lutz Röhrich:* Adam und Eva. Das erste Menschenpaar in Volkskunst und Volksdichtung, Stuttgart 1968; *Richard Wunderer:* Iocus Pornographicus, 2 Bde., Schmiden b. Stuttgart, 1969; *Herbert Halpert:* Folklore and Obscenity. Definitions and Problems; *Alan Dundes* and *Robert A. Georges:* Some Minor Genres of Obscene Folklore; *Gershon Legman:* Toward a Motif-Index of Erotic Humor, alle in: Journal of American Folklore, 75, 1969; *Karl Zentner:* Der pikante Witz, Stuttgart 1969; Pardon Erotikon, Frankfurt a. M. 1969; *Jochen Wilkat:* Mit Witz und Wonne. Eine Sammlung galanter Witze, frivoler Bonmots und amouröser Anekdoten, München 1969; *Dieter Mann:* Der Stammtisch lacht. Witze für die Männerrunde, Wiesbaden 1969; *Fred Warden* und *Lutz Sternberg:* Wie hätten Sie's denn gern? Witze und Frechheiten zum Herrenabend, Wiesbaden 1969; *Heinz Helmut Holste:* Der unanständige Witz, Hamburg 1970; *Gershon Legman:* Der unanständige Witz (Rationale of the Dirty Joke, New York 1968), Hamburg 1970; *Lászlo Tárkányi* (Hrsg.): Die verruchtesten Witze der Josephine Mutzenbacher, München 1970; *William Parker:* Die verruchtesten Witze, Anekdoten, Histörchen und Skandalgeschichten der Lebedame Fanny Hill, München 1970; *Percy Flax:* Party Witze, 4. Aufl. München 1970; *Manfred Reinartz:* Genese, Struktur und Variabilität eines sog. Ehebruchschwankes, Diss. Freiburg 1970; *Brigitte Schneider:* Der betrogene Ehemann. Konstanz und Wandlung eines lit. Motivs in Frankreich und Italien bis zum 17. Jh., Diss. Freiburg i. Br., 1970; *Herbert Marcuse:* Eros and Civilization, Boston 1955 (dt. Triebstruktur und Gesellschaft. Ein phiilosophischer Beitrag zu Sigm. Freud, Frankfurt a. M. 1971); *Ernest Borneman:* Sex im Volksmund, Hamburg 1971; *Harold T. Christensen:* Sexualverhalten und Moral, Hamburg 1971; *Hermann Schreiber:* Jeder treibt's auf seine Weise. Erotische Witze aus aller Welt, Tübingen u. Basel 1971; *Wilhelm Herzog:* Über Sex kann ich nur noch lachen, Frankfurt, Berlin u. Wien 1971; *Heinz Schlaffer:* Musa Iocosa. Gattungspoetik und Gattungsgeschichte der erotischen Dichtung in Deutschland, Stuttgart 1971; *Annemarie* und *Werner Leibbrand:* Formen des Eros. Kultur- und Geistesgeschichte der Liebe, 2 Bde., Freiburg 1972; *Rolf W. Brednich:* Art. ›Schwankballade‹ und ›Erotisches Lied‹ in: Handbuch des Volksliedes, hrsg. von R. W. Brednich, L. Röhrich und W. Suppan, Bd. I, München 1973, S. 157–202 u. 575–615; *Robbie Davis Johnson:* Folklore and Woman, in: Journal of American Folklore 86, 1973, S. 211–224; *James Leslie McCary:* Sexual Myths and Fallacies, New York 1973; *Frank Hoffmann:* Analytical Survey of Anglo-American Traditional Erotica, Bowling Green/Ohio 1973; *Elfriede Moser-Rath:* Art. ›Alte Jungfer‹ in: Enzyklopädie des Märchens, Bd. I, Berlin 1975, Sp. 365–369; *Gershon Legman:* No laughing matter. Rationale of the Dirty Joke, An Analysis of Sexual Humour, Second Series, New York 1975; *H. Russel Bernhard:* Otomi Obscene Humor, in: Journal of American Folklore 88, 1975, S. 383–392; *Hermann Schreiber:* 222 spitze Witze (Fischer Taschenbuch 1675), Frankfurt a. M. 1976; *Hannjost Lixfeld:* Art. ›Anthropophyteia‹, in: Enzyklopädie des Märchens, Bd. 1, Berlin 1976, Sp. 596–601; *Klaus Roth:* Ehebruchschwänke in Liedform (= Motive 9), München 1977.

Körperliche und geistig-psychische Defekte

Gebrestenkomik

Antti Aarne: Schwänke über schwerhörige Menschen (= FFC 20), Hamina 1914; *Otto Weinreich:* Zwei Epigramme des Nikarchos und die Volksschwänke über Schwerhörige, Thessaloniki 1953.

Sparsamkeits- und Geizhals-(Schotten-)Witze

Alexander Hislop: The book of Scottish Anecdote, 7. ed. London 1888; Canny Tales fae Aberdeen, compiled by Allan Junior (1925), 23. Aufl. Dundee 1930; *W. B. Burnett:* Scotland laughing. The Humour of the Scot, 5. Aufl. Edinburgh 1964; *H. R. Saunders:* Look! There's a Scotsman Laughing! In: The Scots Magazine. July 1965, S. 350–357; *Lore Kentien:* Schottenwitze, München 1970; *Karl Zentner:* Schotten-Witze, 2. Aufl. Stuttgart o. J.

Der Dummenwitz

L. Loewenfeld: Über die Dummheit, Wiesbaden 1909; *Walter B. Pitkin:* A short introduction to the history of human stupidity, London 1935; *Arthure Christensen:* Dumme Folk, København 1941; *Wilhelm Schoof:* Schildbürgerstreiche in aller Welt, in: Rheinisch-westfälische Zeitschrift für Volkskunde 3 (1956), S. 99–102; *Hermann Bausinger:* Schildbürgergeschichten. Betrachtungen zum Schwank, in: Der Deutschunterricht 13, 1961, Heft 1, S. 18–44; *Agnes Kovács:* Register der ungarischen Schildbürgerschwank-Typen. (Rátótiaden). (AaTh. 1200–1349), in: Acta Ethnographica Academiae Scientiarum Hungaricae 13, 1964, S. 55–69; *H. Geyer:* Über die Dummheit, 10. Aufl. 1965; *Agnes Kovács:* Register der ungarischen Schildbürgertypen, Budapest 1966; *Barbara Könneker:* Wesen und Wandlung der Narrenidee im Zeitalter des Humanismus, Wiesbaden 1966; *Irmgard Meiners:* Schelm und Dümmling in Erzählungen des deutschen Mittelalters, München 1967; *Hans Trümpy:* Die Hintergründe des Schwankbuchs von den Laleburgern, in: Festgabe Hans von Greyerz, Bern 1967, S. 759–782; *E. Welsford:* The Fool. His Social and Literary History, Gloucester 1968; *W. Willeford:* The Fool and His Scepter, Chicago 1969; *Dieter Arendt:* Der Schelm als Widerspruch und Selbstkritik des Bürgertums, Stuttgart 1974; *Hannjost Lixfeld:* Ostdeutsche Schildbürgergeschichten. Betrachtungen zur Form und Funktion einer Schwankgattung, in: Jahrb. für Ostdeutsche Volkskunde 17, 1974, S. 87–107; *Wilfried Deufert:* Narr, Moral und Gesellschaft. Grundtendenzen im Prosaschwank des 16. Jahrh., Bern u. Frankfurt a. M. 1975; *Elfriede Moser-Rath:* Art. ›Analphabetenschwänke‹, in: Enzyklopädie des Märchens, Bd. I, 1975.

Der Irrenwitz

C. D. Davison u. *H. Kelman:* Pathological Laughing and Crying, in: Archives of Neurology and Psychiatry 42, 1939, S. 595–643; *A. Adler:* Zusammenhänge zwischen Neurose und Witz, in: Internationale Zeitschrift Indiv.-Psychol. 5, 94–96 (o. J.); *P. Poddel:* Die Idiotenwiese, München 1954; *R. Sanchez-Ruphuy:* Witzverständnis bei Psychotikern und Normalen: Ein quantitativer und qualitativer experimenteller Vergleich, Diss. Mainz 1967; *G. Reed:* Best Psychiatric Jokes, London 1969; Alte und neue Webstübler-Witze, Bern 1970; *M. Jaeckel* u. *St. Wieser:* Das Bild des Geisteskranken in der Öffentlichkeit, Stuttgart 1970; *K. P. Kisker:* Dialogik der Verrücktheit. Ein Versuch an den Grenzen der Anthropologie, Den Haag 1970; *Odo Jeck:* Der »irre« Witz, Stuttgart o. J.; *W. Stumme:* Das Verhältnis der Öffentlichkeit zum Geisteskranken – Vorurteil oder Urteil? In: H. Lauter und J.-E. Meyer, Der psychisch Kranke und die Gesellschaft, Stuttgart 1971, S. 43–50; *U. H. Peters* und *Johanne Peters:* Irre und Psychiater. Struktur und Soziologie des Irrenwitzes, München 1974; *U. H. Peters:* Der Irre im Irrenwitz, in: Medizinische Welt 27, 1976, S. 254–261; *Dietrich Schwanitz:* Wahn und Witz, unveröffentl. Manuskript, Freiburg 1976.

Soziale Konflikte

W. Ahrens: Gelehrten-Anekdoten, Berlin 1911; *Albrecht Keller:* Die Handwerker im Volkshumor, Leipzig 1912; *Rudolf Eckart:* Der Wehrstand im

Volksmund, München 1917; *Hermann Gumbel:* Alte Bauernschwänke, Jena 1928; *Hermann Gumbel:* Alte Handwerkerschwänke, Jena 1928; *O. Dünnbier:* Der Kumpel, Bd. 1 und 2: Schnurren und Schwänke aus dem Bergmannsleben an der Ruhr, Düsseldorf 1933/36; *Peter Poddel* [d.i. J. L. Müller]: Lachendes Handwerk, 1939; *Bennet A. Cerf:* The Pocket Book of War Humor, New York 1943; *N. O. Scarpi* [d.i. Fritz Bondy]: Die Herren von Do-Re-Mi. Musikeranekdoten, Zürich 1952; *F. A. Schmitt:* Beruf und Arbeit in deutscher Erzählung, Stuttgart 1952; *Joseph Bongartz:* Schelmische Justitia. Anekdoten aus dem Reich der Paragraphen, Ratingen 1953; *Eduard Stemplinger:* Vom Jus und von Juristen, München 1956; *Leslie F. Malpass* and *Eugene D. Fitzpatrick:* Social Facilitation as a Factor in Relation to Humor, in: Journal for Sociology and Psychology 50, 1959, S. 295–303; *Herman L. Masin:* Treasury of sports humor, Englewood Cliffs/N. J. 1960; *Jurij Borev:* Über das Komische, Berlin 1960; *Gustav Radbruch:* Karikaturen der Justiz, 2. Aufl. Göttingen 1961; *Siegfried Neumann:* Soziale Konflikte im mecklenburgischen Volksschwank, Berlin 1961; *R. M. Kulli:* Die Ständesatire in den deutschen geistlichen Schauspielen des ausgehenden Mittelalters (= Basler Studien zur dt. Sprache und Lit. 31), Bern 1966; *Bernhard Metius:* Bürgerliches Paragraphen Witzbuch, München 1967; *Hubert Ries:* Die lachenden Soldaten. Militärwitze einst und jetzt, München 1968; *Anton C. Zijderveld:* Jokes and their Relation to Social Reality, in: Social Research 35, 1968, S. 286–311; *A. P. Herbert:* Rechtsfälle – Linksfälle. Juristische Phantasien (Titel der englischen Originalausgabe: Uncommon Law, London 1959), 2. Aufl. Göttingen 1969; *Michael Schiff:* Geld macht sinnlich. Anekdoten um Bankiers, Börsianer und Banditen, München 1970; Heinrich Lützelers fröhliche Wissenschaft (= Herderbücherei 569), Freiburg 1976, bes. S. 42–102 (Wissenschaft in der Karikatur); *Anton C. Zijderveld:* Humor und Gesellschaft. Eine Soziologie des Humors und des Lachens, Graz 1976.

Der Medizinerwitz

William Andrews: The Doctor in History, Literature, Folklore, Hull 1896, Reprint Detroit 1970; *E. O. Hoppe:* Medizinischer Humor, 2. Aufl. Berlin 1900; *Eugen Holländer:* Anekdoten aus der medizinischen Weltgeschichte, 4. Aufl. Stuttgart 1953; *Eberhard Heizmann:* Die besten Ärztewitze, 4. Aufl. Konstanz 1954; *Kurt von Löcknitz:* Bitte machen Sie sich frei! Ärzte-Witze bunt kariert, Wiesbaden o. J.; *E. Puntsch:* Ärzte lachen, München 1970; *Hiltrud Steinbart:* Arzt und Patient in der Geschichte, in der Anekdote, im Volksmund, Stuttgart 1970; *Rainer Schmitz:* Die neuesten Medizinerwitze, München u. Berlin 1973; *Wayland D. Hand:* Art. ›Arzt‹ in: Enzyklopädie des Märchens, Bd. I, Berlin 1976, Sp. 849–853.

Der konfessionelle Witz

E. O. Hoppe: Geistlicher Humor, Berlin o. J. [ca. 1880]; *Albert Wesselski:* Mönchslatein. Erzählungen aus geistl. Schriften des 13. Jahrh., Leipzig 1909; *Karl Amrein:* Fazetie und Kleriker, in: Anthropophyteia 10, 1913, S. 194–204; *Euthymius Haas* [Pseudonym für: Hermann Mulert]: Der vergnügte Theologe, Giessen 1932–1937; *Hans Fluck:* Der Risus Paschalis, in:

Archiv für Rel. Wiss., 1934, S. 188 ff.; *Basilius Steidle:* Das Lachen im alten Mönchstum, in: Benediktinische Monatsschrift 20, Beuron 1938, S. 271–280; *Ernst Robert Curtius:* Die Kirche und das Lachen, in: Romanische Forschungen 53, 1939; *Heinrich Suso Braun:* Vom Humor der Christen, Innsbruck 1948; *Heinrich Schauerte:* Des Volkes Scherz und Spiel mit heiligen Dingen in: Theologie und Glaube 40, 1950; *Jan Harold Brunvand:* Jokes about misunderstood religious texts, in: Western Folklore 24, 1965, S. 199–200; *V. A. Kolve:* Religious Laughter, in: V. A. Kolve, The Play Called Corpus Christi, Stanford 1966, S. 124–144; Geistlicher Humor (Herder Taschenbuch), Freiburg 1967; *Roger Ducouret* und *Hervé Nègre:* Späße in Schwarz (Titel der frz. Originalausgabe: L'humour en soutane), Frankfurt a. M. 1976; *Hannjost Lixfeld:* Der dualistische Schöpfungsschwank von Gottes und des Teufels Herde, in: Volksüberlieferung. Festschrift für Kurt Ranke, Göttingen 1968, S. 165–179; *Kurt Steinel:* Und Gott schreibt auch auf krummen Linien grade, (1959) 12. Auflage Gelnhausen 1968; *J. P. Alston* and *L. A. Platt:* Religious Humor: A longitudinal Content Analysis of Cartoons, in: Sociological Analysis 30/4 1969, S. 217–222; *Bert Baladin:* Herr Pastor hat auch Humor, 6. Aufl. Würzburg 1969; *Jan Harold Brunvand:* As the Saints Go Marching By. Modern Jokelore concerning Mormons, in: Journal of American Folklore 83, 1970, S. 53–60; Der lachende Kirchturm. Vergnügliche Geschichten und Anekdoten (Herder-Bücherei 366), Freiburg i. Br. 1970; *Hans Bemmann:* Der klerikale Witz (Einführung v. Friedrich Heer), Olten und Freiburg i. Br. 1970; *Hans von Campenhausen:* Theologenspieß und -spaß. 400 christliche und unchristliche Scherze, Hamburg 1973; *Helmuth Thielicke:* Das Lachen der Heiligen und Narren (= Herder-Bücherei 491), Freiburg 1974; *Hannjost Lixfeld:* Confessional Jokes (Jokes about Denominations): Genre, Structure, Comic Nature and Social Function, in: VI. Congress of the International Society for Folk-Narrative Research. Abstracts, Helsinki 1974; Ich bin ja nur der Papst. Humor und Weisheit Johannes XXIII., mit einer Einleitung hrsg. von Henri Pesquet, 7. Aufl. Freiburg 1975; *Christel Köhle-Hezinger:* Evangelisch-Katholisch. Untersuchungen zu konfessionellem Vorurteil und Konflikt im 19. u. 20. Jahrh., Tübingen 1976; *Rainer Wehse:* Schwanklied und Flugblatt in Großbritannien, Diss. Freiburg i. Br., 1977; *Elfriede Moser-Rath:* Art. ›Beichtschwänke‹ in: Enzyklopädie des Märchens, Bd. II, Berlin 1977.

Der politische Witz

Henny Moos: Zur Soziologie des Witzblattes, München 1915; *N.* u. *J. Lakkas:* Humor aus der rhein. Besatzungszeit 1918–1930, Saarbrücken 1931; *Ernst Hanfstaengl:* Hitler in der Karikatur der Welt, Berlin 1933/34; *Ernst Friedrich:* Man flüstert in Deutschland, Paris/Prag 1943; *Jörg Willenbacher:* Deutsche Flüsterwitze, Karlsbad 1935; *Alfred Hessenstein:* Jokes on Hitler. Underground whispers from the Land of the Concentration Camp, London 1939; *B. D. Shaw:* Is Hitler Dead? and Best Anti-Nazi-Humor, New York 1939; *Martin Pase* [Pasemann]: Stalin im Blitzlicht der Presse und Karikatur, Dresden 1941; *A. Cerf Bennet:* The Pocket Book of War Humor, New York 1943; *Richard Hermes:* Witz contra Nazi, Hamburg 1946; *John Alexander Meier* u. *Kurt Sellin:* Geflüstertes. Die Hitlerei im Volksmund, Heidelberg 1948; *H. Ph. Iffland:* Witz als Waffe. Der politische Witz im Jahre 1948,

Mimberg b. Nürnberg 1948; *Wilhelm Hausenstein:* Die Masken des Münchner Komikers Karl Valentin, München 1948; *Karl W. Fricke:* Witz als Waffe, in: Deutsche Rundschau 78, 1952, S. 696–706; *Harry Harden:* Als wir alle Nazis waren..., Öhringen 1952/53; *Peter Poddel:* Flüsterwitze aus brauner Zeit, München 1954; *W. Königswarter:* Der Witz als Waffe, 2. Aufl. Hannover/Frankfurt 1955; *Marga Buchele:* Der politische Witz als getarnte Meinungsäußerung gegen den totalitären Staat. Ein Beitrag zur Phänomenologie und Geschichte des inneren Widerstandes im Dritten Reich. Diss. München 1955 (masch.); *Eugen Skasa-Weiß:* Bonn – streng geheim, Oldenburg 1956; *O. L. Jr. Davis:* The Sputnik Joke: Where is it? in: Tennessee Folklore Society Bulletin, (Athens, Tennessee/USA) 24, 1958, S. 1–2; *H. F. Köhler – W. F. Süsskind:* Wer hätte das von uns gedacht? Boppard 1959; *Ch. Winick:* Space Jokes as Indication of Attitudes toward Space, in: Journal of Social Issues 17/2, 1961, S. 43–49; *Mischka Kukin:* Humor hinter dem eisernen Vorhang, Gütersloh 1962; *Hans-Jochen Gamm:* Der Flüsterwitz im Dritten Reich, München 1963; *Heinrich Lützeler:* Wie sich die Bilder gleichen. Der Witz im »Dritten Reich«, in: Die Zeit, 1963, Nr. 30; *Kurt Hirche:* Der ›braune‹ und der ›rote‹ Witz, Düsseldorf 1964; *Hans-Jürgen Brandt:* Witz mit Gewehr, Stuttgart 1965; *Max Vandrey:* Der politische Witz im Dritten Reich, München 1967; *Milo Dor* u. *Reinhard Federmann:* Der politische Witz, 4. Aufl. München 1969; *Michael Schiff:* Radio Eriwan antwortet, München 1969; *Hans Speier:* Über den politischen Witz, in: Freiburger Univ. Blätter, Heft 36, Juni 1972, S. 13 ff.; *Jan Harold Brunvand:* ›Don't Shoot, Comrades.‹ A Survey of the Submerged Folklore of Eastern Europe, in: North Carolina Folklore Journal 21, 1973, S. 181–188; *Alexander Drozdzynski:* Der politische Witz im Ostblock, Düsseldorf 1974; *Michael Schiff:* Radio Eriwans Auslandsprogramm, Frankfurt a. M. 1975; *Hans Speier:* Witz und Politik. Essay über die Macht und das Lachen, Zürich 1975.

Der ethnische Witz

Wilhelm Pinder: Landkarte des Humors, in: Volk und Welt, November 1937; *Herbert Schöffler:* Kleine Geographie des deutschen Witzes, Göttingen 1955; *Peter Poddel:* Humor der deutschen Stämme, Hamburg 1938; Ganz Deutschland lacht. Die Landschaften des deutschen Humors, München 1973.

›Was nicht im Wörterbuch steht‹
Band I Sächsisch von Hans Reimann (1931), Band II Berlinerisch von Hans Ostwald (1932), Band III Bayrisch von Jos. Maria Lutz (1932), Band IV Plattdeutsch von Fritz Specht (1934), Band V Wienerisch von Hans Sassmann (1935), Band VI Schwäbisch von Sebastian Blau (1936), Band VII Schlesisch von Will Erich Peuckert (1937).

Zu nennen ist auch die Serie der Merian-Hefte, die in jeder jeweils auf eine Landschaft bezogenen Ausgabe eine Sammlung des regionalen Humors bringen.

Der Witz der großen Städte

Berlin

Theodor Fontane: Die Märker und das Berlinertum. Ein kulturhistorisches Problem, in: Deutsche Wochenschrift 1889 (abgedruckt in: »Aus dem Nachlaß«, hrsg. von J. Ettlinger, Berlin 1908, S. 295–312); *Viktor Laverrenz:* Berliner Originale. Typen aus dem Berliner Volksleben, Berlin 1900; *Gustav Manz:* 100 Jahre Berliner Humor, Berlin 1916; *Franz Lederer:* Uns kann keener. Berliner Humor. Sprache, Wesen und Humor des Berliners, Berlin o. J. [1924]; *Franz Lederer:* Ick lach ma'n Ast. Sprache, Wesen und Humor des Berliners, Berlin 1929; *Franz Lederer:* Jottlieb, drach 'n Jarten 'raus! Berliner Volkstum, Sitten und Gebräuche, Berlin 1934; *Hans Ostwald:* Der Urberliner in Witz, Humor u. Anekdote, Berlin o. J. [1927]; *Agathe Lasch:* Berlinisch. Eine Berliner Sprachgeschichte, Berlin 1928; *Hermann Fidow:* Berliner Denkmäler im Volkswitz, Berlin 1933; *H. Kügler:* Madame du Titre, eine fröhliche Berlinerin aus den Biedermeiertagen, in: Blätter für Geschichte und Heimatkunde 3, 1936, 73–86; *Willy Hellpach:* Berlinertum. Versuch einer Wesenskunde eines Großstadtmenschenschlages, in: Zs. d. Gesch. Berlins 1941, S. 45 ff.; *Hermann Krause:* Was der Grunewald rauscht, Berlin 1942; *Wilhelm Spohr:* Berliner Anekdoten, Berlin 1952; *Friedrich Trost:* Die Berliner. Ein Beitrag zur biogenetischen Demographie von Deutschlands Hauptstadt, in: Humanismus und Technik 1954; *Hans Flemming:* Über den Umgang mit Berlinern, Berlin 1954; *Adolf Glasbrenner:* Unsterblicher Volkswitz, 2 Bde., Berlin 1954; *Werner Engelbrecht:* Die Berliner in Scherz, Satire und Anekdote, Berlin 1954; *P. Rosié* und *H. Ludwig:* 150 Jahre Berliner Humor, 11. Aufl. Berlin 1955; *Heinrich Zille:* Das große Zille-Album, Hannover 1957; *Barbara Pischel:* Zur Problematik von Volksschlag und Volksüberlieferung anhand von Beobachtungen in Berlin, in: Österr. Zeitschrift für Volkskunde 61, 1958, S. 220–248; *Heinz Görz* (Hrsg.): Berliner Luft. Von Berlinern für alle Freunde Berlins, Gütersloh 1961; *Wolfgang Schadewaldt:* Berlin und die Berliner, in: Berliner Geist (1963) S. 11 ff.; *Wilhelm Franke:* So red't der Berliner, 7. Aufl., Berlin 1963; *Ulf Miehe* (Hrsg.): Zwischen Spree und Krumme Lanke. Berliner Witz, Gütersloh 1964; *Hans Meyer:* Der richtige Berliner in Wörtern und Redensarten, 10. Aufl., bearbeitet von Walther Kiaulehn, München 1965; *Ingeborg Weber-Kellermann:* Der Berliner. Versuch einer Großstadtvolkskunde und Stammescharakteristik, in: Hess. Blätter für Volkskunde 56, 1965, S. 9–30; *Heinz Götz:* Berliner Luft, München 1968; *Max Baer:* Der Witz der Berliner, München 1969.

Hamburg

Vera Möller: Klein-Erna. Ganz dumme Hamburger Geschichten, 5 Bde., Hamburg 1950–1964; *Helmuth Thomsen:* Geburt und Kindheit Klein-Ernas, Hamburg 1961; *Helmuth Thomsen:* Materialien zur Entstehungsgeschichte von ›Klein-Erna‹, in: Beiträge zur Deutschen Volks- und Altertumskunde 7, 1963, S. 43–68; *Paul Wriede:* Hamburger Volkshumor in Redensarten und Döntjes, Hamburg 1924; *Heinrich Deiters:* Da lacht der große Michel. Hamburger Geschichten, Anekdoten und Döntjes, 2. Aufl., Hamburg 1941; *Ernst Oehrlein:* Zwischen Jungfernstieg und Reeperbahn. Ein lustiges Hamburger Buch, Hamburg 1943; *Hans Claus Roewer:* Hamburger Grog. Einige Runden deftiger Döntjes und Anekdoten aus der alten und neuen Hansestadt, 3. Aufl., Hamburg 1952; *Franz Th. Mönckeberg:* Hamburger Kaleidoskop. Hamburger Schnurren und Denkwürdigkeiten, Hamburg 1954; *Johannes Sass:* Hamburger Originale und originelle Hamburger, Hamburg 1956; *Carl Budich:* Heiteres Hamburg, Hamburg und Lübeck 1958; *Carl Budich:* Der Witz der Hamburger, München 1970.

Köln

Paul Mies: Das kölnische Volks- und Karnevalslied, Köln 1951; *K. H. Bodensiek:* Von der besonderen Form des Kölner Witzes, in: Rhein.-Westf. Zeitschrift für Volkskunde 7, 1960, S. 227 ff.; *Heinrich Carl Ständer:* Humor im Volksmunde der Großstadt, in: Rhein.-Westf. Zeitschrift für Volkskunde 8, 1961, S. 197–206; *Heinrich Lützeler:* Philosophie des Kölner Humors, 15. Aufl. Honnef/Rh. 1965; *Tünnes Ludes:* Tünnes- und Schäl-Witze, Köln o. J.; *Joseph Klersch:* Volkstum und Volksleben in Köln, 2 Bde., Köln 1965 und 1967; *Fritz Hönig:* Wörterbuch der Kölner Mundart, Köln 1905, Neudruck Köln 1952; *Wilhelm Koch:* Ömmerjööncher. Lustige Kölsche Verzällcher, 2 Teile, Köln o. J. [1909]; *August Hoursch:* Kölsche Krätzcher, Köln o. J.; *Heinrich Lützeler:* Kölner Humor in der Geschichte, Honnef/Rh. 1960: *Rudolf Reuter:* Tünnes un Schäl us Kölle am Rhing, Hamburg 1965; *Hans Schmitt-Rost:* Kölsch wie es nicht im Wörterbuch steht, Frankfurt 1968; *Aleks* [Alfred E. Küsshauer]: Gestatten, Schmitz aus Köln, Köln 1969; *Günther Imm:* Köln (Humor unserer Stadt), Stuttgart 1972; Tünnes- und Schäl-Witze (Fischer Taschenbuch 1725), Frankfurt a. M. 1976.

Wien

Sebastian Grill (Hrsg.): Graf Bobby und Baron Mucki, 3. Aufl., München 1940; *Rudolf Holzer:* Wiener Volks-Humor, Wien 1943; *Hermann Hakel:* Wienarrische Welt, Wien 1961; *Otto Herr:* Graf Bobby und Frau Pollack, o. J., o. O.; *Erik Graf Wickenburg:* Armer Graf Bobby. Über den österreichischen Witz, o. O., o. J.; *Richard Nimmerrichter:* Der Witz der Wiener, München 1970; *Leopold Schmidt:* Wiener Schwänke und Witze der Biedermeierzeit, Wien 1946; *Ulrich Kraiss* (Hrsg.): Kleine Geschichten aus Österreich, Stuttgart 1950; *Maria Lang-Reitstätter:* Lachendes Österreich. Österreichischer Volkshumor, 2. Aufl. Salzburg 1948; *Hans Schallinger:* Österreichischer Witz, München 1969; *Richard Staffler:* Humor in Südtirol, 2. Aufl. Innsbruck-Wien-München 1970.

Einzelne Ethnien

Schwaben

Albrecht Keller: Die Schwaben in der Geschichte des Volkshumors, Freiburg 1907; *Bolte – Polívka* II, 555–560 (zu KHM 119 ›Die sieben Schwaben‹); *Theodor Haering:* Rede auf Alt-Tübingen, Jubiläumsausgabe Tübingen 1935; *Sebastian Blau* [Josef Eberle]: Schwäbisch, 2. Aufl. München 1946; *Theodor*

Haering: Schwabenspiegel, 1949; *J. Illerfeld:* Schwäbischer Humor, Stuttgart o. J.; *Hugo Moser:* Schwäbischer Volkshumor, Stuttgart 1950; *Heinrich Haselberger:* Schwabenstreiche, 4. Auflage, Augsburg 1953; *Alfred Weitnauer:* Die Allgäuer Rasse, Kempten 1956; *Alfred Weitnauer:* Auch Schwaben sind Menschen, Kempten 1959; *Alfred Weitnauer:* Lachendes Allgäu, Kempten o. J.; *Fritz Rahn:* Der schwäbische Mensch und seine Mundart, Stuttgart 1962; *Karl Fuss:* Die Schwaben im Spott- und Zerrspiegel, o. J., o. O.; *Franz Georg Brustgi:* Heiteres Schwabenbrevier, Reutlingen o. J.; *Heinz-Eugen Schramm* (Hrsg.): Gogenwitze, 4. Aufl. Tübingen 1961; *Heinz-Eugen Schramm,* L.M.I.A.: Des Ritters Götz von Berlichingen denkwürdige Fensterrede, Gerlingen 1967; *Alfred Weitnauer:* Auf der schwäbischen Eisenbahn, Kempten 1970; *Heinz-Eugen Schramm:* Schwaben wie es lacht, Frankfurt 1970; *Thaddäus Troll* [Hans Bayer]: Deutschland deine Schwaben, 5. Aufl., Hamburg 1970; *Hermann Bausinger:* Zur politischen Kultur Baden-Württembergs, in: Baden-Württemberg. Eine politische Landeskunde, Stuttgart 1975, S. 13–40; *Paul Zinsli:* Freundnachbarlicher Walserspott, in: Wir Walser, 14, Nr. 2, 1976, S. 2–7.

Bayern

F. J. Bronner: Bayerisches Schelmen-Büchlein. 165 Schwänke und Schnurren über bayerische Ortsneckereien..., Diessen 1911; *Paul Lang:* Schnurren und Schwänke aus Bayern, 1929; *Strabo* (Pseudonym): Schnick-Schnack. Bayerische Witze, 3. Aufl. Kaufbeuren 1936; *Paul Lang:* Schnurren und Schwänke aus Bayern. Ein lustiges Volksbuch, Bamberg o. J.; *Paul Lang:* Volksbuch aus Bayern, o. J.; *Eduard Stemplinger:* Sachan gibts. Schnacksen aus Baiern, Erfurt 1943; *Josef Voment:* Das weißblaue Maul. Seebruck am Chiemsee 1949; *Anton Schwind:* Bayern und Rheinländer im Spiegel des Pressehumors von München und Köln, München und Basel 1958; *Karl Valentin:* Gesammelte Werke, München 1961; *Ferdl Weiß:* Bayrische Schmankerln, München 1960–1967; *Anton Schwind:* Da legst di nieder, Pfaffenhofen 1963; *Bernhard Metius:* Altbayrisches Witzbrevier, München 1966; *Johannes Ambros:* Münchner Anekdoten, Pfaffenhofen 1966; *Oskar Maria Graf:* Bayrisches Lesebücherl, Hannover 1966; *Ludwig Hollweck:* Weiß-blau und heiter, München 1967; *Felix Rexhausen:* Mit Bayern leben, 7. Aufl. Offenbach a. M., 1969; *Valentin Vogl:* Der Witz der Bayern, München 1969; *Günther Kapfhammer* (Hrsg.): Bayerische Schwänke, ›dastunka und dalogn‹, Düsseldorf u. Köln 1974.

Schweiz

Altschweizerische Sprüche und Schwänke. Aus einer Handschrift des Schweizerischen Idiotikons, hrsg. von den Mitgliedern der Redaktion, Frauenfeld 1941; *Josef Müller:* Sagen, Märchen, Anekdoten und Witze aus verschiedenen Kantonen, in: Schweizer Volkskunde 14, 1921–1924, S. 25–36; *Elfriede Moser-Rath:* Der Schweizer in der deutschen Schwankliteratur, in: Schweiz. Archiv für Volkskunde 62, 1966, S. 7–28; *Alfred Tobler:* Der Appenzeller Witz, 15. Aufl. Rorschach 1967; *Max Rüeger:* Auto Radio Schweiz, Bern 1968; *Alois Senti:* Sargaaserlinder Stüggli, Basel 1968; *Fritz Herdi:* Schweizer Witz, 2.

Aufl., München 1969; Alte und neue Webstübler-Witze, Bern 1970; *Hansruedi Lerch:* Dällebach Kari, Bern 1971.

Sachsen

Hans Reimann: Sächsische Miniaturen, Berlin und Leipzig 1921, zuletzt Frankfurt a. M. 1957; *Hans Reimann:* Dr Geenij. In Memorian Friedrich August von Sachsen, Hannover und Leipzig 1923 (und später in mehreren Auflagen); *Kurt Arnold Findeisen:* Sächsisches Lachen, Leipzig 1926; *Fritz Karg:* Sächsischer Volkswitz, in: Mitteldt. Blätter für Volkskunde 5, 1930, S. 2–11; *Fritz Karg:* Abschnitt ›Witz‹ in: Grundriß d. Sächs. Volkskunde, hrsg. v. W. Frenzel, F. Karg u. A. Spamer, Leipzig 1932, S. 258–264; *Alfred Baresel:* Frohes Volk, vergnügte Sachsen, Frankfurt 1962; *Dieter Wild:* Deutschland deine Sachsen, Hamburg 1966; *Ehrhard Heindl:* Sachsen wie es lacht, Frankfurt 1968; *Markus Lewe:* Der Witz der Sachsen, München/Wien/Basel 1969.

Oberschlesien

F. v. Gerhardt: Erzählungen schlesischer Städter, in: Anthropophyteia 7, 1910, S. 323–324; *Wilhelm Menzel:* Schlesisicher Humor, München 1949; *Alfons Hayduk:* Allzu Oberschlesisches: Anekdoten von Antek und Frantek, in: Flüchtlingskurier, Bremen, 1949, Nr. 50/51; Die Unsterblichen: Antek und Frantek aus Oberschlesien, in: Schlesische Rundschau, Stuttgart 1949, Nr. 1; *G. Nickel:* Antek und Frantek und die deutsche Sprache, in: Schlesische Rundschau, Stuttgart 1949, Nr. 2; Schluß mit Antek und Frantek. (Entschließung der Oberschlesier in der Landsmannschaft der Schlesier, Hameln), in: Breslauer Nachrichten, Cham/Oberpfalz, 1949, Nr. 21; *Heinrich von Lüttwitz:* Schlesische Anekdoten, in: Schlesische Rundschau, Stuttgart 1949, Nr. 2; *Alfons Hayduk:* Das Hausbuch des schlesischen Humors, München o. J.; *Hans Rössler:* Is Schläsisch ihs mer oageboarn, München o. J.; *Will-Erich Peuckert:* Schlesisch, München 1950; *Albrecht Baehr:* Schlesisches Lachen, München 1963; *Willem Menzel:* Sieba Packsla schläs'sche Sacha, München 1966; *Hanns Neumann:* Hier lacht Breslau, München 1967; *Hanns Neumann:* Hier lacht Schlesien, Wolfenbüttel 1968; *Albrecht Baehr:* Schlesien Gestern und Heute, München 1970; *Hugo Hartung:* Deutschland deine Schlesier, Hamburg 1970; *Otto Lukas:* Lausitzer Leutchen. Idyllen und Schwänke, 2. Aufl. Berlin 1924; *R. Scharnweber* und *O. Jungrichter:* Sagen, Anekdoten und Schnurren aus dem Kreise Luckau, Nieder-Lausitz, Verlin-Ablershof 1933; *Paul Nedo:* Lachende Lausitz: Sorbische Volksschwänke, Leipzig 1957; *Ernst Günther Bleisch:* Heitere Leute von Oder und Neisse, München 1958.

Ostfriesen

Roger L. Welsch: American numskull tales. The Polack joke, in: Western Folklore 26, 1967, S. 183–186; *William M. Clements:* The Types of the Polack Joke, in: Folklore Forum, Bibliographic and Special Series Nr. 3, Bloomington/Indiana 1969; *Jan Harold Brunvand:* Some thoughts on the ethnic-regional riddle jokes in: Indiana Folklore 3, 1970, S. 128–142; *Onno Freese* (Pseudonym): Ostfriesen-Witze, Wiesbaden 1971; *Enno von Rentjeborgh:* Ostfriesen-Witze, Wiesbaden 1971; *Karl-Heinz Janßen:* Warum fahren die Ostfriesen im Panzer zum Melken? Eine Analyse der jüngsten deutschen Witzwelle, in: Die Zeit, 3. Dez. 1971; *Larry Wilde:* The official Polish Joke Book, New York 1973; *Gert Raeithel:* Lach, wenn du kannst. Der aggressive Witz von und über Amerikas Minderheiten, München 1972; *Ingelise Andersen* und *Leif Varmark:* Wa? – Nåh ja!, Kopenhagen 1974; *Bengt Holbek:* The ethnic joke in Denmark, in: Unifol (Institut for Folkemindevidenskab, Københavns Universitet) København 1975, S. 45–55; *Bengt Holbek:* The ethnic joke in Denmark, in: Miscellanea Prof. Dr. K. C. Peeters, Antwerpen 1975, S. 327–335; *Eibe Krögersen:* Ostfriesenwitze (= Fischer Taschenbuch 1793), Frankfurt am Main 1977.

Weitere regionale Witzsammlungen

Niederdeutschland (allg.)

Johann Kruse: De starke Baas, Jena 1927; *Gottfried Brunner:* Vom Geist des plattdeutschen Humors, in: Zeitwende, 8, 1932; *Johann Kruse:* Der starke Klas. Niederdeutsche Volkserzählungen, Hamburg 1949; *Hinrich Kruse:* Wat sik dat Volk vertellt. Nedderdüütsche Volksgeschichten, Rendsburg 1953; *H. Bunje:* Der Humor in der niederdeutschen Erzählung des Realismus, 1953; *Hans Warninghoff:* Dit un dat up platt, Bremen 1960; *Carl Budich:* Wat dat nich all gifft!, Lübeck 1967; *Carl Budich:* Lachen mutt sien. Eine Auswahl plattdeutscher Döntjes, Lübeck 1968; *Carl Budich:* Vun Seelüüd un Landrotten, Lübeck 1970; *Gerd Lüpke:* Von Dod und Düwel, Hekt un Hirsch, Norddeutscher Rundfunk, Hamburg 1971; *Hans Henning Holm:* Niederdeutscher Volkshumor. Eine Sendereihe des Norddeutschen Rundfunks. Manuskript.

Niedersachsen

Wilhelm Pessler: Niedersachsens Humor und Witz, in: Die Kunde. Mitteilungsblatt für die Volkskunde Niedersachsens, Hildesheim 1944, S. 111–125; *Werner Schumann:* Lütje Lagen. Hannoverische Anekdoten und Geschichten, Hannover 1950; *Werner Schumann:* Der Witz der Niedersachsen, München 1970.

Bremen

Anton Kippenberg: Geschichten aus einer alten Hansestadt, Leipzig 1936; *Karl Lerbs:* Der lachende Roland, Berlin 1938; *Carl Thalenhorst:* Bremen binnen und buten. Wissenswertes und Vergnügliches, 2 Bde., Bremen 1955 u. 1957; *Diedrich Steilen:* Tagenbaren högt sik. Bremischer Volkshumor, Bremen 1960.

Schleswig-Holstein

Paul Selk: Volksschwänke und Anekdoten aus Angeln, Hamburg 1949; *Paul Selk:* Schwänke aus Schleswig-Holstein, Hamburg 1961; *Eduard Edert:* Dat har noch leeger warrn kunnt. Schleswig-Holsteinischer Humor, 2. Aufl. Neumünster 1961.

Mecklenburg

Richard Wossidlo: Aus dem Lande Fritz Reuters, Leipzig 1910; *Gottfried Henssen* (Hrsg.): Mecklenburger erzählen, Berlin 1958; *Dewitz-Cölpin:* Mecklenburgische Anekdoten, Hamburg 1962; *Siegfried Neumann:* Der mecklenburgische Volksschwank, sein sozialer Gehalt und seine soziale Funktion, Berlin 1964; *Siegfried Neumann:* Volksschwänke aus Mecklenburg aus der Sammlung Richard Wossidlos, 3. Aufl., Berlin 1965; *Gerd Lüpke:* Der Mecklenburger und sein Humor, Radio Bremen 1968; *Siegfried Neumann:* Plattdeutsche Schwänke, Rostock 1968; *Siegfried Neumann:* Ein mecklenburgischer Volkserzähler. Die Geschichten des August Rust, 2. Aufl. Berlin 1970.

Pommern

Plattdeutsche Scherze und Schwänke aus unserer ostpommerschen Heimat, in: Bütower Schloßkalender 1934; *Karl Plenzat:* Bauernspiegel. Schwänke usw., Leipzig 1936; *W. Gauss:* Das fröhliche Pommernbuch. Volkshumor von der Waterkant, 1951.

Ostpreußen

Humor aus Ostpreußen, München 1952.

Hessen

Heinrich Ruppel u. *Johann Schwalm:* Schnurrant aus Hessenland, Melsungen 1933; *Ferdinand Werner:* Mir lache als. Eine Sammlung hessisch-fränkischen Humors, Gießen 1935; *P. Heidelbach:* Hessische Schwänke des 16. Jahrhunderts, 1951.

Rhein- und Moselland

Wilhelm Ruland: Altrheinische Schwänke, München 1924; *Theodor Seidenfaden:* Das rheinische Narrenschiff. Alte und neue Schwänke, Leipzig 1926; *Hermann Jung:* Fischers Maathes und seine Kumpane, Borna b. Leipzig und Düsseldorf 1936; *Kremer:* Das lachende Eifeldorf, 1940; *Franz Peter Kürten:* Schnurren vom Rhein, Köln 1941; *Laurenz Kiesgen* und *Wilhelm Spael:*

Rheinischer Volkshumor, Essen 1941; *N. Lackas:* Witze und Spässe vom Fischers Maathes, 5. Aufl., Saarbrücken 1952; *H. Müller-Schlösser:* Der rheinische Humor, in: Das Tor. Düsseldorfer Heimatblätter 19, 1953, Nr. 2; *Karl Meisen:* Rheinische Volksetymologie. Ein Beitrag zur rheinischen Wort- und Namenskunde und zum rheinischen Volkshumor, in: Rhein.-Westf. Zeitschrift für Volkskunde 2, 1955, S. 201—238; *Johanna Arndt:* Westerwälder Humor, 2. Aufl. Marienberg/Westerw. 1960.

Westfalen

Heinrich Gathmann: Westfälisches Schwankbuch, Dortmund 1922; *Josef Winckler:* So lacht Westfalen, Honnef o. J.; *Gottfried Henssen:* In de Uhlenflucht. Plattdeutsche Schwänke und Märchen aus Westfalen, 3. Aufl. Münster i. W. 1952; *Siegfried Kessemeier:* Westfalen wie es lacht, Frankfurt 1970; *Rainer Schepper:* Kleine Lektion über westfälischen Humor, Münster 1971;

Pfalz und Saarland

F. W. Hebel: Pfälzer Humor in Sprache und Volkstum, Kaiserslautern 1917; *Hermann Moos:* Köpfe, Schöpfe, Tröpfe. Unglaublich-unglaubhafte Geschichten aus der Pfalz und drumherum, Stuttgart 1939; *Ebel/Meininger:* 1000 Worte Pfälzisch, Neustadt 1965; *Ernst Johann:* Deutschland, deine Pfälzer, Hamburg 1971; *Hajo Knebel:* Die Pfalz, wie sie lacht, Frankfurt 1971; *Elsbeth Janda:* Kurpfalz (Humor unserer Heimat) Stuttgart 1972.
Aloys Lehnert: Von saarländischem Volkshumor und Volkswitz, Saarbrücken 1965.

Baden

Adam Schölb: Das große Blumepeter-Buch, 4. Aufl. Mannheim 1969; *Elsbeth Janda:* Heidelberg (Humor unserer Stadt), Stuttgart 1971; *Günther Imm* (Hrsg.): Baden wie es lacht, 2. Aufl. Frankfurt/Main 1973; *Heinz Bischof* (Hrsg.): Horch emol her... Eine badische Witzparade, Karlsruhe 1974; *Karl Kurrus:* Der Witz der Alemannen, München 1975.

Elsaß

Otfried v. Zeltingen: Riss mir e Bein erüs. Ein Buch mit über 500 elsässischen und anderen Witzgeschichten..., Traendheim 1971.

Der jüdische Witz

A. J. Baumgartner: L'Humor dans l'ancien testament, Lausanne 1896; *Wehman, Bros.:* Hebrew Yarns, Jokes and Stories, New York 1919; *Chajim Bloch:* Ostjüdischer Humor, Berlin 1920; *Eduard Fuchs:* Die Juden in der Karikatur, München 1921; *Yoshua Hana Rawnitzki:* Yidishe Witzn, Berlin 1922; *A. Drujanow:* Sefer habdicha wehachidud, Frankfurt, Moskau, Odessa 1922; *Alexander Moszkowski:* Der jüdische Witz und seine Philosophie, Berlin 1923 (und spätere Auflagen); *M. Lipson:* Di welt dercejlt, New York 1928; *Willy Haas:* Ein Versuch über den jüdischen Witz, in: Literarische Welt, Berlin 1928; *A. Almi:* Interessante majselech un wicn wos judn hobn gesafn wegn Amerike, New York 1928; *Theodor Reik:* Zur Psychoanalyse des jüdischen Witzes, in: Imago 15, 1929, S. 63–88; *I. Ashkenazy:* Oytsres fun Yiddishen Humour, New York 1929; *Edouard Hitschmann:* Zur Psychologie des jüdischen Witzes, in: Psychoanalytische Bewegung, vol. II, 1930; *Chajim Bloch:* Das jüdische Volk in seiner Anekdote, Berlin 1931; *Immanuel Olsvanger:* Rosinkess mit Mandlen. Aus der Volksliteratur der Ostjuden, Basel 1931, 3. Aufl. Zürich 1965; *Jonas Krepptl:* Wie der Jude lacht. Anthologie jüdischer Witze, Satiren, Anekdoten, Humoresken, Aphorismen, Wien 1933; *Samuel Felix Mendelsohn:* The Jew Laughs. Humerous Stories and Anecdotes, Chicago 1935; *Jacob P. Kohn* and *Ludwig Davidsohn:* Jewish Wit and Humor, in: The Universal Jewish Encyclopedia, New York 1943, vol. 10, S. 545–47; *Rufus Learsi* [Israel Goldberg]: The Book of Jewish Humor. Stories of Jewish Wit and Wisdom, New York 1947; *Nathan Ausubel:* A Treasury of Jewish Folklore, New York 1948; *Dov Sadan:* Ka'arat Tsimukim, Tel-Aviv 1949; *Irving Howe:* The nature of Jewish laughter, in: The New American Mercury 72, 1951, S. 211–212; *Samuel Felix Mendelsohn:* The Merry Heat. Wit and Wisdom from Jewish Folklore, New York 1951; *Ephraim Davidson* (ed.): Sehok Pynu (Our Mouth's Laughter). Anthology of Humour and Satire in Ancient and Modern Hebrew Literature, Tel-Aviv 1951; *Jacob Richman:* Jewish Wit and Wisdom, New York 1952; *Theodor Reik:* Freud and Jewish Wit, in: Psychoanalysis, 2 (3), 1954, S. 12–20; *Edmund Bergler:* Laughter and the Sense of Humor, New York 1956; *Hermann Hakel* (Hrsg.): Von Rothschild, Schnorrern und anderen Leuten, Freiburg 1957; *Ephraim Davidson:* Sehok le Israel, Ramat Gan 1958; *B. Rosenberg – G. Shapiro:* Marginality and Jewish Humor, in: Midstream 4, 1958, S. 70–80; *Robert Graves:* What it feels like to be a Goy, in: Commentary 27, 1959, S. 413–419; *Salcia Landmann:* Der jüdische Witz. Soziologie, Sammlung und Glossar, Olten und Freiburg i. Br. 1960, 8. Auflage 1970, 17. Aufl. (dtv) 1975; *Richard M. Dorson:* Jewish-American Dialect Stories on Tape, in: Studies in Biblical and Jewish Folklore, eds. R. Patai, F. L. Utley and Dov Noy, Bloomington 1960; *Richard M. Dorson:* More Jewish Dialect Stories, in: Midwest Folklore 10, 1960, S. 133–146; *Rufus Learsi* (Israel Goldberg) Filled with Laughter, A fiesta of Jewish Folk Humor, London 1961; *Friedrich Torberg:* ›Wai geschrien!‹ oder Salcia Landmann ermordet den jüdischen Witz, in: Der Monat 14, 1961, Heft 157, S. 48–65; *Friedrich Torberg:* Drehn Sie sich um Frau Lot, München 1961; *H.* u. *R. Nicklas* (Hrsg.): Schnorrer – Schadchen – Rabbi. Eine Blütenlese jüdischer Witze, Wiesbaden o. J.; *Rudolf Glanz:* The Jew in the Old American Folklore, New York 1961; *Theodor Reik:* Jewish Wit, New York 1962; *Dov Noy:* Hakayemet bdihat-am yehudit? (Gibt es einen jüdischen Witz?), in: Makhanaim 1962, Nr. 67; *Dov B. Lang:* On the Biblical Comic, in: Judaism 11, 1962, S. 249–254; *J. Hes, – J. Levine,* Kibbuts Humor, in: Journal of Nervous and Mental Diseases 135, 1962, S. 327–331; *Max Präger* und *Siegfried Schmitz* (Hrsg.): Jüdische Schwänke. Eine volkskundliche Studie, Wiesbaden o. J. [1964]; *Ed Cray:* The Rabbi-Trickster, in: Journal of American Folklore 77, 1964, S. 331–345; *Salcia Landmann:* Jüdische Anekdoten und Sprichwörter,

München 1965; *Heda Jason:* The Jewish Joke. The Problem of Definition; in: Southern Folklore Quarterly 31, 1967, S. 49–54; *Fritz Muliar:* Damit ich nicht vergeß' Ihnen zu erzählen, Hamburg 1967; *Haim Schwarzbaum:* Studies in Jewish and World Folklore, Berlin 1968; *Leo Rosten:* The Joys of Yiddisch, New York 1970; *Hermann Hakel* (Hrsg.): Wenn der Rebbe lacht. Anekdoten, München 1970; *Jan Meyerowitz:* Der echte jüdische Witz, Berlin 1971; *Dan Ben – Amos:* Jewish Humor. The Concept from a new viewpoint, in: Folklore Research Center Studies, Vol I ed. by Dov Noy and Issachar Ben-Ami, Jerusalem 1970, S. 25–34; *Dan Ben – Amos:* The ›Myth‹ of Jewish Humor, in: Western Folklore 32, 1973, S. 112–131; *Rudolf Glanz:* The Jew in early American wit and graphic humor, New York 1973.

Der interethnische Vergleich

Ernest Barker: National Character and the Factors in its Formation, London 1927; *Constance Rourke:* American Humor. A study of the national character, New York 1931; *W. Buchanan* and *H. Cantril:* How Nations see each other, Urbana 1953; *Georges A. Heuse:* La psychologie ethnique, Paris 1953; *Kripal Singh Sodhi* und *Rudolf Bergius:* Nationale Vorurteile, Berlin 1953; *James N. Tidwell* (ed.): A treasury of American folk humor, New York 1956; *Richard Dorson:* The rise of native folk-humor, in: American Folklore, Chicago 1959, S. 39–73; *F. R. Hofstätter:* Das Denken in Sterotypen, in: Vortragsreihe der Niedersächs. Landesregierung zur Förderung der wiss. Forschung. Heft 15, Hannover 1959; *H. C. J. Duijker, N. H. Frijda:* National Character and National Stereotypes, Amsterdam 1960; *Paul Grieger:* La caractérologie ethnique, Paris 1961; *V. Mercier:* The Irish Comic Tradition, Oxford 1962; *Wanda Baeyer-Katte* (Hrsg.): Vorurteile – ihre Erforschung und Bekämpfung, Frankfurt am Main 1964; *K. G. von Stackelberg:* ›Alle Kreter lügen.‹ Vorurteile über Menschen und Völker, Düsseldorf u. Wien 1965; *L. Hughes* (Hrsg.): The Book of Negro Humor, New York 1966; *Don Martindale* (ed.): National Character in the Perspective of the Social Sciences, in: Annals of the American Academy of Political and Social Science 370, 1967, S. 1–167; *W. Manz:* Das Stereotyp. Zur Operationalisierung eines sozialwissenschaftlichen Begriffs, Meisenheim am Glan 1968; *Neil V. Rosenberg:* Stereotype and tradition. White Folklore about Blacks, 2 Bde., Diss. Bloomington/Indiana 1970; *Walter P. Zenner:* Joking and Ethnic Stereotyping, in: Anthropological Quarterly 43, 1970, S. 93–113; *Alan Dundes:* The Jew and the Polack in the United States, in: Journal of American Folklore 84, 1971, S. 186–203; *G. W. Allport:* Die Natur des Vorurteils, Köln 1971; *U. Quasthoff:* Soziales Vorurteil und Kommunikation, Frankfurt 1973; *Angelika Wenzel:* Zur Bestimmung und Klassifikation von Stereotypen. Eine empirische Untersuchung, Mag. Arbeit Freiburg i. Br. 1976.

Der Bildwitz

Charles Baudelaire: De l'essence du rire et généralement du comique dans les arts plastiques, Paris 1855; *Jules Fleury-Husson* [Pseudon.: Champfleury]: Histoire générale de la caricature, 5 Bde., Paris 1865–1880; *George Everitt:* English Caricaturists and Graphic Humourists, London 1866; *Thomas*

Wright: A history of Caricature and Grotesque in Literature and Art, London 1875 (Repr. New York 1968); *J. F. F. Champfleury:* Histoire de la Caricature moderne, Paris 1885, 3. ed. Paris o. J. (1903); *Jean Grand-Carteret:* Les moeurs et la caricature en Allemagne, en Autriche et en Suisse, Paris 1885; *Alexandre Arsène:* L'art du rire et de la caricature, Paris 1895; *Eduard Fuchs:* Die Karikatur der europäischen Völker vom Altertum bis zur Neuzeit, 2. Bde., 2. Aufl. Berlin 1902; *A. B. Maurice:* History of Caricature, London 1904; *Paul Gaultier:* Le rire et la caricature, Paris 1906; *George Paston:* Social Caricature in the Eighteenth Century, London 1910; *Theodor Heuss:* Zur Ästhetik der Karikatur, 1910, Neudruck Stuttgart 1954; *Henny Moos:* Zur Soziologie des Witzblattes, München 1915; *Ferdinand Avenarius:* Das Bild als Verleumder, München 1915; *André Blum:* La caricature révolutionnaire, Paris 1917; *Cornelis Veth:* Geschiedenis van de nederlandsche caricatuur, Leiden 1921; *Henri Avelot:* Traité pratique de la caricature et du dessin humoristique, Paris 1932; *W. Murell:* A history of American graphic humor, New York 1933; *W. R. Juynboll:* Bijdrage tot de geschiedenis van de Caricatuur, 1934; *Carl-Heinz Albrand:* Foto-Humor, Fotomontage, Scherz, Ulk und Trick, Halle 1934; *Ernst Kris:* Zur Psychologie der Karikatur, in: Imago 20, 1934, S. 450–466; *Ernst Kris:* The Psychologie of Caricature, in: International Journal of Psycho-Analysis 17, 1936, S. 285–303; *William Murrel:* A History of American Graphic Humor (1865–1938), New York 1938; *Marc Chapiro:* L'illusion comique, Genf und Paris 1940; *Charles Lalo:* Esthétique du rire, Paris 1949; *E. Scheidl:* Die humoristisch-satirische Presse in Wien von den Anfängen bis 1918 und die öffentliche Meinung, Diss. Wien 1950; *A. Plebe:* La nascita del comico, Bari 1956; *Philippe Robert-Jones:* La presse satirique illustrée entre 1860 et 1890, Paris 1956; *Werner Hofmann:* Die Karikatur von Leonardo bis Picasso, Wien 1956; *R. G. G. Price:* A history of Punch, London 1957; *Wolfgang Kayser;* Das Groteske, seine Gestaltung in Malerei und Dichtung, Oldenburg und Hamburg 1957; *Bob W. Hindersin:* Sowjetrussische Karikatur und Satire, Hamburg 1959; *Roger Price:* Droodles, New York 1963; *Enrico Gianeri:* Storia della caricatura, Mailand 1959; *Richard Wenzel Eichler:* Die tätowierte Muse. Eine Kunstgeschichte in Karikaturen, Velbert u. Kettwig 1965; *Jean-Pierre Cèbe:* La caricature et la parodie dans le monde roumain antique, Paris 1966; *Klaus Haese:* Die gesellschaftskritische Karikatur im ›Simplizissimus‹, Diss. Greifswald 1966; *Leo Stern:* Despotie in der Karikatur, Berlin 1966; *Pierre Couperie* und *Maurice C. Horn:* A history of the comic strip, New York 1968; *Anton Sailer:* Die Karikatur, ihre Geschichte, ihre Stilformen und ihr Einsatz in der Werbung, München 1969; *Ralp E. Shikes:* The indignant Eye, Boston/Mass. 1969; *Günter Metken:* Comics, Frankfurt am Main 1970; *Violette Morin:* Le dessin humoristique, in: Communications 15, 1970, S. 110–131; *Reinhold C. Reitberger* und *Wolfgang J. Fuchs:* Comics. Anatomie eines Massenmediums, München 1971; *Martin Sheradin:* Comics and their creators, 1944, Reprint New York 1971; *Ernst H. Gombrich:* The Cartoonist's Armoury, London 1971; Look Book, Frankfurt 1971; *Wolfgang Kempkes:* Bibliographie der internationalen Literatur über Comics, München-Pullach, Berlin 1971; *Werner Grabinger* (Hrsg.): Lachende Welt. 700 der besten internationalen Cartoons, München u. Zürich 1972; *E. Schneider:* Karikatur und Satire als publizistische Kampfmittel. Ein Beitrag zur Wiener humoristisch-satirischen Presse des 19. Jahrh., Diss. Wien 1972; Sachen zum Lachen. Populärer Humor im 19. Jahrhundert (Ausstellungskatalog des Ludwig-Uhland-Instituts o. O. o. J. [Tübingen 1973]); *Wolfgang K. Hünig:* Strukturen des Comic Strip (Studia

Semiotica 6), Hildesheim–New York 1974; *Dietger Pforte:* Comics im ästhetischen Unterricht, Frankfurt am Main 1974; *Ulrike Nagel:* Zur Neuschöpfung volkstümlicher Phantasiefiguren: Der Nikolaus, Staatsexamensarbeit Freiburg i. Br. 1975; *Ulrike Nagel:* Der Weihnachtsmann in der Werbung, in: Oostvlamse Zanten, Gent 1975, S. 226–233; *Michel Melot:* Die Karikatur. Das Komische in der Kunst, (Titel der frz. Originalausgabe: ›L'Oeil qui rit‹) Stuttgart 1975; *Heinz Kindermann:* Die Karikatur als Quelle der Publikumsforschung (Österr. Akademie d. Wiss., Phil. Hist. Klasse 301), Wien 1975; *Georg Piltz:* Geschichte der europäischen Karikatur, Berlin 1976; *Jean-Pierre Desclozeaux* (Hrsg.): Festival der Cartoonisten, Oldenburg und Hamburg 1976.

Register

Aarhusianer-Witze 221, 274
Aarne, A. 175, 315
Abderiten 186
Abkürzungswitze 46 f., 228
Abraham a Santa Clara 56, 60
Abrahams, R. D. 312f.
abstrakt und konkret 104 f.
absurde Witze 33, 37, 127, 131, 271, 296, 298
Achtergewicht 14, 124, 186, 285 f.
Ad-absurdum-Führen 111, 298
Adam und Eva 13 f., 171 f., 262, 295, 297
Adelige 191, 244
Adenauer, K. 7, 27, 147, 206 f.
Advokaten 190
Affenwitze 135
Aggressionen 5, 10–22, 25 f., 29, 36 f., 104, 150, 153, 156, 158, 164, 169, 171, 191 ff., 195, 197, 199, 211, 215, 218, 225, 259, 263, 273, 275, 285, 292, 304
agrarische Verhältnisse 219, 224, 272
Aktualisierung 171
Akzentverschiebung 156, 277 f.
alberne Witze 130
Allgäuer Witz 220 f.
Almosen der Minne 23
alte Jungfern 2, 104, 172, 199
alte Leute 13, 80, 161 f., 174, 207, 231
Alter Fritz, s. Friedrich d. Große
alter Hildebrand 154
Amerika 118, 162, 175, 212, 273 f., 276
Amerikaner-Witze 11, 51 ff., 101, 121, 124, 166, 168, 272, 278, 280, 285–288, 290
Amtsdeutsch 76 f.
Anachronismen 127
Analphabetenwitze 184
Analwitz 98, 151–153
Anekdote 6–8, 16 f., 52, 78, 171, 181 f., 218, 227, 256, 268, 303 f.
Anfang der Erzählung 11, 186
Angeber 285
Angeklagter 11, 15, 18, 20, 30, 50, 165, 178, 190, 204, 226
Angestellter 20, 116
Anglizismen 57
Angst 20, 40, 99, 118, 131, 142, 150, 162 f., 172, 188, 205, 296
Anonymität 6, 29
Anstand 140–173
Antek und Frantek 30, 184, 218, 220, 243 f., 268 f.
Anthologien 275
Anthropomorphismus 130, 134, 294
antiautoritärer Witz 98
Anti-Climax-Witze 107
Antike 27, 30, 41
antiklerikaler Witz 5, 195
antikonfessionelles Erzählgut 199
antimilitaristischer Witz 279
antireligiöses Erzählgut 199
Antisemitismus 284
Apotheker 151, 169
Appenzeller Witz 48, 194, 220, 263
Arbeiter 70, 122, 151, 261
Aristoteles 37, 141, 174
Armut 240
Arzt-Witze 11 f., 17, 21, 30, 57, 59, 71, 104, 110–113, 122, 132, 160, 162, 166 ff., 174 f., 183, 188–195, 203, 258, 260, 277, 286, 317
Asoziale 269
Astronauten-Witze 2
Asylsituation 297
Aufgeklärtheit 89, 91, 93
Aufklärung 91, 113, 267
Aufschneidereien 122, 124
August-Witze 268
Ausländerwitz 5, 45, 51 f., 58
authentische Aufzeichnungen 275
Autoritätskonflikte 20, 85
Auto-Witze 2, 21, 129, 187, 196 f., 295
Bachmann, I. 225
Baden 326
Bade-Witze 76, 138, 279
Bänkelsang 140 f.
Ballade 14, 141
Baron Mucki 218, 244 ff.
Baron Poldi 30, 244
Baron Rudi 244, 247 f.
Basler Witze 218, 264
Bauarbeiter 226

Baudelaire, Ch. 306, 328
Bauern 9, 20, 32, 153, 155, 180, 182, 190, 194, 212, 220, 223
Bauformen, s. Form
Bausinger, H. 9, 16, 112, 117, 127, 302, 304, 306, 311, 316, 322
Bayern 217–220, 222, 229, 259–262, 272, 285, 322
Bebel, H. 121, 153
Beethoven 7, 41, 207
Behaghel, O. 308
Beichtstuhlwitze 5, 30, 195, 203 f.
Beispielsprichwort 71
Beleidigung 16, 29
Bemmann, H. 24, 318
Ben-Amos, D. 275, 328
Bergson, H. 19, 37 f., 130, 150, 306
Berliner Witz 5, 7, 57, 90, 123, 217, 221, 224–233, 235, 238, 260, 285, 320
Berner Witz 5, 180, 262 f.
Berufsspott 190
Betrunkenen-Witze 11, 174, 186
Bettlerwitze 21, 23, 277
Bibel 23, 65 f., 96, 118, 277, 283
Bildungsschicht, s. Intellektuelle
Bildungswitz 56, 245, 277
Bildwitz 5, 292–300, 328
Bismarck, O. v. 7, 52, 296
Blau, S. 206
Bobby-Witze, s. Graf-Bobby-Witze
Boccaccio 34
Bonmot 78, 214
Borev, J. 190, 302
Borneman, E. 152, 311, 314 f.
Brandt, H.-J. 319
Brant, S. 184
Brecht, B. 63, 70, 216
Breitmaulfrosch-Witze 5
Bremen 179, 324
Breton, A. 150
Brunvand, J. H. 127, 306, 312, 318 f., 324
brutaler Humor 145
Buchele, M. 210 f., 214 f., 319
Bucklige 174, 281
Budich, C. 233, 321, 324
Burns, T. A. 306 f.
Busch, W. 46, 64, 103, 141
calembour 60
Cartoons 329
Caruso, E. 7 f.
Chassidismus 282
charakterliche Defekte 294
Chef-Witze 116, 190
Chelm 277
Clown 41, 120
Comics 329
Computerwitze 2, 117 f.
Conférenciers 60
Coolidge, C. 181
Crisostomo, Giovanni 24
Curtius, E. R. 318
Dällebach Kari 218
Dänemark 274, 280, 290
Damenwitz 33
Daniel, F. 63
Darstellung durchs Gegenteil 37, 106
Decamerone 34
Defekte 155, 159, 174–185, 207, 209, 281
Definition 4 f., 41, 100 f., 107, 179, 251, 292
Definitionswitz 5, 102 ff.
De Gaulle, Ch. 175, 208
Denkfehlerwitze 5, 37, 100, 117, 242
Descartes, R. 37, 66
Dialekt, s. Mundart
Dialog 6, 11 f., 14 f., 144, 176, 180 f., 187, 218, 248, 263, 285, 287
Dicke 174
Didaxe 8, 23 f.
Dienstmädchenwitze 158, 190, 224, 236, 248
Diskriminierung 21
Döntjes 234
Doktor Eisenbart 122
Dominanzidee 1, 166
Doppeldeutigkeit 15, 37, 41 ff., 76, 80, 83, 100, 108 f., 164, 214
Dor, M. 211, 314, 319
Dorson, R. M. 275, 327
Dracula 140
Dreiecksverhältnis 155 f.
Dreizahlgeschichten 12 f., 286
Drohungen 228 f.
Droszdzynski, A. 210, 319
Druckfehlerteufel 69, 74
Dürrenmatt, F. 153, 189
Dummenwitze 42 f., 123, 155, 160, 178 f., 183 f., 186, 190, 197, 222, 224, 244 f., 248, 270 ff., 274, 316
Dundes, A. 306, 312, 314, 328
Eckensteher Nante 226
Effel, J. 295
Ehe 209, 223, 245, 256, 261, 281
Ehebruch 23 f., 36, 153 f., 156, 158, 206, 294, 299
Eigenlob 250
Ein-Bild-Witz 292
Einepisodigkeit 6
Einhorn 298
Einleitungsformel 6, 286
Ein-Satz-Witz 27
Einsilbigkeit, s. Lakonismus
Einstein, A. 7, 106, 171, 285
Eisenbahnwitze 2, 30, 136, 295
Eisenhower, D. 207 f.

Eitelkeit 208
Ekelwitz 5, 142, 151 f.
Elefanten-Witze 5, 11, 20, 35, 120, 129—133, 137, 274, 289 f., 294
Elendsgroteske 190
Elsaß 326
Empfängnisverhütung, s. Pillenwitz
Engländer 159, 182, 267, 285 f., 287 ff.
Entlarvungswitz 21
Entspannung 21
Episierung 82
Erbsensprache 58
erdachte Gespräche 210, 286
Erlkönig-Parodien 66 f.
Erotik-Killer 242
erotische Folklore 163
Ersparnis 47, 67, 74, 114, 142, 147, 149, 160
Erwartung 11, 144, 156, 169
Erzähler 10, 31, 33, 35, 37, 122, 189, 198, 211, 275
Erzählforschung 1, 153
Erzählmuster 6
Erzählsitutation 33, 80
ethnischer Witz 2, 5, 13, 153, 182, 217—226, 319
Eulenspiegel 8 f., 42 f., 184
Euphemismus 142
Examenswitz 15, 17, 113, 184
Exempel 8, 23
Fabel 127, 136 f.
Fabelwitz 136
Face-to-face-Übermittlung 3
Fäkalkomik 46, 49, 140, 151 ff., 222, 224 f., 235, 243, 256
Fakir 296 f.
Familie 83, 86, 257, 278
Faulheit 70, 183
Federmann, R. 19, 314
Fehlleistungen 57 ff., 77, 79, 96, 205
Feldforschung 6, 202
Fernsehen 2 f., 79, 273
Fernsehwitze 296
Filser-Englisch 54
Finckh, W. 210
Finkenritter 121
Fischer, K. 41, 54, 60, 73, 302, 308 f.
Fischer Maathes 218
Fliege im Bier 289
Fliegende Blätter 63, 296
Flögel, K. F. 302
Flüsterwitz 212
Fluchen 219, 238, 260
Folklore 6, 29, 33, 224, 298
Fontane, Th. 226, 320
Form 1, 5 f., 10—22, 31, 70, 130, 186, 215, 222, 266, 284, 292, 304
Formel 118, 248
Frageform 248, 257, 271
Frankfurt 221, 269
Franziskaner 201
Franzose 166, 257, 280, 286—290
Frau 11, 20 f., 33, 97, 104 f., 153 ff., 157 ff., 161 ff., 166, 171, 249
Frau Kripgans 235
Frau Merian 218, 262
Frau Navratil 47, 248
Frau Neureich 30, 54, 185, 190, 237, 257
Frau Pfarrer 204
Frau Pollack 237, 248, 257
Frau Pospischil 47
Frau Pumeier 236
Frau Raffke 30, 185, 190, 229 f., 237
Frau Sarasin 218, 264
Freese, O. 273, 324
Fremdenhaß 261 f.
Fremdwortwitz 52, 54 f., 98, 107
Freud, S. 7, 16, 35 ff., 39 f., 59, 67, 103, 106, 114, 121, 147, 152, 229, 275, 306, 314
Friedrich August, s. August-Witze
Friedrich d. Große 7 f., 16, 43, 213
Fritzchen-Witze 5, 35, 44, 53, 71, 81, 84 ff., 88 ff., 92, 94—97, 99, 105, 145, 152, 164 f., 169, 231, 235
Frivolität 142
Funktion 5, 27, 31, 40, 73, 80, 151, 293
Galetti 139
Galgenhumor 148 ff., 313
Galimathias 54, 78
Gamm, H.-J. 212, 319
Gastarbeiter 51
Gattenmord 143
Gebärdenwitz 5, 176
Gebete 89, 96
Gebrestenkomik 174—185
Geburtenkontrolle 88, 166, 168
Gefängnis 294, 298
Gefangener, s. Knast-Witze
Gegenteil-Witze 11, 59, 101, 104, 106, 110
Geiz 23 f., 179, 251 f., 268, 276 ff., 315
Gelehrtenanekdoten 7
Gellert, Ch. F. 66
Georges, R. A. 314
Gericht 19, 30, 50, 69, 113, 209 f., 294
Gesetz der Selbstberichtigung 31
Gewährsleute 10
Giraffen-Witze 133, 135, 294
Glasbrenner, A. 226, 320
Gleichnisse 36 f.
gnädige Frau 20, 30
Goebbels 208, 213
Göring 208, 210, 213
Goethe 35, 39, 66, 111, 225

Goetz, C. 105, 107, 111
Gôgenwitz 109, 152, 217, 222–225, 251, 254–260, 277
Gott 19, 60, 118, 198, 208, 218 f., 243 f., 262, 283
Gottsched, J. Ch. 4
Grabinschriften 75 f.
Graf-Bobby-Witze 167, 184, 186, 218, 244 ff., 257
Graf Zitzewitz 230
grammatikalische Kategorien 265
Grass, G. 70
grausamer Witz 5, 11, 107, 140–148, 150, 313
Grobheit 254, 256, 260
Großstadt 9, 180, 217, 224–249, 254
grotesker Humor 140, 296
Grotjahn, M. 36, 99, 149 f., 159, 303, 307, 313
Gruppensex 153
gute und schlechte Nachricht 12, 111
Haas, H. 312
Häberle und Pfleiderer 218
Haering, Th. 256, 321 f.
Häschenwitze 5, 81 f., 130
Hafenarbeiter 234, 239
Hahnrei 154 f.
Halbbildung 257, 268
Hamburg 218, 220, 224 ff., 233–238, 320
Handlungskomik 15, 41, 183
Handlungsträger 1, 11
Handwerker 20, 116, 190, 207
happy ending 150
harmlose Witze 5, 29, 211
Hašek, J. 279
Hauptfiguren 1, 6, 99, 127
Haydn, J. 41
Hebel, J. P. 6, 51
Heer, F. 202, 318
Hegel, F. W. 37
heiliger Josef 24
Heimeran, E. 301, 310
Heimtückegesetz 210
Heine, H. 46, 64, 106, 273
Heini 218, 236
Heiratsanzeigen 75
Heiratsvermittler 11, 175, 276, 280 f.
Helmers, H. 58, 64, 80, 83, 308–311
Hemmungsaufwand 37
Hemmungsschwelle 34, 80
Herr, O. 244, 248
Herrenwitze 5, 33, 36
Hessen 325
Hitler 208, 210 f., 213 f., 233
Hobbes, Th. 19, 37, 39
Hochzeitsnacht-Witze 2, 5, 158 ff., 223, 254
Hoeffding, H. 302
Hofnarren 16
Holbek, B. 324
Holm, H. H. 20, 324
Holste, H. H. 315
Homer 27
Homonyme 265
Homosexuellen-Witz 2, 12, 15, 153, 166
Horaz 35
Horrorfilm 142
Hühnerwitze 130, 134, 159 f., 187, 299
Humanismus 296
Hummel 234
Humor 3, 302
Humorlandschaften 217
Hundewitze 127 f., 130, 135–137, 188, 247
Hygiene-Witz 86, 220 ff., 235, 260, 270, 277, 279
Identifizierung 31, 35 f., 186
Identitätswitze 137–139, 313
identity joking 138
Ideologie 6
Idiotenwitz 112, 116, 127, 174, 185, 264
Illustrierte 9, 29, 292, 296, 299
Impotenz-Witze 153, 155, 161 ff., 166, 194, 299
Industriegesellschaft 1, 10
Inferiorität, s. Minderwertigkeitskomplex
Inferior-Superior-Schema 19
in flagranti 156 f.
Inhalt 81, 130, 140
Innovationen 3
Inselwitze 5, 30, 296 ff.
Inserat 75, 167
Intellektuelle 33, 62, 71, 103, 127, 185, 227, 235, 254 f., 275, 299
Interessendominanz 278
interethnischer Vergleich 285 ff., 328
Interpunktion 46
Inzest 89 f., 166
Iren 182, 286, 288 f.
Irren-Witze 5, 21, 112, 185–189, 245, 316
Isolation 297
Israel 275
Italiener 290
Jägerlatein 5, 122
Jan und Griet 240
Janßen, K.-H. 273, 324
Jason, H. 276, 328
Ja-und-Nein-Witze 112
Jean Paul 10, 41, 148, 216, 302
Jesuiten 198, 201
Jiddisch 50, 277, 284
Johannes XXIII. 303
Josefsdrohung 25

Joseph II. 8
Juden 11 f., 18 f., 21, 32, 50, 114, 116, 125, 213, 285 ff., 289
jüdischer Witz 5, 113, 115, 157, 268, 275–285, 326
Jünger, E. 61, 143, 308
Jünger, F. G. 302
Jüngstes Gericht 19
Kabarett 60, 214, 226
Känguruh-Witze 212, 294 f.
Kalauer 60 f., 266
Kalender 9, 29
Kannibalen-Witze 2, 102, 143 f., 285
Kant, I. 23, 37, 119, 302
Kapitalismus 107
Kare und Lucke 218
Karg, F. 265 ff., 323
Karikatur 2, 120, 215, 290, 292, 295 f.
Karlinger, F. 25
Karneval 240
Kasernenhof-Witze 5, 10, 30, 190, 230, 294
Kasino-Witze 2, 5, 190
Kaspar 43, 83
Kastration 135 f.
Kathederblüten 78
Katzen-Witze 135, 137, 194
Kellner 11, 15, 18, 20, 71, 110, 115, 117, 190, 192, 199, 224, 230 f., 296
Kennedy, J. F. 209
Kentaur 296, 298
Kettentechnik 14, 52, 108, 265
Kind 9, 11, 20, 38 f., 43, 79, 88, 102, 113, 120, 131, 145, 172, 235, 253, 265, 299
Kinderfolklore 9, 49, 81, 121, 299
Kindermund-Witze 5, 80–99, 123, 152, 184, 213, 235, 309
Kinderreim 48, 58, 63
Kindfigur 131
Kirschenblatt-Gimblett, B. 308
Kladderadatsch 148, 296
Klanglyrik 58
Klangwitz 55, 60
Klapperstorch, s. Storchen-Witze
Klapphornverse 63 f.
Klatsch 307
kleinbürgerliches Milieu 235, 267
Klein-Doofi-Witze 184
Klein-Erna 5, 30, 81, 88 f., 94 f., 146 f., 152, 184, 217 ff., 223 ff., 234–237, 240, 244, 257 f., 277
Klein-Fritzchen, s. Fritzchen-Witze
kleinstädtisch 33, 267
Kleinwüchsigkeit 263, 295
Kleist, H. v. 6, 67
klerikaler Witz 24, 195
Klerus 26
Klischee 21, 227, 249, 260
Kloster 10, 66, 199 f., 202
Klo-Witze 5
Knast-Witze 20 f., 298
Knecht 20
Köln 217, 219, 223–226, 238–244, 321
körperliche Defekte 174
Kolakowski, L. 16
Komik 120, 136, 141 f., 151 ff., 175 f., 178 f., 190, 209, 244 f., 257, 268, 279, 297, 299, 302
komischer Konflikt 1, 14, 26, 46, 51, 57, 69, 71, 100–122, 129, 136, 140 bis 173, 177, 201, 207, 209, 211, 224 f., 244, 255, 292
Kommerzialisierung 3
Kommunikationsprozesse 29, 31, 292 f.
Komödie 20, 174 f.
konfessioneller Witz 5, 18, 96, 98, 195 bis 206 f., 219, 240, 254, 277, 317
Konflikt 12, 41–64, 82, 117, 122, 137 f., 144, 159, 161, 171, 177, 242, 264, 304
Kontaminationsfiguren 240
Kontext 1, 22, 33, 42, 80, 87
Kontinuität 22–28, 175, 305
Konzils-Witze 203
Kosmonauten-Witze 2
Krämer-Badoni, R. 302
Krätzche 238, 242
Kraus, K. 64, 70
Krauss, F. S. 314
Kreativität 16, 70 f.
Kris, E. 307, 329
Kritik 225, 281 f.
Kropf-Witze 253
Kürze 8, 10, 274
Küster 20, 192
Kuh 86, 95, 130, 135 ff., 162, 167, 262, 270 f., 294
Kulturindikator 31
Kulturverspätung 273
Kurzformen 8
Kurzgeschichte 8, 181
Kurzschluß 67, 77, 127
Kurzsichtigkeit 178, 281
Lachen 1 ff., 6, 9 f., 21 f., 29, 32–35, 37–40, 45, 118, 140, 148, 150 f., 154, 211 f., 225, 228, 293, 296
Lakonismus-Witze 180, 182, 222, 251
Lalen 186
Landmann, S. 32, 279 ff., 284, 327
Landser-Witz 190
Landstreicher 22
Langsamkeit 254, 262
Lautvertauschung 44
Lautzersetzung 58
Lear, E. 62, 308
Lebenshilfe 34

Leber-Reim 64
Leda 67, 298
Lederer, F. 231, 320
Legende 299
Legendenschwank 24
Legman, G. 91, 93, 133, 144, 153, 162 f., 172, 310, 314 f.
Lehrer 11, 15, 44, 53, 55, 67, 78, 87 f., 90–93, 97, 123, 145, 152, 165, 231, 253, 265, 284
Lehrerin 35, 71, 73, 84, 86, 89, 94 f., 116, 236
Lehrling 59
Lessing, G. E. 4, 56
Lichtenberg, G. Ch. 35, 70
Liebermann, M. 7, 106, 227
Lieblingswitz 34 f.
Liede, A. 308 f.
Limerick 62 ff.
Lipps, Th. 302
Lispeln 178
List 121, 278
Literatur 9, 226, 249
Literaturwissenschaft 3, 6–29
Lixfeld, H. 305, 315 f., 318
Löwen-Witze 135
logischer Konflikt 12, 77 f., 87, 90, 94, 97 f., 100–119, 127, 186, 245, 264, 311
Lokalität 31
Lokalkolorit 220, 224, 254
Lokalpatriotismus 217
Lorelei 298
Lübke-Witze 54, 207
Lügenwette 123 f.
Lügenwitz 5, 120–123, 126, 311
Lüthi, M. 312
Lützeler, H. 19, 217, 219, 238 f., 243, 245, 305, 317, 319, 321
Lukian 121
Lustgewinn 32, 35 ff., 39, 58 f., 67, 121, 142, 152 f., 188, 211
Lustspiel, s. Komödie
lyrischer Humor 58, 61–65, 308
Madame de Staël 41
Märchen 14, 33, 39, 72, 79, 99, 127, 140, 224, 297 f.
Mäuse-Witze 11, 20, 35, 129–132, 135, 137, 194
makabrer Witz 140–148, 150, 164, 193, 225, 232, 236, 242, 297, 313
makkaronische Dichtung 56
Mann 153, 155, 158 f., 161 ff., 166, 171, 298
Mann, Th. 151
Manneken Piß 153
Marktfrau 226 f.
Marsmännchen 2
Marterlsprüche 76
Massenmedien 3, 273
Masochismus 275
Mathematik 116
Matrone von Ephesus 147
Matrosen 298
Maurer-Witze 190
Maus, s. Mäuse-Witze
Max und Moritz 141
Mecklenburg 325
Mediziner-Witze, s. Arzt-Witze
Mehrdeutigkeits-Witz, s. Doppeldeutigkeit
Meisterdieb 140
Melot, M. 294 f., 329
Messias-Witze 277
Metapher 15, 43, 74, 88, 200, 292 f., 299
Metrik-Witz 48
Meyer, H. 320
Meyerowitz, J. 280, 283 f., 328
Mikes, G. 30, 211, 215, 276, 291, 303
Milieu 8, 31, 152, 219, 225, 230, 235, 255
Miller, H. 103
Minderheiten 21, 290
Minderwertigkeitskomplex 20, 35, 39, 131, 159, 268
Minirock-Witze 126
Minna-Witze 2, 20, 112
Mischsprache 57
Missingsch 234
Mißverhältnisse 164
Mißverständnis-Witz 7, 54, 58, 191, 204, 265
Mitleid 21, 147, 174
Mittelalter 8, 22 f., 27, 30, 140, 175, 202, 249, 279
Mode-Witz 299
Modus florum 249
Modus liebinc 249
Möller, V. 217, 234 f., 320
Mönch 195, 203
Mönche von Kolmar 154 f.
Monogamie 154
Moral 8, 76, 137, 140–173, 203, 313
Mord 143
Morgenstern, Chr. 64, 70, 128
Moser-Rath, E. 22, 204, 262, 303 ff., 308, 313–316, 318, 322
Moszkowski, A. 301, 327
Mucki, s. Baron Mucki
Müller-Fraureuth, C. 311
Münchhauseniaden 120 f.
Münchner Witz 218, 224, 238, 259 ff.
mündliche Erzählung 6, 9, 29, 59, 153, 217
Muliar, F. 328
Mundart 57 f., 224 f., 228 ff., 235, 255, 261, 265 ff., 277

musikalische Bildwitze 293
musikalischer Witz 41
Musikeranekdoten 7
Musterung 30
Mutter 92, 97, 99, 167, 251, 253
Mutterwitz 4, 26
Mutti-Witze 11, 144 f.
Mythologie 298 f.
Nachbargattungen 6–10
Nachbarschaftsspott 273, 286
Nacktheit 153, 165 f., 295
Nagelbrett 296
Naivität 164
Namengebung 11, 59
Napoleon 7, 79, 115, 186
Narr 9
Narrenfreiheit 184, 189, 214
Nasreddin Hodja 8
Nationalcharakter 286 f., 291
Nazizeit 11 f., 47, 208, 211–214, 233, 284
Neger 162
Neid 174
Neidhart 8, 153
Neuheit 30
Neumann, R. 284, 304
Neumann, S. 304, 306, 309, 313, 317, 325
Neureichen-Witze 5, 54, 229, 248, 277
Niederdeutschland 324
Niedersachsen 324
Nietzsche, F. 66, 150, 174, 226
Nikolaus-Witze 299
Nixen-Witze 182, 296, 298
Nixon, R. 208 f.
No-na-Witze 248
Nonnen-Witze 96, 172, 195, 199 f., 239
Nonsens 58, 62, 64, 191, 308
Nordhues, A. 80, 82, 85 ff., 90, 92 f., 99, 311
Norm 16, 20, 22, 36, 40, 44, 71, 75, 163, 171, 223, 252, 294, 299
Normverletzung 20, 29, 40, 144, 153 f., 166, 168, 172, 174, 179, 183, 292, 298
Novelle 8, 34
Nudisten-Witze 2, 165
Oberkellner, s. Kellner
oberschichtlicher Witz 255
Oberschlesien 220, 268–270, 323
Ödipus-Komplex 167
Ölkrise 274
Österreicher 290
Offiziers-Witze 2, 5, 15, 20, 32, 115, 190 f., 230
Oikotypik 229
Olrik, A. 14
Olsvanger, I. 327
One-line-gags 274
Opie, I u. P. 310
Oppenheim, D. E. 314
Optimismus-Witz 105
Originale 256
Ortsneckerei 273, 275, 285
Osterhasen-Witze 299
Ostfriesen-Witze 2, 5, 11, 35, 43, 130, 167, 180, 186, 222, 224, 270–275, 277, 323
Ostpreußen 325
Oxymoron 42
Palindrom 49
Pantoffelhelden 240
Papageien-Witze 5, 35, 44, 120, 129 f., 133 f., 137, 274
Paradox-Witze 11, 104, 108, 127, 150, 209, 298
Parodie 65–73, 269, 309
Patient 11, 21, 30, 110
Paulus, E. 249
Pechvogel 183
Penisprotzerei 15
Pessismismus, s. Optimismus-Witz
Peters, U. H. und J. 10, 20, 37, 185 f., 188 f., 313, 316
Petrus 11, 21, 24 f., 30, 116, 196, 198 ff., 207–210, 214, 278
Pfaffe Âmîs 26
Pfaffen 155, 190
Pfaffe von Kahlenberg 61
Pfalz 326
Pfarrer 20, 46, 55, 96, 133, 149, 151, 155, 158, 164, 181, 190, 192, 195 f., 204, 206, 218 f., 255, 260, 262, 267
Pferde-Witz 127 ff., 137
Philogelos 27, 186
Piddington, R. 307
Pietät 140, 142 f., 146 f., 225, 242, 257
Pietismus 254
Pillen-Witz 2, 101, 163, 168, 194, 198
Pinder, W. 217, 268, 319
Plato 37, 39
Pointe 6, 9 f., 12, 14, 29, 31 f., 35, 42, 57, 69, 71, 80, 85, 99, 115, 127, 130, 136 f., 144, 156, 158, 168 f., 186, 264, 271, 276, 284, 293
Pointenkiller-Witz 5, 115
Polacken-Witze 21, 273 f., 286
Polack-jokes 221, 273 f.
Poldi, s. Baron Poldi
politischer Witz 2, 5, 7, 11 f., 21, 147 f., 190 ff., 206–213, 215, 232, 240, 268, 286, 318
Polygenese 221
Pommern 325
Post-Witze 245 f.
Potenzwitze 15, 35, 153, 159, 162, 295, 299

Predigt-Witze 205
Preisendanz, W. 4, 44, 144, 303, 307
Presse 226, 234
Preußen 5, 224, 259 f., 285
Priester 18, 20, 195 f., 203 f., 239
Professor 14 f., 17 f., 20, 26, 78, 110, 129, 139, 182 ff., 190, 254–258
Projektion 188
Prostituierte 133, 153, 164 f., 194, 203
Prügelstrafe 85
Psychiater 167, 187–190, 294
Psychoanalyse 74, 100, 169, 172
psychologische Fragestellungen 3, 32 bis 40, 211, 306
Publikum 39 f.
Pumeier 219 f., 235, 237
Punch 179, 296
Punchline 10
Puppentheater 43, 83
Putzfrauen 20
Quellen 30, 212
quickies 274
Rabelais 38
Rabbiner 18, 113 f., 125, 195 f., 276, 281 ff.
Radecki, S. v. 301
Radio 2 f., 127, 273 f.
Radio Eriwan 11, 180
Rätsel 11, 26, 35, 48, 64, 130, 164, 271
Rätselfrage 26, 180, 215, 222
Raffke, s. Frau Raffke
Ranke, K. 309, 314
rapid fire humor 274
Reaktion 6, 155, 157
Realistik 142
Realität 120 ff., 127, 311
Rebbe, s. Rabbiner
Rechenwitz 5, 116
Rechtsanwalt 223 f.
Redensarten 41, 45, 69, 113, 142, 150, 228, 249
Reformation 296
Reger, M. 7
Regional-Witz 218, 222, 261
Rehspiel 48
Reich, W. 162
Reichert, W. 218
Reik, Th. 19, 22, 36, 114, 172, 275, 306, 313 f., 327
Reimann, H. 323
Reimwitz 63 f.
Reinlichkeitskomplex 153
relativ 104, 109, 111
religiöse Konflikte 87, 96, 190 ff., 283
Religion 2, 91, 95 ff., 202, 278
Renommiersucht 91
Repertoire 10, 33
Replik 14 f., 17 f., 20, 59, 82, 147, 154, 189, 192, 232, 248
Respektlosigkeit 227
Rheinland 219, 325
Richter 11, 15, 19 f., 30, 50, 165–168, 176, 178, 190, 230 f.
Riedel, Ch. 306, 313
Rinder-Witze 135, 137
Roboter-Witze 2
Roetschi, R. 35, 43, 302, 308
Rollentausch 17, 82, 137
Rommel, O. 302
Rosenberg, B. V. 312, 327 f.
Roth, K. 155, 315
Rousseau, J. J. 37
Rudi, s. Baron Rudi
Rückständigkeit 270
Rückert, F. 45
Rühmkorf, P. 152, 310 f., 314
Russen 212, 272, 286–290
Sabbat 283
Sachsen 5, 179, 217, 223, 265–268, 272, 278, 323
Sachs, H. 153, 175
Sachwitz 6, 26, 41, 121, 214
Sage 7, 14, 29, 127, 129, 224, 243, 298 f.
Sagwort 71
Sammlungen 1 f., 6, 29, 80, 221
Satz mit . . . 44, 228, 266
Satzbauspiel 83
Satzmelodie 50
Sauberkeit 140, 151
Sauerbruch, F. 7, 227
Schadchen-Witze, s. Heiratsvermittler
Schadenfreude 140, 174, 184, 188, 215, 242, 268
Schäfer, W. 6
Scharade 48
Schauerballade 141
Schauplätze 5, 296
Scheffel, V. v. 44, 56
Scheidung 118, 155, 223, 261
Scherzfrage 11, 43 f., 60, 81, 104, 210, 215
Schielen 178
Schiffbrüchige 297
Schildbürger 9, 111 f., 183–186, 272, 277
Schildkröte 294
Schiller, F. v. 56, 66
Schimpfkanonade 238
Schlagfertigkeits-Witze 15–18, 20, 23, 26, 99, 157, 192, 221, 226 f., 229, 267
Schlange 295, 297
Schlangenbeschwörer 296 f.
Schlaraffenland 121
Schleswig-Holstein 179, 325

Schmidt, L. 304 f., 321
Schmidt-Hidding, W. 302, 308
Schnaderhüpfel 64
Schneekind 249
Schneider 155, 190
Schnorrergeschichten 179, 277, 280
Schöffler, H. 228, 239, 246, 265, 267, 319
Schoeps, H. J. 17
Schotten-Witz 5, 179 f., 182, 225, 251, 277 f., 285 f., 288 f., 294, 315
Schramm, H. E. 257, 322
Schüchternheits-Witz 126
Schüler 11, 15, 284
Schüttelreime 61 f.
Schulaufsätze 79
Schul-Witze 5, 10, 15, 17, 43, 46, 55, 86 f., 92 ff., 116, 120, 152
Schupp, V. 142, 313
Schwabe, J. J. 4
Schwaben 57, 179 f., 218, 222, 224 f., 229, 249–260, 262, 268, 272, 278, 289, 321
Schwangerschaft 2, 164, 167
Schwanitz, D. 138, 316
Schwank 7–10, 14 f., 25–27, 42, 111 f., 120, 122 f., 140, 147, 150, 153–156, 158, 174 f., 183, 190, 202 f., 243, 249 f., 262, 272, 304
Schwankballade 23, 182
Schwankroman 26
Schwarzbaum, H. 328
Schwarzer Humor 140–148, 236, 313
Schweijk 279
Schwein 135, 295
Schweiz 38, 105, 262–265, 322
Schweizer, W. R. 16, 57, 141, 302, 309, 312 f.
Schwerhörigen-Witz 11, 21, 36, 174 ff.
Schwiegermutter 104, 107
Seeleute 234, 298
Seelische Grausamkeit 150
Seemannsgarn 5, 122
Seiltrick 296
Selbstentmannung 163
Selbsterkenntnis 291
Selbsterniedrigung 275
Selbstgerechtigkeit 249, 253
Selbstironie 268, 273
Selbstkritik 275, 279
Selbstmord 141, 143
Serien 104, 292, 296–299
Sexualkunde 92 f.
Sexualverhalten 154, 288, 298
sexueller Witz 5, 15, 23 f., 33, 42, 51, 76, 79, 87, 91, 98, 103, 130, 132 f., 135, 153–173, 184, 199 f., 204, 209 f., 236, 240, 245, 253 f., 267, 293, 295, 298 f., 314
Shaggy Dog Stories 127, 274, 312
Shakespeare, W. 10, 184
Shapiro, G. 327
Sick Jokes 11, 144, 274
Silbenrätsel 48
Silbentrennung 48
Simon, K. G. 150, 268, 312 f.
Simplicissimus 296
sinnvolles Versprechen 54, 74, 78
Sitte 140–173, 286, 313
Situationskomik 9, 154, 175, 179, 184, 223
skatologischer Witz 5, 14, 51, 55, 84, 86 f., 109, 140, 151–153, 240, 243, 314
Sodomie 92, 135, 153, 166, 294, 298
Soldaten 16, 106, 190 f., 215, 279
soziale Konflikte 9 f., 15, 20, 85, 131, 190 ff., 210, 220 f., 227, 244, 255, 316
Sozialisation 83
Sozialismus 107
Sozialkritik 21 f., 36, 164, 189, 192 f.
Sozialtypen 2, 182, 184, 190, 218, 223, 269
Soziologie 20, 22, 100 f.
Space-Jokes 2
Sparsamkeit 24, 179, 182, 222, 225, 251 f., 254, 264, 268, 277 f., 280, 289, 315
Speier, H. 209, 319
Spencer, H. 37 f., 306
Spieltrieb 47, 58, 71, 73
Spitzbuben 140
Spott 174, 192, 273, 275, 282
Sprachmischung 56 f., 268
Sprachnorm 41–64, 228
Sprachwitz 57, 73, 76, 89, 108, 225, 261, 267 ff.
Sprichwörter 19, 39, 68–71, 80, 109, 179, 249, 292
sprichwörtliche Vergleiche 228
Sprichwortparodie 44
Städte 9, 33, 153, 183, 273, 320
Städter 20, 273
Stalin 286
Stammesspott 249
Stammtisch 259
Standesspott 59, 182, 190, 194, 264
Standpunktwitze 109 ff.
Steigerungsformen 45 f.
Stereotypen 179, 190, 250, 262, 288
Stilblüten 78
Stoff 9, 22, 24, 30
Storchen-Witze 90 ff., 171
Stotterer-Witze 21, 36, 174, 176 ff.
Sträfling 298
Straßenbahn 222, 229 ff., 238, 261
Stricker 26, 165

Struktur 1, 5 f., 9–22, 63, 70, 82, 97, 99, 117, 130, 133 f., 180, 186, 196, 271, 292, 304
Student 14 f., 18, 36, 56, 109 f., 184, 190, 204, 255
Subkulturen 21, 291
Subordinationsverhältnisse 20
Superior-Inferior-Strukur 36, 166
Supermann 131
surrealistische Witze 33, 64, 98, 120, 122, 127–130, 137, 188 f., 245, 294, 296, 312
Swift, J. 131
Symbolik 295, 297
Sympathie 175
Syntax 269
Tabu 37, 80 f., 86, 102, 104, 142 f., 147, 151, 153, 166, 168, 185, 283
Täuflings-Witz 277
Taktlosigkeit 104, 107, 145
Tante Frieda 235 f.
Tanten 172
Taubstummen-Witze 176
Tausendfüßler 294
Tausendundeine Nacht 297
Taxifahrer 224
Taylor, A. 303 f.
Technik 1, 5, 14, 37, 41 ff., 98, 182, 292 f., 295
Telegramm-Witz 47, 67, 232
Tell, Wilhelm 262
Temmler-Kalender 194
Tendenz 1, 5, 11, 21, 37, 82, 84, 87, 129, 137, 150, 190, 195, 199, 210, 268
Teppich, der fliegende 296 f.
Terminologie 4 f.
Thielicke, H. 17, 150, 183
Thoma, L. 79
Thomsen, H. 234, 320
Thurgauer Witze 262
Tierwitz 98, 120, 127, 129–137, 164, 186, 294, 312
Tobler, A. 322
Tod 141 f., 232, 236, 252
Todesanzeigen 75
Toiletten-Witze 5, 14, 56, 163
Torberg, F. 284, 327
Traditionsreihen 22–28, 31, 305
Tragikomik 150
tragischer Humor 150
Traumwitze 5, 36 f., 120, 137–139, 313
Treppenwitz 27
Tribunalwitz 18
trockene Witze 5, 128
Troll, T. 253, 257, 322
Trotzreaktion 150
Trugschlußwitz 169 f., 297
Tübingen, s. Gôgenwitz
Tünnes und Schäl 5, 11, 19, 30, 101, 113, 121, 144, 152, 167, 184, 189, 200 f., 217 f., 220, 223 f., 239–244
Turmwitze 295
Twain, M. 7
typische Figuren 30, 155, 292, 295, 300
Typologie 6
Überbietungs-Witze 37, 121
Überlegenheit 117, 122, 150, 152, 188, 191, 209, 211, 221 f., 227, 286, 294
Überlogik 89, 97
Überraschungseffekt 15, 108
Übersetzungs-Witz 51 f., 55 f., 118
Übertragung 136
Übertreibung 125 f., 295
Übertrumpfungs-Witze 5, 11, 14, 91, 93, 120–125, 169, 187, 196, 209, 260, 285 f., 289, 311
unanständige Witze 5, 140, 256
Unbewußtes 36 f., 137
Unbildungswitze 7, 52, 54, 98, 185, 207, 230, 237, 241, 245, 257, 277
Understatement 125, 234
Unerfahrenheit 160
unfreiwillige Komik 54, 73–79, 82, 87 f., 309
Ungerer, T. 295, 298
Ungeschicklichkeit 271
Unsauberkeit 270, 277, 280
Unsinn 61, 131
Unterlegener 150, 192, 209, 221, 286
unterprivilegierte Schicht 152
Unterschicht 235, 269
Unterschied 11, 35, 79, 104–107, 193, 203, 213 f., 233, 259, 266 f.
Untertreibung 125 f., 212
Utopien 121 f.
Valentin, K. 70, 322
Variantenbildung 30 f.
Vater 85–89, 92, 99, 102, 120, 131, 256, 299
Ventilfunktion 21, 34, 154, 210 f.
Verbalformen 49
Verballhornung 67, 69
Verbote, s. Tabu
Verbrecherwitz 148
Verdrängung 36
Verfremdung 56, 58, 67, 71, 129, 136 f., 299
Vergessen von Witzen 36
Vergeßlichkeit 182
Vergewaltigung 172 f., 199
Vergleich 11, 41 f., 105 f., 285, 288
Verhaltensforschung 20
Verhaltensmuster 285
Verkehrte Welt 68, 83, 120 f.
Vermischung von Sprachbildern 69

Vermittlungsprozesse 3
Verschiebung 37, 128, 229
Versprecher, s. sinnvolles Versprechen
Verstehen von Witzen 32
Vertällche 238
Vertreter-Witze 5, 124, 184
Verwandtenmord 143
Verwandtschaftsrätsel 112
Vischer, F. Th. 302
Völkerpsychologie 289
Volksglaube 29, 129
volkskundliche Forschung 1, 29–31, 300, 306
Volkslied 33, 53, 63, 67
Volksschauspiel 26
Vorurteile 2, 21, 249 f., 259, 267, 273 f., 287, 290
Voyeurismus 159, 161, 295
Wander-Anekdoten 6 f.
Wanderwitze 6, 220, 224, 253, 256, 277
Warmes Almosen 23
Warum-Fragealter 97
Warum-Witze 81, 112
Webstübler-Witze 185 f., 217, 224, 264 f.
Wehse, R. 182, 203, 304, 318
Weihnachtsmann-Witze 296, 299
Weininger, O. 121
Weinreich, O. 175, 312, 315
Weinrich, H. 34
Weisheit 244, 282
Weiß-Ferdl 210, 214, 322
Wellek, A. 60, 108, 302, 308
Wellerismus 71
Wellersdorf 40
Wertmaßstäbe 179
Wesselski, A. 317
Westfalen 326
Widersprüche 157, 267
Wien 225, 244–248, 321
Wirklichkeit 117, 120, 138, 161
Wirkung 9, 31, 35, 56, 65, 120, 209
Witzblätter 2, 190
Witz des Tages 10, 29
Witzfigur 5, 11, 35, 82, 218, 221
Witzmoden 3, 10, 33, 130, 140, 144, 185, 273 f.
Witzproduzenten 5
Wolfenstein, M. 80, 82, 310
Wortbildung 44
Wortkargheit 180, 181 f., 254, 262, 272, 282
Wortspiel 59 f., 209, 272
Wortwitz 5 f., 14 f., 26, 41–64, 83, 100, 121, 151, 164, 177, 180, 183, 214, 241, 293, 295, 308
Wunderer, R. 314
Wunder-Rebbe, s. Rabbiner
Wunsch 20, 37, 64, 93, 121, 161, 172, 199, 210, 213 f., 218, 297, 299
Zahlen-Witze 116
Zahnarzt 294
Zebra 135, 294
Zeichenwitz 136, 179, 292 f.
Zeitauffassung 9, 301
Zeitraffer-Kurzgeschichten 181
Zeitstil 179
Zeitung 3 f., 9, 23, 29 f., 33, 75, 78, 99, 273
Zerstreutheit 7, 30, 78, 182, 245
Zielform 31
Zigeuner 290
Zijderveld, A. C. 39 f., 107, 140, 174, 276, 303, 307, 311, 313, 317
Zille, H. 226, 320
Zinsli, P. 253
Zitat 7, 66 f., 71
Zitzewitz 191
Zölibat 202 f.
Zoo 92, 135, 229
Zoophilie, s. Sodomie
Zuckmayer, C. 7
Zürich 263 f.
Zugereiste 225
Zuhörer 9, 32 f., 40, 43, 65, 122 f., 186
Zungenbrecher 58 f.
zweideutig, s. Doppeldeutigkeit
Zweizahlgeschichten 12, 15, 285
Zyklen 6, 108, 184
Zynismus 150

Bildquellenverzeichnis

Nach S. 18	Kellner-Witz, von Papan (Manfred von Papen), aus: Die ZEIT
Nach S. 22	»Was gibt's denn hier zu lachen ...?«, aus: Neue Revue
Nach S. 72	»Du hast gelogen«, aus: Esquire
Vor S. 73	Untere Abbildung, von Chas Addams, aus: The New Yorker Magazine, 1968
Nach S. 92	Obere Abbildung, von Rickert, aus: Die ZEIT
Nach S. 118	»Ich werd' verrückt ...«, aus: Die Welt, 1958
Vor S. 119	Obere Abbildung, von Beck, aus: Die ZEIT
	»Ich buchstabiere: ...«, von Jean Effel, © Rowohlt-Verlag Reinbek
Nach S. 128	»Der will mich sinnlich berühren!«, von Vittorio Vighi, © Studio Guasta Rom
Vor S. 129	»Je vous aime!«, aus: Playgirl
Nach S. 132	»Otto, nimmst du nicht zuviel von diesen Hormonpillen«, aus: Quick
Nach S. 134	»Nein, Längsstreifen ...«, von Jean Effel, © Rowohlt-Verlag Reinbek
Nach S. 136	Die Katze – Frau oder Teufel? Aus: Trauerflora (1958) von Paul Flora
Vor S. 137	Retourkutschen, von Dorothee, aus: Die ZEIT
	Untere Abbildung, von René Hovivian, © ali press agency Brüssel
Nach S. 144	»Wieviel wiegen Sie bitte? ...«, von André Vigno, © Cosmopress Genf
Vor S. 145	Von Papan, aus: Die ZEIT
Nach S. 152	Untere Abbildung, von Petr Jurena
Vor S. 153	»Ein Einzelzimmer bitte!«, von Ursinus
Nach S. 160	Leere Versprechungen, von Papan, aus: Die ZEIT
	Retourkutschen, von Dorothee, aus: Die ZEIT
Vor S. 161	»Genug, Eva!«, von Jaguar
Nach S. 164	Obere Abbildung, von Walter Hanel
Vor S. 165	Obere Abbildung, von Bus
Vor S. 171	»Komm, Adam ...«, von Rolf Brinkmann
Nach S. 176	Gebrestenkomik, Zeichnung von Papan, aus: Süddeutsche Zeitung
Vor S. 177	Untere Abbildung, aus: Bunte Illustrierte
Nach S. 184	Goethe-Forscher, aus: Jugend, 1914
	Napoleon, von M. Barták, © Frick Friedrich, R. S. H.- Pressedienst München
Nach S. 192	»I suffer from wet dreams!«, von Tom Johnston, aus: Gallery
Nach S. 292	Der musikalische Bildwitz: Hans Haëm/Papan, beide aus: Die ZEIT
	Lügner, Diebe, Sittenstrolche: von Alfred J. Smolinski

	Eisenbahn- und Auto-Witze: Obere Abbildung, von Stano Kochan
	Technische Sexualsymbole: Kurt Aeberli/Haaretz (aus: Der Spiegel)
	Bürgerkönig Louis-Philippe verwandelt sich zur Birne: von Charles Philipon
Nach S. 296	Der Schlangenbeschwörer: Untere Abbildung, aus: Penthouse
	Die einsame Insel: Obere Abbildung, von Soulas, aus: Die ZEIT
	Nixen-Witze (II): Obere Abbildung, von van der Well / untere Abbildung: von Claude Bernard, beide aus: Die ZEIT
Nach S. 300	Kentauren-Witze: Obere Abbildung, von Tibor Kaján
	Mythologische Parodien: Obere Abbildung, von Tomi Ungerer, aus: The Poster-Art of Tomi Ungerer, © Diogenes Verlag Zürich 1971
	Leda: »Damit du mich nicht vergißt!«, von Ortrud Proebst-Bergmann, aus: Süddeutsche Zeitung
	»Und für die süße große Schwester ...«, von Hasso Hinke